Alfred Westharp
1882—1952

谁人曾与评说

卫西琴纪念暨评论文集

主编◎黄 冬

海峡出版发行集团 | 福建教育出版社

图书在版编目（CIP）数据

谁人曾与评说：卫西琴纪念暨评论文集/黄冬主编. —福州：福建教育出版社，2023.12
ISBN 978-7-5334-9795-8

Ⅰ.①谁… Ⅱ.①黄… Ⅲ.①卫西琴（Alfred Westharp，1882—1952）—纪念文集 Ⅳ.①K835.165.46-53

中国国家版本馆CIP数据核字（2023）第224176号

Shuiren Ceng Yu Pingshuo——Weixiqin Jinian Ji Pinglun wenji
谁人曾与评说——卫西琴纪念暨评论文集
主编 黄 冬

出版发行	福建教育出版社
	（福州市梦山路27号 邮编：350025 网址：www.fep.com.cn）
	编辑部电话：0591-83727542
	发行部电话：0591-83721876 87115073 010-62024258）
出 版 人	江金辉
印 刷	福建东南彩色印刷有限公司
	（福州市金山工业区 邮编：350002）
开 本	710毫米×1000毫米 1/16
印 张	26
字 数	398千字
版 次	2023年12月第1版 2023年12月第1次印刷
书 号	ISBN 978-7-5334-9795-8
定 价	79.00元

如发现本书印装质量问题，请向本社出版科（电话：0591-83726019）调换。

纪　念
思想家、教育家、音乐家
卫西琴先生

诞辰 140 周年（1882—2022）
来华 110 周年（1913—2023）
逝世 70 周年（1952—2022）

卫西琴（1882—1952）

卫西琴青年时代

图片来源：美国杨百翰大学图书馆藏海伦·斯诺遗存，内克曼先生提供。

卫西琴早期在北京（约1915—1916年）

图片来源：英国法纳姆创意艺术大学工艺美术研究中心档案馆藏陶艺大师伯纳德·利奇（Bernard Leach），遗存，内克曼先生提供。

卫西琴 1919 年在太原

图片来源：山西《来复报》（临时增刊）大成节纪念号，1919 年。

1920年卫西琴（前排中）与熊希龄（第一排左起第五人）、夫人朱其慧（前坐穿白衣者）及社会各界名流在北京香山静宜园

图片来源：北京香山慈幼院校友会编《熊希龄与香山慈幼院》，南开大学出版社2009年版。

卫西琴在太原山西外国文言学校时期（1920—1925 年）

图片来源：由内克曼先生提供。

1924年6月，北京女高师哲教系三年级全体学生欢送梁漱溟（中排左三）、卫中（中排左四）合影

图片来源：美国汉学家艾恺教授从梁漱溟的孙子梁钦宁处获赠，后转送内克曼先生，并由内克曼先生提供。

Dr. Alfred Westharp
卫中先生（原名卫西琴）

图片来源：《教育杂志》1927 年第 19 卷 11 期扉页。

卫中博士（卫西琴）

图片来源：黄警顽编《卫中博士新教育演讲集》，上海会文堂书局1931年版扉页。

卫西琴20世纪30年代在上海

图片来源：上海出版的英文报纸《大陆报》(*THE CHINA PRESS*)，1933年10月15日第4版。

卫西琴1936年冬在太原

图片来源：山西外国文言学校学生王玉堂之子王稚纯先生提供。

卫西琴 1939 年在日本

图片来源：卫西琴 1939 年 4 月在日本出版的文集，内克曼先生提供。

编者前言

2022—2023年中有三件卫西琴先生人生值得纪念的大事：诞辰140周年（1882—2022）、来华110周年（1913—2023）和逝世70周年（1952—2022），这也成为编印此书的重要缘起之一。卫西琴作为思想家、教育家、音乐家在民国时期文化教育界活跃了25年，曾经名噪一时。他发表不少"雷人"的主张和言论"颇为士林瞩目"，也引发了国内知识界诸多争议。但自他20世纪30年代末离华赴日后，他的名字和大量著述随之渐渐淡出了人们的记忆。我们想借此契机，把中国近现代史上的这个"边缘人物"，从被遗忘的角落唤出，以示追思悼念，正如卫西琴的学生、山西著名作家和诗人王玉堂所言："哲人其萎而亦可风示后世矣！"因此，本书首先可视作第一本卫西琴先生纪念集。

此纪念集是由百年来国内和国外对卫西琴在华期间生活和言行的各种介绍、回忆、评论和研究文章组成（共47篇），并冠以"谁人曾与评说"的标题，所以也是一本评论集。作为评论集自然会包含选录文章作者对卫西琴的各种评价。这些评价中包括有高度的赞扬，如："卫西琴以其卓越的智慧为人类教育提供了一个崭新的层次和开辟了一个崭新的境界……卫西琴在人类教育史上的功劳是不可磨灭的！"（高琳）有中肯的评论，如："卫氏是心理学的新理论家，但是可惜他没有把中国人的心理研讨明白。可惜他没有学着迎合中国人的心理！"（紫美）有观点截然相反的论断，如："卫西琴是一位与太原结缘持久的舶来教育家，一位促进中西文化交融的哲人。"（薛宝新）和"外国文言学校，这个学校的首领卫某人，就是个人所共知的大流氓……这样教育界的怪物不驱除，可以说是山西人的羞辱，也可以说是中国人的羞辱。"（冯沅君）有还带着特殊时代烙印的谨慎评语，如："他的思想无疑是属于资产阶级范畴的，但富有进步意义和进取精神。"（吉范五）欧美作者的评价反映出西方人的视角,既十分独特,且耐人寻味,如著名美国记者埃德加·斯诺将卫西琴看作"脾气古怪的德国教授……是个天才……是半个和尚,半个弥塞亚……是坚定的独身主义者……是个新行为主义者"。德国女汉学家郭嘉碧(G. Goldfuss)博士确信:"卫西琴是一个理想主义的、大度洒脱的疯子,一个刻板的、'乌托邦'式的教师。"德国汉学教授柯兰君(B. Gransow)女士则采用逆喻的手法给卫西琴贴上了三个有趣的"标签",她说:"如果要只用一句关键话语来形容卫西琴这个人物的话,恐怕只能用两极对立的方式才可想象:一个普鲁士的无政府主义者、一个儒家的传教士、一个务实的空想家。"这些迥然不同的正负面评价恰恰印证了莎士比亚的名言:"一千个读者眼中就会有一千个哈姆雷特。"另一方面,也足以反映出卫西琴这个历史人物基本特征的多重性和复杂性,而在编者看来,这也恰是了解和研究卫西琴的价值和难点之所在。

梁漱溟先生曾说,他从不肯随便乱恭维人,但他可以郑重地说,卫先生是他自己书里常说的"大人物"。所谓大人物,粗言之便是特别富有力量,爱从自己有活动的人——在罗素所谓富有创造冲动……大人物每每是生前为众人所摈弃,及其死后又推崇之,立铜像建碑建庙的。我们并无意推崇这位"大人物",也无法为其立铜像建碑建庙,而只想借机整理出从20世纪初至今人们笔下记述的卫西琴其人、其事、其思想,以使想要了解卫西琴的读者从众说纷纭之中抽丝剥茧,勾勒出自己心目中这个饱受争议的"大人物"形象。同时,也为逐渐增多的欲深入研究卫氏生平和学说的学者提供一本资料汇编,其中除历史文献外,还包括中外学者首次发表的最新研究成果,如《卫西琴与中国教育》《卫西琴生平及著述年表》《卫西琴论著及研究资料目录(中文部分)》以及12幅卫西琴存世的珍贵照片。尤其是我的老师和40多年的挚友、德国汉学家和日本学家内克曼先生,几年前查清了卫氏"出生之谜"和家庭背景,前不久又以杂文《卫西琴亡故之谜的破解》填补了卫西琴生平的另一大空白,解决了研究者长期以来的一大困惑。因此,本书也可视作一本重要的卫西琴研究资料集。

王国维《人间词话》云,古今之成大事业、大学问者,罔不经过三种之境界:"昨夜西风凋碧树。独上高楼,望尽天涯路。"此第一境界也。"衣带渐宽终不悔，为伊消得人憔悴。"此第二境界也。"众里寻他千百度，蓦然回首，那人却在，灯火阑珊处。"此第三境界也。卫西琴虽学识甚高，却未成就大事业，但他是否也经过了这三种境界，编者不敢妄下判断。然而，编者却在多年研究卫西琴生平和著作的过程中，对此三种境界，包括陆游的名句"山重水复疑无路，柳暗花明又一村"确实有过不少切身感悟和体验。这种感悟和体验成为了一种信念和动力，支撑并激励着编者过去和将来的求索——还原一个真实的卫西琴。

最后，我作为主编要向部分选录文章的作者，如德国的内克曼先生、柯兰君教授、郭嘉碧博士；国内的高琳、智效民、王稚纯、薛宝新、李霞霞等表示诚挚的感谢。他们不仅分别为本书提供了所著文章，还亲自与编者通过邮件、电话进行了交流和讨论，并提供了不少有关卫西琴的宝贵信息或资料。本书编辑过程中，在外文翻译和校对方面得到了我的发小和大学同学杨茂村先生（英文和日文）、苏州大学日语系的潘文东老师（日文）和上海法国外籍人员子女学校的马茜女士（法文）的真诚帮助；同时，离不开福建教育出版社的大力支持，特别是该社丁毅先生，他在华中师范大学读研究生时就对卫西琴颇感兴趣，多年来一直关注着我的研究工作，还协助查找过大量信息和资料，此次又亲自担任本书的责任编辑，所以理应在此一并致以衷心的感谢。

黄　冬
2023年3月于北京家中

目 录

一、1949年之前的评论文集

卫西琴《中国教育议》译者按/严　复 …………………………… 3
教育与卫西琴/易白沙 ……………………………………………… 4
卫西琴《新教育议》序/王云五 …………………………………… 11
记山西外国文言学校/陈儒康 ……………………………………… 15
参观山西外国文言学校/冯沅君 …………………………………… 18
与卫西琴谈东方文化/唐大圆 ……………………………………… 22
卫中先生的自述/卫中先生口述　张傲知笔记　梁漱溟笺释 …… 24
《卫中先生自述》题序/梁漱溟 …………………………………… 35
卫西琴教育主张及其办法/直生未是草 …………………………… 39
读卫西琴先生著作后所写札记/王维彻 …………………………… 43
介绍卫中先生的学说/梁漱溟 ……………………………………… 45
关于介绍卫西琴氏的一封信/紫　美 ……………………………… 53
听了卫中博士讲授以后/李邦栋 …………………………………… 57
随便请教卫中博士/黄菩生 ………………………………………… 60
卫中博士的"动"/霍斯奇 ………………………………………… 64
与卫中博士商榷/记　者 …………………………………………… 67
卫中论动的教育/朱秉国 …………………………………………… 84
卜算子·听卫西琴博士奏琴/王韶生 ……………………………… 91
卫中博士生平思想之我观/黄警顽 ………………………………… 92
卫中博士论声片及其他/斯　达 …………………………………… 97

1

谈音乐/梁漱溟 ·· 101
卫西琴与梅兰芳/佚　名 ·· 102

二、1949年之后相关纪念及研究文集

阎锡山开办山西外国文言学校/吴明焯 ························· 107
追忆往昔所了解的卫氏学说大意/梁漱溟 ····················· 117
卫西琴先生传略/梁漱溟 ·· 119
卫西琴论身心之间的关系/梁漱溟 ····························· 123
记山西外国文言学校/吉范五 ··································· 130
　　　附录　吉范五诗三首 ····································· 137
如何以中庸之道实施孔子之教
　　——卫中先生门下受业闻道追记/杜　为 ················ 138
山西外国文言学校回忆片段/王玉堂（冈夫）················· 164
山西外国文言学校/李棣华 ······································ 171
洋客卿主校政/长　弓 ··· 172
梁漱溟提倡的卫西琴教育思想
　　——探索人类教育的心泉/高　琳 ························ 174
卫西琴：梁漱溟唯一的外国朋友/智效民 ····················· 182
传教天涯：外语教学的舶来使者卫西琴/薛宝新 ············· 187
卫西琴与太原/刘伟波 ··· 192
卫西琴的音乐审美观与音乐教育观初探/李霞霞 ············· 194
陶行知与卫西琴/黄　冬 ·· 199
卫西琴研究状况及研究新探/黄　冬 ··························· 206
卫中与山西外国文言学校/王稚纯 ····························· 220
卫西琴
　　——一个被忘却的音乐家及其鲜为人知的音乐人生/黄　冬 ··· 227
卫西琴与中国教育/黄　冬 ······································ 237
卫西琴的教育思想及其影响/李　宁 ··························· 270

三、外国学者相关研究文集

卫西琴印象/［美］埃德加·斯诺（Edgar Snow）
　　　　　海伦·斯诺（Helen Foster Snow）……………… 283
关于卫西琴/［美］艾恺（Guy S. Alitto）…………………… 287
东西合璧的教育实验
　　——探寻卫西琴在华遗迹/［德］柯兰君（Bettina Gransow）著
　　　　　黄　冬译 ……………………………………… 290
一位亲华者坎坷的民国岁月
　　——音乐家暨教育家卫西琴/［德］郭嘉碧（Gabriele Goldfuss）著
　　　　　马　茜译 ……………………………………… 303
卫西琴亡故之谜的破解/［德］艾哈德·内克曼（Erhard Neckermann）著
　　　　　黄　冬译 ……………………………………… 333

附录

卫西琴生平及著述年表/［德］艾哈德·内克曼（Erhard Neckermann）　黄　冬
　　………………………………………………………… 338
卫西琴论著及研究资料目录（中文部分）/黄　冬 ………… 363

一

1949年之前的评论文集

卫西琴《中国教育议》译者按

严 复

吾与卫君始不相识也，近者来见辞气烦冤，谓其怀来将以救一国之亡，顾以所论投人，落落然徒见珊笑而莫又合，将欲转之为中国之文字，使见之者多，或能得吾之用意，则历数十百人无一焉能达吾恉者。吾旦暮将东旋，他无所恨，独惜此行无益于贵国耳。仆闻其语，适然惊疑，叩其所挟则出所书三四种，曰先生幸赐观览，有以教我，客去委之，不措意也。一日晨起，取其教育议而读之，愈读乃愈惊异。其所言虽不必尽合于吾意，顾极推尊孔氏，以异种殊化居数千载之后，若得其用心。中间如倡成己之说，以破仿效兴自由。谓教育之道，首官觉以达神明，以合于姚江知行合一之旨，真今日无弃之言也。乃缄告知曰，愿且住勿便去，吾将为子译之。盖其言虽未必今日教育家之所能用，顾使天下好学深思之人，知有此议以之详审见行之法短长。其益吾国已为不少，孟德斯鸠不云乎，立宪之民，不必其能决事也，但使于国事一一向心脑中作一旋转，便已至佳。惟卫君愿宏，若仆之所求，则不过如是而已。

录自于《庸言》杂志1914年第2卷第3期，第1—2页。

【作者简介】严复（1854—1921），原名宗光，字又陵，后改名复，字几道，生于福建省侯官县（今福建福州）。近代极具影响力的启蒙思想家，著名的翻译家、教育家，新法家代表人物。

教育与卫西琴

易白沙

英人卫西琴著《中国教育议》一篇，严几道译之，揭诸《庸言报》二十七及二十八两期，称为今日无弃之言，有益吾国不少。卫氏之论尊崇孔子，主张中国教育惟须发挥孔子之精神，不必取法欧、美，蹈日本之后尘，失独立之本性。其用心近于公允，立法似乎平善易行。严氏译其文，欲以定今日教育之指针，则严氏已极惊伟，叹为岐山之凤音。鼓舞之情，流露于译文，殆禹闻善言则拜之意也。

卫氏以殊绝万里外之哲人，反复推尊中国孔子，心存千载之上，眼观百世之后，发为谠言，足以招黄魂，神州四百兆主民，无不食其嘉赐，宜为严氏所击节叹赏也。然愚者之虑，不在此而在彼。今日中国行政、立法，无不曰本之历史之特性、地理之特性、风俗习惯之特性，将来教育之设施，更不能须臾离此特性，必不待问。观日取消留学生于海外，停办学校于国内，直以教育与革命党混合为一问题，视欧化之教育即革命之教育，是教育本此特性而排欧化，已渐渐见诸事实。卫氏倡议不自我先，不自我后，恍惚如阳鸟之随气候而来，奔走燕都，挟尊孔之道，以干当世。今之燕都，实发挥吾国特性之中心也，尊孔云云，久已司空见惯。今卫氏曰"孔子之道，大于一也，其宇宙一之符也"。往者予为社论，发明此一之义，标其曰"北京"，则此一者，意北京尚克有之。此仅如群蛙喧夜之中，增一蚯蚓之吟暗而已矣。愚读其文，深惜此西山之凤鸣非其时耳。

虽然，卫氏之言，因全国上下心理之趋向而言者也，严译亦因全国上下心理之趋向而译者也。言者译者，既合于全国心理之趋向，其影响所及，可以推知。政府更将持之有故，以号于国曰：排欧化非仅中国之特性，即西人亦有焉，彼西方明哲，且期期以为不可，吾反弃吾之特性，以效颦于人之所唾弃，岂非大愚？此论一出，势必反吾国于闭关时代。平情论之，中国近日何尝一实行欧美之教育耶？又今日而言教育之法，除效法欧美外，尚何所适从耶？愚为此言，非谓吾之国粹不当保存也。保存国粹为一事，施行新教育又为一事，二者宜交倚而并行，不当执一以相慢。今从卫说，是其不及，与言欧化者之太过，厥弊维均矣，果得称为知理之言乎？卫氏居日本久，日人为愚言，彼实一富于僻性之音乐家，尝著论推言日本之琴为世界良乐第一。即此以推，其他可见。愚敢言卫氏不知中国，亦不知日本。吾之声名文物，孔子而外，群彦犹多，固可以言独立教育。即如印度，佛学昌明，理无不备，尤具有独立之资格者也。至于日本，本无所有，不法西方，即法中国，不法中国，即法印度，无往而不失其独立之本性，有何国粹销沉之可言？日本教育之弊，在锢于形质，阙于精神，不在独立与依傍。锢于形质为一问题，依傍又为一问题，本无独立之可言，而必以此相责，是犹禁小儿之学语，而勉其终身为呱呱之啼。独立之议，失日本之情也。若在中国，孔子与教育，亦属两事。孔子为教育之一部，而非教育之全体，此非孔子之小，实中国教育范围之大也。卫氏欲尊中国教育，乃以孔子包括之，反卑视中国之教育矣。兹本此意，以为商榷可乎？

中国之教育，与孔子之教育，不可淆混。夏曰校，殷曰序，周曰庠，皆政府所立之学校。司徒因民性之殊，施十有二教，小司徒掌邦之教法。乡师治教于乡，州长治教于州，党正治教于党。鼓人教声乐，舞师教兵舞，师氏教三德三行，保氏教六艺六仪。教育之权，政府操之，教育之事，官吏授之。其制则国学为大学，乡为中学，党为小学，塾为家学。其事则上而礼乐射御书数，下而稼穑树艺饬材，《考工记》：审曲面执，以饬五材，以辨民器。谓之百工。皆掌于司教之官。《管子》之《弟子职》，《小戴》之《曲礼》，尤见古人小学教育之精粹。故国无失教之民，即民无失业之事。上焉者德行道艺，登于贤能之书，其次犹不失为耕战之民。孙仲容氏尝考古代教育之制曰：自王世子公卿大夫之子，洎夫邦国所贡，乡遂所进，贤能之士咸造焉；旁及宿卫士庶子，六军之士，亦皆辈作辈学。以德行道艺相切劘，乡遂则有乡学六，州学三十，党学百有五十。遂之属别则如乡，盖甸郊之内，距王城不过二百里，其为学辜较已三百七十有奇，而郊里及甸公邑之学，尚不与此数。推之

5

削县置之公邑采邑，远及于畿外邦国，其学盖十百倍蓰于是，无虑大数，九州之内，当共有学数万。读孙氏之说，可知周时教育之普及，声名文物，粲然大备，为中国学术极盛之时期，岂偶然哉？

以上所言，中国之教育也，而非孔子之教育也。周室既衰，诸侯强大，日以愚民为事，恶典籍之害己而去之，焚书之祸，自不始于秦孝公。教官失职，诸子云起，各以所学为教，于是由政府之教育，变为平民之教育。孔子弟子三千，通六艺者七十人。孟子从者数十人。墨子弟子，能持守圉之器以待寇者三百人。列御寇弟子，同行见南郭子者四十人。许行之徒，为神农之言者数十人。当时诸子，各以平民代政府之职，讲学之盛，风猋云疾，开中国未有之局。诸子之中，最有势力为儒、墨、道三派。天下之言，不归杨则归墨，不归墨则归儒。孔丘、墨翟，无地而为君，无官而为长，天下丈夫女子，莫不延颈举踵，而愿安利之。三派之教育，已遍布于中国，然所学各异，其施教之道亦殊。试先言道家、墨家之教育。道家如关尹、老聃、杨朱、列御寇、庄周，皆为大师，其动若水，其静若镜，澹然独与天地精神往来，为神明最完满之教育。流为人世之学，则管、晏、申、韩，以神明之教，富国强兵，开张四维。道家教育，贵自食其力，上可以保全廉耻，逍遥物外，非卿相之禄所能诱；下可以仰事俯畜，免于饥寒，不为失业之游民；尤不言迷信。老子曰：以道莅天下，其鬼不神。韩非解之曰：人处疾则贵医，有祸则畏鬼。圣人在上，则民少欲；民少欲，则血气治而举动理；血气治而举动理，则少祸害。夫内无痤疽瘅痔之害，而外无刑罚法诛之祸者，其轻恬鬼神也甚。列子亦言土无扎伤，人无夭恶，物无疵厉，鬼无灵响。管子亦言牺牲珪璧，不足以享鬼神。韩非竟以事鬼神、好祭祀为亡国之征。此皆道家之教育力破迷信者也。墨家以墨翟、禽滑厘、宋钘、尹文诸子为大师，其教育随地因人而说法。国家昏乱，则语之尚贤、尚同；国家贫，则语之节用、节葬国家憙音湛湎，则语之非乐、非命；国家淫僻无礼，则语之尊天、事鬼；国家务夺侵凌，则语之兼爱、非攻。盖其教育宗旨，专在矫弊，虽偏于迷信，重于物质，然读其修身之论，恬澹冲远。神明之学，出于道家，因不欲以此为教，非不知也。墨家教育，不贵自救，故曰弟子虽饥，不忘天下；又曰一农之耕，分诸天下，不能人得一升粟，其精神专备世之急。赴汤蹈火，死不旋踵，任侠好义，而绝私斗，精于制器，手不离规巨，故以巨子为圣人。《经上》《经说》上、下数篇，言光学重学之理，最重者为守圉之器。刻木为鸢，飞三日而不集。刘三寸之木为车辖，而引五十石之重，皆以备守城之用。专欲守小国以阻强邻，实行其非攻之说。其教育为天下所延颈举踵，即以此也。此道家、墨家教育之大略也。彼各具有特长之精神，一为神明，一为物质，孔子不能范围之。

孔子之教，与道、墨殊。不言食力，故不如农圃；不言迷信，故未能事鬼；不言遁世，故干七十二君；不言战争，故未学军旅之事。然儒家教育，实分二种，一为大人之教，一为小人之教。大人者治人，小人者治于人，如上所言，皆治人之教育。其弟子上可以为天子诸侯，下可以为卿相。《说苑》曰：孔子言，雍也可使南面。南面者，天子也。《盐铁论》曰：七十子皆诸侯卿相之才，可南面者数人。是儒家且有帝王思想。孔子常言为东周，欲应公山弗扰之召，而不嫌其叛；又曰文王既没，文不在兹乎？是明以文王自任。后人处专制时代，不敢公言南面之志，往往以王佐尊之，岂不厚诬孔子？孔子施教之魄力大于道家，救民之政策优于墨家。道家谦下，似近于怯；墨家勤劳，尤过于苦。孔子斟酌二家之间，得乎中庸之道，志在救民，非如野心者之囊橐天下，何嫌何疑，而必讳此南面之说乎！孔子以后，有二大儒，一为荀子，一为孟子。荀子常自谓德若尧、禹，宜为帝王，遗言余教，足以为天下法式表仪，所存者神，所过者化。孟子言五百年必有王者兴，以其时考之则可矣；又言如欲平治天下，当今之世，舍我其谁？是孟、荀二子，均有帝王之思。后人慑于专制，不敢明言，微言大义，沉没久矣。此儒家治人之教育，已见于实行者。其治于人之教育，如不言农圃，而曰富庶。又曰：黎民不饥不寒，然而不王者，未之有也。不言迷信，而慎终追远，祭必其鬼；不言遁世，而箪食瓢饮，舒陋巷之乐，曲肱而枕，抗浮云之情；不学军旅，而言无敌于天下。教民于七年，皆为治于人之教育所不可缺也。观其三月学韶，不知食味，暮春风浴，独与点也。佩乎尘埃之表，醇然礼乐之怀，辅以道家之神明、墨家之物质，是诚中国一完全之教育。若卫氏欲施汉武帝、董仲舒之术，举儒家以抹杀诸子，非真知中国之教育也。请再言其排斥欧化之误。

卫氏曰："中国富于神明而贫于物质者也，欧美优于物质而劣于神明者也。……今者以富于神明之中国，转而学物质之新知于西人，则教育之方，与所以为统系者，自不能无甚繁之缔造。"由此之说，卫氏又未尝为绝端反对欧化之词也。朱子谓教如扶醉人，扶得东来西又倒。此实有验之言。优于神明者必劣于物质，富于物质者必贫于神明。圣人无全能，万物无全用，一群之精力，未可兼进。闭关时代，世界之学术未交换也，然教育当因时势而定方针。大同之世，神明之教育，可以战胜物质，故必趋重神明。竞争之世，物质之教育，反能战胜神明，故必趋重物质。今日世界之潮流为竞争，中国之地位为危亡。若以危亡之邦，当竞争之世，若犹专言神明，遗弃物质，是诵《孝经》而欲退黄巾之寇也。富于神明之国，不仅不能拒优于物质之国也。昔者西罗马灭于羗特，东罗马灭于突厥，印度灭于莫卧尔，中国一灭于蒙古，再灭于满洲。夫羗特、突厥、莫卧尔、蒙古、满洲，皆不得为完全之国家，更无物质之可言，乃反为彼之臣妾奴隶，近而数十年，远而数百年之久，然后恢复，岂非以野蛮社会征服文明社会者乎？今更引首一瞻，列强较诸野蛮社会，其强弱相去几何？以神明最富之邦家，不能拒野人之蹂躏，乃欲持此以争存于今，吾思至此，不禁憯憛凄惨，忧塞产而不释矣。

吾为此言，非谓神明不足贵，特以不能与物质奋斗也。形而上者谓之道，形而下者谓之器。道为神明，器为物质。以学术论，则有上下之别；以竞争论，则道必赖器而后存。神明者，非一国所私也。国有存亡，神明无存亡；国有中外，神明无中外。我不保其神明，而为他人所保，神明亦去而之他，故必取西人之物质以保神明，而后神明永为我有。试观中华民国之神明，较周秦之神明，其相去之程何如耶？岂得曰吾神明之退化，因法西欧物质所致乎？又试观日本今日之神明，较五十年前之神明，其相去之程何如耶？雕题墨齿之状渐除，男女同浴之俗已革，岂得曰其神明之进化，非法西欧物质所致乎？日本古无神明，今藉物质以灌输之，为幼稚时期，而非老大时期。外人之责日本，失之过苛，日人之自责，又适所以自诩，皆非中情之论也。中国若趋重物质，则神明将发展于无涯之域。心理之关于外界，至密且深焉，而岂相妨者耶？

卫氏更论教育之本，而及于婚娶之制曰："为中国计，不必去多妻，而用回族之多妻法可矣。……如法国医学士吕滂尝决然曰：公然之多妻，善于伪饰之一妻矣。是故公然准其多妻，而去旧有之妾制，则虽多妻，而非多妻，是谓择对自由。择对自由，道德上之必要也。"此诚逢恶不法之谈，利用吾社会之恶心理，以欺我者也。其言愚人之所惊，强暴者之所欲出而未敢者也。尝考一夫多妻、一夫一妻、多夫一妻三制者，其初皆视男女生产之数而成。此原人之遗俗，而兽禽配合之道也。一夫多妻者，女多于男之国也；一夫一妻者，男女相均之国也；多夫一妻者，女少于男之国也。中国多妻之制，亦以女多。《周礼·职方氏》载：扬州之民，二男五女；荆州之民，一男二女；豫州之民，二男三女；青外之民，二男二女；兖州之民，二男三女；雍州之民，三男二女；幽州之民，一男三女；冀州之民，五男三女；并州之民，二男三女。统计九州，产女仍多于男，故黄帝制礼以来，即行多妻之制。郑司农《内宰注》：王之妃百二十人，后一人，夫人三人，嫔九人，世妇二十七人，女御八十一人。黄梨洲斥其《注》为诲淫，此倡人道之说耳。征诸当日社会，《郑注》实未有误。墨子言今之君，其畜私也，大国拘女累千，小国累百，是以天下之男，多寡无妻，女多拘无夫。春秋以下，变本加厉，国君拘女累千，后世天子且有以出其宫中美人数千，为治平之事者。中国多妻之至于此极，诚世界所未有，故社会贱女而贵男，《诗》言弄璋、弄瓦，古之风俗，可以概见。《韩非》曰：父母之于子也，产男则相贺，产女则杀之。则战国已行杀女之恶俗。流毒至今，恶习尚存。女子经社会数千载之摧残，中国最近人口之统计，已不能多于男子。据最近人口调查，东南有一二省，女子之数，尚略低于男子。虽不必确，亦可略推，则男女之数渐趋于平。而多妻之制，仍不可除者，则生计问题为之也。富者贵者多妻，而贫者贱者无妻也，是无异夺人之妻以为妻。卫氏以为于道德为必要，果何说乎？即女多于男矣，而化民成俗，犹当使一部分之女子不嫁，助其独立，使之自营；即男子亦当定为法律上道德上种种限制，不使人人得妻，以致失教之童，遍于全国，不具之种，遗于累代，坏人心而害风俗，隳人格而妨治道，政治、教育二者均无下手之方。是妻且不可，何有于多，一之为甚，又焉可再？英吉利者，亦女多于男之国也，徒以严守耶苏一妻之训，深取马查士人口之义，婚姻之制确立，道德之心极重，而治隆俗美，冠冕全球。卫为英人，胡得无觌，而乃下乔木而入幽谷，舍钧天而取郑卫，何耶？夫吾国中人以上莫不多妻，资愈足则妻愈夥，以是寄孽淫奔之事层见迭出。与为比例，倘如吕滂之言而反之，公然之多妻，胜于伪饰之一妻，是伪饰之一夫，亦不若公然之多夫，然耶？夫卫氏亦注意于生殖器之疾病矣，抑知吾国此疾，果胡自来乎？彼之言曰："在华诸西医亦云，中国都会，生殖器病已见日滋，能于教育中设法阻止，乃讲公众卫生者之天职也。故此亦民国今日之要政。"一面防止生殖器病，一面提倡多妻，岂非大愚不灵者乎！此抱薪救火之喻，南辕北辙之词，又焉足形容其颠倒错乱之致矣乎？教育中设法阻止云云，兹阻止者，方略果何似乎？呜呼！古人有言，妻、子具而孝衰于亲，嗜欲得而信衰于友，爵禄重而忠衰于君。嗜欲、爵禄，亦何尝别于妻、子，是人之道德事业，无不因妻、子而衰。故英之女皇额里查白终身不嫁，曰以英吉利为夫。意相嘉富尔终身不娶，曰以意大利为妻。神禹治水，过门不入；释家救世，首重不昏。妻、子有碍于功业，东西哲人，莫不为戒。而卫氏当中国存亡危急之秋，大倡多妻之制，是诚何心哉？或曰，北京政客无不畜妾，无不僭拟其妻，故卫氏多妻之说生焉。呜呼！国之将亡，必有妖孽，此殆妖孽也欤！

卫氏又有一言，已成事实，则所谓选派东方名宿硕师，使议独立教育之统系也。今名宿之最著者，莫若湘之王湘绮。总统促之出山，任史馆之职，以历史尤关于教育，非得老宿，莫能胜任。最近沪报载其史馆人员资格，一必须翰林，一必有辫。征诸王先生平昔言行，当无不确。王先生虽食民国之粟，辫发固存，有目者莫不见之。陶然亭之会，翰林翩翩，至者五十，书蝇头五古之诗，沉吟圣清，复科举时代双抬之格式。教育独立，已肇萌芽，影响所及，全国披靡，假以岁月，此种教育，不难成一独立之统系。王先生尝立议天子迁都咸阳，则夷人自服，不待言和。以若所为，求若所欲，卫氏以为较无危险者，愚则不敢与知。悲夫，悲夫！铺糟歠醨以酬其醉，淈泥扬波以荡其浊，不图西人之子，亦能与世推移也！

录自于陈先初编：《易白沙集》，湖南人民出版社2008年版，第1—9页；原载于《甲寅》第一卷第二号（1914年6月10日）。

【作者简介】易白沙（1886—1921），新文化运动的悍将，曾在湖南省立第一师范、天津南开大学、上海复旦大学任教。1915年《新青年》创刊不久，他就发表了《孔子平议》等文章，率先揭开了五四新文化运动时期批孔的序幕，并对新文化运动产生了深远影响。后因对时局深感绝望，遂于1921年端午节在广东新会蹈海自尽，以死报国，年仅35岁。

卫西琴《新教育议》序

王云五

　　卫西琴博士撰新教育议成，属云五为之移译；既藏事，卫君坚请述意为序其端，不获以不文辞，则为之言曰：吾国废科举，兴学校，十有余年矣。全国学子，在理宜多所成就，蔚为国华。顾征之事实，匪独无成绩可言，且有退无进焉。论者訾之，辄曰教育之未普及。是说也，不能无疑。

　　夫教育之道，非徒具形式，遂能尽其体事也。苟学骛于虚，无裨实用；即幸能普及，于国于己，究何益乎？试取历年兴学成绩观之，专门大学所造就者，大都以官吏为生涯；小学校所设施者，则又不足以餍国人期望，多不肯使其子弟入焉。他如仅受普通教育之学子，既无独立技能，复耻于劳动生活，其结果每成为社会上之一种高等游民。嗟乎！往者如是，来者可知；长此不变，何堪设想？

　　今对于高等学生之猎官趋向，辄归咎于社会之实业薄弱，不足以容纳人材；而不知社会状况初非固定不可转移者。苟一般专门学子咸有独立精神，实用思想，何尝不可出其所学，兴起种种实业，以为新社会之倡导？使富豪之家，皆直接或间接被实用教育之影响，又何尝不可出其资财，经营种种实业，以利用所有之人材？是则所谓猎官趋向之因由，非实业之不兴，乃教育之未善，盖彰彰矣。

　　至对于小学教育之未发达，论者几百口一舌，归咎于人民生计困难，与国家之未加强迫。而不知学问本以裕生计，非以妨生计；教育所以应要求，非以待强迫。人情无不爱其子弟者，亦无不望子弟能营生计者。中人以下除令子弟从事于家世相承之生计外，无不使就师学艺者。由是推论，假令有一种良善教育，既足训练其身心，使成健全之人格，更能教授以技能，使为生计之扩充，其有不舍简陋单纯之习艺，而采此完善精纯之教育者乎？无如我国积习相沿，歧学问生计而二之。为学问者群趋于虚名；营生计者，遂甘于固陋。降至今日，综全国学校计之，非失之过旧，未合时势之要求，即失诸过新，大悖固有之国情；而去实骛名，则彼此同出一辙。至使国人心理，除爱慕虚名者外，类视学校教育为无补生计之奢侈行为。嗟乎！如是之教育，犹幸国家之未加强迫耳；否则，彼贫苦细民对于子弟之被迫入学，有不视若特别徭役者乎？夫人民至以入学为徭役，则教育本意尽失，其收效尚可望耶？

更就中等教育观察。吾国学制之大误在以旁系学校而代正系学校，故普通学校多，而专科学校少。除国民学校为根本教育不计外，自高等小学以迄大学预科毕业，前后共十年，皆为普通教育。虽高小毕业有甲种实业学校可升，中学毕业有专门学校可入，然甲种实业学校与专门学校皆列旁系，大学预科与中学校独列正系；国家之规定既殊，人民之蕲向自异。加以甲种实业学校未能遍设，不足以应高小毕业生之升学，故其功用更不免为中学校所剥夺。他如专门学校，方诸大学预科，虽设置较广，然同此中学，一方面既以完足普通教育为目的，他方面又为专门学校及大学预科之预备，其不能兼善，势所必然。今兹专门学校大都另设预科，而各地中学毕业生能与大学预科衔接者，颇不多觏。故就实际而论，中学校之预备功用，殆不甚彰，仅成为完足普通教育之独立阶段而已。夫以普通教育而列正系学校中最要之位置，虽得多数之普通人材，而实业教育之被其影响，盖亦不鲜矣。况吾国教育风气，贵虚名而贱力役，甫入学校即已自视甚高，更受中等教育，则数千年流传之士人阶级，遂深印于脑而牢不可破，所谓神圣劳动天职已置诸度外，舍更进而至专门外，殆不复有相当职业以容纳其身。此高等游民所以日见其多于今日之社会也。

夫欧美诸强，普通学校非不多也，然其与实业学校专门学校之比例，则视吾国相去至远。其寻常普通学校毕业者，大都转入各种实业学校，其就学高等普通学校者，亦必以升入专门大学为目的。则其社会之生计发达，物质文明远驾吾国而上之，良有以也。今吾国轻其所重，重其所轻，尚何怪贫弱之不日甚耶！

以上各端，仅就现行教育对于国民生计之有害无利者言之；他如国粹之衰，士风之坏，习尚之浮，道德之薄，种种窳弊，更仆难数，虽未必皆缘现行教育而来，然现行教育之不能矫而正之，固无所庸其讳也。海内明达之士，远观近瞩，未尝不殚精竭智，思有以革新教育，使臻于完善之域；即教育当局亦多不满于目前现状，详征博采，日惟补救是谋，今日建一议，明日下一令，虽不乏善策良规，无如枝节为之，终无关于宏旨，故十年来屡欲改良之教育，卒无异于畴昔，及今而不从事根本改革，则后之视今，又何以异于今之视昔乎？

今卫君所著新教育议，于吾国教育革新之策，独能见其远大；纵其言不必为今日教育家采用，然其主张则固根本之图也。吾国今日教育之大病，在不能骛实：彼小学校未能发达，由于施教之不骛实也；彼专门人才未能独立设施，与中等生徒无所归纳，由于为学之不骛实也。更进之，国粹之衰，士风之坏，习尚之浮，道德之薄，亦莫非不骛实之趋向有以致之。今卫君之言教育，以心灵为里，以力役为表，以国粹为体，以科学为用，以成己为源，以成物为流；何切中时弊之甚耶！

夫心灵者创作之枢纽，力役者实行之践履，国粹者文化之始基，科学者进步之轨道，成己者为人之正则，成物者处世之要图；诚能本此主旨，岂徒骛虚之弊可以袪除，将见学风丕变，国本巩固，而创作之发，且未可量也。观其实施教育所分三级，第一级注重官觉训练，心灵启迪，以养成可教之儿童；第二级注重普通智识，力役操作，以养成有用之国民；第三级别为职业教育与人材教育两途，以期人人各尽所长，各得其所。窃以为如是分类虽未必至当而不可更易，然以较现行学制，其优胜约有数端。如专门学子夙受各级实用教育，必能独立展其所长，不致蹈今日猎官之覆辙，其优胜一也。小学教育注重实用，则观感所致，入学者必日见其多，而无待于行政之强迫，其优胜二也。普通教育年限甚短，预备教育仅施诸第三级之人材教育，既不致因普通而妨碍专门，亦不致徒预备而难期深造；十龄以前同受根本教育，十龄以后则因生徒境地而别为两途，一以应普通国民之要求，一以供优秀学子之研究，既不使半途而废，亦不致学非所用，现行中学教育不良之结果皆可免除，其优胜三也。大学之法，禁于未发之谓预，知之可之谓时，今卫君之第一级教育将于甚稚之年，防恶习之濡染，导心灵之发展，较现行学制之时过而后学者实有进焉，其优胜四也。孟子曰，人性无不善也，水性无不就下也，又曰禹之治水，水之道也；今卫君主张之教法，在顺儿童之善性，以浚启其心灵，盖深得治水之道，视现行教育固有别之，其优胜五也。

抑尤有进者，人类创作之性，赋自生初；浸因习俗不良，教育未善，致戕贼殆尽。今欲恢复而扩张之，当自甚稚之年从事训练，尤当于日常生活随时训练。近世欧洲教育家有蒙的梭里其人者，参以医学生理之经验，创为一种新教育，其目的在恢复人类创作之性而发展之，使内部良能变而为力役良能，以施诸实用，今其法在欧美诸国渐见采行，成效颇著。卫君本其心理学专家之卓识，与蒙氏多所商榷，斟酌蒙说得失，以成独立主张，较蒙氏有进者厥有二端：一则蒙氏之法仅施诸三龄至六龄儿童，卫君独能以深远眼光扩而充之，使贯彻于全系教育；二则蒙氏之法专为欧洲儿童而设，卫君独能以我孔孟之道变而通之，使适于吾国个性。此则吾所拳拳服膺而不惮为之阐扬者也，虽然，卫君之说甚创，即卫君亦谦冲而云未敢自信也，特其大体主张实切中吾国今日教育界痼疾之良药；世有明达果断之良医取而试之，吾信其容有瘳也。

民国五年三月王云五识。

录自于《王云五文集·贰（上册）》，江西教育出版社2013年版，第6—10页；原载于《教育公报》1916年第7期，第1—4页。

【作者简介】王云五（1888—1979），名鸿桢，字日祥，号岫庐，笔名出岫、之瑞、龙倦飞、龙一江等。广东香山（今中山）人，出生于上海。1907年春任振群学社社长。1909年任闸北留美预备学堂教务长，1912年底任北京英文《民主报》主编及北京大学、国民大学、中国公学大学部等英语教授。1921年，由胡适推荐到商务印书馆编译所工作，后任商务印书馆总经理，在商务印书馆供职25年。1949年迁居香港，1951年定居台湾。

记山西外国文言学校

陈儒康

阳历二月八号，我在大学日刊看见蔡校长的启事说山西外国文言学校教务主任卫中先生托他帮聘一位法文教习。本校同人如有愿意去的，可从速将名字送到校长室，我就将我的名字送去了。不过两天，蔡校长就替我告诉了卫先生，说我愿意担任的话。回来卫先生在给校长信说是可以，并且要我直接同他通信。我同他通信以后，不到一个礼拜，他又来信说他很盼望我去帮助他，还催我早些动身。他的信既然说的那样恳切，我想他是一个外国人，替中国人办事还这样热心，我就该当去帮助他。所以我回他的信说我三月二十四日动身。

我未到文言学校的前几天，满腔都是热血，颇想在教育界尽我一分子的力；但是一到了文言学校以后，觉得遍身都麻木了。为什么呢？文言学校的办法是一味复古，教授外国文的法子简直完全采取番菜馆制度。我在那里一共住了十几天，实在看不惯，我就说我有事要回北京，耽搁几天，本月十一号我就回来了。现在我将这十几天里头亲自看到的情形仿照日记的样子写出来，给留心教育诸君作点材料。

三月二十四日晚上我从北京动身，二十五日午后到了太原，二十六日我就到卫先生宅里去会他，卫先生穿中国衣服，说中国话，彼此客气了一阵，又谈了一会，他就请我同他到学堂去参观。这学堂的地点在布弓街，原来都是些旧民房改建的，布弓街算在学堂的中间，街以南的叫做南院，街以北的叫做北院。一院里头分几班，一班叫做一灶，因为各班各开伙食，学生共有七班，一共就有七灶。我们参观完了上课，再参观他们吃饭，我起初以为另有食堂，回来只看到学生在课堂上搬桌子，我问卫先生他们要做什么，卫先生说开饭。我才明白他们搬桌子是因为书桌太小，所以才把他两张并一张。

并合桌子以后，铺上一张油布，由学生自到厨房，搬取食物，吃完了，仍由学生搬回厨房。歇了一会，卫先生又同我去参观舞蹈，卫先生告诉我说学堂的功课共总是：外国文会话、篆字、音乐、中文，我们到了上课地方，看见有一位乡下人，手里拿着两根棍子，两旁围着一群学生，有的拿树条，有的拿木片。乡下人呼喝一声，学生也就和他一声，他比一个架势，学生也跟着比一个架势，左旋右转，我起初还当作是山西新发明的跳舞，后来仔细一想，才知他们要学中国的古舞。（现在祭孔还用的，不过手里拿的家伙不同），我看他们舞完了，我就自回栈房去了。

二十七到三十号，这几天因为教员卧室还不曾修理完，我也就没有去上课，不过有时还去走走。三十一号，我才搬进去，卫先生叮咛我说我们学堂的教授外国文的法子不要写出外国字，并且现在只教会话，假如学生不能记忆声音，只可叫他们用中国字注音。我以前并不知道这么一个新教授法，而且我也不知道用这个法子将来会得甚么结果，所以当时我虽然怀疑，却没有和他辩论。到了课堂，我就问学生以前学过多少时间的法文，他们说是三个月。我问用什么法子。他们说新法子。我又再考察他们的程度连 Bonjour（请安）二字能说好的也没有几个。我这时候就有些怀疑卫先生的教授法。但是我又想或者他们以前没有认真，现在且不管他，教两天再看罢。

文言学校的功课表是每天排的，上课的时间并不摇铃，由各教习照自己的表行事。我起初便觉得很不惯，而且常常这个教习还没有下堂，旁的教习已经来等着。我还记得有一天，我正上法文，忽然来了一个人，抱了十几支箫。我问他干什么。学生告诉我，说他是吹箫教习。我说还不到时间呢。他说我看了表来的。我恐怕我的表当真慢了，我也就下堂了。其实后来我往教务处去对，却是一分不差。

文言学校的中文共分：写信、礼记、古诗、故事，都是很重要的功课。常常是五班合作一班上。大讲堂在南院，我在北院，遇有上列的功课和篆字教习都要率领学生各搬凳子穿过布弓街一同去听。这些功课表面上是教习的事；实际上每一堂都是卫先生的演说。单说礼记罢，也是卫先生有一次演说，有一位中文教习在礼记上找出一句"君子以道制欲，小人以欲制道"说卫先生的话与这句暗合。卫先生高兴得很，就叫学生必须读礼记。卫先生又常常把这句书演绎出来，说是中国人喜欢外国的学问，羡慕外国的文明，把自己顶古顶好的学问都遗失了，这就叫不能以道制欲。

至于篆字，也是先由中文教习替他写出一篆一楷，由他去解释。从一号到八号，都是讲水字。他说篆文的水字，和真的水是一样，可见得造字时代的人心还诚朴。至于楷字，就简直不像，再说那一钩更不合道理。哪有水可以倒流的。可见当时的人心已经坏了。

从一号起，我因为遵守卫先生的教授法，也没有教字母，也没有教拼音。过了好几天还不见得有甚么进步，学生们都要求我想法子。我说法子尽有，就恐怕和卫先生的意见不合，后来又想我既是教习，多少总得有点主张，纵然我的主张和他的意见有不同的地方，彼此还可以通融辩理。想到这里，我就决定了主意，把字母教给他们。到了第二堂，卫先生照例来查堂，看见了学生的本子上有外国字母，当着我就把它撕了。我心里一时窘恼，便质问他为甚么原故，他说写字母就违背了我的教授法。我说法文是我教的，为甚么一定要用你的教授法。他说这个办法，全堂都是一致的。我说既然如此，鄙人就敬谢不敏，你另请高明罢。卫先生待他的属下，本来很严厉，忽然听了我这话似乎有点忿激，也就改变了态度和我说了好些个不要紧，他就自回家去了。到了第二天一早，我就着人送信给他，说我有事要回北京，这封信大约他还没有接到，他又来个命令，叫我替他代课，并且申明不要教字母，不要教生书。我想你既请我帮忙，你为甚么还要命令我，况且昨天的事，我还不了然呢。我就去告诉那班学生，叫他们自习。不到一点钟，他又来了一封信，责备我为甚么旷课，为甚么不向他请假。我回复他说：我现在要回北京，耽搁几天，现在没有功夫上课，我的语气非常强硬。他也知道除了让我走以外，别无办法，晚上就派人来接替。第二天我就动身回来了。

论我回来最大的原因，自然是教授法的冲突。还有呢，就是无论什么事，卫先生说话都用命令状。譬如合班的讲堂，每一次下课，卫先生都要下命令：某教习先走，某教习后走，每点钟的走法，都各不同。其次教员对于学生，连准假的权都没有；就是教习出门，也得要向卫先生请假。这些法律，没有一条不侵犯我的自由，为保全我的人格起见，我也不能不走。那撕课本的事情，不过是个导火线，还算不得是主因呢。

原载于《北京大学日刊》，1920年4月17日第584号，第2—3版。

【作者简介】陈儒康（1894—1933），即陈学池，字儒康，四川乐山人，1916—1919年就读北京大学预科，1919—1923年在北京大学经济系学习，其间加入过李大钊倡导成立的"北大社会主义研究会"，毕业后返回四川主编《大中华日报》，后在四川军阀刘湘政府供职。

参观山西外国文言学校[*]

冯沅君

出工业学校后，即往参观外国文言学校，该校在山西学校中，是久以特别著称的。在我未到参观之前，我总幻想着校舍建筑是怎样宽敞壮观，教师是怎样循循善诱，学生是怎样活泼，设备是怎样完全，起居饮食是怎样合适，甚至花儿是怎样开，草儿怎样长，都一一用我平素经验过而以为优美的构造出来。不想事实上却大谬不然，还没进这个学校的门我已失望了。这话怎样说呢？原来该校的地址，据工业专门学校的校长所告诉我们的，是在育才馆后，哪知一走进这个街口，就看见两三个挂外国文言学校的招牌的门，我们生人到此，宛如到曹孟德的疑冢里，不知哪个是真的了。最后我们决定到个门头比较大点的门下车，谁知那门一问，却是个后门，前门却是有军队驻扎那个，必先穿过第七团的营盘，方才望见其门墙，这种兵学合处的教育，我真不曾见过。这还罢了，到客厅一看，中间摆了一张方桌，右首放一张大炕，所有的椅子，统统是大红的，我走进时只以为是个衰败的绅士家中的客堂，真不想是堂堂学校的接待室。并且炕里边墙上，高挂几副非《中庸》即《孟

---

[*] 本文节选于冯沅君1922年撰写的《晋鄂苏越旅行记》中6月20日参观山西外国文言学校的记述，标题为编者所加。

子》的对联，对联的下联，还大书着至圣二千七十一年三月书。我登时就唤了一声，和一位同学说，原来他们——办学的人——的最高理想，就在此。其次和该校的办事人的谈话，也是最有趣的，我很想按照我们彼此问答的次序记下来，保存他的乱杂无章之特色。无奈我有一方面又有日后阅览便利之思想来要求，教我整理下去，所以以下的纪录，仍是加过整理的。

他说这个学校成立只有二年，是卫西琴办的，而一切经费，却是由阎督军供给。办这个学校的目的，是想借此实现一种新理想，这种新理想，不是别的，就是极端的发展儿童的个性，所以没有学级高下的差别，只依着学科的性质分为教育、编译、农、商等五部。无一定的功课表，每天另定，因为定功课的人，必对于学生的程度、兴趣有详细的考察研究。上课亦并无一定之时间，在当初招生时，本是收学费的，后来有以特别情形，呈请督军免除，所以现在果有学费与否，很难得肯定的答案。所有学生完全住校，除有特别事故家中来接外，概不许出校。每间一两礼拜，由主任率领至城外旅行一次。在初学生也很感不便，现在习以为常，便不愿回家了。之所以必要如此做的原因，是因为外面社会上的习惯太坏，恐出去沾染恶习，一曝十寒反难收效。谈了一会话后，他就带我们到各院参观，他们是每班都有个院子、课室、饭厅统统都在里面，每级教员也在其中居住。院里空地，全由学生自由种植各种花木，并作成各种形式的篱笆，如花墙。我们共观英文班、英法班、德文班三级。房舍和里面的布置，都简陋异常，如英法班的讲堂、自习室、饭厅，都在一处，学生亦缺乏活泼的精神。工厂在学校后部，中有鞋工部、裁缝部、袜工部、烹饪部。工厂前，为公卖室，贩卖校中所需用的物品。我们都一一参观了，觉得都很湫溢龌龊，不特非我当初所想象的，简直连普通工厂也不如。我可以下个断案，这个工厂的用处，只白消耗学生可贵的光阴，别的一无所用。总而言之，我参观了这个学校精神上所生的变动，不仅失望，而且使我发生了许多感慨：为什么山西教育界这样无人，让卫西琴这般人在那里装妖作怪，不出来做个深刻的批评，揭开他们的黑幕，教他敛迹远遁？这样教育界的怪物不驱除，可以说是山西人的羞辱，也可以说是中国人的羞辱。阎锡山对于教育不能说他没诚意来办，但是他没有相当的程度，却为这般流氓欺骗了。我们由此可觉悟得无论做任何事业，非有充分的知识不可。其次，我对这个学校本身的批评。我对于该校创设的目的，和各种办法的用意，可以说大部分赞成，它没有学级的差别，没有一定之课程表，是要发扬儿童的个性，是要因儿童的兴趣而后给以相当的知识。也不令学生常回家，是恐怕为社会上恶习惯染坏了。他们有工厂，令儿童作工，是要满足他们要动作的冲动的要求，并且观察他们的个性。他们每一级都有小院，出作入息都在里面，仿佛家庭似的，是要避免普通学校里单调的冷酷的纯粹知识的灌输。他们用心总算苦了！不过在实现理想的学校的情形下，还有几个必要的条件：第一，办学人——无论校长或教职员在内——品格要高，对于所办的学校要有诚意，换句话，就是：纯粹为要实现某种理想而办的，不是为要达到别种目的，而借此作个手段；第二，办事人必有充分的知识，所要实现的理想有系统的组织；第三，有充足的经费，不受经济的压迫；第四，抱定什么宗旨，始终要一致的，不为强有力者所左右。现在以我所假定这些条件，来绳这个学校，外国文言学校，第一，这个学校的首领卫某人，就是个人所共知的大流氓，前几年曾在北京鬼混了一起，后来看风头不顺，才溜了去。像这样人来办学校，来办理想的学校，岂不是借以欺人吗？再看其中的办事员和教员的谈吐，问他一句东，他不知道东，问他一句西，他不知道西。例如我们问他学校每年的经费是多少，他说我不大清楚，因为那是由督军发的。问他入这个学校要什么样的资格，他说我来这里时，这个学校已办了一年多了，所以不大知道。这一种人与其说他是要实现他们的新理想，无宁说他们是借此骗人骗钱混饭吃。第二，看前面所说的，可知那般办事人不独是不学无术，并他们对于他们自己所要实现的理想，不曾彻底的理解，系统的组织过一下，不然纵让实际上因为或种情形，一时不能将理想完全实现，和人谈论起来，也应该源源本本有条有理。第三，看他学校设备的简单（图书室、阅报室都没有，其他更不必问了），校舍的窄狭污秽，足见其经济之不充裕，所以如此将将就就的。在这种远不及普通小学完备的学校内，我真不知道他们的理想是怎样实现的？难道在那方不到丈余及几间有屋的工厂内，就足以满足一百五十人要动作的冲动的要求，就能供给他们工业上的知识吗？难道在一边挂着破黑板，一边放着用灰尘作油漆并且放着几碗剩菜的桌子的室内，满堆着土和草的院落，就能培养出身体健康、精神活泼、知识丰富的学生吗？第四，据该校办事人员的报告创办这个学校的目的，在实现极端发展儿童个性的理想，那就该照着这理想做去，况发展个性这种主义在教育学说中也自有它的价值，何苦又随着地方当局的意思，不管对不对把自己新理想涂些孔孟的色彩，以苟图学校的存在？这四种条件之不完备，我称他们是戕贼可爱的青年的所在，不配称个学校。单就他那不准学生与家中往来一种办法，我虽原谅他们的苦心，但是我极端反对。为什么？我以为中国的社会，现在诚然不好，诚然能使学校中所养成品行好的人变坏，不过我们对于它应当取的态度，是奋斗的不是退让的。再进一步说，个人和社会是绝对不能分离的。所以我们要改良不良的社会，先要明了社会上的情形，如医生须明了病人的情形一样。现在这个学校整年把学生关了起来，不许和社会上来往，在他们办事人只想学校中设有公卖室、工厂……都是社会中的小模型。要知道这种组织是不完备的，不能代表制度复杂的社会的万一。纵然很完备了，也是他们几个理想中间的社会，不是实在的社会。所以他们这种办法，养成桃源的隐士则有余，想养成和恶社会奋斗的战将，则戛戛乎其难矣。万句归宗，他们这些办学的人对于学校丝毫没有诚意，不过借此欺骗山西的行政当局，和不十分了解他们学校内容的父老兄弟们。我很愿该省热心教育事人设法除去这个怪物啊！

录自于《陆侃如冯沅君合集》第15卷，安徽教育出版社2011年版，第174—179页。原以《晋鄂苏越旅行记》之名连载于《晨报副刊》，1922年8月9—17日；另载于苏华、何远编：《民国山西读本·考察记》，三晋出版社2013年版，第83—89页。

【作者简介】冯沅君（1900—1974），原名冯淑兰，河南唐河县人，著名哲学家冯友兰的胞妹，现代女作家，中国古典文学史家，大学一级教授。1922年毕业于北京女子高等师范学校国文系并考取北京大学研究所研究生，研习中国古典文学。1925年起，先后在金陵大学、中法大学、暨南大学、复旦大学、安徽大学、北京师范大学、北京大学等校任教。1932年与丈夫陆侃如留学法国，1935年在巴黎大学文学院获博士学位。回国后在金陵女子大学、复旦大学、中山大学、武汉大学等校任教，1949年起，一直担任山东大学中文系教授，1955年出任山东大学副校长。

与卫西琴谈东方文化[*]

唐大圆

按东方文化，如仁义勇恕四字，亦西方所无。仁以爱人，故不动兽欲，绝争斗。义以调剂偏颇，使合中道，故有真平等。勇耻于不迁善，今世以纵恶为勇，适得其反。恕者各如其心量而应物，不偏不党。此四者皆极平常中正之道，发挥之俱足为今世之对治。惜乎可与达者道，难与痴人谈也。

又政教之相演，当为轮化，非是进化。如孔子言道之以德，是第一期。次则人事益繁，当齐之以礼。又次则巧伪日出，礼有所穷，当道之以政。再次则卤莽灭裂者众，政不及施，复应齐之以刑。今世杀机顿发，虽兵刑亦不能齐，乃更应复古。道之以德，方为最善之对治。此轮话之理，即儒家所谈循环之义。彼醉心进化之说者，乃欲专用政刑，可谓迷不知返者矣。今世空谈群众教育，不注重个人致令多年训诲，无良结果。惟大学所谈，以个人为基，而渐及社会。如首言明德亲民至善，次言格物致知，复次言天子以至于庶人，壹是皆以修身为本。夫天子尚须修身，其责庶人可知。又庶人与天子同修身，足明平等之义。以此为学，亦乃大同之学也。

观贵大通学院布告云，欲内部学问增加通外之力量。物质学问增加通内之程度。此言甚当。然东西文化各走极端不知自反，终无可通之机会。旷观今日能为此两文化之介绍，令得内外互通者，其惟佛法乎？盖世界学术，皆有偏胜，惟佛垂五乘教，本末兼摄。圆融无碍，其最初教人之法，名曰人乘人乘之五戒十善，均与东方文化相接近，苟能抑之扬之，淘之化之堪能吻合无间矣。

---

[*] 本文是唐大圆致卫西琴的一封复信的删节本，全本见《东方文化》，上海泰东图书局1926年版，第1—6页。

佛说八万四千法藏，总抵以色心二法，无论何法，不出其外。西方之物质文化，色法也。东方之精神文化，心法也。不有以沟通之，则言色法者不知心法之体。言心法者，亦不知色法之用。执体者昧用，执用者失体。此东西文化之相离益远。而世界之大乱日剧，若通以佛法，则色心互偏，相须为用文化灿烂光耀全球矣。

理不足以维系人心，惟礼足以维系人性。故孔子曰，立于礼；又曰，不知礼，无以立。今世学者，皆尚理智，彼是此非分析愈微，则心愈无所依归，何以故。以其不能得真理故。夫真理从扫除枝叶，直探根本而见，惟佛法之无漏智乃能。故欲以理维系人心者，非佛理不可。

谈佛理以戒为基。戒即儒家之所云礼。礼以节文万事，有条而不紊。佛家先持五戒，立行为之标准。持戒既善，乃可生定。定即维系人心使不乱也。孟子言天下纷纭，当定于一。人心既有一，定乃可教之理智。故佛法之戒定慧为今日治国救世之本务，浅人多不能见矣。

以上略述近来思想之趋势，不啻大海之一滴，愿与仁者一商榷之。

录自于《世界佛教居士林林刊》，1925 年第 9 期，第 5—6 页；另载于《东方文化》，上海泰东图书局 1926 年版，第 1—6 页。

【作者简介】唐大圆（1885—1941），湖南武岗人，居士，近代著名佛学者，太虚大师早期弘法及事业上的助手。初皈依印光大师修学净土，后专研唯识，造诣颇深。曾先后在武昌佛学院、中华大学、武汉大学、东南大学、长沙佛学会讲授唯识学。任湖南中华觉国大学院院长，《世界佛教居士林林刊》编辑，主编《海潮音》《东方文化》等佛学杂志。

卫中先生的自述[*]

卫中先生口述　张俶知笔记　梁漱溟笺释

现在我来自己解剖自己，这种话只能与相关系的人说，你们都是梁先生的学生，与我有些关系，所以我还可以说。

头几天，是四十三年以来，头一次外人问我要我自己的传记（新教育评论社曾索讲此题）这个很奇怪，好像到一个用完了我的时候，恰来讲我。大概我自己说明我自己或比旁人清楚，虽然很简短，却不一定太粗。

我可以说：十三年多少功夫在中国，多少功夫犯了一个大错误——用一个差不多不靠外的力量来做事。（先生殆谓本于自己之理想与内部之热忱而孤行其意既无所希取于外又未能审顾中国民族之确实现状。）这样的做事很不对，有两方的不对：一面是我所用这项不靠外的力量，可以说是最高的，又最细的，过于不靠外的，按中国来说，几乎是一个外国的力量，因为是中国文化史上所没有过多或不多有的。一面是现在的中国人正当自感饥虚，寻找外面东西的时候，如果我们顶不靠外，只想助以力而不示之以可见之物，则他失望，不感趣味，不合适，不舒服，不愿要。最近六年在太原，专用最高最细的功夫，从未如一般教育妄以不消化之知识技能予人——此种外面的成就非不可有，但必以开启力量之眼光行之，如其不然，则必不能要。（盖能如此，则知识技能悉为力量而非东西也。）一般人之眼光则与我们不同，他专要这个外面的，他以为："有"胜过"没有"；此为我六年中从来没有敷衍对付赞成过者。我今觉自己用完了我自己，即由于此，这是我用我自己不对。

---

[*] 本文是 1926 年初卫西琴与梁漱溟、熊十力等人在北京西郊"同住共学"时，于 1 月 15 日第一次"星期五讲论会"上口述个人生平，由梁漱溟的弟子张俶知记录，后由梁漱溟注释并作序在《晨报副刊》上分四次连载刊登。由于原文蓝本印刷质量的原因，有少量文字无法辨认，编者在文中以□标记出。——编者注

我再添一句话说，除了我自己不对之外，还有一个亦非我不对，而是天然的不容易对。我尝喜欢问，在中国下了十三年的功夫，何以竟然刺激不出一个够用的回忆，满足的帮忙。此无他，因为这是一个老文化，由专用精神而衰败了身体，身体既衰败而精神也就衰败，文化的创造，至此完全消灭。此时他将何如？此时他要生一新文化，就完全用感觉生他，用物生他，成一个野蛮样子，变成与中国原来完全不合的样子。以我的见解，中国文化如果要重生，还应当要从精神重生自己，可惜中国此时恐怕已无精神——这是天然的结果。此时他的重生，恐怕是要先变回野蛮——偷枪炮制造，偷制度，偷科学，乃至偷思想。因为他精神方面物质方面都没有，所以他精神物质一齐偷，这样不得谓之文化，这样文化等于零。他比野蛮人还没有文化，因为野蛮人多少还有一点他自己所创作者在。此时他——中国人——可以说完全没有自己的活动，只是休息停歇。必待补回气力，乃有融取创造之可言。

外国的东西种种安排法——他用外国的房子，外国的床，外国的衣服饮食，外国的澡堂，外国的汽车火车，乃至种种，以恢复他的脑力。这实在是外国文化从外而起身以下的一个起身。（按：起身即 Begin，先生尝谓西洋文化为从外面起身创造出来的而中国今日尚在此一下也。）则此时我的方法，从精神复生精神的方法，当然不见用，当然做不通。〔此语参见文章最后编者更正〕这种转变是自然世界的定律，但我未盼望他如此，亦未注意他如此，所以我徒费十三年的功夫，未达到目的。从上所说到此，算是一个短序。

以下分三个部分去说：

一、我生来的样子，和进到特别样子的地步的我；
二、我的特别思想（或眼光）及其往前进行的途程；
三、现在的打算（或盼望）。

一、我生来的样子，和进到特别样子的地步的我

我原来的样子，如果我母亲在此，则可以作证明。我的样子，完全是静的，完全无外面活动的，完全的一个"男孩"。（按：此专指先生著"男女新分析心理学"所谓之男孩。书中极辨男女之异，谓男子精神强，其活动之原

动力常在内；女子感觉强，其活动之原动力常在外。然男子多有化于女性者，如中国之男子是；女子多有化于男性者，如西洋之女子是。余详原书，不具。）差不多不会受外面的印象，而不会找外面的印象。四岁时我母亲弹琴，我坐在地板上哭了。（按：先生尝云，小孩哭的时候，是身体的活动，表示他没有法子吸收物质印象的样子。语详《史地教授法》，请参看。）在哭中高兴，常找哭的机会。像是一个大的城墙隔开了我与外面，由此可以证明我是很静的样子。差不多从生来到十三岁，简直没有笑过。（笑声笑容是身体的活动，表示外界的东西与自己的心合适，愿意要的意思。语详《史地教授法》。）无论别人如何高兴，都没有引动过我。此固我本来的样子，而家庭环境，尤足以让我如此。家庭有两方面：

一面是父亲。父亲是一个视外面活动为道理的，（此语试寻下文较易明白，殆谓以取得名位金钱为人生鹄的之意。）他年少时，既无金钱又无学问，然其后从无钱做到有钱。他是常常的完全注意于外，差不多以注意于外为其本心，除此外无所谓心，无所谓眼光。父亲尝问我："你在学校得多少分数？考什么等第？将来能挣多少钱？能怎样娶媳妇？"在他看金钱、势力、名誉是道理，此外则都不算。如果不能得到，便是可羞的事。

一面是母亲。她对外的态度是很随便的，想做什么就做什么，一切都不管。她是乡村教堂中一个作乐的人的女儿。本不会读书，十九岁结婚以后才慢慢地去学，到现在还不完全会写信。她的活动常是野的，摔桌子，打板凳，骂小孩子，骂底下人。

父亲多赚钱，母亲多用钱，这个家庭里完全没有心，一点热度都没有。父亲专为物质而奔走，母亲专拿物质去挥霍。但在小孩一面，母亲之乱买东西，影响固甚不良，但尚有点活气，尚为自动；父亲则完全坏了我们，因为他没有自己的活动，都是被动于外的。他在吃饭时也看报，在睡觉时也看报，常常注意市面的行情，怕错过了发财的机会，因为他是一个银行家。只是要东西，不去变化东西，没有创造。在这个家庭里，父亲在这一边，母亲在那一边，而我则在天上——完全与他们没有关系。这就是十三年没有笑过的原因。一面从我的本心一面从我父母给我的样子，让我不能不悲哀。母亲毁坏了我的身体，父亲衰败了我的精神。母亲是乱打乱骂，父亲硬要我做不愿意做的事情，做"人化于物"的事。母亲让我身体成下等的活动，然比父亲让我做从外面起的假高等活动趣味尚大。（按：下面的活动，盖谓没有心思的活动，假高等活动盖谓虽是有心思的活动，然被引于外，不自内发，以己逐物，而不能融物于己，以增进自己的力量，虽似高等，而是假的。）

到五岁上学，其事自由父亲做主。父亲的眼光和学校的眼光完全相合，完全不管人的力量如何，只管令我们去拿东西。其时所住为德国某地之学校，有希腊文、拉丁文、英文、法文、数学、物理、化学等科。可以说东西顶多，顶完备之学校。除了上学外，又在家请教员一二人，帮助预备各种功课，从早到晚专忙于此。以得分数之多寡定人之程度，也就是以东西定人之程度。每天早晨父亲催我上学，以手敲门：咚！咚！咚！好像牧师打钟叫人上教堂一样。盖父亲少时，贫到没有饭吃，常拾学校果树落下的残果当午饭，固后来如此。又因无钱不能成婚，所以晚婚，在他前半生的机会上，养成他的急于求财求东西的心理。然而此却非其本心。何以见得？他让我看戏——这戏是顶高等的，是一种文学，在德国国家戏院里唱的戏不是中国那样下等戏。从四岁起他常常带我看戏，从看戏见他的内心。他的本心还是有的——在文里（就是戏里）可以有，在旁的地方则没有。在戏内（文内）有软的精神的样子，启其本心。他为什么叫我看戏，他自己不知道。他用戏去享一种精神的舒服，过去就完了，但我则不然。我常在看戏后，去追思，去吟味，其结果遂非他所预料。结果让我常想戏内大人物的思想，在平常事里如何实现。可以说在幼时我父母未有帮助我，教员也没有帮助我，只有戏内的大人物帮助过我。这是幼小时是最要紧的，关系后来一生之趋向的一件事。那种戏只是一种文，没有音乐，如莎士比亚、歌德、拜伦诸大家之文。我的父亲是化于物的人，然有一部分未化于物，就是看戏的心。所以当时我看戏的结果：第一是让我常时找着大人物，第二是让我现在找着父亲的本心。

我的本样子，不是一个音乐家，是一个文学家。文学的关系，是从四岁起，音乐的关系是从十三岁起。文学是艺术的第三位——第一是音乐，第二是图画，第三是诗文——它离外近而离内远，音乐则反之（此谓音乐中物质分量最少，固离精神最近，图画次之。文学内含有名物，物质分量比较为多，固又次之。以上三者视其离内部力量之远近，定表示内部力量之难易，又以其难易定用内部力量之多寡。参看先生所著《艺术在教育上之功用》。）故从看戏得味，文学刺激我的内部力量往外表示很远，使我要重新安排一切，改造一新世界——改造父亲，改造母亲，改造兄弟，改造学校，改造社会，乃至种种。每当看戏回来就想作，就想让戏内的思想实现。父亲大不然之，以为那是戏，不是事实，怎能实在的去作呢？

十三岁又来了音乐的刺激，它使我往外活动的内部力量加厚加旺。因为文学虽以靠近外面事物的原故，启发我改造世界之思想，然亦以靠外面东西太多习惯太多之故，不如离内最近之音乐为能使人气厚神旺。今文学启我于前，又得音乐之助于后，于是使戏内之势力更大，改造世界之意气弥勇。父亲之教我看戏，让我得到文学音乐之启发助益。文学家、音乐家作了我真正的教员。十三岁看书的力量很强大，用书的力气也很强大。父亲每到夏天让我出去避暑，我常在树林中摘录大人物的书。又有一次从意大利至瑞士长途的火车中，整日背诵莎氏之书。由此，让我见出世界上一切都不对，因其全不合大人物之思想，其气非常大！非常大！音乐来了之后，热气更大。其时年龄正当春情发动期，身体活动的热度很高，精神的热度因而益高。本来应当找女子的，而我不但不找女子，并且不找朋友，我找基督。基督是我朋友，是我当时所爱的大人物中之最大者。直到十七岁时，未曾爱过别人。只从音乐开了我的本心，找到基督，所以音乐的第一个变化就是让我春情活动升到精神的地步。（请参看先生所讲《生殖与教育》。）如此音乐为我以后音乐心的根本，以后外部活动愈加高等，愈是关系内部的，外面的下等活动，都变成内部的高等活动。

十七岁中学毕业入大学，始渐离开家庭，始渐离开基督。在无心的家庭中我的精神得不着表示，所以以基督当一种无外体的精神帮助。自离本乡入了大学，即脱离无心的家庭环境。家庭环境去，精神遂得表示。精神得有表示，自然用不着基督。

二、我的特别思想（或眼光）及其往前进行的途程

这时不在家里了，这是我的特别思想（或眼光）成功的时期，完全没有

受家庭的影响。特别只是特别，并不在专门某项内表示特别——未尝想在文科里表示特别，或在音乐科，或其他科里表示特别。因为觉出来世界上有什么，什么就是不对。那么，入大学入什么学科呢？这个很难选择，没有我顶愿入的科目——"全世界统通不对"，是不□科的，不得已就入了文科。但我所要的文与学校所要的文不同，虽然是入文科，而上文科的功课很少。□半年差不多没有做什么，趁此机会休息休息我自己。此时做的事，不过是与同学中三四个朋友，念诗念文，念到哭□□止。可以说以哭为目的，如果这一次念到三人都哭了，就算念对了。念的多半是些英文诗，讲男女关系的。以后仍是音乐的关系重来，我自己作我弹琴的教员。因为我的弹琴法，和音乐上的见解都是自创的，而为音乐教员所不能不承认的。当时弹琴弹的很多，先变化乐谱——即改良乐谱。这是我改良世界的第一步。有一个同学，他说他不喜欢音乐，□□□□来，你听我弹！他听了后，就说：我不喜欢音乐，但不是不喜欢这个。

我的父亲催我毕业，但我不愿在文科毕业。所以又尝试了许多科目，如医科，如化学科，如博物科等等。但是我尝试了一科，又退一科，尝试验，尝退。不但换科目，并且换大学（这时候离开德国大学），不是我不喜欢那些学科，是他们的研究法或眼光同我不对，所以不愿干。到二十二岁尚未毕业。二十三岁忽闻有一大学可以音乐科考毕业，我想这好办一点，因为在音乐上我的本领很大，好欺负他们。我作一个大题目的博士论文，有三百五十多页。题目特别，是作一个音乐家的传记，并批评其乐谱。我说他音乐创造力太小，因他身体上生殖力不足——因这个病而有那个病。这是梦出来的一个思想。（先生云：现在才实在清楚其理，请参看《生殖与教育》。）音乐教员看了不合适，（因为社会习惯上除了生理学医学外，旁的书是不便讲生殖道。）说我代你作罢。他从三百五十多页，替我改成五十多页。博士论文共有四科：心理学与音乐为两主科，考古学与生理学为两副科，我都考过了。

我这样殷勤地考博士，是因为婚姻的关系，我父亲说我非考博士不给我妻子钱用，于是要叙述到我的婚姻。这时候我有一个大进步，从基督转到女子。我的感觉起始用他自己的原动力活动，与精神分开而不混。当时我才知道应当拿感觉受外面的活动，但仍不是随便的。大学学友的引导常是下等的，就是到娼家去。我虽有钱,而不愿做这个。我看见一个女子,想同她结婚,作长久的关系。她的面貌是一个英国的样子,在高等师范毕过业。此样活动(指倾慕彼美而言)与精神很有关系,但比基督的关系则靠外。虽靠外却是由外面升达于内的。精神作主而身体随之。惟其女子给我的刺激,达于精神的高处,所以才有在意思不合的大学内考博士的殷勤的活动。当时我对女子的眼光,是从图养生出来的。以先在大学时,到意大利,看过文艺复兴的美术。那是一个春天的旅行,那时是我眼头一次开开。所见者最多是女子的像,而感我最深者则为拉菲洛(Raffaello)所画基督母亲的像。所以说从美术引到女子,不是生殖欲望。二十一岁结婚,因想她能帮助我的精神,其后离婚亦即因精神不得帮助而分离。她唤我为疯子,她不了解我。结婚本是感觉自己活动盼望能生一个升入于精神的感觉,没有精神上关系则一切不可有。于是就离异。

二十五岁考博士后,开了一个大的音乐会,出版许多音乐书,改正许多乐谱,可以说完全改了音乐。改正的途径,在去其靠外地样子:一去相等的音律,二去协音。相等的音律是误会了两音的关系,协音是误会了音的本体。去相等的音律,是去两音的假关系,去协音是改正音的本体靠外地眼光。去相等的音律是不要相等的音律,去协音是不要协音,此是我一生传记中第一要事。因此以后,先使我离开德国,再又离开欧洲。所以永久离开德国的,就是因为德国人不了解我,所以离开欧洲的,是因为会着法人德比塞(Debussy)让我了解了东方。德比塞在音乐上的见解与我相同,他作新乐是采用中国的音乐。我二十五岁到现在的命运,完全决定在此。

法国人感觉比无论什么国人(欧洲的)的感觉,还要上来些。(按:此谓感觉上来与精神作关系之意。)他不往外费自己的感觉力量,而周回于个人,生很大的耳鼻口皮的力量。法国可以说是我精神的本国。(按:即故乡之意。)法国人能明白我,替我出版许多音乐书,并且由法国开发了我与美国的关系,使美国人也了解我,帮助我的也是法国,因为法国有许多东方学问,有东方的美术。一千八百五十多年,在法国曾开过一个东方美术展览会,引动了世人对于东方的研究。在法国有对于日本文明的研究会和中国文明的研究会。我加入了关于日本的研究会,想加入关于中国的研究会而未能。

研究东方所得最要紧的眼光,是看外面的活动不是下等的,尤其在看生殖力不是下等的。日本图画音乐很靠生殖,我曾在一本我所著讲日本音乐的书里说:"在音乐里表示的心是能管无论什么活动的一个心。"(包括生殖力之活动在内)这是我研究音乐所得最要紧的结论。后来从法国到英国,为的是去看许多关于东方研究的书籍。在英国因为研究东方音乐中包括的东方精神往外地表示法,让我遇着蒙台梭利(Montessory)所倡导教育心理学说。蒙台梭利的眼光同我一样,也看外面活动不算下等的,是应与精神生关系的。如果能上来与精神生关系,即不算下等。

我自述的第二部,大概就是如此。总结几句:我的特别即特别想变化一切。一以新音乐变化音,二以新教育变化人。我力所能及的全在是了。在外国文化中,想生出一个音乐以外的变化(即改造),其希望甚小,(按:音乐以外,亦可云音乐以下即指文化中其他多含物质或在物质方面者。)因图画诗文乃至其他,物质分量愈大,愈不能变。就是音乐,在外国也难改变,因为他们大部分人不能赞成。他们因物质文明,挡住他们细的高等活动。他们非用粗重的刺激不成,譬如中国的古琴,他们就听不懂。他们在音乐里不敢去物质分量,惟有东方文化的道理当我变化音乐以外物质的方法,而蒙台梭利的教育心理,则助我用此方法以谋进行。

三、现在的打算(或盼望)

音乐以下的物质变化就到人,再下就到物。按人方面最要紧的问题:第一是内部的力量如何同化耳目鼻口皮,第二是耳目鼻口皮如何同化物。在彼时我的希望,以为此二问题在东方已都解决了。所以我到东方来的盼望很大,我说东方全不是说埃及和印度,是说中国和日本。于是就来到上海,第一个印象刺激我,是中国人学外国的旧音乐——我在外国正想排除的那种音乐,而中国人反摹仿之。我在上海看见钢琴,是我第一个仇人。还有外国的房子,外国的衣服,外国的学校,都是让我仇恨的。

后来又从上海到日本,在日本有人认识我,而中国则无之。日本是一个我所熟悉的国家,因为先□研究过它。然到了日本一看,则又觉得无盼望。

在日本六个月功夫，却作了不少事，当时日记册中都记得有，但此时脑中不甚清。日本音乐学校都是注意外国的旧音乐，并且比外国所有的还在以下。可是日本的教育部与音乐学校，对我的情意都很好，他们想要办一个纯粹日本音乐的学校，归我指导。又想以高等师范附属的幼稚园，作我的教育试验。但我接到北京的电报请我，于是离开日本。那年在北京住了三个月，更不舒服，因为日本已经过摹仿，而中国正在摹仿的路上。又欲回日本，已经购好船票，而严几道先生，来信留我，不令我走。他为我翻译《中国教育议》，这篇文章里不说音乐，因为我看中国人外面活动完全衰败，此时要说音乐，等于对不会走的人叫他跳。须知耳是身体的一部分，身体方面的程度有多高，耳的程度有多高。此时非先恢复中国人的身体，发达中国人的感觉，说不到音乐的创造。故我不说音乐而但说教育。这种教育，完全采用中国固有的心理学。（按：先生此语恒指孔家经籍中之心理见解。）亦可以说用中国固有的心理学，来使用一种外国新教育法，即蒙台梭利之方法。

　　以后在天津开的中国教育会联合会讲演许多次，于其中的南北二派，常相联络。不久遂到保定去教音乐，但学生所要的，只是弹琴，我教他们的方法是新方法，他们所要的是旧方法，与我恰□反对。后来在北京开过一次音乐会，也无甚影响。

　　在保定前四年，就到太原办学去了。学生的目的仍与我不一样，他们要学外国文，他们总是要以手作音，（保定学生）以口作字，（太原学生）总是要人化于乐，人化于文。（按：以手作音以口作字者，谓其音不出于心而出于手，其文不出于心而出于口，即机械的摹仿之意，则其人化于外物而失掉自己矣。）在学生觉不出我的意思，教员比先生还觉不出我的意思，学校以外一般社会，比教员更觉不出我的意思。音乐和文学是高等活动，应当先有下等活动，再有高等活动，我们未能从下渐渐引上，此高等为不自然。高不通下，下不通高，这是顶大的毛病——此为我一生自少至今所经验出来最要紧的一句话。在保定于音乐以外，在太原于文学以外，皆无办法，此所以不能有进步。（按：所谓音乐以外文学以外无办法者，指较下于音乐文学之活动无相当之安排与进行，失上下交通之道，故学与文不能成功。）在太原试办教育六年其结果虽使我之思想见解益臻周密翔实，而我所希望以助中国人者则不见成功。然则我们要求通中国人精神，总不能成功者竟何故耶？久乃试验得知中国人身体完全衰败，失其同化外物的力量，竟而什么东西都不能同化。耳与口皆死机器，只会偷取，不会同化。于是使我知道，在东方不但要他有一个音乐以下的变化不能成功。以前看外国有力的身体固不能上去与精神生关系，现在看中国老衰败的身体，也是不成：一小一老都不能走。这样不够的身体不但不能通精神，而且比外国变化物质的机会更少。因为什么呢？因为身体吸引物质印象的程度亦不如外国也。如何除去"身体不够"的方法也没有，因皆为习惯所管。幼时听家庭的话，长大入学校听外国的话，（按：先生每谓中国人实学中国旧习惯与外国旧习惯，备于一身，此处云云，皆是此意。）身体活动的程度不能长进，无功夫补气力，常有双料的物质分量挡住他的活动。（双料的物质分量即指中国外国二重习惯而言。）话不是去作的，只是听的，且不一定听进去的。他看话是天下最无用的一种声音。我幼时尝羡慕诗中有诗家的经验，为我所没有，故他才有那样的表示。因此我离开家庭最□备就是经验，到东方来亦即为找经验。我在东方说的话，就是在东方长的经验的表示。但我说的话，对中国人都不发生影响，我的书只成了书，只成了纸本。因为他们不觉得（或忘了）话是从经验来的，是要往外走的。所以十年著书，十年讲演都成无用。

现在只想着替中国人作一种补养身体的功夫，也就是作我教育的最后试验。选择年纪顶小的，无习惯的孤儿，办一个幼稚园。（按：先生之意谓孤儿无家庭习惯，且免受其父母的干涉。）教他们去作农作工，按力量的方法去作，不按东西去作。（按：此谓工作时，注意在感觉力量的增进，而不在物品的生产，借作农作工，以发达个人。）让中国人体力恢复，非从顶大的安排入手不成，就是非天地（大自然界）不行，就是非农工不行。可以叫一个新农工的幼稚园，和天地去练习活动，重生身体，以为上通精神的机会。这是一件顶大的事，而且顶复杂的事。可惜他们（许多中国人）不但不要力量，并且办法亦不要。以前说过只要东西，即偷东西，其希望不知在何时。或者很久的功夫不用精神，不用身体，而只是用由别人来的思想与东西，也许他能恢复一点体力。因为不用精神的人，身体可以好一点，用外国来的东西也可以帮助长一点。这是非洲野蛮民族以下的程度，不知是否中国现在的样子？

按现在所得的经验，恐怕是如此。但不知究竟试验完了没有？（按：先生在中国十三年所作之事，时时在试验中国人之精神与身体衰败到如何程度，此语盖犹未作绝望之决定。）

如果当真创造文化力已全消灭，则世界除西洋文化外，将没有一个清楚自己创造的文化存在了！因为从外到内的文化（指西洋文化）和从内到外的文化（指中国文化），皆有互助之道。现在只剩一边，岂不可惜！从内往外的文化，比从外往内的文化需要身体更多，因为精神非在身体同化物质之后，不能有真的表示。现在中国的身体如此不成，怎能有他自己的文化呢？现在中国人，身体的力量（精力）不行，即身体的器具（体魄）也不行，并且养身体的方法也不行——住的方法也不行，吃的方法也不行，种种都不行。（此指中国衣食住各方面，陋劣太苦不卫生。）自然身体不得其养，更无希望，这是何等悲惨！身体如此不行，而多生小孩子，这更是好几代的悲惨！

我原来是喜欢用自己活动的人，虽在此无可活动之地，我仍想作种种的进行。如果中国人不能助我以救他自己，则外国或者有人愿助中国增进体力，看中国精神能回来否？因为外国人喜欢科学，喜作试验，所以也许有人帮助我作这种试验。（先生云：助我者当为美人，故前十三年一到上海就与美人作过密切的关系。）有人说卫先生不当办教育，应当办音乐。他不知去身体习惯比去精神习惯更要紧，如我返回作音乐的事，则是倒退二十年了。

回外国无论如何也不行。（先生自谓不能行其心志也）因为外国人感觉虽较好，也不想与精神生关系。（此为先生所最不喜欢）中国人因身体衰败而精神衰败，其精神不会通身体，而原来的中国的身体尚非与精神不作关系者，故无论如何，仍要在中国试验。试验不盼望太高的精神结果。只要身体好一层，精神的表示能高一层，于愿斯足。恐怕身体虽不好，而在文化史上多少是一个与精神作关系的身体（此谓中国人）比身体单好而不与精神作关系者（此谓西洋人）在我看去尚好一些。纵我的理想不能有大规模的实现在中国教育界，而少数几个人的试验，也应当作的。

  卫先生的自述，今日登完。我们观这篇文以及卫先生的其他著作，凡是能思想的人读了，必定看见许多点很有讨论的余地。老实说：我们刊登卫先生的文，目的正在引起讨论。这个大学城，学会城的诸位阅者中，自信有高见而且愿发表的。盼即写出来，副刊可以酌登——但以较切实的讨论为限，漫纸"萦回慨叹之辞"，"实在空疏无物"恕不披露。

卫先生短序"则此时我的方法——从精神重生精神的方法，当然不见用，当然作不通"中之句，"精神重生精神"为"精神重生文化"之讹。承卫先生惠赠他的华文近作若干种，都是山西大通学院（Institute for Psychophysiological Research）出版的。我们谢谢他。绍原①

原连载于《晨报副刊》1926年3月4日，第9—10页；3月6日，第13—14页；3月8日，第18页；3月10日，第23—24页。

《卫中先生自述》题序

梁漱溟

十五年一月十五日，余偕从游诸子，王君平叔、黄君艮庸、张君俶知等会于卫先生所；践先生约也。先生以去岁秒来京师，先尝与愚辈约，每星期五为讲论之会。兹日之会，实为其端始。既会，先生为述其生平，穷原尽委，约为三部。张君为之笔录，余加点窜，且量为作注，是成此篇。今更为数言，弁诸篇首，愿以介绍先生于国人。

先生之来中国旧矣。自民二迄今，实十有三年。国人之知先生者，大抵以侯官严先生所为译《中国教育议》一文。当时盖颇为士林瞩目。顾其后，虽曾游历南北，敷讲学宫，而十余年间，音响转寂，几于无复有人留意。甚且横被猜蔑，谓其诐旧诋新，所以取媚顽俗。自来孤怀不见谅，深心而人不

---

① 即民俗学家和比较宗教学家江绍原（1898—1983），时任《晨报副刊》编辑和撰稿人。——编者注

喻，大抵有如此！

余于先生始亦不相知。三年春，从《庸言》读《中国教育议》，异其议论，绅绎至再。徒见萦回慨叹之辞满纸，而立言申旨，条理不清。继更求得他稿读之，翻复研思，莫窥究竟。窃疑其空疏无物，则亦度外置之。十年夏，余为《东西文化及其哲学》之讲演，于时论多有引掇评陟，独不及先生。盖是之非之，两俱无从，不知所以为辞也。

是冬游晋，得参观先生所主办之外国文言学校。则其间所有，举不同俗，一事一物，靡不资人省味；顿为惊叹。而窃见先生精神措注于百余学生之身，无微不至，直有欲呕出心肝之慨，尤不能不使人起恭起敬，倾心折服。学生百数个人，一一颜色泽然，神采焕然；凡外间一般学校学生，所有憔悴之色，沉闷之气，于此绝不可见。然学生肥而先生瘠。先生之劳瘁，睹面可识，不止于瘠，直已病矣！先生之为人不概可见乎。既复与先生接谈竟夕，备闻至论。则先生之所言亦如先生之所为，在在资人省味，觉必有一贯之道寓乎其间，而聆者乍难得其纲领。向之疑为空疏者，今乃知先生胸怀大有物在。

自是，余得辱交于先生。先生每有讲演、造述，必以见示；每以事来京，必相过从。五年之间，得所惠稿件积之盈尺，时取寻绎，渐有所会。然自揣所知，未逾什五；且以王君平叔启予者为多。王君尝攻先生书甚勤，约其所得，当在十之七八。每同案循读，相与析疑，辄共叹先生之学未易窥也！

余既未窥其全，理不宜轻出己见；若许其姑妄言之，则且陈三事：

先生之学萃于心理，然是异乎今人之所云；今之所谓心理学，先生所讥为"身理学"者也。先生述作累数十种，大抵冗中漫然口述而成；检求精萃，又在《男女新分析心理学》《人心新力学》二编。本末赅备，自成一家，学者探讨，所宜致力。此欲陈者一。

先生之学，以音乐引其绪，以教育汇其归。用思抽虑，始终不离事实，故所成就，差幸不致蹈空。凡善读先生书者，其勿忘语语皆有所指，而征之于事，以求索解，则必能取益；无以其不易捉摸，遽薄为玄想空谈。此欲陈者二。（音乐本为艺术，方法自殊科学。教育亦是术非学，其事自来靡非楷准。矧在先生颖悟才高，蹊径独辟；穷幽极远，吾信其然；步步踏实，盖未敢知。语及为学方法，先生殆难取谅于今日学术界；而先生穷理所得，或犹有待后此学术界为之证明厘订；此余藏臆之私言，不知其有当否也。)

先生之学良与东方为近，故先生尝自谓有契于此土孔氏之言，或者《易》《传》《礼记》，不无符顺，亦未可知；然先生之为学，自犹是西方路数，与此土有别。私意盖以为先生之学，或为钥匙，将以开启此土尘封久闭之门；或更且有以匡补阙失，为吾药石；其他则不知也。此欲陈者三。

先生之学本为创获，语其由来，此篇颇有开陈。是读先生书者，又宜先从事乎此。余于此篇，亦有欲白者三事：

先生十三年来，专志教育，初无意以学术自见。尤以最近居晋六年为专作其教育之实验工夫；然先生重要撰著乃大都成于此时（先生之学说殆其办教育之副产物耳）。故所有各稿，率为冗中以华语口授于人而笔录者，鲜以西文为之（先生又尝云，西文无相当之术语可用，其必经创造之烦亦如中文）。然先生第强为华语而已，略不谙文字。口之所出，是否赅洽于心之所存，未及一一订之也；所举字面，所为语法，是否律合吾俗，娴于大雅，又未及一一订之也。迨积之既久，在先生则名定俗成，自为一贯；在吾人不相习者，则大生扞格，索解无从。余既尝留意诸籍，稍得分晓，故于此篇中，视力之所及，量为窜易，或为作注。然其间未及更易者，尚复不少。一则以自成一家之学，当然有其特制之名词术语，未许化为常言，淆失本谊。纵或所制未善，而另为订定，仓卒难办，亦只得仍之。又则一名一语，关系全盘组织；自以所窥尚浅，不欲冒昧。此余所欲自白者也。

先生远来此土，卒卒十有余年，所志未就，体力日摧，所为不负者独于此学见之益的耳，而又淹晦不明于世；适因外人之问，抚念平生，慨然兴数穷才尽之感；乃返以循求半生志业之所从出，暨夫此日衷怀之所存，述成此篇，以告当世。先生之志与业，既无外此学，故于此学辟创之原委，不少推阐。然先生之学，则以力释心，且以释一切者也。今欲自加阐释，还复本此眼光以为之。是以半生所历，篇中虽备其概，然所致详者不在其身经之事迹，而在其心力之演变（欲考旧迹，按往事，此或不具）。凡读是篇者，宜详此意。此先生所欲告于读者，余为代白者也。

从上所言，先生实以辟创之此学，还而阐释此学之所由辟创。若是，则不独欲一探先生之学者，宜先读此篇；抑世之欲读此篇者，又非先有省于先

37

生之学，不能了也。先生弟子杜君为，用辑成先生论著目录一纸，附此篇后，俾读者取而参考焉。此又余为杜君代白者也。

　　余既谬以好言东方文化为世瞩目，而先生夙昔持论，适若同调，不知者或将以此为两人契合之由；而实乃不然。余虽无似，固不欲漫引同调；而在先生立言自有本末，殆尤不容以标末之仿佛，轻易相许。况相交数年，余讫未尝一出所见与先生相商榷，先生固无从知余底蕴；契合与否，又何论焉。余窃窥先生之有契于余者，独在虚心理会其学，而差能喻于其旨耳。是盖先生十余年来，所未易得之于人者；而独得之于余，故不觉其情之相得也。若余始之亲先生者，盖窃见先生以大人一体之怀，行其心之所不容已，而凡情不谅，转见疑猜，踽踽凉凉，莫为有助；余诚不胜同情，奋然愿为执鞭！其尤不容恝然舍置者，则唯先生之学。先生之学，余始亦不能窥也。然学问之道，贵乎心得，信为创造，无不可宝；而才无大小，苟能留心实际，输力一途，其卒必有所就，又可断言；矧在天才瑰异如先生者，用力又如此其久，其蕴罗之美富，不亦可知耶！试一展《男女新分析心理学》《人心新力学》两编，自非俦不惊叹。盖不待徐察其所谓，循究其所诣，而价值已自可见；世有好学深思之士，宜无轻易放过之理。是余所以五年系注于此，常欲一发其宝藏，而今日特以介绍于国人，愿有心人共为留意者也。

二月，梁漱溟书于什刹海勉仁斋

　　录自于《梁漱溟全集》第七卷，山东人民出版社2005年版，第211—213页；原连载于《晨报副刊》1926年3月3日，第5—6页；另载于《漱溟卅后文录》，商务印书馆1930年版，第105—112页。

　　【作者简介】梁漱溟（1893—1988），蒙古族，原籍广西桂林，生于北京。中国著名的思想家、哲学家、教育家、社会活动家、爱国人士，现代新儒家的早期代表人物之一，有"中国最后一位大儒家"之称。

卫西琴教育主张及其办法*

直生未是草

编者识：卫君在山西创办的学校，梁漱溟先生只赞叹其精神而未叙说其实在的办法。此文陈述该校编制、课业、生活等方面，似可作新闻读也。

卫西琴，美人也，其教育上之主张多半合于蒙台梭利氏，而微有出入，盖学问之根抵不同，趋向自然有异也。先生生有异禀，与世落落寡合，偶于巴黎图书馆得我国先圣孔之说，自谓通微合膜，夫子所著之简帛以垂示来兹者，固先生素根生知，中心默契之道理，特择焉不精，语焉不详，不若孔夫子之言之深切著明耳，至是乃大悦，引为千古知己，奉为隔世先师，且谓东方五大教主，孔老佛耶回，比长絜大其四者多为出世之想，创为梵天地狱之说，实因彼等心灵薄弱，故生厌世之心，妄冀死后之福，惟孔子遊走风尘，复享高寿，于人群之经验特为丰足，即其片语只字，罔非由归纳方法所得经验之结晶，固举世圣哲所莫能及也，是以孔子之道，实具有支配物质文明之根本能力，证之近今海国科学家，其所得最后之抽象的结论，往往为孔子所已发，古今同道，东西一辙，行见新文化薄海同流，亦即孔子道参天并峙，猗欤休哉，然此须为而成，非可待而至也。

孔子之道。既若是其高且盛；而卫又为默契最深之人，故其教育上之主张—已孔子之道为指归。

尝取古籍礼乐鬼神阴阳之说，以为人亦由二种力量合成，一曰心灵力量，一曰感觉力量，心灵力由内外行，感觉力由外内行，而至循环不已，交相为用，一气混成，固一而二二而一者也。

---

* 由于原文蓝本印刷质量的原因，有少量文字无法辨认，编者在文中以□标记出。

心觉二力之强弱须视先天遗传及后天教育之良窳以为判，且幼年儿童，感觉尚未发达，心灵几隐而不显，欲求心灵力之发达，非发达其感觉不为功，而感觉之发达，又非多方与以相当之物质的经验，亦莫克有济，此等理由，详见卫自著之《男女新分析心理学》中，兹不复赘。

男子以心灵为主，一感觉力为副，女子则反是，性既不同，教法自异，故主张男女分校。

欲发展心灵，须先发展感觉，而感觉力自然偏长之人，若非养成强有力之心灵，为之主脚，则必泛滥流荡，不能制止，亦社会之大蠹也。

既以发展感觉为发展心灵之第一步，则其教育上一切设备及办法，须注意于感觉之发展。兹略述其学校之概况如下：

山西外国文言学校，在太原城内督署东偏，原为布弓街，将全街民房，买置合并，□门穿壁，各院可以交通，合校百一二十人，共分七班，学力相等，科别不同，分法英班，巴黎班，门兴班，汉堡班，纽西兰班，伦敦班，大同班，其以地名为班名者，即以学生个性如何，并其所学之外国语，为定之由，兹举例说明之。

巴黎班之主要科目，为法文，其学生之性质，多半活泼灵俐，好修饰，有虚荣心，繁华富丽，有似巴黎之景象，门兴班之主要科目，为德文，其学生之性质，多半沉重倔强，主观力胜，不务外表，与德国人之强毅相似，其余各班命名之意，以此类推。

因各班性质不同，其安排训练教授之方法亦异，是以各班别院而居，不同炊爨，每班一主任教员佐理之，名曰家长，师生关系，若家长之于子弟，子弟之于父兄，互相亲敬，刻不可离，即一班之学生，苟非其性质力量，可以相裨补者，亦不可以同室而居，譬如与一心灵强感觉弱者同居，可以互相补助，然此两种人，恒以性不相近，往往纽于习惯，不易莫逆，是在为一级之家长者，有以调和而训练之也。

且最主要者为师生及同学等之感情，其所以设为家庭制度者，目的专在于是，因彼此有感情，是以一晋接间，纯为精神作用，训练教授者，与被训练教授者，所教学之事物，无论若何粗陋，均含有一种极细微极高尚之精神，以联络贯穿，且教材愈粗陋，愈非有高尚之精神运用之，则不足以发生兴趣，惟兴趣既生，则教师虽不用强制执行手段，而学生乃愈服从，师之于生，如心之使五官四肢，生之于师，若形骸之听命天君，顺意所指，协同一致，是以其所学，恒发于本心，能真实了解，是之谓自然教育。

且夫自然教育之真谛，非任学生荡检窬闲，漫不加约束之谓也，乃为师者，以极合理极适当之智慧，与行事之方法，于暗中藉感情之运输，以化道之，俾学者均合乎自然发展其身心之定律，是故教育愈自然者，则师长之用心愈苦，干涉愈多，特其干涉时之声音状态方法，与通常之恶声相侵，"朴作教刑"者，大相径庭耳。（按孟子从其大体为大人之意，大体，心也，理也。故非合乎大体，不足为真正之自然，若顺其肉体之欲望，无内心之主宰，则亦孟子所云，物交物则引之而已矣。）

教授心灵之功课，必须有物质的经验为证实，教授物质之功课，必须使教材化为精神的而后可。所谓化为精神的者，即唤起学者兴趣，使视此一段物质教材，不啻一团兴趣，且充其量，务使以教材除兴趣外，别无所存，方为极致。

外国语教学法，不学拼音，不习大小草，先习会话，而后学字，其日常用语及名物，皆随学生意之所欲知，随时请问。

山西处万山中，智识固闭，见闻太少，特设电影教育，则其动、植、矿、物、社会、常识、繁华都会、山水风景等，有裨智识之片子，以时□演，静居一室之中，畅观天下之物，学者便之。

音乐不用一定的拍节，以其远于自然也，特制为悠扬渊水之音。（此数句颇费解——编者）

工艺一科，特设工厂，其布置颇类于职业学校，有袜工、鞋工、裁缝工、帽工、木工等，各聘技师为助手，另设一主任教师，督理之。

公卖室为大规模之杂货店，分部卖货，有米、面、油、盐、菜、点心、书、瓷器、铜铁器、洋货、笔、墨、纸张等铺，举凡全校日用所需，无不具备，每日开张时，热闹非常，藉为全校共同活动之场所。

教授时以达到一目的为主，不拘时间，故上堂二三小时不等云。

体育以武术、弓箭、骑马、游戏为主，无全体体操。

史地各科教授，为由近及远，由今溯古之研究，以谓近者今者，关系密迩，远者古者，关系遥远，故讲求有先后之分，取孔子"譬如行远必自迩，登高必自卑"之意。

物理博物为归纳之研究法，与通先常讲类别，而后胪列事实者不同。

各班设有浴室、厨房，由各班学生管理之。

不注重习字，其模仿也，以能应用为主。

国语科，注重名人书札，时势新闻，为研究名人传记，以通晓国事之预备。

作事步骤，分四层，1. 靠得住，2. 不□仿人，3. 新发明，4. 新文化，四者完备，新教育成矣。

该校成了三年后，改编班次，一、教学育文班，二、农班，三、工班，四、商班，取我国士农工商四字，为分科根据。教育，及农、工、商班，将来从事社会之教育、实业，文学班，特以中外文字为主，通译书籍，饷四者以新材料。

按先生教育上之主张，确有独得之奇。惟其生长外邦，不谙中国风情，往往措施失当，与世凿枘，招起一般人之反对。夫扬之则升天，抑之则入地。非吾辈学者所应具之态度。取其长而不溺其偏，是亦取人为善与人为善之道欤。

> 编者又按：作者认为"措施失当"之处，是些什么呢？听说卫先生招起"山西人之反对"的一个原因，是他先反对山西人的早婚。单就一个点而论，我们是与卫先生表同情的。但其他的原因是什么呢？无论如何，既能"默契"孔子"道理"，又能深谙"中国风情"者山西人根本上不该从外国人里面去找。部分中国化的洋人，有时已经"够瞧"；完全中国化的洋人，也就不成其为"洋人"也。

原连载于《晨报副刊》1926 年 3 月 10 日第 24 页和 3 月 11 日第 28 页。
【作者简介】直生未是草，笔名，个人信息不详。

读卫西琴先生著作后所写札记*

王维彻

中国注重伦常，本意盖在认宇宙间一切现象。惟人类身体为最接近精神世界。若身体与身体相遇，不随便而有礼，则人类能借此认识精神世界当是顺而易之事。伦常者，分身体为若干类，即此所分之类各为制礼而遵行之谓也。照理，如此使人认识精神世界应是极高明而道中庸之方法，因为从最近最迩最显处着眼故也。然而此处正有一大危险在，不可不知。身体固然最容易接近精神世界，惟其最容易接近精神世界，故亦最容易代换精神世界。身体代换精神，则即以身体为精神之来源，则即是逼促身体离精神而独立，则身体与精神交通之路绝。凡是过于重视身体或即以身体关系为道理的文化，其结果必至于此。中国伦常之义，实在就是在身体关系实作道理实求道理也。身体本来就容易有替代精神之趋势，更加以如此重视，则精神遂全落于身体中，而不能超脱高举。精神坠堕于身体，则援助溉润身体之源泉涸竭，则身体遂时时发干。身体发干，则处事接物但以理智当权，而不借径于精神。以身体代换精神，结果必是迷信身体。迷信者，不敢外用身体之谓也。于是理智但盘旋郁结于身体中，而为一切物欲之计虑，不敢外出一步去奈何物质世界也。于是，如此之身体，遂成为内不通精神外不通物质之身体。中国数千年来其民族其文化都是内不通精神外不通物质，何莫非由于但在身体关系上求道理作道理之"人伦道德"所致？换言之，即是既以身体所不能胜任之职

---

* 文中重点号为原作者所加，未注明作文时间（约为 1926—1927 年间）。标题应是梁培宽先生在整理时所加。在梁漱溟保存的王维彻信札中，这是唯一一篇独立的札记。梁培恕先生在《中国最后一个大儒》中说："父亲认为卫西琴的心理学、教育学是自成一套的，往往没有现成的词汇可以表达。他自己勉强能懂得半，王平叔大约能懂十之七八。"（江苏文艺出版社 2012 年版，第 110 页）

责交与身体担当，则让身体强勉作主，精神于是而屈伏，则阴者失其为阴而篡居阳位，阳者失其为阳而退居阴位。于是其所呈见于外者遂全与预期之结果相反。今日中国之一切现象无一不与古书中之道理相违反者是也。故在今日而言，振兴中国文化，其第一事即在解除身体一向未能胜任之职责，仍将身体本位复原。将其所附丽于身体之迷信清除，恢复其本可内通外达之胆气，则一切将必不再在身体关系上求道理作道理也。

吾于卫西琴先生之教育最心折最感谢之一端，即在此处。然而吾于卫先生之教育亦常恐惧在怀，即卫先生常提挈身体过重，有足以使身体单独醒起，行止不得自主之危险也。此层道理我此时之学问尚不够能说明之程度，因此卫先生以人心为自然力量之说，我始终未尝敢于承认信受过也。同时我极希望卫先生于此能作极慎重极根本之建设也。

卫先生书都全看过，惟男女新分析心理学为最浃心。而其中有两处不大明了：

一、"中线"的说法。

二、天造完物质世界以后以剩余的力量创造人心的说法。

此外不过是字句之简略，尚须稍加详尽之说明而已。

王维彻

录自于李炼、王治森、王家伟编注《王平叔致梁漱溟的二十八封信》，西南师范大学出版社2017年版，第298—299页。

【作者简介】王维彻（1898—1940），字平叔，重庆巴县人，是川渝五四运动和乡村教育的先驱人物。1921年毕业于成都高等师范学校，1923年投师梁漱溟先生，长期与师同处共学，从事平民教育与乡村建设运动。1926年参加北伐革命战争，任陈铭枢秘书。1934年创建重庆南泉乡村建设实验区并任区长。1940年参与筹办勉仁中学，起草了《办学意见述略》，不久病逝，葬于校园中。

介绍卫中先生的学说

梁漱溟

今晚拿卫先生的学说粗粗介绍给大家一点，在我个人看，卫先生学说是很重要，很有真价值。却是卫先生殷勤地向人讲说，而社会总少有人注意去理会研究他。第一缘故：大概是因为这种学说，出于卫先生自己的开创发明，其方法与意义，很近暧昧，很觉抽象，而又未能得到适当的文词表达它。一种新学问，本不能不有一种新名词术语；这种名词术语之制作，极不容易。又一个人总是用他家乡话说得最好，今卫先生用他原初不相习之中国文字，自然也是极不易。因此卫先生之著作，不是给人家看作笑话，就是看不懂。大凡一种发明，不是被人家惊奇矜重，便是被人家冷淡轻视。于是卫先生遂以种种障碍，落在第二种遭遇了。第二缘故：大概是因为现在的学术界离得卫先生还远——此意仓卒很难说明；而卫先生又离着现在之学术界远——卫先生于现在学术界的情形与风气，是不大理会的。像这种种障碍与种种欠缺，是很难解除或补足的。我很有一种志愿，以我将来的生涯与精力，划出一部分专替卫先生作说明的工夫，不过目前尚无暇及此。除前曾为卫先生的自述作一序文外，此次为头一回试去替卫先生作介绍。

据我所知卫先生原是德国人，在欧战起时声明改入美国籍。他的德文姓名不知道，从来所用的英文名字是 Alfred Westharp，中文名字是卫西琴，又称卫中。据卫先生的自述，他天资是一个文学家，曾在德国几个大学里几种不同的学系里肄业，最后以音乐考得博士。大概先生早年是多用力于音乐的，而后来之学问也是从音乐里找出头绪来的。当他研究音乐时对于音乐有一种改革及其独自的创造。这种改革与创造颇不得他们德国人的了解，而法国的音乐家德比塞很赞成之。于是卫先生从此离开他的故土，而到法国。他对法国人及法国文化都很喜欢。又由法国引进了对东方之注意——德比塞在音乐上能与卫先生同调也是为他曾得力于东方音乐之故。在法国研究东方之不足，又到英国去研究。这时候又借着蒙台梭利教育学说证明了他从音乐来的心理见解，增进了他对于东方的兴味。于是他由英国而来东方；先到印度，后到日本与中国。计自民国二年到现在在中国已有十几年工夫。这十几年工夫皆用在他的教育理想的企图上。最近六七年在山西太原办学，虽云未见成功，而先生的学问却由此经验而臻成熟。现在北京住了一年多，除向社会发抒他的学说意见外，未有作旁的事。我从不肯随便乱恭维人，但我可以郑重地说，卫先生是他自己书里常说的"大人物"。所谓大人物，粗言之便是特别富有力量，爱从自己有活动的人——在罗素所谓富有创造冲动。他的脾气举动是有些为社会一般平常人不了解的地方，所以不单他的学说未得社会的看重，而且他的为人反被社会起了一些误会——例如有人说他是骗子，又有人说他是疯子。卫先生常说大人物每每是生前为众人所摈弃，及其死后又从而推崇之，立铜像建碑建庙的。或者卫先生也会要这个样子吗？至于我同卫先生的关系，相识固已多年，最近才见亲密。从民国十五年春初到现在同住在万寿山已有一年，但未有合作一种什么事。

　　卫先生的学说的根本在他的一种新的心理学。他不拘谈到什么问题都适用他的心理学来做解释；或者换一句话说：他寻出了人类心理的一些定律，他用这些定律来解释各方面各种问题。他这种心理学的来历是当他研究音乐的时候，由他特殊的着眼点，使他对人类心理有一种体会而来的。因他着眼点与其他一般心理学家不同，所以他的所谓心理与平常所说的心理学仿佛成了两回事，彼此竟无多大干系。卫先生的学说实在是自为一套，自成一家的。凡是听他讲演看他著作的人均不可不注意此点。如果拿他同旁的一般科学或各家的学说扯混在一起，一定找不着他的头绪，或者误会了他意思，他常自称他的心理学教育为一种"科学"，并且是一种"自然科学"。这大概是因为他觉得他所得的心理定律是和其他科学所得的定律是同一准确，而心理物质又同为自然界所有等级不同的力量而无大殊。然而他做学问的方法，在我们看去，却并不是一般自然科学的方法（前所说卫先生对现在的学术界不理会就是指此等处说）。不过他的方法虽非科学的，而仍出于实际经验——作音乐与办教育——所以还不致蹈空；其所以能有不可抹杀的价值也就在此了。他的学说基本处或开头入手处有时看去仿佛浅近平常，为人人意中所有（其实并不浅近，而且是很深的道理）；渐渐地说到深复处又每每出人意表，极新鲜又极精确。但我们今晚在两小时内只能在粗浅处略为解释。

我们分三部分去说，第一段他的谈心理，第二段他的谈教育，第三段他的谈文化。

（一）我们先说卫先生之谈心理。他看人类心理只是一种力量——其实他看宇宙间一切都是力量：一个人是一种力量，一个动物也是一种力量，乃至一块物质也是一种力量。他把人心唤作"人力量"。这个力量具于身体；身体是俗常所谓精神与物质之间的媒介。所谓这个力量的，便是指着人类接受外界物质的刺激而达之于内；又自内里精神发出活动以施于外的能力而言。这接受刺激的，亦即靠近于身体而预备对外的，是这个力量的下端；他叫作"身体力量"又叫作"感觉力"。这自内发出活动的，亦即稍远于身体而并非单预备对外用的，是这个力量的上端，他叫作"精神力"亦叫作"心"。这上下两端之间，即感觉力到精神之间，是很有距离的，或说是很有许多层次级度的。照自然之理，这两端是应当往复相通的，仿佛电流有阴极阳极——感觉力为阴极，因其主于受；精神力为阳极，因其主于施。换言之，一则近于被动，一则偏乎自动也。这是卫先生学说中的两个根本观念，必需要先认清，以后讲的话才能明白。然而要认清殊不容易（前所说卫先生方法与意义暧昧抽象即指此等处）。大概他说感觉力并非单是眼耳皮肤之几种感觉，而包有普通心理学所谓反射的本能的动作，乃至更复杂的活动都在内。总而言之，他看作一副混全的身体力量，与精神力本不能划清界线（如电之有阴极阳极不能划开）。他所谓精神力更难说了，仿佛平常所谓智慧，当为其主要成分；而实则智慧不足以当之。或者不得已说作人类高等的心情罢？但又不恰，因为单是情感也不足以副力量或能力之义。

试把卫先生自己书里的话，引在下面略为解释。在卫先生的书内，常说"人心是自然力最高之一层"；又说"人心是一种高等动物一层一层经验物质完毕以后，剩余的力量"；又说"是一种比任何动物还完全一层一层经验物质完毕以后，富余的力量"；又说"人心的力量在大的世界内是无用的"；又说"男子的心是世界上最独立的；将完全自由活动最不靠外的一种力量"。此处所谓人心或男子的心都是指着精神力而说。所谓"一层一层经验物质完毕以后"云云，其中自含有许多话，许多道理，而卫先生未有说；我虽然可以替他说，但此刻亦来不及，我只请大家注意他那个"剩余的""富余的""无用的"种种字样。所谓剩余的、富余的，所谓无用的，就是未有一定用法，就是超过了预备对外的身体性。再换一句话说：人类的心是从身体解放出来的，在一切生物要营求生活那个需要上看，简直是多余的，而且多余的很多的一种力量，人类之所以为人类完全在此。古今许多大哲莫不于此点有其亲切的认识。古人我暂又不去说他，今人中则如罗素在他的《社会改造原理》之第七章中，都说得极清楚明白。而柏格森在他的许多书里尤其爱发挥此意。我无工夫去博征繁引，不过说在此处，要大家自知留意罢了。

又上面所引卫先生的话，其云，"世界上最独立的最完全自由活动的一种力量"就是我在前面所说"超过于预备对外的身体""从身体里解放出来"那一个意思；而特别提出男子的心来说者，因卫先生对男女的分别看得最清。男女的分别在哪里？就是女子的心比男子的心浅，男子的心比较女子的往里去很深。或说女子的心比男子的心靠外（凡此生硬的言词都是卫先生熟用的言词而我们姑且沿用的），亦即是靠近身体；而男子的心比较女子的心离身体远得多多，亦即是从身体解放出来多多。这话亦不难明白。请看女子是多么受制于身体，就可以知道了。女子的身体构造是在预备生育小孩的。她一生的力量常常消费在此，她的精神也就难得超脱。她到一定的年龄就有天癸又叫月经来了。即在最康健的女子亦要占三天工夫；康健稍差就要五天，更差就要七八天，而且天癸未来之前，与既来以后各有三天工夫的不舒服或疲乏。如是在一个月里竟多是把力量费在身体方面了。到有两性关系以后而怀孕，那更是完全困住了那个人。生育以后，又要给小孩乳吃，其关系依旧不能减轻。男子这些事一点没有，其自由多多了。所以女子的生活比较男子常常处于被动中。我们平常都说女子之心窄，心小，不用生气的事，她也容易生气，不用着急的事，她也容易着急。她比男子容易哭，她比男子容易笑。都是这个缘故。因此卫先生常说男子天性是静的，女子天性是动的。然而又说男子的活动大，女子的活动小；就是因为女子从感觉力到精神力的距离小，而男子从感觉力到精神力的距离大。说他静，是指他离身体远，不易受波动而言；

说他活动大,是指他距离远,有大活动之可能而言。对照着看,那女子一面其所以为动而活动小,亦即明白。平常说女子是阴,男子是阳,这话并未有错;不过必须要了解卫先生所说他们力量之不同,而后始得认识阴阳的意义。又卫先生常说东方的男子有女性,西洋的女子有男性,都不合乎本来面目;皆因文化不对所致。其说甚长,此不能述。

所谓卫先生的心理定律是什么呢?他有一个根本道理,叫做"有力量必有表示""有什么力量有什么表示"。所谓表示,就是指其力量之活动出来而言。力量有高下大小种种不同,活动也有种种不同。活动是有程度分别的,不活动为零度,往上去有许多层级,活动愈大愈高为活动之极致。卫先生说到活动有许多常用的字样,例如:高等的,下等的,顺的,乱的,粗的,细的,硬的,软的。从这个顺的细的软的而到极粗硬的,为活动程度降低。从乱的粗的硬的而到顺细软,为活动程度进高。人类力量程度是高等的,不应当有下等活动;但是每每因这文化之不对,而给人的活动程度降低。在卫先生意思,以为心理学应当是研究人力量的一种科学,寻出力量活动程度之间种种定律,而使人有他应有的"人程度"之活动。至于普通所讲的心理学,老派的固然不合卫先生意思,新派的也不合卫先生的意思。他常常讥笑现在人喜欢讲的新派心理学为"身理学"。

(二)第二段我们来说卫先生的谈教育。卫先生心理学之所以有重大价值,完全在其心理学之应用,就是他的教育学。他在教育中最要紧的意思,或其根本道理,就是感觉应当上通于心,心应当下通于感觉,往复相通不要隔离;所以他自名其在山西所办的学校叫做大通学校。如果感觉不上通于心,则为粗乱的感觉,就是他的活动粗野暴乱之谓。按寻常的说话,就是说其活动太是本能的,而少有理性。这种人算是无心的人。如果心不下通于感觉,则为空虚的心,就是说他游心于空名词,假道理,常在糊涂迷信中;因为他心既不下通于感觉,即其道理之所从来,就非出于经验,而不能不是糊涂迷信了。这样的人算做假心的人。精神感觉相通,心不离感觉,感觉不离心,始可以有高等活动而合乎人类本有的程度。感觉不离心,则其活动可以进于顺的细的软的,即粗野暴乱的反面,而举止态度温文尔雅了。心不离感觉,则其活动不离实际,而清楚明白确切,自能发现真道理而有真学问——照卫先生之意思说，这一层在中国最要紧的。他在他的书里常说，中国此刻办教育最要紧是求"一个常常与感觉有关系的心，常常不昏的心，常常往实用方面走的心"。其所以然之意，下面讲文化一段还有说明。这实用二字也是应当注意的，卫先生常自名其教育为"实用教育"。他说他要养出一班实用人才。大概卫先生看出了，天是让人走一条创造的路的。人应当时时有所创造，才合乎人的程度。所谓创造范围不要看的太狭窄，科学家的发明，哲学家的思想，文学家的作品，固然是创造，其实我们一言，一动，一颦，一笑，乃至一思，一感，也未尝不可以算是创造。创造不创造不以其事情之大小而有分别，乃从其是否有人心的活动而定。在心通感觉，感觉通心的人，其一言一动无非创造。在心不通感觉，感觉不通心的人，则其思想出于沿袭，而作品出于摹仿，便无创造可言。卫先生所谓实用人才就指这种能创造的人才。所以他的实用教育非注意实际效用之谓，而是注意人有本领，尤其注意本领之根本，即力量。譬如职业教育的实用，在卫先生批评它是：此时实用彼时不实用。此处实用彼处不实用。因为当他学会一种手艺，其学会乃是（觉）[感]官的会，于卫先生教育里面的学会比较，"不知隔有几万年人类进化之距离"；盖一出于感官之摹仿，一出于心力之创造。卫先生说："创造是从内部取原动力的，而不是从外面起活动的。"又说："谁的内部力量无时无地不活动，谁在任何时地的事物上自然都能实用。"这就是说创造是一个人的创造冲动而来，不是被动的。一个顶富于创造冲动的人，对于不拘什么事情不拘什么东西都感兴味，而想去研究想去作；其结果自然对于什么事情都会做，都会做的好。总而言之，卫先生的教育思想要做到让人有力量而会活动。有力量的人自己爱卖气力而对于世界一无所取；没有力量的人常常想要东西而不爱做事。卫先生是要前一种的人，不要后一种的人；其意盖颇与罗素开导人的创造冲动减低人的占有冲动之论相合。不过罗素只粗粗有这一点见解而已；而卫先生则对这问题具有精密深澈之学问，并且有一种办法——即其教育。

照卫先生对教育的眼光，而有其在教育上的办法。他这种办法我们从他《人心新力学》一书里可以窥见一斑。《人心新力学》就是在山西所办的大通学校章程。他的章程是学校办了三年以后才做的。内中所述就是第一期办法经过的说明和第二期办法开始的预备。第一期办法是以培养学生的身体力量为根本目的,完全不注重读书求学问,而注重在学生的实际生活。学生一身的事他无处不注意到——吃饭睡觉洗澡大小便通通注意到。因他如此注意,所以他这二年工夫未曾放过年假暑假,并且未有星期日的休息,惟恐学生到外面去有妨害他的教育进行。他把教员学生分成许多小组,算作家庭。每一家庭,以一教员为其家长。除他以全副精神照顾学生的生活外,其他的家长亦都以全副精神照顾学生的生活。在学校内给学生以许多活动的机会:有做工的工厂,做鞋袜做点心等等;并且有时修理学校的房屋;有作买卖的公卖室,从文具到米盐一切校内众人需用之物都备。其管理进行都由学生自己去做,教员只是站在边看着而已。不但如此,就连学校办公处之任何公事也都由学生经管。据卫先生说,只有这种信服学生会做事而听他去作,是开拓学生力量的方法。虽然拿很大事让学生去做,刺激他的力量出来,但又不可给他的刺激太多或太快或太硬,要斟酌于每个学生力量与其刺激之间无使之过与不及!过与不及都是妨碍力量的发展。如此慢慢引出其力量而增长之,是教员唯一的责任。至于一般学校之办法,自卫先生看去皆无一处不是戕贼学生的力量,可以说通通要不得。(关于卫先生的教育意见此处所述不及什一。)

(三)第三段我们再说卫先生之论文化。卫先生看东西两方的文化是很不同的;在东方印度与中国也是很不同的。西洋文化是什么样子的?中国文化是什么样子呢?据卫先生说,西洋文化是从身体起,中国文化是从精神起。西洋人的身体极好活动,而中国人的身体极不好活动。西洋人的身体极强,其身体力量极充裕,而中国人则身体殊不强,身体力量亦不很大。这大概与地理气候及工商业社会,农业社会之不同都有关系。例如西洋海岸线长,与水为缘,自然爱活动,爱交通。而中国则陆多水少,与大地为缘,自然不很活动,不很交通。积久之后,爱活动之人愈爱活动,成了他的天性;又有海水刺激他,帮助他,于是活动得更利害;而商业工业亦就起于此。工商业的活动贵迅速——因是要发财的,出产东西运送东西愈快愈好。因此养成一种事事求快的脾气,印象摄取尚有应接不暇的苦,焉有从容消化之力。并且要省时间,怕费事,亦不许从容消化。所以接受外界印象刺激,多未及上达于内里精神。外部力量愈不通内,内之精神力愈无由表示——精神于是被挡住了。又西洋中世纪千余年之宗教约束人的滥费身体（尤其约束身体之生殖力），蕴蓄了很大身体力量，而在文艺复兴之近世纪一气发泄出来，也是西洋人身体活动利害的一原因。身体活动太利害就没容心活动的余空，渐渐落于感觉不通心的症候，或说常常没有心。西洋文化就是这种感觉充盛而缺乏心的样子。所以说西洋文化起于感觉（或身体）。至于中国人与大地为缘，本不好活动，即活动也很慢；再加以黄河、长江两大流域之沃田成功数千年不变之农业社会，更容易使人养成慢活动的脾气。因为在农业里作事，和工商业是大不同的，他是要靠着看天气节候自然之序，而不能着急求快的。并且在平川旷野之间日与自然物为缘，也顶容易让人意态宽闲。这种慢活动，和缓仔细的活动，摄取印象既得从容，亦有送达内部而消化之余裕。因此感觉可以常上通于内心。外面活动愈常通内，内部力量愈容易表示出来。所以在中国文化里心的活动程度很高，而转见外面活动之不足了。这是中国从前的文化样子。这种文化日久之后，顶容易不注重身体，使身体衰败。又中国未经西洋中世宗教的约束积蓄身体力量，反由早婚习惯而大大损害了身体力量；及身体衰败之后，而精神亦不能不衰败了。所以现在的中国人和西洋人比较，西洋人虽无精神，尚有好身体；而中国人则身体力量精神两俱贫乏，文化之创造至此完全灭绝。六七十年中国天天忙于摹仿袭取西洋的文物，从思想学问，政治教育，社会风习，下至起居饮食，澡盘便器，无一不偷。就是自己完全空虚之症候。此时要重生中国的文化，恐怕要先变回到如同未有文化一般的地步，借着西洋的物质文明慢慢补养起他的身体，再渐渐恢复他的力量才成。这样的文化程度真是等于零，还要在野蛮人低等文化以下的了！倘中国文化之重生是要如此从头做起的，则前途遥遥不知将在何年何月，并且能有望与否亦不可知。在中国人自己总不应当如此一听于天然的转变，而应当赶急想个办法。在卫先生说，这个办法就是教育，就是卫先生长养力量的教育。盖中国今日一切事没有办法，都是从唯一的原因来的——中国人力量衰败。只有认定养起中国人的活力之一途而急起图之，庶乎一切事才有希望。譬如谁都知道中国此刻顶缺乏的是学术方面的科学，与物质方面的工业生产。然而让衰败了的中国人，去学西洋的科学，去仿办西洋的工业，又如何能有什么科学与工业在中国出现？没有人家那样的身体，如何能有人家那样的事业？就要一步一趋地摹仿袭取，也一定摹仿不来，追踪不上。就是要摹仿人家，单只靠摹仿力做不到摹仿的，必需你有大过了摹仿的力量，即创造力，而后摹仿方可成功。衰败了的中国人唯一缺乏的是创造的活力，你让他如何产出科学与工业来呢？科学与工业都是从好的身体力量来的。因此卫先生说："中国此刻最要紧的是一种培养身体力量的教育。"又说："要养成一种与感觉有关的心。"所谓与感觉有关的心，有似乎平常所说科学头脑；所谓为身体力，就是充富（实）一种爱向着物质世界做活动的力量，请问大家，今日我们的问题是不是在此，还有比卫先生的意思再对的么？

卫先生当初之来中国，原是从不高兴西洋文化，而特别爱重中国文化，抱着一腔热望渴念来的。及其到了中国，看见中国人正在忙着摹仿西洋，他真气得了不得；他曾说，他初到上海看见中国人用的西洋风琴和住的洋楼房，是他顶大的仇人，他真是恨极了，所以在那时发的议论多是叹息痛恨中国人之轻弃固有文明，盲目地摹仿粗野的西洋。及其住上海两年，才明白中国人真是衰败极了，要他不摹仿是不行的。而问题所在是要从身体力量做起，一时谈不到高远处。所以后来议论与前很不同，而其实他对中国的观念前后未尝变换。如上面所述就是他近年来所提倡的意思。

录自于《梁漱溟全集》第四卷，山东人民出版社2005年版，第816—827页；原载于《燕京社会学界》1927年第1期，第127—139页；另载于《漱溟卅后文录》，商务印书馆1930年版，第121—143页。

关于介绍卫西琴氏的一封信

紫美

师毅兄：

你的短简，我已经拜读了。你说"刚才和趾菁谈起卫中的学说与教育主张，使我很高兴。你是他的学生，我想你一定知道的多。《汎报》要出版，请你写一篇介绍他的东西。因为我觉得这样异国人，很值得我们谈论……"我读了你的话，觉得非常感动。我读了你的话，似乎有很长的功夫又回复到四年前过去的文校生活之中了。关于卫氏的思想，我确是自信知道的不少。不过，我去年回太原的辰光卫氏曾当面对我说："你不能算是我的学生，因为你在外国文言学校没有毕业。"所以我虽然很喜欢写点儿介绍他的思想及教育主张的东西，而于"你是他的学生"一句话，自己还不敢毅然强承。假使你要我发表什么介绍卫氏思想的文字，我一定要保持我局外旁观的态度。这是我必当预先声明的！

实在，介绍卫氏整个的思想的这件工作，早已是我胸臆中的陈念。我们自民十二在太原哭别之后——此事容后相叙——我一口气跑到上海来。直至去年，我二次回到太原去，又和他当面生了几顿气，然而我想着介绍他给公众的意念，则比以前更坚固了。我觉得这是件重要的工作，然因为各方面掣肘，总不能叫我的工作完成。我失败了几次之后，我于是改换方针，先由完成我自己的工作做起手了。我还记得，我有次把卫氏的一封给家长说明勿替学生早婚的通信，寄到商务书馆教育杂志社，但是没有登载。又有一次，我把卫氏对于太戈儿隐士剧的说明书，送给小说月报社，然而也被抛弃在乱纸堆中，没有登载。这些都是应当的结果！因为像卫氏这种新奇的也许待至卅世纪才有用的东西，——思想及教育主张——不能怪现社会中的人们都不要他。他开口"力量"，闭口"力量"，试问现谁晓得"力量"是什么?！他手捧着灿烂的黄金，白送给不认识的路人，怎怪得叫花子都笑他是神经病的傻汉？他用了全副的精神，大声提倡"注意自己个人的力量"。他对不管什么人都要说："物质是比精神不重要多了！"试问现在这般死要物质不顾面孔的社会，能容得下他吗？他给全国教育联合会的意见书——《中国教育议》中，第一就不赞成派遣修养不足的学生出洋留学。这叫一心希望肩了洋翰林洋举人的招牌而盛气凌人的洋货贩子，怎能不反对呢？所以我常说卫氏是心理学的新理论家，但是可惜他没有把中国人的心理研讨明白。可惜他没有学着迎合中国人的心理！

卫氏在中国没有一处不受甚大的打击，尤其是在山西的几年，简直可以说是这一生中他的大仇敌——他的父亲——外第二次剧烈的致命伤！他初受聘到山西的时候是担任的山西大学的西洋文学教授。每周两点钟功课，他嫌时间太短促了，他遂把两点钟连在一个时候了。他每当上课的辰光，预备了许多的东西，如饼干，茶水，七杂八式的糖果等等，他坐在很舒服的藤椅上，一章一段的讲说他的西洋文学。他有时真像汎报一般：从莎士比亚说到男女性之本能。从拜轮的诗歌说到世界战争。而且他总是不编讲义，一口气边想边说的讲下去。原来他是要学生真正明白了解后而自己笔记在纸上的。然而大学生的资格，谁愿受这种的麻烦。况且连着在讲堂上坐两点钟长时间的冷板凳，那都是活要命的工作。于是每当是他的功课，学生的数目总是减少。但是无论少至只有一个学生他总还是这样很起劲的滔滔不断。后来许是学生向文科学长说话了，于是督军阎锡山，才把他调到国民师范，兼任教务主任，大学校的时间也减少了一点钟！

他得了国民师范教务主任的职务，真是又喜又惧。喜的是国民师范的学生，都是将来国民小学的教员，那么他的新教育的主张，在这种难逢的机会之下，是可用山西做大本营，而以全省的儿童做实验品的了，同时他惧的是现在能明白而且应用他的教育主张的教员人才没有，他必须先干养成教员的工作，然后这班教员于上课时，才不会与他的思想，主张，背道而驰。但是这件确实大困难的事情。他依然还是毅然决然的照着他的理想的路子毫不迟疑的走着。

那时他已辞掉了保定高师的音乐教授之职了。他住在太原五拐巷的公馆里，和他的译员段君镇日筹划着怎样去指导这班普通习惯很深的北大和高师的毕业生——现任国民师范的教员先生。国民师范是山西用民政治的基本，故这时全校学生竟有两千多人。每六十人成一班，而这数十班的课程表，就成为了他的大问题了。他为了拟订每班的课程表和各种学科不同的教授法，便连睡眠进食都顾不得。因为他认为机械的灌注式的军国民的教育法中，所用之固定的课程表是最有妨害于人类良知良能的力量的。人类的心灵力量和感觉力量，是一时一刻都因着环境的刺激而有不同的变化与活动的，而欲以之发展运用人类力量的功课，也因依着这力量的变化与活动而每日不同。否则，一学期一拟定的课程表，决定不能给人类力量充分发展与运用的可能。

于是一切的学科不徒不能有益，反失去其真确的意义，而不能发展各人固有的个性——力量了。这种摧残"人类力量"的教育，他以为是最谬误的，最不人道的。杀人身体的，社会能加以刑罚，而残害人类力量的，却反会加以尊崇，这真是最伤心的事呵。话又说远了，他以为一学期一拟定的课程表是全世界普通的教育病，是没有法子反抗的。于是他在无法中想个勉强的法子，那就是功课虽不能每天变换，而课程表则一星期一拟定。但是那时国民师范的教务长是军国民主义的教育最发达的日本留学生，国民师范的教员是新潮最盛的北大和高师的学生，那么他们自然不能不因意见之相左而与教务主任起权限之争执了。普通学校的教员都是诵课本的留声机，卫氏的办法是要教员用自己力量的活动，引起学生力量的活动，而素来不懂人类力量是什么的人，当然又是"活要命"了！于是各教员们——尤其学识不足的滥竽充数者，为避免困难起见，就表同情于教务长而用总辞职的方法，实行驱逐势力孤单的卫氏了。可怜此时卫氏尚在深更半夜中筹划每种学科教授的指导法呢！

当他那天夜里一点钟听到督军口谕"卫先生从明天起可以在公馆休息休息，不必上国民师范去了"的时候，他还以为督军勉恤他呢。于是对传着口谕的冯君——山西省署教育科科长，为卫氏之好友——还说"我一点不觉得累乏，我用不着休息。某一班的某一门功课教授法，某教员尚未听明白呢……"一会儿冯君以私人友谊的关系，告诉他国师全体教员向督军辞职的情形，他才顿悟了督军口谕的用意所在。于是他大大的失望灰心，要立刻整装乘天明头班正太快车回北京去了。但是这辰光督军不但面子上下不来，而且也确实很相信他的道理，于是说："请卫先生替我办外国文言学校好了，卫先生还用教务主任的名义，教务校务全由卫先生支配。"这是民八冬月的事。从民九正月起始，他就外国文言学校的教务主任了。而且因督军公务忙迫无暇到校，他并且代理执行校长的职务！

写到这儿，我要把这段文字暂时结束了。以后他——卫氏在文校中的一切设施与活动，我将在下一封通信中告诉你。现在我且告诉你一点卫氏最近的消息。

卫氏的行踪，我好久不知道了。不过他自从去年山西发生战事之后，便离开太原府下。我以前在哈尔滨的辰光，接到我友郭炳君的一封信。他说：

"卫先生现在北京,可是还干着督办公署的顾问,这不过是名义而已,实在也无事可事……"我们的文校定九年毕业,但现在已未届卒业而解散了。大概在前两个星期——十二月十号左右于《申报·艺术界》中看到卫氏署名的一篇《希腊思想之初入北京》的论文,我看卫氏的思想又比从前改变一些了,他的著作只有在张耀翔办的《心理》上发表过一篇《男女新分析心理学》。他讲演的说文教授法是我亲手记的,待以后有空时再为介绍。

十六年一月一日夜深时

　　昨日在一处遇见李石岑君,谈及卫氏,李君当说他现住北京西郊万寿山大有庄一三号,我想《汎报》出版后,请即寄他一份,不知能允此请求否?

三日晨紫美附白

原连载于《汎报》(上海)1927年第1卷第2期,第26—28页;第3期,第25—28页。

【作者简介】紫美,疑为笔名,个人信息不详。曾就读于山西外国文言学校,1923年未毕业即离晋赴沪,1926年第二次回太原时曾见到卫西琴。

听了卫中博士讲授以后

李邦栋

　　国立暨南大学文哲学院教育系的讲坛上,教育名著一学程,因为物色人选,直至上周始聘到卫中博士(Dr. Alfred Westharp)担任。但他上第一课时,好比是开场白(因为讲义没有印出),我听了他的伟论,发生许多感想,今天特地撮要写出来介绍与我们教育界同人,并求指教。

　　博士到中国来已十有四年。向在北方——北京、保定、太原等处——办理教育事业,异常热心。所以他对中国教育的情形,极其明瞭,讲授操华语,也很纯熟。他说:

中国学生不活动，专是读死书，因此身体与精神都受着不良的影响，所以办了许多年的新教育，精神与物质两方面，都没有好结果。现在第一要紧的，就是对于人的精神的新眼光。在中国从前，你想养精神，就不要养身体，一天到晚，不是坐着不动，就是睡觉；以为是养精神。你想要精神活动，必取消身体活动，身体活动受了束缚，精神也就没有力量。又如农工商业劳力的人，他们只知道有人的身体，而无人的精神，这样不又是和普通的动物一样吗？这都是危险的。所以我说有三个条件：

（1）人是用精神的动物；

（2）人的精神就是身体的器官；

（3）如欲养精神，必先养身体。

由自然进化到身体，由身体进化到精神，再由精神进化到身体，由身体进化到自然；那么，任何事体都有精神去干，所以精神活动，就是身体的活动，身体活动，会进化精神活动。中国的生活，都是消费身体的力量，这应当要改良的；尤其先要从学生时代的生活改良。饮食、起居、睡眠、排泄等，都要注意将这消费身体力量的生活，改良为养育身体力量的。推倒旧书本的教授法。和改善农工商业的教育；同化外国的物质文明，以解放身心两力，新教育，从这新教育养出来的精神，能指定身体力量的方向。这种身体力量，能为精神同化物质，并且能利用自然物质及外国物质文明，以产生新中国的物质文明。这才是中国教育上的彻底革命。我常说中国缺少新教师，诸位是研究教育的人，负有新中国教育人使命。……

我听了卫中博士这一番话，不禁引起了下面几种感想：

（一）养精神先要养身体，养身体必先将消费身体力量的生活，变成养身体力量的。我百端钦佩这种伟论。试想我们中国的教育，数千年来，是注重道德的，人格的，仿古的，束缚身体的，消磨精神的，汩没天才的，所以养成了东方的老大病夫。自新教育输入，才渐渐谈到个性与活动，但是办理新教育也有二三十年，现今的结果是怎样呢？全国的学校，下自幼稚园，上至大学院，我敢武断一句，"完全是知识贩卖所"，没有一处足以使学子得以完全发育。教师除做货主，学生除做顾客，学舍除做商场而外，还有什么可以说。设备简陋，起居狭隘，饮食恶劣……几乎通国一致。因物质的不良，而影响精神上底苦痛，使生理发生变化，有机体因刺激而起反应，不得不向自然以谋顺适。小则部分的，大则整个的；表现出异常的活动行为。这异常活动行为的表现，亦异常复杂；兹举其一端荦荦大者，例如年来学潮，风起云涌，用高压手段或武力威胁，都不足以消弭之，要根本解决它，必须有彻底了解新教育的人才，用新方法去实行教育革命，而产生新教育的新生活，也庶乎有乎。

（二）倘使我国的教育，依旧是洋八股式的办下去，仅是制度变更，只不过是行政上的一种便利罢了。而于容纳物质文明于精神内，能启发身体力量的活动教育，无所展布。不能产生真正的新国民。那末，这样的教育，十年廿年办下去，也不过是多产生些新骨董罢了。

（三）博士操华语讲授，而极力避免英语；他是反对基督教而痛诋帝国主义的；尝见我国大学教授，往往完全用英语而以国语为可耻的，这未免太深于洋奴化了。讲授一种纯正科学（如化学生物学之类），中国无适当名词，自宜引用原文。或是教授外国语文，不用中文解释，兹姑作均不在此例。若是教授普通科学也，也避用国语，而用外国语讲授，我不知英国的剑桥、牛津，美国的哈佛、支加哥，法国的巴黎、里昂等大学，有无此种办法。所以我觉得有四点，要请国内各大学教授注意的：

甲、中国人对中国学生，不讲国语而用外国语教授，是不妥当的。

乙、除外国语学程或纯正科学以及必须引用原文著外，应一律以国语为主。

丙、无论公私立大学在可能范围内，应以采用本国文教材为原则。

丁、如无本国文适当教材，所有原文典籍，亦应译成本国文讲义，关于此节，有两优点：

子、学术易于普遍传播。

丑、节省学者阅读脑力。

还有我附带的感想，就是我初次遇见博士，谈起中国许多教育家，他大抵认识；就中我说到文学界的明星，富有盛誉的某某博士（姑隐其名），他摇着头说："你们中国要想产生物质文明的精神内的新生活，不是不可能的事，只是没有人倡导，像这位先生，很有希望的，可是他对于外国的心太热了，我不赞成的。"一个外国人而这样讲，我们不能不觉自愧了。

录自于《暨南周刊》1927年第4期，第7—9页。

【作者简介】 李邦栋（生卒年不详），江苏如皋人，1929年毕业于上海暨南大学政治经济学系，1928年暨南大学新闻学课程开设时，即以暨南大学南洋通讯社记者兼参观团总务身份，选修新闻学课程并参与新闻学班的活动，在校期间至1930年一直参与编辑出版校刊《暨南周刊》。

随便请教卫中博士

黄菩生

卫中博士说："一切物质文明都是文化以外的。"又说："那末东方人怎样？他们自己不能发明，问西洋文化，西洋文化不能帮助他，问发明家，发明家更不能帮助他，可是东方人非有发明不可，因物质问题是重要问题。"

这两个意思，是卫中博士在第一次"动的教育"演讲会发表的；关于第一点：卫中博士以为文化之产生，全藉天才者个人的力量，固有文化，对于天才者之发明，不特不重要，而且桎梏天才者的创作，故此天才者很反对固有文化的。第二点：卫中博士完全否认文化有播化之可能，故此，东方文化，只要东方人自己去明，西方文化总是不能帮助东方人的。

我们对于卫博士这两种言论，从社会学、人类学、文化史的眼观看来，固然不能了解卫博士的高见；即使从常识（Common Sense）看来，恐怕很难明瞭卫博士的高见。

我们无论从学理或常识去看文化之产生与变迁，也知道文化之产生是基于两种状态：一是从文化本身内之发明；一是与别的文化接触而生的变化。

第一：从文化本身之发明——俗人不察，最易误会的就是此点；恐怕卫博士的立场也是根据俗人的误会未定。一般俗人以为发明留声机只有爱迪逊的天才，发明汽机只有瓦特的天才，倡导进化论的只有达尔文的天才……除了看见天才有发明的天才之外，就看不见天才者所感受及利用固有文化的重要条件；难怪卫中博士也说"物质文明至今在西方文化，仍是几个人的事，不是全体西洋文化的事"了。

可是，我们不用学理，只用常识问一问，爱迪逊与及其他发明家的发明，如果只是在其"一个固有文化之外"，那么，何以非洲野蛮民族里没有天才能如他们这样发明？又何以欧美社会在几千年前没有如他们这样发明，恰巧在科学昌明的欧美社会才有他们的发明？又何以非洲黑人的天才者不能在非洲黑人社会成名？比方 T. Washington[①]岂不是一位黑奴吗？他在美国生长，受美国教育，（可是他所受并不是卫博士的"动的教育"！）才可以成为现代黑人大教育家，不然，他还生长在非洲的野蛮未开的社会里，恐怕他还是吃食人肉最厉害的一个，哪可以有今日！所以，天才都是先天的，无论哪个时代，无论哪个民族都有的，其程度都是差不上下的，不过天才的成就完全藉赖其环境文化的累积，文化累积愈多，则天才者之成就愈大。发明固然要藉赖天才的超群能力，可是，固有文化的累积也是规定天才者成就的不可抹杀的重要条件。发明家没有一个不受时代背景的支配，能脱离时代文化背景站在文化之外去独创的，恐怕无论在哪个名人传里也找不出这样的事实。卫博士劝我多读名人传，但我觉得可惜至今名人传的作者都像卫博士一样，一点没有看到名人背后的文化的社会的背景，所以这样的名人传中的名人各个都是突乎其来的天才！

至于发明家受社会的摈斥，这并不是迷信文化与不迷信文化的问题，恐怕这是文化本身性质上的问题。文化惰性是文化过程中必然的表现；今只举一个显而易见的解释，比方，发明家运用其天才，从旧文化的模型里，突然

---

① 即布克·T. 华盛顿（Booker Taliaferro Washington，1856—1915），美国最具影响的黑人教育家和社会活动家。——编者注

创作一种新发明。社会自然是很惊奇的，何以呢？因为社会大多数人的智力当然不及天才者，他们不能利用固有文化的模型去创造新发明，可是他们也不是蠢才，不过他们多是中才，中才者都是只能循着习惯去应用固有的文化。固有文化的惰性，如社会制度、民俗、法律、宗教，与及其他的力量，是形成他们的保守习惯的，而且他们也很迟方能明白天才者的发明会优胜过旧日惯用的文化，天才者的发明一旦与他们的习惯冲突之时，他们就发生摈斥天才者的态度，这是很必然的文化变迁的现象。

第二点：从文化接触而发生变化——人类学家，尤其是文化传播派（Diffusion of School）的人类学家告诉我们：世界现存的文化没有一种是单纯的文化；各种文化多少都受着别种文化的影响，或互相交换，互相授受，或至互相冲突而生征服及被征服的作用，又从这种作用而至于同化，这就是文化变迁及形成新形态的种种过程。换句说，文化变迁除了藉自身发明之外，还有传播（Diffusion of Culture）的变迁。

最显而易见的，便是日本，日本之文明大半都是借自我们的文明，维新之后又吸收西洋文明。倘若日本闭关自守，不论他们怎样去"动"，"动"来"动"去，恐怕也"动"不出今日的文明来！即使能"动"出来，也不是我们急切可以见效的。

至于西方呢？西方的文化又何尝是独创的？西方民族为条顿、萨克逊等等，他们如果不南下与埃及、希腊、希伯来、罗马等等的文化接触，恐怕他们还是一般刚强凶悍的游牧民族，哪里会有今日的科学文明？今日的科学文明，恐怕还是卫中博士所谓"迷信文明"的产品罢！

不错，一种外来文化，与一个社会固有文化相接触的初期，总会有多少冲突的。如果彼此程度的距离太远，即所谓文化观的距离（Culture Distance）太远，自然免不了发生很厉害的抗拒现象。但绝不如卫中博士的揣想以为文化是不可转借（Borrowing）的。博士说："他们自己不能发明，问西洋文化，西洋文化不能帮助他，问发明家，发明家更不能帮助他，可是，东方人非有发明不可……"哪知这完全不是文化不可转借的问题，恐怕还是两种文化的程度距离的问题。比方琼崖的黎人，他们的文化程度当然是很低的，一旦我们向他们说什么国际问题，世界主义，什么 X 光，什么道尔顿制的教育，他们当然莫名其妙，他们一点都不能接受，因为彼此文化距离太远，自然是很难转借的。可是彼此文化程度，相差很近，则文化传播的速率为愈速。比方，我们学习日文自然比诸学习德文较易，何以呢？因为我国文字与日文相类的地方较德文为多。换句说，即是日文与德文比较，日文对我国文的文化距离较德文为近。又如一位英国人学习德文当然诸我们中国人学习德文较易。因为英文与德文的 Culture distance 较诸中文与德文的 Culture distance 为近。所以文化的转借，并不是不可能，不过，还是 Culture distance 的问题罢了。

所以现在之东方文化与西方文化，只有程度的不同，并没有性质上的区别。文化实在没有纯粹是西方的，也没有纯粹是东方的，我们研究一种文化发展的历史总是复杂的很，总是如滚雪球似的愈滚愈大。不过其过程在昔日与现代比较则现代进步，速率比诸昔日快数倍都不止。

谈到中国今日应有多些自己的发明，这是谁都承认的，这一点我们很感谢卫中博士倡导的苦心，可是天才产生都是先天的，我们很难制造天才；有发明的天才都是文化问题，并不是天才自身问题，所以我们促进发明，我们只好将中国文化充实地累积起来，就是"将世界文化迎头赶上去"，将中国文化与世界先进国的文化距离缩短，给发明家一个科学文化的背景，然后才能谈到与西洋竞争发明的问题。

原载于《广州民国日报·副刊》1929 年 4 月 8 日。

【作者简介】黄菩生（生卒年不详），1925 年毕业于广州岭南大学，获文学学士学位。在该校学术刊物上发表过《十三行的研究》《清代广东贸易及其在中国经济史上之意义》等论文。除作为上海《流火月刊》的主要撰稿人之外，还编著了《社会进化史》（上海商务印书馆 1930 年版）和译著《德国经济之复兴》（上海民智书局 1931 年版）。20 世纪 50 年代任香港香江书院经济学教授，在《远东经济评论》发表对香港的经济问题的文章，并为香港大学政治经济学系现代中国研究班讲课。

卫中博士的"动"*

霍斯奇

我不知道卫博士做了什么博士论文才得到欧洲或阿美利加某大学博士学位而到我们面前来自称博士。我不知道他究竟专门研究了什么，而居然到文化落后的中国来高谈"文化"——又高谈了个不明白！

文化——当做学问的研究对象，研究文化这一个倾向，这是很新的一个运动，这是十九世纪最后的二三十年以来的事。卫博士应该知道。但随读卫博士高谈文化的记录，觉得卫博士全不知道这个新兴伟大的运动！所以我不解卫博士究竟做了什么博士论文，做了什么专门研究，才来谈不清楚而谈文化，谈不明白地谈"动的教育"！

文化——从生产的工具，一直到宗教、艺术、道德、法律、科学、哲学、教育，虽在他的机能（Function）方面，可以分为种种，但毕竟是人类生活之整个的历史的产物。这样一个巨大而复杂的——和人类生活之整个的历史的潮流有深交□□事物，五十年来的研究，虽有许多贤能的专门家在那儿分工合作的努力，却还不容许我们高谈阔论——卫博士居然乘中国之文化落后而高谈起文化来了！谈何容易！

卫博士的议论，在文化研究上，在教育理论上，还够不上初年级的学生！还要肯定什么或否定什么！他简直不懂文化是什么，所以也不能懂得教育是什么！

当然五十年来的文化研究的结果，或许并不见得十分惊奇，但至少可以使我们约略知道我们过去的生活如何，并暗示将来的生活将如何——当然各家的意见有时不一致，毕竟还是大同小异。

---

* 由于原文蓝本印刷质量的原因，有少量文字无法辨认，编者在文中以□标记出。

所以我们若要谈文化，我们不没却五十年来之文化研究的成绩。最新的研究也是从先驱的种种研究中产生出来。倘不知道先驱的种种研究，那末怎样想拼命知道最新的研究而妄下批判？至于这些成绩都是记录成书本的；而我们也可以得一点欧洲人的恩惠之处，就因有书本。

但是卫中博士是一个不主张读书本的人。他劝人不要读书，只要"动"。他只要动，他自己也不很读书，只是"活动"——从前共产党也和卫博士一样，或许卫博士同意于共产党也不定——因为共产党也是力劝青年不要读书只要"动"——"革命"的。若照胡适的说法，共产党是读了一点共产主义的书，并且不要人家读别的书，所以劝人不要读书只要革命。然而，卫中博士更不如共产党！共产党还读了几本共产革命的书而谈共产革命，卫中博士却连文化研究的任何一本书都没有读就想高谈文化了！误人误己尚不知耻，妙哉怪哉！（有一个朋友曾去访过卫博士，来对我说卫博士书斋中没有一本值得我们尊重的书，有的都是无聊的。我对他说，卫博士还不彻底，若要贯彻他的主张，那就不应当有什么书斋，也不应当有一本书，不问它有无价值，也不好写文章，也不好谈学问，因为谈学问是要书本帮忙的。友人闻之，大笑而去。）

卫博士的议论，我看来没有什么可以讨论的价值。我觉得我们不值得和他讨论。他的讲演并不是为学问，而是为他的活"动"。他在中国活动了好久——从"北京"活"动"到山西，到江浙，最后又到革命的广州——但在最沉闷的李济深时代！非革命策源地的北京、山西、江浙已经很□略卫中博士的价值，所以请他□动开去，所以他到李济深威权之下的革命策源地来活动！

他在广东活动，有几点投人所好。第一点，广东受了共产党的许多教训，"读书的是不革命的"，"不要读书，只要革命"。因之，读书求学这件事，广东的青年很不看重。现在，忽然要青年读书求学，也有许多地方格格不入，有点儿困难。所以，那一位博士先生来提倡一下不读书运动，那当然可以得一部分青年的感戴！

第二点，现在的青年确实没有出路，要求学，书本子与他为难，想发财也没有资本家企业家的资本和本领；做官要靠脚路，做小事情不够自己的生活！所以，倘有一位博士先生对他们说：你要发财，你就要发明什么东西！因为"有发明就有钱"到手！（怪哉博士之□论，这种话是美国资本家特意做了影画，向无知无识而极想发财的青年们宣传的，而卫博士也居然讲这种话！可见他是不懂经济学的！）

然而向谁去学发明呢？倘有青年这样自问，卫博士就说：中国是向来没有发明，但西方文明也不知道发明。发明是文明以外的事。不过你去问发明家，他也无从而知，不能回答你的。

这样说来，想发明的青年真无从问津了！但是吾们的卫中博士发明了一个发明的秘密，发明的秘密是"动"，动手动脚——不问它是蠢动盲动，只要动！

这个秘密连发明家自己都不知道的。所以我们不必去问他怎样动法。发明家自己既不想知道，那末书本子里头当然也没有了。所以去找书本子是无用的，书本子是更没有法子教我们发明的。所以我们只好自己来"动"，从动手动脚，蠢动盲动之中与所谓盲冲瞎撞之中撞出几个发明来，以博得资本家的赏金！（这些话卫中博士或没有教人写出来，但都是他喜欢说的。）哼！哼！真是讲给小孩子听的童话！

我不知道广东的哪一些青年去听这些童话？然而，除了讨论讨论发明的童话之外，更没有别的办法呀！

第三，我们现在很厌恶迷信，而非常崇信物质的文化（如一般人所谓机器、电灯之类）。所以他也极力说什么东西洋文化都是迷信的文化，只有物质的文化便不是迷信的。并且要我们不出钱去买这些机器、电灯，而要自己发明。但要发明，到西洋去留学，去问西洋文明或发明家以发明的秘密是不中用的。因为西洋文明和发明家都不能回答。——只要问我们的卫中博士，只要到卫中博士寓舍去留学，只要出钱向卫博士发明的秘密问发明家，买 patent，中国人从此就可以不靠西洋文明而发明。但问西洋文明的书本是不中用的，要问卫博士。因为他发明了发明的秘密是"动"，要自己来动——动手动脚，蠢动盲动，从盲动瞎动中偶然撞出一个（恐一个也没有）发明，怪不得从前政治分会主席费了重金请他来！

卫博士的高论有这样的价值，所以他远远从德国动到美国，动到文化落后的中国，动到北京、山西、江浙，又动到革命的广东。在此地动了一点，又动不出一个发明来！大约，他还要。譬如，打铺盖，整行李，买船票，乘火车，动到香港，以后我便想不到他动到哪边去才好！到他的天国去留学。再去和他讨论发明的童话罢！

原载于《广州民国日报·副刊》1929年4月21日。
【作者简介】作者个人信息不详。

与卫中博士商榷*

记　者

卫中博士在本刊上发表其第一次讲演的时候，记者曾于其讲演的篇末上，附有一些意见，对卫博士的讲演，"认为有商榷必要的地方有三：（一）动的定义，（二）文化的定义，（三）输入西洋化的问题"。现在卫博士在本刊上发表的讲稿，已到第三次了，文章也已洋洋万余言了，而两个极关重要的定义还没有下，这实是使人迷离惝恍如堕五里雾中的原因之一。随后许多朋友来和我讨论，我概说有卫中博士在那里负责。再后黄菩生先生在他《随便请教卫中博士》一文里提出了几点很重要的质问，卫博士还认为毫无解答的必要。再后我便写信给卫中博士，商请公开讨论以释狐疑的事件。今天卫博士的信到了，但只希望读者到卫中博士的地方去讨论，因为用笔墨"讨论起来，未免枉费其他读者的力量"，况且"贵刊（指本刊）的篇幅有限"。卫博士既然如此体惜，我们自然不便违拗。

但是记者以为卫中博士的讨论，不妨双方并进，一方是口头的讨论，他方是笔墨的讨论。若我们以口头讨论为已足，则任其口头讨论可也。若不以

＊ 由于原文蓝本印刷质量的原因，有少量文字无法辨认，编者在文中以□标记出。

口头讨论为满足，则无人可禁止其不进为笔墨讨论也。我们不能因为文字的讨论讨厌而墨守口头的讨论，正如不能因为文字的记载累赘，索性痛快把文字废去。世间不论做任何事情，"体力"自然要费的，若说"枉费"或者不至于吧。

记者的见解如此，所以除希望读者去和卫中博士亲自讨论之外，还希望卫博士容纳一些笔墨的讨论。

至于记者今天要与卫中博士做笔墨的讨论，并不是爱玩文字的把戏，实□不能讲足于口头的讨论所致，这想必卫博士很能谅解的。

现在废话少说，且提出记者所认为应该请教的疑点如下：

一、何谓"动"

在上次讲演洋洋万余言的当中，我觉得卫博士用得最频繁的字眼，"动"是其中的一个。但这个字虽用得频繁，确切的意义，我在前前后后，却始终没有找到。比较讲到意义的只有三处，一处说："动的教育是做东西的教育……是用身体教育。"换句说，所谓"动"，就是"做东西，用身体"。照这个说法看来，卫博士大概是反对书本，反对思索的。但文字读下去，却又觉卫博士并不如此。在第二讲里，他说："我们所需要的人才有三种：一是动的教员；二是动的文人；三是动的编辑或翻译员，是专门翻译最新的外国书，最新的外国书是指动的外国书。"由此看来，所谓"动"又不限于"做东西与用身体"，书本子还是一个少不了；"动"的意义不能说是与先前大不相同了。但"动"字的意义，卫博士还不能确定的捉住，所以卫博士在第三讲里索性慷慨一些把"思想"也收容到"动"字的意义里去。他说："要知道发明的原因非自己去'思索'不可，全靠书本是无用的。"这样看来，"思索"也是"动"，也是"做东西"，也是用身体，不是靠书本子，不是不动了。卫博士能把不动变为动，在我们单靠书本子做生命的"菩萨"，自然乐得欢迎。不过□常的变换意义，未免令人有捉摸不定之苦。最后博士又添上了一个意义，就是无文化的野蛮民族"动"力最大。他说："当基督教未到北欧以前，法德英还是野蛮民族，还是无文化，所以'动'力特大。"无文化的野蛮民族既然

"动"力大，即愈野蛮，亦必愈动；若我的推理不误，则所谓"动"也者，应当是"野蛮"的别名了。在参以卫博士反对输入西洋文化或反对购买机械，与抨击中国固有文化的论调，（见下文）则卫博士言外之音，不能不说在叫我们脱离一个文化，赤裸裸做一个无文化而动了特别大的野蛮人。不然，卫博士也犯了思想上的矛盾。

我不一定反对卫博士"回到野蛮状态里去"的暗示。若回到野蛮状态里去，而真个可以增加创造物质文明的动力，则我们又何乐而定要做一个空头的文化人。但因为我觉得"野蛮的动力"虽"特别大"，其"动力"所成的效果却比我们小去无数倍，所以我不能不向卫博士请教一声："野蛮的法德英，在未有文化的时候，动力既特别大，那末为什么不在未有文化的时候，造成他们的工业革命，而必待十八世纪的中叶，饱沐了文化之泽后，才来工业革命呢？"

现在再归到"动"的意义上来。卫博士对于"动"字，因为没有在开宗明义第一章上，予以明确的诠释，随后也没有充分的说明，所以我们始终没有得到明晰的印象。但从他所讲的归纳起来，所谓"动"有四种意义：

A. 是做东西，用身体；

B. 读书；

C. 思索；

D. 野蛮。

把这四种动作，统率在一个"动"字之下，虽有些不调和，但也未始不可，特不知卫博士真意何在，故我们为避免误会起见不能不请卫博士替"动"字先下一个概括的定义。

二、何谓文化

卫博士第二个使人误会的字眼，便是"文化"一词，除了俗人（Laymen）之外，都知道包括人类历史中一切精神上物质上的造作而言。所以不独诗词歌赋经书典籍，迷信宗教是文化一部，就是科学、机械，以及一切制造的机关、交通的机关、社会的组织，都是文化中的一部。总之，"文化"是与自然（Nature）一词对峙的，"文明"是与"野蛮"一词对峙的。野蛮人虽不文明，但可有低等的文化，设野蛮人而绝无文化，则文化史家，何必去研究史前的文化与野蛮人的文化。所以文化这个词，意义是很广的。文化只有高级低级的区分，没有全是迷信的文化，全是精神的文化。但读卫中博士几次的讲演不能不使我们茫然。他说："东西的文化，至今还是迷信的文化。"又说："西洋所以一切的物质文明，都是西洋文化以外生的，不是西洋文化以内的事。"自此看来，文化的内容，在卫博士眼里，不过是迷信与宗教，什么科学呀，技术呀，手工业，机器工业等等，一概摒除在外。不知卫博士何所据而云然？这是我们应请教的。

至于"物质文明"一个词，博士的用法，也没有高明一些，这是一个糊涂，这也难怪我们的费解了。我起初以为卫中博士的物质文明，是指工业革命以后的物质文明。所以那时我很相信卫博士那句"东方无物质文明"的话。但统观他的讲稿，他所谓物质文明，又不单指工业革命以后的物质文明而言，既是工业革命以前的物质，他也称为物质文明。他说："物质文明开始于何年？就是当欧洲产生的那年开始。"

在我们想来，欧洲产生的那年，不一定有生物蕃殖，到能蕃殖生物，不一定有人类发生，不知物质文明如何开始？欧洲究在哪一年产生，颇难确定。但欧洲的产生，必与地球凝结时同。据地质学家的推算，地球凝结到现在，约有八万万年了。不知欧洲的物质文明，是否开始于那一年？就是生物发生到现在，已有三万万五千万年了。欧洲的物质文明，能在那年开始吗？再不然，人类的发生，也已一百万年了。欧洲的物质文明能在那年开始吗？然则卫博士所谓"物质文明……在欧洲产生那年开始"，究竟是指哪年，请教。

欧洲的物质文明开始的时候，想必不能与工业革命后的物质文明同日语。那时的物质文明恐怕也不过如野蛮人所用的粗陋石器吧。随后在很长岁月中达到工业革命以前的文明时代。但是，这种原始的与工业革命以前时文化，卫中博士都不称之曰物质文明，则野蛮人半开化人，以及未到工业革命的民族的文化，照理应该都概称为物质文明了；为什么博士对于"东方"独说"没有物质文明"呢？请教！

因卫博士将"文化""文明"淆混到这步田地，所以我读讲演的时候，不免愈读愈不得其解了。其实文化是包括人类发生以来一切精神上的物质上的造作而言；文明是人类文化的最近一个阶段。所以文化是将野蛮人与文明人的生活一概包括在内的，不能不是一种矛盾。

三、西洋文化不知道发明的原因

西洋文化不知道发明的原因，这是卫博士在演讲中最得意的断语。他说："若东方文化问西方文化曰：'你的发明，物质文明，从何而来？'则彼必茫然答曰：'我不知道。'"实则是彼不知道，因为发明不是他们的事，是他们以外的事。东方文化要发明而无从，问西方文化又无头绪，那末怎样？只好去问发明家，问达尔文，问马可尼，问爱迪生等，问他们："发明是从哪里来的？"他们更不知道。

但我觉得奇怪的，就是西洋文化既不知道发明的原因，为什么受西洋文化熏陶的卫博士，独能断定"动"是发明的原因呢？为什么卫博士能翻译两位文化史家的书籍（即 Robinuor：*The Mind is the Making*[①] 与 Randall：*The Making of Mondern Mind*）来讲发明呢？但既翻翻书本子总该相信书本子里包含一些发明的道理；是的，卫博士自己说："全靠书本是无用的。"所以他靠"自己去思索"。但发明的道理既可由"自己去思索"，则先博士而实行自己思索的西洋人想也决不在少数。何以全个西洋文化中沐浴出来的人物都不知道发明的原因，唯独博士能知道呢？这又是应该请教的地方。

这里我要发表一些肤见，就是实行发明与知道发明的原因，是两件事情。博士说中国人："只有买！买！买了发明的结果——完全不知道发明是怎样来的。"其实发明的原因与条件，既不能责发明家以必知，更不能责任何西洋人以必知，尤不能责任何中国人以必知。研究发明的原因的人们现在只限于社会学家与文化史家。这些学者论发明的文章，我也曾多少领教过一些。可是没有见到"动"与"水"是发明的根本原因的话。讲起"动"来，野蛮人总要比我们动得利害些，为什么野蛮人的社会中，不能产生像十八世纪那样的

---

① 应为：James Harvey Robinson：*The Mind in the Making*. ——编者注

工业革命,讲到"水"是发明的原因,那末,南洋海岛上的土人应该比欧洲人更长于发明了,为什么还会受白人的宰制呢?

照博士的意思,要能发明,必待知道发明的原因与发明的条件,其实不然。人类的发明,拿社会史的眼光察看,在极原始的社会里已萌芽了。譬如石斧石矢的发明,取火法的发明,以及其他工具的发明,都在工业革命以前。设使不知发明石斧的原因,便不能发明石斧,则人类文明化决不会进步到现在了。在工业革命时代的种种机器的发明,当事的发明者,实在是不知其所以然的原因的。为什么?因为知识是靠分工发展的,在知识分工尚未到极微细的时代,往往只会不知不觉地去做,而不知所以成功的原因。例如产业的发达,依靠分工的原则,这是人类数万年来所不知不觉遵循的原则。但要充分了解其所以然的道理,却非到亚当·斯密的时代不可。发明的原因也如此,在当时实在懵懂得很的,到近来社会学的研究发达了于是才懂得发明的原因。所以实行发明,与知道发明的道理,是两件事情,卫博士不能混为一谈。

四、物质文明不可买,也不可模仿

卫博士的理由有三:第一个说,买来的物质文明,会妨碍中国人的发明;第二个说,买来的物质文明会使中国人日趋贫困;第三个说,买来的机器,会压坏了中国人的身体。有此三大理由,所以卫博士遂反对中国买物质文明与模仿他人的态度了。现在拿博士的话作证,关于第一个理由他说:"我们看买来的物质文明不是发明,并且以买来的物质文明为可以妨碍自己发明之物;因一有了物质文明,既可妨碍自己发明之思想。"这就是说,中国不应买物质文明而应自己发明。这句话粗看起来,好似一句深中时弊的良言,实则完全是一句外行话。因为发明这件事情,绝不是凭空的创作,乃是就现有的东西,稍加改良而已。譬如大家以为蒸汽机是瓦特(James Watt)个人发明的,不知瓦特的蒸汽机,不过是脱胎于牛孔门(Newcomer)的蒸汽机的,除多了一个凝结器(Condenser)之外,其他什么多是一样;牛孔门的蒸汽机又是赛渥理(Savery)汽机的改良,在赛渥理之前有牛顿的蒸汽车,牛顿的之前有希罗(Hero)的汽机,并且在汽机发明史中,有贡献的人物,是不胜枚举的,而每一个人的贡献也是很有限的。汽机的发明如此，其他的发明也如此。英国经济史家霍布生（J. A. Hobson）说："没有一种大发明，能归功于一人的努力与能干的！每种成功的发明，只代表无数联系发明的机械的综合，并且所谓成功的发明，与那些不成功的发明比较起来，多在百步五十步之间。"英国工程师霍奇（P. R. Hodge）在一八五七年说："现行的纺织机，实是八百种发明的综合体。现行的梳毛机，实是六十个获得专卖特许的结晶。"因为发明不是凭空突然的创作，不过是就一时代的或前人所已成的器物逐步加以改良的结果，所以一时代的发明，必然受一时代的器物形态与效用的牵制。做一个比喻说，中国北方假使只有骡车，我们要北方人关了大门发明汽车，那是必不可能的。因为发明，在实际上不过是一种改良；北方人既是去发明，也只有就骡车而加以改良，所以若能改良出从前西洋人用的马车的样子，已算是大的成绩了，我们决不能盼望他在短促的时间内，发明出汽车来。

因为发明能受器物现状牵制，所以我们主张输入西洋已成的器械与已成的科学来改变我们的现状，使我们接触了世界已成的物质文明，然后就输入了的器械再来改良。这自然是难以立刻见功效的工作，但比卫博士不要买物质文明的主张似乎科学一些。

依了卫博士的主张，我们中国人便该关起大门来，凡是关于西洋的物质文明一概不买，只要自己来发明。火车的机头不要买，还是就骡车改良一下吧。机器房的引擎与木托（Motor）不要买，还是就牲口拉动的磨车或水车改良一下吧。熔铁炉不要买，还是就铁店里的煤炉改良一下吧。采矿不用新法，还是就土法逐步改良吧。至于西洋人日新月异的进步，可以置之不问。

卫博士的教育的惊异，若不过如此，则我实在不敢领教。或者卫中博士说道："我请你们不买物质文明，并不是叫你就土货改良一下，乃是叫你们丝毫不受土货现状的羁绊，而去凭空创造吧了。"卫博士这种善意的劝告，我们不能不感谢，但同时不能不先请卫博士拿出丝毫不受先前品物牵制的发明上的证据来！

或者卫博士要说："我的教育是动的教育，是靠物体的教育，哪里会自相矛盾叫你们去凭空创造呢？这明明是你们误会了我的学说所致。"但是我们实在不敢误会，卫博士若不请我们不要输入物质文明，不请我们不要就土货来改良，而独请我们"靠物体"去做，我们实在是不敢误会他。

讲到物质文明不可以买的话，也是闻所未闻。卫博士的秘书写信给我说："我们的演讲的意思在中国是新的。"的确，我也有"新"的感觉，不过"新"之外，不免加多了一个特征。什么特征？就是"无根据"和"非科学"。

英国的经济史告诉我们，造成英国的工业革命的，并不全是英国人的力量，从大陆上移殖到英国去的工匠，有极大的劳绩在里面。不独大陆上的移民有极大的劳绩，就是英国人自己也不是关起大门，不问人家的造就的。例如英国的缲丝机，大家都以为是龙汤姆（Sir Thomas Lomb）发明的，所以当时英国国会里给了他十四年专利之外，还给他一万四千金镑的奖金。哪知实际上完全是从意大利人方面偷来的法子。〔亲自去偷法子的乃是他的兄弟龙约翰（John Lomb），他兄弟，因此不久便被意大利人杀死了〕再如纺纱机的发明家阿克莱（Orkwisght）①，也说自己的发明，是从窦比尔（Derby）的缲丝厂里学来的。而这缲丝厂的设备，却完全依照意大利人的规模。所以英国的工业革命，实在也不是关了大门造成的。卫博士何至于抹杀这些铁案的事实，而反对中国输入物质文明呢？到这里卫博士必定要拿出第二个理由来说道："买物质文明是越买越穷的。"他举日本做我们的前车之鉴说："日本本是不能存在之国。但怎样能维持到今？因为日本不敢发脾气，不敢与他国冲突，若一冲突，必致灭亡。为什末？即因日本为无钱之国，一战一定无钱。从前的日本，与现在的中国一样，专买物质文明；自己买了很多的物质文明，而完全是外国东西，全不是日本自己的东西。外来的物质文明，究是外物，他自己完全没有新的日本物质；没有新的日本物质，就是没有日本的物质文明。没有物质文明。即是没有法子买东西。没有新东西，即不能为外人预备新东西，没有新东西，而外国不买他的东西，所以日本常常没有钱，又因日本常常向外买东西，所以日本是完全没有钱的国家，与外国比起来完全不是对手。"这就是说日本是买物质文明买穷的，所以他很气愤的劝中国人不要效法日本。他说道："可怪者中国人现在谈建设讲革命，反不注意此问题而提倡模仿日本。就是中国学到了日本现今的地步，也不算进步。但中国人为什末不

---

① 应为：理查德·阿克赖特（Richard Arkwright，1732—1792）。——编者注

明此理而口口声声提倡学日本。须知日本是不能当模范的国家。"这是说看日本的样买物质文明，必弄到和日本一样的穷，一样的倒霉。

我们承认在中国现在生产落后的状况之下，盲目地购买物质文明是危险的。但为了发展我们的生产，而购买生产的工具与机器，为了促进我们的知识而购买种种科学的书籍与仪器；在我们的常识判断起来，恐不致如卫中博士所料越买越穷而至于"自杀"吧？

卫中博士说日本买物质文明买穷了，但我们只要看日本的年鉴，便知日本的国富，是一天增加一天，所以与其说日本买穷了，不若说日本买富了的真确可靠也。

我们稍有常识的中国人，也没有一个主张滥买外国的东西。我们□于生产的与增加知识的机器工具书籍等等东西，决不能拒绝其输入；对于消费品，我们也都知道增加税率以限制它们的输入。但决没有像卫中博士那样的极端，要根本不买物质文明，要我们根本自己创造的！我觉得卫博士这种主张，倒是印度甘地的同志。甘地的人格我们佩服他，但他昧于世界的趋势，欲使印度人复返于小工业的主张，则我们不能不反对他。卫博士虽没有明请我们恢复手工业，但从他反对中国输入物质文明的论调上推论起来，至少也是甘地的同志。这一层，看了他反对中国购买物质文明第三个理由之后，必能更加了然。

他第三个理由，就是说外国的机器会压坏了中国人的身体。这个理由，他说得最痛快，他道："现在外国式的工厂，在中国有绝大的危险，因为中国与外国不同；中国人的体力与外国人的体力不同，中国人以弱小的体力，而用外国的机器，是很大的危险。"

这是说身体弱小，所以用外国的机器是很危险的。我想了又想，总想不出一个身体弱小不能用外国机器的道理来。譬如轮船上的起重机（Crane），只须轻轻把机关一开，几千百斤的重货便毫不费力地举上了船。现在卫中博士说道："这个起重机，弱小的身体是用不来的，用了便危险。"这不是说不用起重机，单用弱小的身体肩荷数千百斤的货物上船，反没有危险吗？自然，卫博士没有做过码头小工，不知道肩荷数千百斤的货物的痛苦，难怪他说机器危险。后来我看出了他所谓危险的道理，他所以要说危险，并不是说机器不方便，乃是说用了机器，就不用身体，不用身体，身体就要衰败，身体衰败了，就不能发明。所以与其用机器而让身体衰败，不如不用机器而用身体，我们看他说："中国文化中迷信的毒比外国文化深，所以愈不以身体为重，故身体愈衰败；这种衰败的身体，怎样能以运用外国的机器？愈做工则身体愈衰败，这种衰败的身体，怎样可有发明？因为发明是身体的结果，没有气力的人，怎样可有发明？""在中国办外国式的工厂是完全害中国的，因为有了外国式工厂，致弄到中国人身体愈衰败，弄到中国人完全无力可用机器，完全无发明的问题。以无力用机，更无比机器好的希望。所以现在中国的工业人才，比外国的机器还要坏！以不及机器，怎样可以及外国人？怎样有自己发明的希望？""现在在中国愈多办洋式工厂，最须知道的是愈办此种工厂，则中国人身体愈衰败，身愈衰败，愈无望做好东西，愈不能达到目的；不但自己不能做自己东西，就是外国东西，也模仿不来。"所以我说卫中博士是甘地的同志，丝毫没有冤枉他。他反对中国人用机器，正如甘地主张印度做手工业。我们若不早早纠正他的复古的倾向，怕他的回复手工业的仙方，不久就要开出来了。

我现在还要补充几句，就是身体的强健是一切工作与幸福的必要条件。但我们同时也要知道，单是身体的强健，决不是发明的原因。假使有强健的身体，必有伟大的发明，则野蛮人必成天下无敌的发明家了。我总觉得卫博士所讲的，总脱不了一些似是而非的诡辩话，我倒有些替卫博士危险了！

最可怪的，就是说中国人的身体完全不能用外国的东西。看他说得激昂："中国人已当了几千年不动的菩萨，今则菩萨要坐汽车，菩萨是否能用汽车？而乱动的新中国人，是否能用汽车？这就是中国人与外国机器不会生关系之譬喻。所以结果，中国人不但不会用机器，且只会弄坏机器；不但用坏了汽车，且用坏了邮局，用坏了电报局，用坏了无线电，用坏了各种外国的发明。"一句话，中国是全无希望，照卫博士的意思，中国人是再也不能用机器了。机器是危害身体的，被危害的身体是衰弱的，衰弱的身体，必定要用坏机器的。要中国好，只有丢了机器，而单用身体。这是卫博士特创论理学！特创的神秘哲学！但卫博士可否回答我们两个问题，就是："要把身体用到何年何月何日，才能不受机器的危害，不为机器所压坏？要把身体用到何年何月何日,才不致用坏了机器?"

总结卫博士反对中国输入物质文明的大理由有三,而三个大理由,我们觉得都是很奇怪的。第一个理由说:中国人买了物质文明,便会妨碍自己的发明,我们已证明不买物质文明,中国决不能在短期间创造如西洋一样的物质文明。所以主张输入西洋的物质文明。第二个理由说,买物质文明,会使中国贫穷而至灭亡。这我们也已证明它不是完全的真理。所以生产方面的机器与增加知识的书籍,还是主张一定要买的。第三个理由说,外国的机器会压坏中国人的身体及中国人的身体不配用外国的机器;我们已揭去立论的荒唐。因为凡是机器,只有便利弱小的身体,决不会摧毁他的身体。譬如使一个身体矮小的日本人,拿了手枪与一个体格高大手无寸铁或只用粗笨武器的印度人对敌,你说哪个占便宜?哪一个身体先被损坏?至于中国人不配用外国机器,也与习见的事实不符。

最后,我希望卫博士的学术讲演要科学一些,不要太神秘太玄妙。不然是难怪我们莫测高深的!

五、物质文明的原动力

卫博士讲到物质文明的原动力,也没有准对了题目将所有的原动力开列出来。所以我读了他题作《物质文明原动力》的三个讲稿(即第二第三第四讲,第四讲中国始终找不到一种原动力,所以恕不发表了),这两万字的大文,还只捉住了他所说的一个原动力——地理。卫博士的意下,是否说"物质文明的原动力,就是这么一个,添多一个都不成"还是说"物质文明的原动力很多,不过一时来不及讲,慢慢儿不要性急,自然会逐渐讲出来的"。

卫博士若以为原动力只有一个,我们觉得他的确无须先将各种原动力开列出来。但卫博士的论点也就站立不住。(这一层我们下面再讲)卫博士若说原动力很多,不过须慢慢的讲。我们也认为理有应当,不可说他不是。但我们读者听着至少也可提出一种要求——要求卫博士将各种原动力先开一个清单出来。譬如我们到舞台里去看戏,当然是要慢慢的看,一出一出的看,完全性急不得。但是看客要向戏馆要一张戏目,来看看究竟做哪几出戏,恐怕也不算是过分的要求吧？恐怕不算是和戏馆捣蛋吧？

我方才写到这里，不巧有位朋友跑来。他看了我要求卫博士开清单的话，不禁大笑说："你真书痴，你不知道卫博士还没有把 Robinson 与 Randall 两本书看完，怎能希望他开清单？"

我立刻说他不应该"拿小人之心度君子之腹"。我们相信卫博士是饱学之士。他的不开清单，必定另有原因。他接着又哈哈大笑，问问懂得上海商店出后门的把戏没有？我在上海虽也住了好久，实在不懂得商店出后门的把戏。所以就听他讲。他说："上海的商店不论绸缎店洋货店，除了真正资本雄厚货物山积的之外，都免不了要出后门。他们的货物，本来是不齐备的，一逢到阔客光顾，往往店内的货物不足以应阔客的需求，所以出后门是常事。不过不是老于上海的人是看不出来的。因为逢到阔客降临，伙计们便将茶呀烟呀以及现有的货物把他敷衍住，另一方面则声言以着人到栈房里去取货。实则是到别家资本雄厚的商店里去划货。这种到别家去划货的人，往往从后门进出，所以叫做出后门。出后门是很费事的，所以顾客意中所需要的物件，往往须慢慢地等，性急不得的。"他说完之后，更加了一句："你若懂得这个道理，你便不应要求卫博士开清单。"

现在我们来看一看卫博士所讲的物质文明原动力的地理。地理对人类活动的影响，我们是不否认的。但卫博士的说法，又要使人误会不可。他说"欧洲是地小，水多，山不高，天气温"，所以能使欧洲的物质文明发达。但"欧洲的地小，水多，山不高，天气温"不自十八世纪始，为什么工业革命一定到十八世纪呢？并且地球上"地小，水多，山不高，天气温"的地方多着哩，为什么唯独欧洲的物质文明才发达呢？譬如南非洲南美澳洲的南部，以及日本，不多是合于卫博士的条件吗？为什么这些地方的土著，没有同欧洲一样的造出一个工业革命来呢？美国人文地理学家汉丁东（Huntington）说日本的气候比中国好，所以国势比中国强盛。有人问他日本的气候，向来好的，为什么要到近五十年来才进步？汉丁东便瞠目不知所对了。汉氏的错误，在什么地方？就在他只看见一个气候的原因，而忽略其他原因。所以好的地理与气候，若是文化进步的绝对原因，则地理与气候好的地方，便不应该有退化的民族。不久以前，夏威夷与赛马亚的歌舞团到广州来献技。我看了他们的艺术表演之后，很有些感想，所以我于他们舞罢后，便和他们谈天。他们现在是受了美国的教育，所以英语的谈吐很风雅。他们告诉我，他们的本乡是气候不冷不热的小岛。他们又告诉我在白人未到以前，他们的生活是原始社会的生活，没有文字，没有金钱，没有文明人建筑与工具。照卫博士说"地小，水多，山不高，天气温"是产生物质文明的原动力，那末夏威夷与赛马亚两个小岛上的地理，总够得上卫中博士的条件了；但是为什么不久以前，他们还是赤裸裸的野蛮人呢？还是没有物质文明的野蛮人呢？为什么他们的原动力，不动一动呢？岂是他们的岛子不小吗？岂是太平洋的水还不够的吗？岂是他们有世界闻名的高山吗？岂是六十度以上八十度以下的气候不温吗？他们的原动力究竟为什么不动呢？这些都是卫博士讲演中丝毫没有解释到的问题，也是我们对于卫博士不能了解的地方，所以不能不请教！卫博士又说："水是动的，地是不动的，山最不动。"又说："山碍人动，所以住在山内的人不喜动，愈不动，愈不会动，愈不会动，愈不想动。菩萨是生在山上的。"又说："中国人因住在不便动的山地，没有动的机会。故变为不好动的身体，结果变成身体不强之民族。"又说："西洋人是水边的，本是好动的。"

照此看来，人最好去做水底动物，因为水底动物是终年生活在水里的，是最动的，所以文化也就最高，物质文明也就最发达。到水底动物殖陆地的时候，因为没有像先前那样的有活动机会，所以文化也就比不上水底动物，物质文明也就退化了。至于山则最不动，即使筑了铁路，开了马路，火车汽车还是动弹不得，自然人到了山上不得不做菩萨，不得不及陆地动物，更不得及水底动物，更不得不"比外国的机器还要坏"！（卫博士语，参看他的第二讲。）卫博士的论理学如此玄妙神秘，非请训诂家来注释不可了！

卫博士说，"西洋人是水边的，好动的……中国人是山里的，不好动的"，所以"西洋有物质文明，东方（一定包括中国一起在内）无物质文明"。

考古学家告诉我们，欧洲在历史以前（即没文字记载的时候）颇有许多像南洋一样的水上居民。这些居民的与水接近，想必比现在的欧洲人还要高出一等吧。但是请教卫博士，他的物质文明比较现在的欧洲人高出多少倍？卫博士若以考古学家靠不住，则请看看广州终年在水上生活的蛋民吧。不知卫博士眼里，他们的物质文明的原动力如何？值得做我们全体中国人的模范吗？请教！

最后卫博士说，中国的地理不好，所以人不动，但中国人不动的原因，既在地理上面，而不在卫博士的口舌上面，则卫博士即使舌敝唇焦，今天讲"动"，明天讲"动"，会有什么影响呢？

六、宗教是东方发明的，不是西洋发明的

卫博士这句话，又值得我们替他可惜了。这些话是俗人说说的，何以出之堂堂卫博士之口？我们不敢诬陷卫博士，请先引原文作证："东方是宗教的生长地，世上所有的宗教，都是东方的，西洋虽有不少其他发明，还未发明过宗教，宗教是东方的发明。"

我不知卫博士所谓宗教也者，狭义的抑广义的？所谓东方系指犹太、阿剌伯、印度，抑包括中国？但从我细读他的全文的结果，觉得他所谓宗教，是狭义的，即指犹太教、基督教、回回教、婆罗门教、佛教等等而言。所谓东方却包括中国而言。

犹太教、基督教徒生于犹太，这是谁也不能否认的，回回教产生于阿剌伯，这又是不能否认的；婆罗门教佛教发生于印度，这又是谁都不能否认的。但犹太、阿剌伯、印度发生这些宗教，与中国有甚么相干？为甚么卫博士要加中国以不应负的责任呢？我们中国没有产生这些宗教，卫博士为甚么要将中国和犹太、阿剌伯、印度等国混在一起说呢？卫博士若说，犹太的没有物质文明为了基督教，我们自然不管；若阿剌伯没有物质文明，是因为回教，我们也不管；若说印度没有物质文明是因为婆罗门教与佛教，我们也不管。但是不要牵连我们中国才是！我们中国虽受了这些宗教的侵入，但西洋也不见得不和我们同其处境。所以卫博士所说的话，若果真不错，也只适用于犹太、阿剌伯、印度等国；不适用于我们中国；若适用于我们中国，那末西洋也应该没有物质文明，才合于逻辑。所以卫博士的所谓宗教，若单指狭义的宗教，则他只能说东方的犹太、阿剌伯、印度是产生宗教的国家，而不能说我们中国是产生宗教的国家。同时他所说，宗教妨碍物质文明这句话，也只适用于犹太、阿剌伯、印度，而适用不到中国来。若中国而适用，则西洋也

不能例外。

卫博士应该知道犹太、阿剌伯在地理上接近欧洲而不接近中国的。并且应该知道受犹太、阿剌伯宗教影响深而长的还是欧洲，而不是我们中国。所以卫博士的头脑若科学一些，他决不至于将犹太与阿剌伯划入我们中国的版图里来，从而将一切在犹太、阿剌伯境内发生的事情，断为中国境内发生的事情。同样，卫博士的头脑，若科学一些他决不会将在犹太、阿剌伯境内妨碍物质文明的宗教，断为在中国妨碍物质文明的必然原因。所以我们觉得卫博士的讲法太笼统太含糊了。

博士也许幡然觉悟他的论理的谬误，因而掉一个方向辩道："我的所谓宗教，不是狭义的宗教，而是广义的宗教。"换句话说，就指迷信，指怪诞的神话。的确，这些宗教，我们中国是无法推赖的。其实也无须推赖。因为讲到迷信，世界任何民族的历史上或现在的残余上，都是不能免的。不独东方不能免，就是欧洲也不能免。所以卫博士的宗教，若是广义的，则他所说的"西洋从未发明过宗教"的那句话，便不攻自倒了！西洋没有发明过广义的宗教，试问卫博士希腊、罗马以及北欧的神话，究竟是哪一种东方人代为发明的？请教！

总之，笼统模糊是卫博士的最大武器，有了这种武器，人家也只好无可奈何他了。所以说宗教则广义不辩；谈东方则将犹太、阿剌伯、印度与中国并为一国。如是而探究物质文明的原动力与原静力，不亦殆哉！

七、尾语

做批评文字的人，往往好吹毛求疵。但记者今番和卫博士的商榷，说句良心话，实在是力自抑制的，若稍微放肆一点，和卫博士咬文嚼字起来，不知这篇文字要长到多少倍哩。我们知道卫博士是外国人，对于中国的语言文字，多少有些隔阂，思想的表达，多少有些不能尽意；所以我们和他商榷的时候无处不放过文字上的缺陷，而专在学问的立场上讨论。这一点，想必博士必能见到的。

现在我们把前面所提出来的疑点，做一个结束。

（一）我们觉得卫博士所说的"动"，意义是非常暧昧的。我们希望卫博士解答，就是卫博士的"动"，究竟指点哪一种"动"？哪几种的"动"？怎么样的"动"做了什么工作才算"动"？做了什么工作便算不"动"？还是做任何件工作都算"动"？总之卫博士应先将"动"的意义，"动"的方式，"动"的范围清清楚楚地确定下来，然后我们可以和卫博士作正式的讨论。不然卫博士自己的论点（Thesis）还没有站立起来，怎能希望我们提供一些驳论（Antithesis）。所以我们向卫博士请教"动"的意义的一条，虽也写了一千多字，但我却还没有发表一些个人的意见。为什么？这就因为在卫博士没有将他的阵地布置完□的时候，我们是不愿意无的放矢的。

（二）"文化"一词，卫博士虽未明言是什么，但从他讲演里看来是指迷信宗教等东西。至于物质人类方面的成就，他便以为不是文化之一部。这的确是卫博士的创见，却不是社会学家与文化史家的创见，乃是与俗人之见半斤八两的创见！这一点是我们敢和博士苟同，而极希望博士的合理的纠正的。

（三）博士说，"物质文明开始于欧洲产生的那一年"。我们现在不请博士认认真真地说出一个确定的年龄来，而只希望他说出一个大概的约数来。

（四）"物质文明开始于欧洲产生的那一年"，想必没有工业革命以后的灿烂，想必还比不上现在的东方远甚。照卫博士的论理讲来，决不应该武断"东方无物质文明"，但为什么博士明知故犯呢？岂是现在的东方，还比不上"欧洲产生的那一年"吗？

（五）卫博士起先说：西洋人不知道发明的原因，后来翻翻 Robinson 与 Randall 的书之后，为什么即改调子说道，读这本书"可以找出发明的原因"？博士这种矛盾的论理，不知包含什么我们所绝不可解的妙谛在内？最使我们百思不得其解的，就是博士自己为什么还高谈发明的原因？

（六）讲到发明的原因，博士好像只说了"动"与"水"。上文已就卫博士的立论，明白批驳，现在专候卫博士的合理的解答。

（七）我们的意思，发明只是改良，所以须受器物的现状牵制，而不能作突然的长距离飞跃。关了大门去发明，在欧洲也没有这回事。即使关了大门去发明，在中国是良法，也不过叫中国将欧洲数百年来的历史重走一遍；换句话说，外国曾经发明过而早被淘汰的机器，中国也应该一样不少的重复一下子。西洋人的数百年内辛苦得来的法门，我们丝毫不须学，只须盲动瞎撞地去凭空自动。在上文里我们已明白地批驳了，现在只待博士的解答。

（八）日本买物质文明越买越穷的数目字的证据，请卫博士拿出来。

（九）卫博士说中国人的弱小身体，用机器是危险的，所以码头小工肩荷数百斤的重货，倒是不危险。而轻轻将起重机的机关一开，倒是危险。我们请卫博士解答这个玄妙的道理。

（十）卫博士反对中国人用机器，但是要中国人将身体用到什么时候，方容许他用机器？

（十一）物质文明的原动力究是一种呢，还是许多呢？请早些布告出来，好让我们准备讨论。

（十二）在中国产生的宗教究是哪几种？欧洲是否绝无宗教，请博士不要含混其辞，牵强附会，然后我们的讨论，也可省去一些唇舌。最后，读了博士的讲演，我们不能没有一种感觉——就是矛盾，笼统，模糊，神秘与谬误。这些感觉，恐不是笔记生造成的，而是卫博士根本不重他人经验与研究——书籍的结果。

卫博士满腔的热诚，我们是承认的，但他的谬误的论调是反对的。我们的态度是尊重学术。我们相信学术是凭自由讨论的原则而发展的，所以决不容一种见解与思想来控制学术的局面。卫博士的讲演在本刊上发表了不少，而外间的反对的不满的议论也不少，所以我们为打破学术界的单调与沉默计，来和他讨论，同时容纳一些外界的意见，也是本刊的责任。所以本刊从前批评国学运动的时候，为国学运动辩护的文章，也是尽量发表的。所以我们对于卫博士这次的商榷，也并不是特别怠慢外国人，这是卫博士不应误会的。

卫博士对我们满怀好意，我们是知道的，但他的言论，确是奖励我们开倒车，这也是无可讳言的事实。所以在卫博士未纠正他的缪见之前，我们极盼望他少发一些不健全的议论。若是真个爱我们中国，而力有未逮的原因在，则请稍微休息休息，也是好的。

至于我们盼望博士解答的地方，若蒙博士相当的解答，这是我们欢迎不暇的；如果像前文一样糊涂荒唐的，则只好暂告结束了。

原连载于《广州民国日报·副刊》1929 年 4 月 19 日、20 日、21 日、22 日。

【作者简介】作者疑似《广州民国日报·副刊》记者，个人信息不详。

卫中论动的教育

朱秉国

今年八月间，广东省立动的教育试验场主任美人卫中博士，曾莅本院演讲，当时我曾将讲辞全部笔记下来，寄交卫先生校阅，预备把这篇讲稿在本刊上发表，不料卫先生乃拿我所记录的稿件转交他的友人某君，会同他此次北来的几次讲演稿统统请沪上某书局去出版了。近来许多朋友写信来问我要这篇记录稿子看，而我回想到卫先生那次演讲的内容，实在是值得我们拜读玩味的；所以只好再把它写出来。但是有两点要特别请读者们原谅：第一，卫先生讲演，据他自己说至少要四个人记录，而那一次担任记录的，仅有我一人，记得自然不能完全不错，一字不差；并且其时天气非常炎热，卫先生的话，又不能十分听得明了。第二，这篇稿子，卫先生未尝过目，内中如有错误的地方，照理应该我负责；而在这样的命题之下，于卫先生更是没有多大关系。以下且先把卫先生的讲辞写出，在写完之后，再缀以我个人的意见。

* * * * *

此时已钟鸣十下，在座诸同学，想皆觉饥肠辘辘，急需食物矣；余将飨诸同学以优美之食物，聊充诸同学之饥，幸诸同学注意焉！

今日欲为诸同学言者，既非理论方面的问题，亦非为欧美教育之如何发达，物质文明之如何进步；然则我今日所欲述者，究属何事？我欲为诸同学讲实际问题，与诸同学所办事业本身有密切关系者。若诸同学因我之语言，不能明瞭，致对于我所讲述者发生误解，此切不可，诸同学中有不能明瞭者，尽可即席叩问，或则日后来书讨论；若不知而不问，或知其然而不知其所以然，一味敷衍了事，殊非我之所愿，此于未讲演前当特别声明者也。

今日讲题即"无论何种教育，其与平民生活有关系者，殊难成功，而与平民生活无关系者，反易进行，试探其故"？吾人细观今日所办教育，大部分与社会无关，与平民生活亦绝少裨益。而学校之毕业生，学农者不愿为农，不能帮助农人耕植田地；学工者不愿为工，不能协助工人制造物品；学商者不愿为商，不能偕同商人调剂有无；推而至于一切学生，其愿从事本人所学习所研究者，为数难望有什一。是以社会上一般人士，对于教育事业，莫不发生疑窦，不肯信仰；甚且起而诅咒之，思有以推翻之。噫！此种现象，谁实为之？孰令致之？吾人实不得不深长计议矣！

再观今日之学生，大都无人乐用其身躯；欲望其能使用身躯，非以强迫方法行之，既难奏效；或以分数之高下以欺骗之，亦可略有结果。此种现象，不独中国学生为然，即美国之学生，亦正类是。美国尝废许多金钱，设立许多大规模之农业试验场，而农人却不愿学农业之学生来场工作；即有学农业之学生来场工作，亦多不能应付裕如，不辞劳苦。吾人当知社会之组织与成立，颇形复杂；而最要之条件，即在于能改善多数人民之生活。今日高等社会人民之生活，差堪自慰；而大多数人民之生活，究呈若何状况？彼终岁辛勤之农工，日出而作，日入而息，手足胼胝，犹不能休，而其生活情形，真所谓"饱日少，饥日多"。与孟子所云"乐岁终身苦，凶年不免于死亡"，正复相同。试问不工作者反能饱食暖衣，无忧无虑；而工作者乃啼饥号寒，朝不谋夕，天下事之悲惨者，孰有过于此者乎？天下事之不平者，孰有愈于斯者乎？此而不求改良，不谋根本之补救方法，举世攘攘，何日可靖，殊非吾人所敢臆断者矣。

中国国民党总理孙中山先生提倡三民主义，希望建立一真正民治主义之国家，使国家为民治民有民享；而对于三民主义中之民生主义，尤拳拳致意，务使人民能于经济上列在平等地位；此意实正确无误。但民生主义，何以难于实行？何以难见成效？不特民生主义如此；即纵观古今，横览中外，凡以"民"为本位之政策以及主义，亦皆不易有成。吾思之，吾重思之，吾得其故有二：

1. 历史的原因　一部人类史，由根本上看来，无异为一部压迫史；此不独人类为然，即其他动物，亦复如此。上古之时，人类中之强有力者，即可压迫弱而无能者，弱肉强食，已成定例。待后刀枪发明，兵器见多，压迫之事实亦愈多，压迫之方法亦愈易，而被压迫者之痛苦亦愈深。于是有土匪之横行，盗贼之猖獗；彼弱而无力者，几不能立足天地间矣。不特此也，土匪之中，又有文明之土匪，盗贼之中又有风雅之盗贼，以笔墨为刀枪，以纸楮为战场，用尽方法，施遍伎俩，使弱而无力者，终其生无翻身之时，泊乎晚近，压迫方法之进步，一日千里，强有力者，能使人于不知不觉终受莫大之压迫；甚且有终生受压迫而犹不自知者；"哀莫大于心死"，彼终生受压迫而不能自知者，心实死矣，其可悲为何如耶？

被压迫者之人数，在事实上使吾人毋用疑义，以农工最多，而农工之被压迫所受苦痛，尤令吾人不忍卒述。农工本人，完全无娱乐，无希望。身体完全失其自由，终日如器械之被使用。器械之既久，犹有油加，以减少其摩擦力，而增加其速率；但农工则不敢望有油加，原动力始终如一。于是身体日弱，致于无用而后已。虽欲讲求卫生方法，有时限于知识之谫陋，不知讲求，有时困于物质之艰难，事实上又不许。更就他方面言之，农工之脑力，因所有工作，皆偏于身躯之活动，无庸使用脑力，脑力亦惟有日渐退化，不得灵敏。且脑力之发达，须视身躯之强弱为断，身躯愈弱，脑力愈退化，身体愈强，脑力愈进步。今日之农工，既因工作之繁重，身体几与器械之使用无异，欲望其脑力之有进步，实非事理上所可能。故吾人虽曰今日农人之耕植田地，当用科学方法，工人之制作物品，当由粗工入于细工；同时应介绍种种方法，使之采用，而结果往往无效；推原其故，即农工因身躯之劳碌已极，脑力无机会应用，不能应用，而日形退化，致于愚不堪言之境地矣！

2. 心理的原因　此种造因与前节所言历史的原因有密切之关系。一切动物中，以人类之地位为最高，故曰"人为万物之灵"。但人类之所以居于一切动物之上，能为万物之灵者，即由于人类之脑力，较为发达，可以运用思想，掣服其他动物，可以利用器械以制御一切外患。实则仔细考究人类各种器官之功能，嗅觉则不及犬，生殖力则不及兔，视力则不及猫，除脑力而外，其他一切，都难望别种动物之项背；因此之故，人类终日唯图安而食，不愿使用身躯，只乐运用脑力，以为有一聪颖之脑力，即可宰治宇宙间一切，与日月相终始矣。

曾亦思此种事实为反科学精神的，难望持久的？吾何为而有此言也？吾于前文已为诸同学言及脑力之进步与否，须视身体之强弱为断；兹者，人类唯日求用脑，不欲使用身躯，则长此十年，百年，千年，身体将日趋衰弱而脑力亦必日归退化，势必达于不能宰治别种动物而后已。果如是言，则人类将来，其危险岂浅鲜欤？

不特此也，视观今日人类之脑力活动，多半为口头的，空洞的，因袭的，古人之所言，今人即据之以为研究之结果；今人之所言，后人又据之以为研究之结果，东抄西袭，此偷彼窃，如是环回，无有已时。再观此种知识之传授，端赖书本，以致人之脑海，徒养成为一图书馆，所谓脑力发达之人，即"脑图书馆"充实之人，从而以笔纸为盗贼，以水墨为土匪，从而欺侮摔弱无力者，压迫愚昧无知者。自身本一无所长，乃谓博通古今，无所不知；自己本毫无经验，乃谓世故已深，批评一切。余恒谓今日之读书人，已无脑力矣，已无身手矣；今日之农工，亦无脑力矣，亦无身手矣。读书人之所以无脑力者，不善用其脑力也；读书人之所以无身手者，不欲用其身手也。而农工之所以无脑力者，无机会使用其脑力也；农工之所以无身手者，身手操用过度也。如是而望读书人与农工互生关系，两相调剂，以求生活之改进，幸福之增加，实已南辕北辙，背道而驰，乌乎可能！乌乎可能！

余于广东，当闻学生有言，吾人进学校之目的，在买得一文凭，俾异日立足社会，可以以文凭相号召，图谋衣食。更有一种学生，穷年卒岁，执书诵读，以为读书愈多，将来在社会上愈可得优越之位置。殊不知一纸文凭，究有何益？而史册所载，若中国之孔子，若美国之爱迪生，皆非多读书之流，其所以能享大名于人类有贡献者，由于能用其所已知，体会而力行之，熟练而创造之，并非专抄老文章，一味以因袭为能事也。

根据以上所言，吾人可知人类因为有历史的原因，往往多数人成为被压迫之阶级，身体完全失其自由，脑力无地可用；又因为有心理的原因，少数人不欲使用其身躯，唯望运用脑力，而用脑力之方法，又根本谬误，以致变为"脑图书馆"；多数人既无身手，又无脑力，因之而欲以"民"为本位之政策与主义实现，以及与平民生活有关系之教育易于成功。当为事实上所不能，势理上所不许，亦不足用其惊奇也！

中国农工之生产方法，仍为数千年来遗传之成法，以致生产日益低落，经济几频破产。昔日能畅行欧美之丝茶磁器等出品，今皆不足以罄外人之欲而一无销路可言，推原其故，实不能轶出以上所言。今后中国学生，如仍抱"脑图书馆"观念，做"书呆子"志趣，不知研究农工生活，设法改良，不愿使用身躯，以己作则，虽"一民主义"，恐犹不能实现，曷言乎"三民主义"？为学生者，当知"脑图书馆"，不能取而应用于日常生活者也，"书呆子"只可咕哔咿唔，他无所能者也。皆与平民生活无裨补者也，此种教育，亟宜起而推翻之，改造之，使其不存于今日之世界中！

中国之教育为名教，为符号的教育，余曾有《名教与教育》一文，论之綦详，（见《民铎杂志》第十卷第四号）诸同学如一读之，即可了然。今后中国之教育，首在使学生能乐于使用其身手，农工等既找不得改良生产之方法，学生应亟为谋补救之道，协之助之，使其用脑，使其身体有自由，有娱乐，有希望，非若器械之终日被使用，无时或休；至于改造中国教育之途径，徵实言之，以余所知，则不出以下两条：

1. 改良教科书　中国教育部已注意兹事，着手进行。吾谓凡教科书中不良之材料，因袭之成分，皆可完全抹杀，无稍存留。任何学校于学生入校之始，毋庸首先发给书本，与以纸笔，使其仍作"书呆子"，造"脑图书馆"；当使学生自己运用自己的思想，明了经验之来，并非取自书本，亦非出诸笔墨，乃由"做"中得来。当使学生手脑并用，切勿徒用其脑而忘其身手，陷于"半身不遂"；日常生活，应有劳动之习惯，切勿一味钟鸣而上课，钟鸣而下课，钟鸣而饮食，钟鸣而睡眠，为教师者，更不可以"贩卖知识"为其厥植，以为自己读过多少书籍，亦当使学生一一读之；以为能多多介绍新书使学生阅读，此乃我之学问广博之表征；实则教师不能在"动"中施教，不能注意到我所教育之对象为"人"；而乃在"静"中施教，只知我所教育之对象为"书"，以根本错误，本末倒置矣。

2. 创造新的教学法　余对于时下各种教学法，皆不能满意，余思创造新的教学法。但此种工作，谈何容易；此时虽在进行中，具体结果之报告，尚有待也。余使我之学生，日伴小孩，相与共同生活一则因小孩子性喜活动手脑未分，在其活动中仔细观察，当可有新的观念获得，为创造新的教学法之根据；一则因小孩子尚未中今日虚伪文化之流毒，青年成人之通病，教之育之，较易见效，不致徒劳无益也。

余来中国，垂廿余年，深知东方民族，将来有希望；余不久即将入中国籍，长此为中国教育谋改进之方。中国今日，事事在革命中，独教育事业，未有若干人起而言革命。孙中山先生提倡民生主义，思有以救民众于水深火热之中，乃中国教育却为"民死主义的教育""静的教育"，是则殊可怪也！诸同学皆从事民众教育者，民众教育，为实行三民主义之根本途径，故诸同学之应自反，更为事所必需，余实有厚望焉！*

* * * * *

卫先生的讲辞，大致如上所写，此刻我再来写一点个人听了这回讲演以后的感想。虽然不免有"画蛇添足"之笑，好在我还是黄口孺子，既不是教育专家，又不是学有根基的人，说得不对，自信还可以得读者们的原谅。

中国自废科举，办学校以来，已有三十余年。我们试一沉潜熟思，所谓学校，所谓新教育，对于中国的社会，究竟有若何贡献？有多大的贡献？在这里我当然不能有一个正确的估计，感想所及，也不敢说就是对新教育的最后批评。我认为今日的教育，不特不能为中国解决社会问题，而且造成了许多不可解决的社会问题。我们看：现在国内比较大一点的地方，谋事的人，何处不是多于过江之鲫？听说在首都谋事的人，有时旅馆公共机构，都住满了。还有人租赁小艇，宿泊河干。而这等人中，多半是学校出身。他们谋到相当的事，姑且不论；谋不到事的人，于是乎一起拼命挤入政治舞台上去捣乱，勾连有枪阶级，促进他们宣告独立。连长独立，可以做营长，营长独立，可以做团长，团长独立，可以做旅长，由事而独立，而师长，而独立，而省政府主席，造成了环境的局面。往复无有已时，从此中国怎能不多事呢？

---

* 上述卫西琴演讲的内容，后又由朱秉国整理和林楷校订，以《无论何种教育其与平民生活有关系的到现在世界都不能成功试究其故》为标题刊载在黄警顽编：《卫中博士新教育演讲集》，上海会文堂书局1931年版，第11—24页。——编者注

再看现在的学生，他们所能做的，只是读书的事；他们自己养成了特殊的阶级。多了一个读书的人，就少了一个做事的人。因此教育的功效，不过止于维持特殊阶级而已。我很恐怕这样的教育的进步无疆！

最近数年来，已经有人注意到乡村教育和民众教育，想以此作新教育的返本还原，作新教育的救济；而对于新教育之不满与怀疑，也说得尽其能事了。诚然，中国近三十余年内，所有的进步和文明，只不过限于都市而已，乡村进步和文明，可算绝少；享受文明所赐与的人，也不过少数的人。大多数的农工，何尝稍分到文明之羹。现在想办乡村教育，广设乡村师范，希望自今而后，多数人的生活，不要都市化，享受文明所赐与的幸福，不是少数的人，这当然是很好的现象。再就办民众教育说，想在民众日常生活中施以教育，把我们所知道的，所能做的，一一带到民间去，为民众服务，把读书人与不读书的人中间的鸿沟补起来，这当然更是急不容缓的事。

可是对于这两种教育的办理，我愿意随卫先生之后发表一点具体的办法，日后再讲意见。卫先生在上文所讲的改造我国教育的两条途径，当然是就整个教育说，并且是根本的方法；我这里所欲说的，是枝节的问题，是限于乡村教育和民众教育两者而言。

现在办乡村教育的人，尤其是训练乡村教育服务人员的人，他们不是矫枉过正，就是依样画葫芦，他们仅认识了"民众化"的重要，而忘却了"化民众"的格外重要。关于这一点，我想另为论文申述之。总之，我认为希望学生做独立的农夫，这是办乡村教育者所不必的，希望学生得到农夫的信仰，能为农夫解决生产问题，使农夫的利益，不致为中间商人所剥削，这却是办乡村教育的人所应该的，使学生有服务农村的训练则可，但一味地使学生在田亩中讨生活，又似乎忘着了教育是有指导的意义了。

再讲到办民众教育，我以为中国一般应受民众教育的人，在物质方面固然要设法改善；而我国固有的种种道德，个人的应有修养，尤宜利导之，使其发扬光大而把时下一般自命为知识阶级的人所有的不治之症，不要传染给他们。如此，或者对于新教育的恐慌，得一救星，能够有还原返本功效。

十九年十二月除夕脱稿于研究实验部

录自于《教育与民众》1930年第2卷第4期,第1—8页。

【作者简介】朱秉国(1909—不详),又名朱冰谷,江苏如皋县人。20世纪三四十年代在江苏省立教育学院研究实验部工作,1931年曾在江苏如皋县民众教育馆担任15天馆长;1934年临时借调到山东邹平梁漱溟身边工作,为梁漱溟记录讲演文字;1935年参与《教育杂志》关于"读经"问题的讨论;著有《民众教育概论》(大东书局1933年版);1949年后在江苏省南通中学任语文教师。

卜算子·听卫西琴博士奏琴

王韶生

卜算子

好曲几回闻,
白雪君持赠。
天上清辉此夕多,
翳翳青松影。
余响入霜钟,
深意谁能省。
洗尽铅华媚俗心,
袅袅琴音冷。

录自于沈云龙主编:《近代中国史料丛刊续编第三辑·怀冰室集》,台湾文海出版社1974年影印版,第213页。

【作者简介】王韶生(1904—1998),广东丰顺人,生于韶关,近现代教育家。1922年考取广东高等师范文史部,1926年毕业后考取北京师范大学国文系，后再入北京大学研究所攻读国学。毕业后任广东省一中教员，并结识卫西琴。1930年任新加坡端蒙学校校长。不久回国并先后任中山大学、岭南大学、广州大学、国民大学、文理学院等校文学院教授。1949年迁居香港，先后在广大、广侨书院和香港中文大学崇基学院任教。1971年退休，又出任珠海书院文史研究所专任教授。1989年再度退休。

卫中博士生平思想之我观

黄警顽

德国卫中博士，音乐家兼教育家巨子也，来华已将廿载，在新教育伦理上，贡献独多。余之识博士，始于民国十八年秋，由其高足吴博文君引见于黄浦江畔之汇中旅舍，握手言欢，相见恨晚！接谈竟夕，备聆至论。后每以事来沪，必相过从，因是得悉博士之生平思想。先是民三之春，从《庸言》报先哲严又陵译博士《中国教育议》，得略窥其理论之奥秘，后更得别著读之，反复研思，益觉其蕴罗美富，创论特多。博士之见解不特于教育，即于各种学术，均引起学理上之革命，于学术界之影响，殊属不小！尤以博士对中国教育，异常努力，一则欲在中国藉以实验其新教育学说，一则欲以挽救我国人之弱点，其关系我国，更非浅鲜！爰述其生平思想之崖略，以资介绍于国人。

一八八八年四月五日，博士生于德国之卢森堡。父业银行，母为著名音乐师，博士天赋沉默，不苟言笑，幼时就学于一小学校肄业，校课之余，更延家庭教师教读别课，故颇获良好教育之益。在此时期，一方母亲之遗传与陶镕，一方因被父母携往观剧之故，遂启发其音乐上之天才，其此后一生事业之趋向，盖奠基于是矣。时复好在林木秀茂之处，静读伟人书籍，因是引起其对伟人之景仰，十三岁时，其所最崇拜之伟人，莫如耶稣，其伟大思想之形成，盖亦由先贤古哲之感发所致也。年及十七，尚不知恋爱为何物，唯好在音乐上去寻求身心之安慰，盖无形中以使其春情上之活动升华至于高尚之音乐事业矣。（此种升华之原理，可参观博士所讲《生殖与教育》。）是年中学毕业后，升入大学肄业，此时期乃博士思想完具之时期也。博士在大学，初习文学，习文之余，兼任琴法教育，其琴法及乐理见解，均系独竖一帜，不囿陈说，更能独具见地，变化乐谱，此其在学术上革命之第一声也。后以对其所习文科不满，遂改习医学，化学，博物学等，几经更迭，均无一成。在二十二岁之翌年，始在一大学之音乐科毕业，更因宿具天才，作一博士论文，系一音乐家之传记。全书长至二百余页，此传记并非记账式之传记，乃系对音乐家乐谱之伟大批评，藉以发挥其自己之见解，大意谓其音乐创造力太小，乃由于体质上生殖力不足之故；此种理论，全系博士个人创见，其新教育原理，盖发轫于此，实学术上有价值之发明也。博士对于女性，乃以艺术眼光视之，完全脱去生理上之欲望，此种观念，盖感受于意大利之多数女子画像，而感受最深者，则为赖非尔所绘圣母像。博士在努力考博士学位时，因爱一女子之故，受莫大刺激，乃能将爱之欲望，转移至精神高度，而益努力其获得学位之学理上之勤苦工作，后竟得成功者。盖有故也。年廿四结婚，然博士以为其妻能作其精神上之襄助之理想，乃成幻梦，遂终与其妻分离。廿五岁考得博士学位后，在巴黎创立一巨大音乐会，出音乐书籍甚多，并改正当时乐谱，废去相等音律，谐音等，是盖其生平事业中之第一伟绩也。然当时德人，无有了解其学说者，博士因是周游各地，永与德国分离。法人对博士殊能了解，曾晤法音乐家得比塞，两人音乐上之见解，乃不谋而同；博士之音乐理论，系采用中国音律以创新音乐，其自廿七岁已迄现在，所致力之事业，均在于此。彼曾加入关于东方中日研究之集会，故对民族认识，异常明了，其研究东方所得，是在观察得人之外面之活动，并非下等作用，尤以对生殖力之观点，更以为非下等作用，如日本音乐之本质，全以生殖力为基础是也。博士曾作关于论日本音乐之书中有云："在音乐中所表示之心，乃是能管束无论何种活动之心也。"此即其研究音乐所获最重要之结论也。在英时，遇蒙台梭利，蒙所倡教育心理学说，亦以为外面活动，并非下等作用，于是博士之理论，与蒙相得而益彰，博士一生目的，是在一以新乐学之改造乐，二以新教育改造人；故人有称博士为人心能力论者。

博士曾欲创办一纯粹培植音乐人才之学校，更思以高师附属小学及幼稚园作彼教育之试验。严几道在北京时，曾去电邀来华，并译其中国教育论文，此文不谈音乐而仅谈教育，旨在以非先恢复中国人之体质，发达中国人之感觉，不能谈音乐之创造，是诚最新颖之教育方法也。民五，在天津之全国教育会，博士讲演颇多，后去保定大通学校教授音乐，四年后，赴太原办学，后更在粤创教育实验场。十六年冬，余之好友刘仁航，施今墨，梁漱溟等游晋，参观其外国文言学校；今夏，雷宾南，陈礼江，庄泽宣博士等在粤参观其动的教育实验场；均觉其内容设施，举不同俗，一事一物，靡不资人省味；博士尤能将自己精神，完全灌注于全体学生，循循善诱，无微不至，师生合作，相处蔼然，颇饶活跃生气。博士教学宗旨，于音乐，则在以手作音，欲人化于乐；于文学，则在以口运字，欲人化于文。彼又以音乐与文学为高等活动，体力为下等活动，应先有下等活动，始能发生高等活动，未能建筑此下等活动之健全基础，则高等活动，将亦不得健全，此其一生经验之谈也。

博士在太原办学六年，因实验结果，俾其思想见解，益臻周密翔实，后验得中国人体质大半衰弱，失其感应外物之力，耳与口，均直同死板机械，此其在我国教授音乐及文字，对我国人所发现之恶劣现象，故博士始感觉在东方，不特音乐以外之事业之改造，不能成功，即音乐本身之改造，亦难得效果。且以中国尚无免除体质上缺点之方法，盖久为集习所囿，国人尚未有要求此种方法之觉悟。我国人幼为家庭陈说所浸染，长为师长腐论所熏陶，养成呆板之恶习，使体质上之活动，无由进展，虽有天赋倍人之体质，亦因恶习阻其活动，不克发育，盖我国从来言论，均尚纸上之空谈，不重实际之行践，遂造此种体质集弱之流弊。博士以为空言，乃天下最无用之声音，彼之所重，首在实际经验，幼时尝慕诗家之经历，故其离开家庭所首欲寻求者，即为经验。彼之远来东方，亦以此故也。彼在东方之一切言论，均系在东方之经验，然因我国人不注意其理论，无从了解，故彼之著作与演讲，对我国均未发生影响，诚堪嗟叹也！

现在，博士思有以为我国人作一种补救体质之工作，亦即其新教育方法之最后试验。法在选择年龄最幼而未染积习之孤儿，创办一幼稚园，作工农劳作之训练。其目的，在先培养健全之体质，而从体质以发展精神方面之事业，此举乃一伟大繁复之工作，但不知何日始克成功。若国人尚不自知注意及此，而襄助其成功，行且因体质衰弱之故，而销失东方文化之创造力，则东方文明，将渐及于灭绝矣！岂非大可危惧之事耶！

概括言之：博士因音乐上之发明，而创出新教育之理论。其要旨以音乐等类之事业为上等活动，即精神产物，若欲谋此种上等活动之尽量发展，先需培养健全之下等活动，即生殖力，即体质是也。其对中国人衰弱体质之挽救，颇为致力，欲在中国藉作实现其学说之实验。余甚望国人能追随博士之后，而助其成功，亦所以对中国国民微弱之自救也。今兹作此挂一漏万之拉杂叙述，其于博士学说之宏大包含，实愧未能尽量说明，不过聊以介绍其梗概于国人，而引起对博士学说之注意，作更进一步之研究而已。

原载于黄警顽编：《卫中博士新教育演讲集》，上海会文堂书局1931年版，第1—7页。

【作者简介】黄警顽（1894—1979），上海人，著名出版人，1913年入商务印书馆学徒，后调发行所专做服务工作，后任交际科主任，人称"交际博士"。早年结交并竭力帮助刚到上海谋职的徐悲鸿，1947年应徐悲鸿之邀，去北平工作。1953年徐悲鸿去世后，仍留在了中央美术学院从事工会工作。1957年被错划成了"右派"，1959年被迫退职回到上海，1978年获得平反，一年后病逝。

附录：吴博文君致黄警顽君函

警顽先生：

前寄上一函，并另寄《卫中先生的自述》，想早已收到了。我日间离开上海，特写这封信来向先生告别，并于前信，补充一点：

《卫中先生的自述》一书，只是详说他的思想的历程，没有注意到个人的历史。但据我所知，他在中国的小历史是这样：

一九一三年到上海讲演；

一九一三年下半年在日本；

一九一三年冬天到北京；

一九一五年——一九一八年任保定高等师范学校教授；

一九一九年——一九二五年在山西办大通学校；

一九二六年重到北京讲演；

一九二七年七月到上海任暨南大同两校教授；

一九二八年到广州讲演；

一九二九年受广东省政府之聘创办动的教育实验场；

一九三〇年办理动的教育实验场研究部之外更筹办实验部。

前信说《自述》里的思想和他的现在的思想有点不同。他的思想究竟是什么呢？在下面简单地说说：

卫先生离开外国的原因是在他看出西洋物质文明的短处，这短处就是在物质文明内没有取消了那宗教的精神。（就是说虽然外面的生活有物质文明的设备，但脑筋仍受宗教支配。）他到东方的时候，盼望在东方能找到一个到精神发达的物质文明。他在到东方以前，他不知道东方的心理学（经书内讲心理的部分），哲学，音乐，图书及诗都不是物质文明的结果，只是宗教文化的好几种的表现。在东方几年以后，他才知道东方不但没有高等的物质文明，并且能产生物质文明的原动力也没有。所以他现在就是努力培养一种能生物质文明的原动力。培养这种原动力，是先消化及利用外国的物质文明，以后才生一种中国自己的物质文明。（不是购买的物质文明。）在他查出了上述中国的短处的时候，从外国已经来了很多新学问的书。这种新学问的书，就是欧战以后，一班有新思想的学者所产生的，他在外国时已经有的需要的成功。这一班有新思想的学者，就是 Wiggam，Dorsey，J. H. Robinson，Van Loon，Haywavd（？）几位。所以他在欧战后就纯粹靠外国的新学术。照卫先生的意思，不但中国，并且全世界都应该靠科学——就是 Dorsey 的那种用科学改良生活。因为中国现在的政治社会充满了革命的空气，文化革命的机会，是特别好的。所以他现在特别努力刺激中国政府利用外国的新学术，来救中国。一步一步使到中国变成一个能有自己发明力的、学术独立的中国。这就卫先生最近的思想，他现在更努力进行他的教育实验，来实现他的思想。

以上把卫中先生的生平行事及思想学说，简单叙述过了。先生是很留心过他的，所以特地写来呈教。如果有人问及先生关于他的种种，也请拿这些告诉他吧。

末了，再会！

敬祝健康！

弟吴博文上　十一，十

录自于黄警顽编：《卫中博士新教育演讲集》，上海会文堂书局1931年版，第17—20页。

【作者简介】吴博文，卫西琴的弟子，个人信息不详。

卫中博士论声片及其他

斯　达

卫中博士是对于电影最感趣味的，他几乎是一位电影迷，而且不论哪一张片子也要过目的一个人。他在广州曾创办动的教育实验场，并在各戏院选映过许多有名的影片，由他将片中应研究的问题抽出来分析，作详细的演讲。

拿最近在广州中华戏院放映的 Doctors' Wives[①] 一片来说，（这次已是第九次的公映了）这一张片子，在寻常的人看了之后只会觉得片中的女子吃醋得可笑，而从不会注意到此片所涵的一个大义意，那就是男子的解放。卫中博士把男子解放与女子说得很详细。

所以我们不要专把电影当作娱乐的工具，我们如果看完一张片子之后，用点思想去把片子中的焦点分析，把剧中的情节来领会，那么我们偶有所得，一定比较看戏时还感兴趣。

---

① 即1931年弗兰克·鲍沙其执导的电影《医生的妻子们》。——编者注

工厂与工具

卫中博士对于美国制片公司，尊其名为工厂，而他们所制出的片子，则尊其名为工具。这两个名辞都似乎太刻薄，其实形容的是最适体而巧妙的！美国的影片公司制片都太滥而且太乱了！所以好的东西做不出来，这原因大部分基于"获得大众"和斤斤于生意的原故。所以美国间或有一两张佳片做出来，卫中博士就说是美国影界的破产了！

去年三张特出的影片

卫中博士说去年美国著名电影批评家略论去年最佳之影片有三，一为 *Waterloo Bridge*[①]，一为 *Bad Girl*[②]，一为 *Street Scene*[③] 查前者为环球出品，二者霍士出品，三者则联美出品，三张片子都是以深刻见长，而能解决社会及人生哲学的。

电影与观众的媒人

卫中博士说电影与观众就是电影戏院的编者，一张影片的产出，它的好与坏，全由编者的诱导。卫中博士感觉中国的电影戏院编者的宣传方法是错误了的。比方一张投合观众的影片，我们是不用多大宣传，因为影片的本身已是一种宣传。至于许多深刻的片子，我们却应特别注意宣传。

中国的电影编者往往忽略了深刻而有艺术的片子，而且捉不住片中的精髓去宣传！

---

① 即1931年詹姆斯·怀勒执导的电影《魂断蓝桥》。1940年和1941年又有不同国家拍摄的同名的电影。——编者注
② 即1931年弗兰克·鲍沙其执导的电影《坏女孩》。——编者注
③ 即1931年金·维多执导的电影《公寓街景》。——编者注

本事之糟糕

上海所编的中文本事,只有短短的一段;香港是比较详细一点。然而详细了,但对于片中的精意,还未能揭示出来。所以编者制本事时,时时应该留心点醒观众,因为编者的电影经验是较观众丰富的。所以一张详细的本事固然是需要的,然而精警的按语也是需要的。卫中博士对于对白太多的片子,说无论如何也应该将片中的对白完全译出,因为好的片子没有累赘的对白,就是每说一句话都有接应,有用意的。如果译对白不能做成,就应由编者分项去说明。

编者与字幕员的薪俸

卫中博士首先问广州戏院编者和放射字幕人员的薪俸,我答说平均在八十块钱,而字幕员则平均不在三十元以上,他听见我这话是很咋舌的。他问及编者和字幕员能否完全了解一张声片的情节,我说编者方面只能了解百分之五十,而放射字幕的人员则对于英文完全是个门外汉。

卫中先生以为戏院的发达最重要的是广告人员,如果戏院出不了多量的薪金,换句话说不能供给他们的生活费的,那无论如何找不到好的人材,即如那个放射字幕的人,必须是一个完全了解英文的人,那么投射字幕时才不致过先过后;或是弄得乱七八糟,最好这个人还能够和做字幕的人一同会商而去产生一个完满的字幕。

编者的职责

编者遇着那些沉闷的影片,应该特别地注意,特别地宣传,因为有些片子假如没有经过宣传,它的伟大处是潜伏不见的。因此,做说明书是一个大关键;假如我们每张片子都详细说明,观众就对于一张完全对白的片子也发生很浓的意味的。编者勿要以肉感浪漫等名词去形容那些片,如果能以片中的焦点去招引观众,那才是编者的艺术。其次做字幕是一层最难的工作,这完全赖于编者有一个什么头脑了,把戏中人弄清楚是一件事,把重要的对白撮取精华也是一件事,把片子之某一个段落综结了再介绍它的好处又是一件事,假如字幕不能载上这许多东西,那么编者应该在他的刊物上写出来。

Press Sheet 之颓废

大凡一张片子都有 Press Sheet,中文就是说明书;外国的说明书里面都是没有用的材料,是完全站在卖座的立场而说的。卫中博士正准备寄信到那些美国影片公司去要求他们组织一班特别的人材,把每张片子详细分析,详细介绍和批评。

研究演员的背景

我们看戏对于导演的手腕固然应该审悉,但对演员的表情我们亦应研究,我们知道美国的明星有些被称做热女郎,有些被称做神秘女郎,如嘉丽拉宝[1],如奇烈达嘉宝[2],两者的个性是背道而驰的!为什么她们的个性和天才会如此特别,那么就不能不研究她们的背景了。所以演员们的小史是每期都应该加插在刊物上以备观众的研究。

原载于《戏院杂志》1932年第2期,第4—6页。

【作者简介】斯达,笔名,广州南华影业促进社1932年1月于广州创办的《戏院杂志》撰稿人,个人信息不详。

---

[1] 即电影女明星克拉拉·鲍(Clara Bow,1905—1965)。——编者注
[2] 即电影女明星葛丽泰·嘉宝(Greta Garbo,1905—1990)。——编者注

谈 音 乐

梁漱溟

看见报上有一个消息，是王光祈先生最近在法国死了，在我心里很为悼惜，因这个人是有其相当的价值的，我觉得他或者是一个在音乐上有成功希望的人。民国八、九年时，他在北大是发起少年中国学会的人（此会发起人：初为三人，后为八人，他仿佛还在三人之列。）这个学会当时曾很包容搜罗了一些优秀青年，教授学生都有多人参加，如曾琦、李大钊先生等都是这个学会的分子。后来这个学会因其在思想上初无一定的方向路子，乃随大局的分歧而分化为共产党与国家主义派等。王先生后来自费去欧洲留学，到现在差不多已十年光景，他最初并不是研究音乐的，其归趋于音乐，乃是后来的事。在商务印书馆、中华书局虽都曾出版了几种关于研究音乐的书，但俱非大著。他最近十余年来的生活，大都寝馈于音乐上。我同他虽不熟，但很能了解他。

在国内对音乐有研究有创造的人真是太少；这种东西，必有真的天才才能有深厚的造诣。我对于音乐历来是看得很重的，因为它可以变化人的心理，激励人的人格。我觉得中国之复兴，必有待于礼乐之复兴。依我理想的社会组织，其中若没有礼乐，必至成为死的东西，所以我盼望有音乐人才的产生。没有音乐人才产生，真是没有办法！我的朋友卫西琴（他自名卫中）先生曾说："人的感觉如视、听、味、触、嗅等，以触觉为最低等，以听觉为最高等。所谓最高等者，即言其花样最复杂，而与心最近，与智慧相通，影响变化人之人格者亦最快而有力。"确有见地。

我没有经验过一次好的音乐。卫先生本是专门研究音乐的，他在太原时，曾经用中国《诗经》中之几章谱成乐，乐谱不是他的独创，是自《永乐大典》中传出来的。他特别训练了一班学生，用中乐将它表演出来。民国九、十年间，全国教育联合会在太原开会，卫先生遂领着他的学生，演奏《诗经》谱成的乐曲,参加教育会的陈主素先生归来说:"这种乐,真是可以代表中国民族精神的一种乐,平生未尝听过,但听过一次,一生也不会忘记。"可惜后来卫先生的学生很难凑合,我未得一聆雅奏。不过,卫先生演奏的西乐,我却听过。他演奏时的精神,颇值得教人赞叹。他用一架大钢琴,奏贝多芬的乐曲,在未演奏前,他有重重的安排;先把我们听众安置在没有光或光线微弱的地方,意思是要避免光的刺激,然后才能专心静听。其次他拿幔子把自己遮起,不让人看,因为他需要全身脱光,避去衣服的束缚和他种刺激。再次告诉我们说:"在演奏时不得咳嗽,否则我就要很厉害地发怒。"意思是说,他在演奏时便是整个生命的进行,倘遇到阻碍、刺激,自然非发怒不可。最后待他演奏完毕时,竟浑身流汗,非立刻洗澡不可。当演奏时,声调是非常强烈、勇猛,似是最能代表西洋精神的作品。但也许因我是中国人——和平而软缓的心境,对这最能代表西方精神的乐曲,总觉得有些跟不上,不能接头,不能充分地得到一种满足。我深知音乐的价值,无奈我对它用不上心去,而在别人处也不曾得到一个满足。一直到现在,还没有能从我认识的人中,发见一个伟大的音乐天才。

录自于《梁漱溟全集》第二卷,山东人民出版社 2005 年版,第 121—123 页;原载《朝话》,乡村书店 1937 年版,第 180—183 页;商务印书馆 1940 年版,第 117—119 页。

卫西琴与梅兰芳[*]

佚　名

美国博士卫西琴,游历东土久寓中国。崇拜中国之学术思想,玄索赜研

---

[*] 本文作者未署名。原文中标点不清,多处字句疑似缺失而不通顺,编者以斜体字略加补充和修改。

敷甚经，尤谙音乐，亦颇考察中国戏曲。民国六年到北京尝语人谓，中国戏曲极有文学兼美术之价值。某日梅兰芳与姜妙香演琴桃于吉祥园，博士特往观之。及梅兰芳出台，博士乃极注意，颇称其妙，并言其身段作做，皆有类于，其精意与西国戏剧如出一辙。博士颇倾倒兰芳，尝谓兰芳为中国最聪明之优伶云。

又博士于中国戏剧，笃嗜昆曲，且以为中国伶人善唱昆曲者，唯有一梅兰芳。故梅每演昆曲，无不趋聆，并极致赞美，曾以所刊音乐，演说辞贻，梅且极道怀仰。民国七年又将以有太原之行极，欲见梅以倾积悃，有某记者为卫博士介绍①，博士与梅谈话颇长，兹就其最简明之各则节录于下。

博士询梅郎上回赴日，曾观能乐②否。梅答曰，此行历观各地能乐获益不鲜。惟能乐较昆曲尤古故，颇形麤简如原始的歌舞，毫无意味。博士曰，能乐作做太齐一，故缺乏活泼的兴趣，惟在历史上之价值似犹胜于昆曲耳。博士又谓余（博士自称研究音乐，垂三十年各国音乐，均略窥堂奥，相提互挈，则中国之音乐，实占最高之位置。《乐记》所述音乐上之原理，均有与西国最新之音乐原理吻合者。梅郎因询中国戏曲以何种为最优，博士曰，自属昆曲。又问皮黄如何，曰皮黄等亦有良好之部分，但好处终不如劣点之多。若昆曲则纯粹优美无疵可摘，又问昆曲好处何在。博士曰，此问极难做答，若余侪在佚所偎息之古寺中（按博士是时居慈慧寺）于夜深人静月白风清之际，当能为道出昆曲之好处也。又谓余于中国戏曲固不能了解然，于中国音乐之原理，颇有所得，以为中国能演剧者，多不明剧理者，又多不能演，何此二者，唯梅某庶几乎。

博士又谓梅曰，阁下在戏曲界谓最力量人物，此时似可创立音乐学校提倡昆曲，以发展中国曲之精神。梅郎曰，素具此志亦正拟办一学校，唯目下尚不易设施耳。

博士，华话，故与梅谈甚多。滨行梅赠以化装小影多幅，博士叹美不置，

---

① 据著名戏曲评论家张厚载（1895—1955，笔名聊公），在《游艺画刊》1943年第1期上《观君青之刺虎——忆卫西琴语》一文中称，卫西琴访问梅兰芳是经他介绍。——编者注

② "能乐"是日本传统剧种之一，源于日本古代戏剧猿乐。——编者注

频致感谢。

原连载于《京戏杂志》1936年第4期,第29—30页。

二

1949年之后相关纪念及研究文集

阎锡山开办山西外国文言学校

吴明焯

民初，阎锡山为了巩固自己在山西的封建统治，竭力提倡"尊孔"，宣扬"忠君敬上"思想。他认定孔子的中庸之道，是待人接物的唯一准则，所以他常以"执其两端用其中""两者之间我生存"两句话为口头禅。阎锡山一辈子行事，总是首鼠两端，因利乘便，这与他的人生哲学是分不开的。当时国内的报纸讽刺他是"墙头草，两面倒"。但也有人认为在国内混战局面之下，能够统治山西达40年之久，正是由于他善于看风使舵的结果。

阎锡山常常慨叹："有才干的人靠不住，靠得住的人又没有才干！"为了解决用人问题，培养一批既有等级观念又有中国学识的青年作自己的基本干部，他开办了山西外国文言学校。该校除了设立外文与普通学科以外，更重要的是想把孔子的封建学说与西洋的唯心哲学，炼冶于一炉，集中西之大成。主其事者为洋人卫西琴。名义上，卫任教务主任，阎自兼校长。

一、阎锡山的"尊孔礼贤"

阎锡山搞"尊孔"，除每年隆重举行春秋雨祀以外，并成立"洗心社"和"自省堂"。洗心社取"洗心革面、重作新人"之意义。自省堂经常聘请省内外名流学者现身说法；每逢星期日，所有晋省高级官吏，都要到自省堂听讲孔孟的道理。当时号称"圣人"的康有为曾应邀来晋讲学，受到阎锡山特大的欢迎；洋人卫西琴亦来晋参加盛会。一时"尊孔"声势为之大振。但是这种局面没有维持多久就烟消云散了。

阎锡山自从结识卫西琴以后，受卫的影响，由注重形式"尊孔"，改为注重浸润教育，一心想把卫西琴中西合璧的"孔学"，灌注到青年脑海里，以达到麻痹青年思想，收为己用之目的，为此举办了外国文言学校。

阎氏幼年读书不多，他的儒家思想，主要是受赵戴文的熏陶。赵为旧时读书人，固执旧学。赵之与阎，可谓谊兼师友。赵任南京国民政府监察院长时，蒋介石为了拉拢阎锡山，亦曾表示与赵亲近，听赵讲孔孟的大道理。

阎锡山另一沽名钓誉、笼络人心的做法就是"礼贤下士"。国学名宿江叔海，是司法总长江庸的父亲，时任山西大学教授。阎每与相值，优礼有加。江下台阶，阎必亲为扶持；并以"学生"的名义，在太原风景区晋祠建立别墅一所，供江暑期休息。黄岩柯璜，字定础，以经学名于时；尤善草书，龙蛇飞舞，秀媚遒劲；时任山西博物馆馆长兼山大教授。阎对之亦另眼相看，称"先生"而不名。阎素不嗜书画，阖衙门不见半幅字画，唯独在他自己办公室的过道隔扇上，挂起一副柯璜写的草书对联，以示对柯的优异。北伐之役，阎卫成平津，任柯为故宫博物院院长，出有故宫日历一种，颇受人欢迎。

阎氏还表示追崇先哲。明末清初山西乡儒傅山（青主），一向为太原人所尊崇，"青主"之名几乎妇孺皆知。在太原，一到腊月，人们最讲究吃"头脑"。所谓"头脑"是用肥羊肉加藕片和几味中药，炖烂制成的。据说吃了最为滋补，即傅青主当年的处方。这一习俗多少含有几分纪念傅山的意思。阎锡山顺应乡人的心理，大兴土木，建了傅山祠。祠宇宽阔，颇饶花木之胜。太原南十方院和尚墓地，有一块墓碑，是傅山笔迹。傅山祠成以后，阎令人将该碑移入祠内，十方院主持坚执不从，并向法院上诉，说是庙产不容拆毁，请阎收回成命。结果，由法院说好说歹，另刻一块碑给和尚作为赔偿了事。

二、外国文言学校的缘起

阎锡山为了给自己培养人才，首先成立了育材馆，由赵戴文主其事，挑选山西大学优秀毕业生入馆就业，以期深造；成绩优良者，即优先分派各处工作。随后又成立了外国文言学校，为遣派青年赴欧美留学做准备。1920年卫西琴来晋讲学，与阎相见之下，深为投契。阎即以外国文言学校全权委托卫西琴主办。此后，阎对"留学"两字，也就绝口不谈了。其中原因主要是：第一，卫西琴崇尚东方精神文明的理想打动了阎。第二，阎看到，山西的官费留学生从欧美毕业回国后，多半身入宦途；即有少数在工业界做事，也并没有惊人的成就。阎有一位叔伯兄弟从德国回来以后，对阎的居室设备，大加批评，说他屋内没有地板，没有抽水马桶。阎锡山对此头痛万分。鉴于以上种种原因，阎放弃了派人出国留学的念头，并放手让卫西琴替他办这所外国文言学校。好在他只想培养自己得用的干部，毕业出来的学生，只要能干可靠，对自己矢尽忠诚，也就达到他办学的目的了。

三、卫西琴其人

卫西琴又名卫中，美国人，西名 Westharp，他意译为"西琴"，又取姓氏第一音节 We 音译为"卫"，合成"卫西琴"三个字的中国名字。这种译名方法生面别开。卫西琴精通英、德、法三国文字，能说一口流利的中国话。他曾刻苦钻研中国的四书五经，书中重要词句，背得滚瓜烂熟。他具有三个博士头衔：文学博士、哲学博士与音乐博士。卫来太原以前，据说曾在广东、上海各大学任教，亦曾在北京讲学一个时期。他的"东方精神文明学说"，在当时曾迷惑了一部分青年，析疑问难者络绎于途。但好景不常（长），五四运动的狂飙地，把他的"东方精神文明学说"吹得无影无踪。随后他就去保定，担任高等师范教职。

卫西琴来晋，除了主办外国文言学校以外，还时时为阎锡山做宣传工作，向欧美各国宣扬阎在山西的"德政"，以谋阎与帝国主义的进一步勾结。卫西琴除了撰述文章登在欧美各国报章杂志以外，另外还印了许多西文小册子向国外散发。阎与卫的往还以这段时间最为密切。阎几乎每星期来校一次，在教务室里与卫西琴作长谈。因无他人参加，谁也不知道他们谈些什么。此一时期，亦是卫西琴在山西最得意的时期。阎之于卫，可谓言听计从，亲自陪卫西琴到外县挑选新生。因为卫选拔学生不以学校成绩为标准，而以材貌取人，既要聪明伶俐，又要稳健持重，才能符合他的要求，所以各县保送来的学生，卫西琴意有未足，只好亲自出马挑选。卫西琴带领学生到晋祠、兰村各名胜区域旅行的时候，阎锡山也陪同前往。我记得有一次在晋祠旅行，那时太原县的县长是一位福建人，姓欧阳（忘其名），年纪较轻。开饭时，县长杂在众人中端饭盛菜，伺候这位督军兼省长，累得满头大汗。卫西琴爱骑马，也喜欢叫他的学生骑马。他把骑马列入孔子的礼、乐、御、射、书、数"六艺"中去。阎锡山听了他的话，就给他的马弁连下条子：文言学校要马匹，随时供应。知遇之隆，可谓一时无两。此外，在我们学校里除了骑马之外，射箭、演礼、习乐都是必修科。孔子"六艺"几乎样样都有了。

卫西琴生性怪僻，对一些事情有特殊的见解，可谓"不同凡响"。第一，他自己不结婚，是个独身汉，同时他也不喜欢别人结婚。校中同事都已结了婚，但谁也不敢把家眷带到太原来住。他常说，人的精力有限，唯有不结婚的人，才能把自己的精力，升华为事业上的成就。这原是奥国分析心理学家弗洛伊德的说法，卫氏奉若神明。民初山西承清末恶俗，盛行早婚，在学生的婚姻调查表上，竟有七八岁的儿童娶十八九岁的姑娘。据学生自己说，这种情况，相当普遍。因为家庭劳动力少，娶一年龄大的媳妇可以帮助料理家务。卫西琴对此头痛万分。好在学校既没有暑假，也没有年假，可以不愁学生回家。学生告假，除非确有重大事故，一般尽可能说服阻止。第二，卫西琴虽是个外国人，但最喜好中国衣服。他说，中国服装长袍短褂，是世界上最舒适、最合乎理想的服装。所以他终年穿长袍马褂、布袜皂鞋，头戴一顶尖瓜皮帽，把自己打扮成一个中国老学究的模样，不过不是弯腰曲背，而是挺胸凸肚，活像内地教堂里穿中国衣服的外国牧师。他手中老是拿一把芭蕉扇，九、十月的天气，已是冷风飕飕，他还是不住地摇扇。他喂了一条小哈巴狗，出入相随。学生一闻狗的铃声，就知道卫先生来了。

卫西琴嫌厨房买的菜太贵，有时他自己带领学生到司门前菜市去买菜，但回来一算账，反而更贵了。他解释道，这必是菜贩子看见自己的高鼻子、蓝眼珠，所以要提高价格，买吃亏了。他第二次去菜市，先用芭蕉扇挡住头面，然后再和菜贩讲价钱。其实，卫西琴并不是他所表现的那种勤俭度日的人。他心中无数，任意挥霍，对公对私都是如此。阎锡山派来校中的那位会计最怕卫西琴开口要钱，因为常常超出学校开支的预算。他自己原是独身汉，先住在二府巷太原府有名的所谓"四大凶宅"之一的一所大院落里，家中一切开支都由他的厨师和一位工友随意开账，不知花了多少冤枉钱。后来搬到学校中来住，花费不但没有减少，反而更加大了。原来有十来位得意高足，是经常围绕着他的。他轮流邀学生陪他吃法国大菜,对身体不好的学生长期供给西餐;对家境较差的学生,他连四季衣服都无偿供给。但这种待遇,亦只限于这十来位与他亲近的学生,其他人是得不到的。这种对人小恩小惠的办法,阎锡山看了也依样葫芦地在督军署实行起来。例如,阎自己主持的兵器委员会,声言下班较其他机构略迟,每人每月除原领薪金外,再津贴五元膳费;其实没有一个人在衙门里吃饭的。阎为便于属下汇报公事,每晚在他办公室对过的房间里,开出很讲究的中餐,军署处长以上的属员都陪他进餐。阎对满桌子的丰盛菜肴并不太感兴趣,独对面前所摆的一大碗山西北路莜面面条特别欣赏。

时任山西省公署教育科科长的冯司直(敌伪时期任山西伪省长),不时要到学校里来找卫西琴。冯穿着一身笔挺西装,戴一顶巴拿马草帽,皮鞋擦得净光闪亮。卫西琴看在眼里,总感觉不舒服,但又不好说什么。一日冯来校,正值卫骑马回校,两人相值,卫笑拍马背对冯说:"冯先生,你看我这匹马一身洋服,穿的漂亮不漂亮呀!"弄得冯面红耳赤,半晌说不出话来。因为这匹马的鞍镫都是西式配备。冯那时还兼省教育会会长,每届改选会长的时候,他总要拉我们全体老师,到海子边教育会选他一票。冯为人极圆滑,热衷于宦途,尽管对卫西琴的讽刺心怀不满,亦不敢得罪卫西琴,但亦时时不忘报复。有一次,我与卫西琴正在谈话,冯司直进来了,他看见卫西琴怀里抱着一只哈巴狗,就急忙说:"跳蚤!跳蚤!卫先生要小心狗身上有跳蚤。"卫西琴尽管会说中国话,却不懂得跳蚤是什么,冯叫我翻给他听。卫急忙回答道:"我的狗天天洗澡,还穿上衣服,哪里来的跳蚤?"冯说:"不一定,不一定。我一进你屋里,腿上就发痒呢。"卫西琴的狗平常睡在一张藤椅子上,还铺着狗皮褥子。说狗有跳蚤,不是等于说卫西琴身上也有跳蚤么?因此,卫西琴心中深滋不悦。两人不欢而散。

印度诗人泰戈尔到中国来的时候,也曾来太原访问卫西琴,住在我们学校里。泰戈尔这次到太原,安静得出奇,简直有点神秘。他既没有公开演讲,也没有在学校里讲话。只有一天早晨,卫西琴把全校师生召集在一处,围绕在泰戈尔身边,向他道了晨安,即刻就散会。连泰戈尔几时来、几时离开太原,我们都不知道。

四、外国文言学校的特点

山西外国文言学校当时在全国是一所很特殊的学校，一切措施都与其他专科学校不同，不服从教育部的规章制度，有它自己独特的作风。全校共编六个班，英、法、德文各成立两个班，每班四十人左右。学生是由山西各县精心挑选来的，不收学费，膳宿免费供给。每班设有班主任一人，采用家长式的管理制度，班主任等于一户人家的家长，所有学生的一切事务，都要照顾到。每一个班设有一个小灶，由厨师料理一日三餐，膳费每人每月五元；买菜司账，由学生自己轮流担任，每晚由班主任查核一次账目。学生如有疾病，由校医诊治，药物亦不另取费。当时陆军病院院长刘宝桢是我校校医。

文言学校既无暑假，也不放年假，星期日照例不休息。除本地学生以外，外县学生非有重大事故，不得告假回家。卫西琴最怕学生托故回家结婚，防范甚严，平时门禁森严，没有假条不许出校门一步。

学校里从未实行过计分的制度。卫西琴常说，以分数衡量学生的成绩，是完全靠不住的。功课表不是一学期一规定，而是一天一规定。明天上什么课，要当天晚上看了卫西琴临时印出的功课表，才能知道。

（一）卫西琴的哲学讲座

卫西琴的哲学讲座是学校最重要的一门功课，也是衡量学生成绩好坏的唯一标准。这就是说别的功课再差也不要紧，卫西琴的哲学课非学好不可。所谓好坏，也不是以分数为标准，而只是凭卫西琴个人的观察与主观意志而定夺。

哲学讲座的讲课时间普遍是四小时，中间没有休息时间。卫西琴有一种习惯，就是讲得高兴的时候，赖在讲堂上不下课，往往要延长一两个小时。听讲的人个个精疲力竭，他却兴高采烈，永无休止。牛奶饼干替代了午餐，大量地搬到讲堂上来，供大家疗饥。平常每日午饭后，学生有两小时的午睡时间；下课迟了，不但耽误学生的午睡，连下午半日课程，也全被打乱了，令人啼笑皆非。每次上哲学课全体师生都要参加，而且人人非记笔记不可。

卫西琴的哲学课的主要内容，我约略记得，是把人性分成"心灵"与"感觉"两种本能。心灵属阳性，感觉属阴性，两者配合成为一体。他引《易经》上的话说，"无极生太极，太极生两仪，两仪生四象，四象生八卦"，来说明人类本能的整体作用。心灵向内活动，感觉向外活动，孔子的"成物成己"，成物是"感觉"力量，成己是"心灵"力量；一个人必需这两种力量平均发展，才是一个完全的人，一个最能干最可靠的人。他的哲学完全是唯心的二元论。他说中国人由于做"八股"，读死书，感觉力完全破坏了，所以一般读书人成了书呆子，四体不勤，五谷不分，这种现象可以导致民族衰亡。他又说，感觉活动与心灵的活动，阴阳交合而后有创造发明。

（二）外国文言学校的"感觉教育"

卫西琴认为中国人的感觉力统统坏了，一多半读书人都成了书呆子，所以他特别注意学生的"感觉教育"。在这一方面的措施，第一是体力劳动，为学生必需操作的课程，列入正式课程表中。卫氏最反对体育运动，一切球类游戏，器械操练，校中从未一见，即使徒手体操亦在禁列。他说，人与人相竞赛，这不是运动，而是西班牙斗牛遗风。上劳动课时，全体老师和学生都参加。最普通是抬土、砌墙，工作时间约两小时。第二是设立制鞋厂，缝制布鞋。有一次卫西琴特意叫学生做了两双黑缎子双梁鞋送给阎锡山，表示学生的成绩。谁知送去以后，照旧送回。来人说，督军不穿缎子做的鞋。第三设立合作社，由学生自己经营。这两项工作都在晚饭后才进行。阎锡山有时也到合作社来参观，感到很大的兴趣。

另外两种"感觉活动"，一种是骑马，一种是旅行。卫西琴最钦佩德国文学家歌德。他说歌德最爱骑马，最爱旅行。这两件事情不但能够帮助感觉力的活动，同时也能启发心灵，歌德之所以伟大，与此不无关系。好在督军署马弁连有的是马，全校师生下课以后轮流骑马，在野外奔驰。

（三）外文教学法

我们学校虽是一所外文专业学校，但外文这一科，远远比不上卫西琴的哲学课来得重要。外文的教学方法，亦与普通学校迥乎不同。卫西琴最反对学外文的人学文法，他说文法是语言的规律，是从语言中归纳出来的。重文法而不熟练语言，即是舍本逐末。中国人不用文法，文章照样写得很好，不

113

是很好的例子么？根据卫西琴这种说法，我们的外文课是专教学生学习会话，所有的教材都由卫西琴亲自编写，不用课本。上课的时候，卫西琴与外文老师同入教室，师生共同商议，挑选学生在校内外活动的生活事实，编为教材，由卫西琴译成外文，作为课文。在外文教学方面，卫西琴最注重读音的准确性和重音的突出。练习对话有时配合以行动，如同演话剧一般。每一两个月集合全校师生，英、法、德六个班的学生作一次会话竞赛，评比各班成绩。校内绝对禁止阅读课外读物，怕学生分心，耽误正课。学外文的除在课堂学习外，不许私自学习一个生字。

卫西琴常说，法国语言是世界上最高贵的语言，其次是英文，德文最下。德国人是世界上最野蛮的民族。爱屋及乌，所以他也最爱法文班，围绕在卫西琴左右的十几名高足，多数是法文班的学生。他对德文班的学生态度最冷淡，虽不是漠不关心，也是若即若离。我始终不明了卫西琴的命意所在，根据什么下这种判断。后来，德文班有很多学生毕业以后，立刻就到当时的北京搞地下革命工作，有的被张作霖逮捕入狱。这可证明德文班学生在学校时的思想倾向。

（四）外国文言学校的音乐课程

音乐功课在我们学校里是相当重要的一门课程。卫西琴常说，音乐是内心的表现，所以中国古人说："凡音之起，由人心生也。"同时音乐也能激发感觉力量的活动。音乐是"心灵"与"感觉"两种力量中间的桥梁。卫西琴虽是外国的音乐博士，但他从来不提倡西洋音乐和乐器。他所爱好的是中国的古乐，如李白的"清平调"，祀孔的歌咏和舞蹈，都是他最欣赏的。他常说，拍子越快，越下等；越慢越高等。中国音乐是最慢的，神韵悠扬，听之令人神往。乐器方面，他倾倒于中国的古琴、笙、箫三类，令个别学生学习演奏。在我们学校开办的头两三年，春秋祀孔都派学生参加。

中国音乐以外，有时卫西琴也挑选些欧西各国的歌曲令学生学习，其中以英、法、德、俄四国的民歌诗章为多。每次上音乐课的时候，卫西琴伴同音乐老师共同上课。卫拿着指挥棒手挥目送，竭尽全身的力量，累得额汗浊浊；音乐老师反而袖手旁观，变成一个旁听的客人，有啼笑皆非之感。

由于文言学校对诗歌的重视，我不知道阎锡山是为了附庸风雅，还是考核学生对诗歌的成绩,有一次他挑选了一批学生同游兰村,登至半山的时候,阎忽脱口吟出一句诗,要学生联下去。内中有德文班一个学生,口才敏捷,赓续和韵很得到阎锡山赞赏。

五、外国文言学校的结束与卫西琴离晋

1920年至1924年是卫西琴在山西最得意的时期,也是文言学校盛极一时的时期,卫西琴对学校的一切措施可谓得心应手,无往不利。阎锡山对卫西琴更是优礼有加,称先生而不名,一个月里总要到学校来三四次与卫氏畅谈一切。阎认为外国文言学校是一种新教育,虽是试办性质,而前途发展是无限的,关系今后教育之改进,逢人吹嘘,自鸣得意。当时山西军政两界的高级官吏听了阎的话,纷纷把子弟送到文言学校来求学。他们对学校的办理情况也极关心,不时要到学校来看看,与卫西琴会会面。然而好景不长,这种局面到了1924年以后就逐渐走下坡路了。阎锡山一方面感觉到卫西琴的新教育收效太慢,自开办以来从来没有招收过一批新生,局限于原有的二百来名学生;另一方面也感觉到卫西琴的精神教育空洞而不着实际,不能适应他的迫切需要,已不像先前那样信任卫西琴了。这时阎锡山另外已办了两所中学——太原的进山中学和五台河边的川至中学,他把办学的兴趣完全转移到那两所学校中去了,轻易也不到文言学校来一次。文言学校的校舍由军署后门的步弓街,迁移到霸陵桥东花园去了,原校址让给进山中学。英文班主任段葆藩原系卫西琴未到太原以前的随行翻译,相处多年,是卫的亲信,这时被调为川至中学校长。而学生方面呢,也有要求转学的,也有退学的。二百个学生只剩下不到一百人了。这时候卫西琴真有众叛亲离之感,与阎锡山的关系也越来越坏。有一次卫与阎在校门口谈话,不知为什么忽然触怒了阎锡山,阎气忿忿地说:"什么精神不精神?我架起大炮来,几分钟就可以把你的学校夷为平地!精神力量就抵抗不住大炮的威力!"

文言学校学生的毕业年限从无明文规定。挨到1928年实在挨不过去,才举行了毕业典礼。但是没有经过考试,也不发文凭。卫西琴说,文凭并不能证明一个人的学业好坏,那是欺骗人的东西,要它何用?但学生都非要文凭

不可。在学生的推动下，卫西琴无可如何，才发了毕业证书。我是此前两年离开学校的，对当时的实际情况知道得不清楚；后来听同学们说，才略知一二。阎锡山替大部分毕业学生安排了工作。平时被卫西琴认为成绩较好的学生，阎氏留作军署的秘书。德文班的学生也有分派到兵工厂和同蒲路，给德国工程师担任翻译的。其中有一位学生，我已忘记他的姓名，平时沉默寡言，不喜欢活动，卫西琴正眼也不看他一眼，毕业后也没有得到工作。抗战时期，此人闲居无聊，按卫西琴的学说，把《孟子》一书作了一番新注解。脱稿以后寄给当时教育部长陈立夫。陈一见之下，气味相投，立加擢用。

学校停办以后，卫西琴还留在东花园继续研究他的东方哲学，同时整理他历年的讲稿。阎于中原大战失败以后，避居大连，卫西琴还派学生到大连探视阎锡山，送去他的讲稿。阎氏特为此举办了一个"中字哲学"研究小组。

卫西琴什么时候离开山西，我已记忆不清，大约是在1932年。他先到上海，最初阎锡山还寄钱给他，不久也就中断了。幸而他在上海讲学的收入，勉强可以维持生活。卫西琴素来抱"独身主义"，不主张结婚，但一到了上海那花花世界，情不自禁地与一位上海小姐恋爱，结为夫妇。这女人讲究吃穿，喜欢时髦，卫西琴的经济力量经不起她无限度的挥霍，生活日渐拮据。1935年在太原的同学来找我，说卫西琴在上海困难万分，连黄油也吃不起，以香蕉夹面包代黄油。当时大家凑集了几百元钱寄往上海接济他。但杯水车薪，又何济于事呢！不幸的结局，卫西琴和那女人离了婚，懊丧之下，他东渡日本，住在东京，从此也就杳无消息了。抗战胜利以后听说，卫西琴初到日本时，在大学教书，情况也还过得去。后来忽萌厌世之念，曾沉江自尽，幸亏遇到一位日本和尚救了他的命。两人交谈之下深相契纳，老僧遂接待他到庙里住下，以教授外文度日。

1966 年 6 月

录自于《文史资料存稿选编 24·教育》，中国文史出版社 2002 年版，第 244—250 页；另载于《纵横》2002 年第 11 期，第 51—53 页。

【作者简介】吴明焯（生卒年不详），1919—1926 年在山西外国文言学校任教员，德语班主任。1929—1937 年为德国禅臣洋行（Siemssen & Co.

Ltd.）北京和天津分行作买办，后又到上海开办宏济沪行，一直经营至20世纪50年代。

追忆往昔所了解的卫氏学说大意

梁漱溟

自然界的一切东西每一件东西都是种种不同的力量。所谓力量者，就是能以改变其他而表现自己之谓。

人类生命是自然界中最伟大最高级的力量。

一个人是一个力量。此力量的上端或内里即所谓心，其下端或外部即所谓身。心是能动（能施为）的，为阳极；身能受（能感受）的，为阴极。从心到身即由内而外，可以看作有相当距离的。此距离愈长大者，其人的能力（才质）愈大。

耳目口鼻等感官均属身体力量一方面，生殖器官亦在其列。这些都靠外而能受动于外。每有所受即上通于脑——内心，通常以感觉力量称之，而心则所谓精神力量。

男子女子的不同，见之于身体构造；其力量之不同等，即为此天生的身体构造所决定。

女子的身体构造是生来为身体创造力（即生殖力）预备的，负着创造人类幼体的任务，其全部力量属于阴性。从而其感觉力量较盛于精神力量，亦可说外重于内。同时比较男子来说，其由外而内，内而外的距离要短些，浅些。

女子负着创造人类幼体的任务，十分沉重地压着她的整个生命。自她身体有月经来之后，每个月总有十天乃至十多天受到影响，不能完全舒服自由。自她结婚有孕之后，在怀孕期间受累更重更深。分娩之后自乳其婴儿，其身体精神有何变化随时见于乳汁中，从可知其负担无一息之或释然也。女子一生从来月经开始到年老停经不能生育为止，是其生命重要的一段，约三十年（或稍多些）。在此一段之前或后是可以比较轻松的，亦即不那样女性的女性。

相反地，男子的身体构造不是为身体创造力而预备，却是为创造身外的事物（一切发明创新）或事业而预备的。他比较不为身体所累，而心得自由活动，其精神力量高出于感觉力量，能动性超越变动性，比较女子来说，其由内而外，外而内的距离要远些，大些。其全部力量属阳性，活动能力即大过女子。

正为男子女子有如是之相异，所以在刺激反应上，女子较敏锐易现于外，男子则反之。受到刺激，喜怒不形于色，力量蕴蓄于中，待机而后发，或其反应不发于此而发于彼者，唯男子为能尔，女子不如也。（例如受到责斥诟辱，不怒，不反击而自勉向上者。）

女性在年幼时或年老时较少现露其为女性。然女小孩（譬如五岁六岁后）往往在感觉力量上仍见出比其同年男小孩为敏为巧，学校作业、家庭琐事以至游戏皆然。但年龄增长以后（譬如二十年后），那相形见钝拙的男童却可大有表见，不同于前。即男性的头脑心思优胜之透出也。

男子有心且有身，女子有身且有心，其所蕴力量各见有二流以活动：男子以发自心者为第一根本流，而出于身者居于其次。女子以发乎其身者为第一根本流，而心的活动属第二流。但男女十五岁前后各届情欲发动期之时，男子第二流力量活动起来，女子的第二流力量活动起来。此即是当情欲发动期间，男子的心比任何时候还完全往外活动，女子的感觉比任何时候还完全往里活动。

可以说在情欲发动的时候，是男子的感觉第一次回家（等于男子的第二个流），女子的心第一次出门（等于女子的第二个流）。这男子回家的感觉，女子出门的心，在情欲发动时是容易觉得的，乃由男女力量在这个时候都有两流对比的缘故。作比方说，任何人都知道当人正出门或回家的时候，如果有人找他，是容易遇见的。所以此时易得认清男女所各有的第一第二两个流，殊有助于吾人学理之讲明。

《小杂记册》（十），第 7 页

录自于《梁漱溟全集》第七卷，山东人民出版社 2005 年版，第 211—213 页。

卫西琴先生传略

梁漱溟

卫西琴（Westharp）先生德国人，其德文姓名今不详①，为德国银行总裁某之独子。天资特高，不谐于俗。既深恶德帝威廉之军国主义而倾慕东方古代文明，欧战前夕乃出国东来，历游印度、日本而达中国。随即改隶美国国籍，更用中国文自名曰"卫中"，字"西琴"云。1921 年愚遇之太原外国文言学校，若有契合，彼此交往相处十数年之久。日寇侵入华北华东，愚奔走抗战，音讯顿绝。嗣访闻其流落在日本。1946 年曾因秦德纯参与东京审讯战犯之国际法庭之便，得一联系，旋又相失。推度其在日本身故，年纪六十至七十之间。

据其自述，尝先后肄业德国几个大学，经历文科、医科皆不终而弃去，末后乃由音乐一科取得学位。盖音乐为其夙所耽好也。顾其所好又与俗殊，莫得知音。唯法国一音乐家能欣赏之，谓其有和于东方古乐；因教以觅读东方古籍译本于巴黎伦敦各国图书馆，是即其倾倒于古东方文化之由来。惜西人所谓东方古籍之译本既未必尽切合原义，而读者各以自己意思领会之有所难免。愚每见卫先生摘取中国古书一些文句揭于壁间，或时口诵而嘉叹之，殆亦类乎此情形者不少。

当其东游抵日本，见日本人事事（音乐在内）步趋西洋，辄鄙夷之，嗟惜之，以至嫉恨之。心谓中国非古文明渊源所自乎，其必不如是。既抵上海，

---

① 卫先生后来又曾更名为"傅有任"，似亦从英文某字之音译而来。其原来德文姓名及其家世，与曾从德国教士而久住中国之卫礼贤备悉之，惜今不尽记忆。

又转至南京而天津而北京，乃知事实上中国方歆羡日本学西洋成功而追踪之，则不能不失所望。每发为言论，直吐胸臆于不自禁。国人乍闻其言，相视诧讶者纷纷然，或疑是疯子，或疑是骗子。值此时欧战发作，其客中生活所需一向赖家中接济者，以德国被封锁猝尔断绝。内外交困，情实难堪。然写出长篇论文，商讨中国教育问题，投书严几道（复）先生求为翻译发表。严先生于其文稿多日未加展阅，更未置答。迫不得已，再度投书自陈来访中国实为怀抱敬仰珍爱中国精神而来，顾久久不得同情谅解之人而遇之，几无可与语者，将自杀。严先生骇然，亟答书慰勉，许为翻译发表。① 于是其论文乃以《中国教育议》为题，揭出于梁任公先生当时所主编之《庸言》杂志。

任公先生夙为论坛宗匠，《庸言》又为其时舆情所重视，因之其文其人引起各方注意；卫先生得以受聘为保定高等师范学校音乐教员，解决其一时生计问题者赖此焉。

1921年愚既有《东西文化及其哲学》一书问世，太原教育界邀为中等以上各学校作讲演，因得参观卫先生所主持之外国文言学校，辄惊叹其一切措施之新颖而寓有深意。先是某年全国各省教育会开联合会于太原，卫先生特率其保定师范的音乐学生来会演奏，大获好评。② 复应山西当局邀请讲演于省政府。其时晋省当局方倾心军国主义，见之于各项施政，而卫先生不知也。在讲论教育问题中，本其夙怀力诋军国主义，在座咸为之忐忑不安。不料竟引起当局某种觉悟，信其教育主张有价值，愿留卫先生于太原，俾实验其教育理想，即以成立不久之外国文言学校交由卫先生主持。

前云参观此校惊其措施新颖者，今当述我所见所闻。

据闻卫先生接收学校之初，即停止学生一切学业，并阻止学生回家，先着手安排日常起居生活。学生约百余，大抵为高小初中程度。卫先生以其保定音乐高年生为自己助手，分头组织学生为若干小组，譬喻为小家庭，在卫

---

① 《庸言》刊出的《中国教育议》一文之前有译者严先生题记的一段话，叙出此情节。

② 卫先生率领学生演奏的音乐大获好评的事，见于南方某省教育会的陈主素先生参加太原联合会后写的一篇文章。且仿佛记得他说及所奏为中国古乐，其乐谱是从《永乐大典》抄出古《卿云》歌的乐谱。记不准确，未便载入正文，附志于此。

先生指导下修整宿舍、厨房、厕所（厕所为一注意点），以至讲堂、各种作业室、体育活动、娱乐活动等场所；一切土木工皆师生一同动手为之。布置既妥，在生活上所需各事物亦有些属由学生练习操作或经理之者。如时当冬季，愚承惠赠棉鞋一双，即为学生从技工所习制者。又如煤、米、油、盐、纸、笔等日用品，由学校成宗购进而后零售给各家各人，略同于消费合作社，亦即由职工协助学生经理其事。其他准此可类推。

卫先生于学生饮食、睡眠、大小便通甚注意。当我被引导参观各宿舍时，卫先生每呼唤其间因健康问题休假之某某学生，问其夜来睡眠如何，或今晨便通如何，以验知其变化情况；盖其操心入微矣！且闻为增进学生营养，卫先生出其省府月俸之大半以改善学生伙食。遇见学生多半面色红润有兴致，盖有由来也。

如上所述有些情况至今犹然在目。然事隔五十年之久，难于记忆明确周详者正多。此校似不在正式学制系统之内，故得以措施自由；标明外国文言学校，教学似有英、德、法三国语文，且似均由卫先生亲自授课。曾见其不用现成课本，而教学生排演短剧，从句中人物彼此相语为学习入手，然后及于字母、单词、文法。又如物理、化学、生物等自然科学各有卫先生自编教材（有油印零篇教材赠我），似乎时或亲授，时或有人代授。其他体育娱乐等活动记忆不清，不述。

综观全部情况，卫先生对于此百余学生殆一身而兼父母师保之任，试想其劳瘁为何如乎！

《中国教育议》一文，愚早从《庸言》得见之，且极注意细读。当时只觉其对中国过多赞叹之词、惋惜之语，顾难寻绎得其一定理致与具体主张如何。此番参观虽聆教甚多，亦只能信服其一一措施寓有深意，一时尚难通晓其根本学理。后经多年往还乃始有所晓然。兹略为说明其措施之涵义，以结束上文。

卫先生所为种种措施如上者，一言扼举其要曰：凡以挽救中国人身体衰颓之势，恢复其身体活力而已。要晓得动物只有其种族遗传的身体本能生活，不离自然状态，人类却有其后天不断创造出来的文化生活，脱离此自然状态；其分别要在大脑特见发达而有卓出于身体的人心创造活动。所贵乎人者即在此能创造的人心。然人心任何活动却不离乎其身而有创造。中国古人曾有过高尚、优美伟大的文化（音乐在内）创造，盛极一时，是皆其人心优胜的表现。后人享用此文化，渐渐形式徒存，创造不足，浸浸贵心而轻贱乎身。违离乎身的心是虚假的心，难有创造；同时，欠少了心的身亦即缺乏活力，以供给创造材料。于是一面更不能有所创造，一面身体亦显出颓废之势。此即晚近中国历史所以陷于萎靡不振的由来。卫先生尝说："按中国情形论，在教育里最要紧的是那常常与感觉（身体力量）有关的心，常常往实用方面走的心。"其必要学生习为手工艺以至商业计算者，意在引起头脑向于实际事务而活动去，非为学生他日就业求职设想。其极关心学生身体营养与健康者，则虑其头脑所得自身体的供应不足，或受到身体方面的牵掣影响也。

卫先生之学系从音乐而入于人类心理的研究，进而尚谈教育问题，着着落在实际上，非徒逞思辨之雄者。聆其言论，读其著作，虽一时不尽了解，总觉其言之有物，值得重视。惜其留存至今者甚少甚少，似只有四十年前北京高等师范学校张耀翔主编之《心理学》杂志内有《男女新分析心理学》一篇（愚手有存），可资研寻。往年愚曾不止一次为文粗浅地介绍其学说，今并失去。近著《人心与人生》一书，当论及身心之间关系时再为概述其大意。世有好学深思之士倘因而引起兴趣更求卫先生原著研究之，发掘之，俾不致湮没，斯则学术界之幸也。

卫先生致力其教育实验约五或六年，自己认为实验效果不如所期①；值学生应届毕业年限，省当局似亦无意续办，遂离去太原，移居北京。愚时谢去外务，偕数友读书郊区，因约同赁屋于西郊大有庄，得有朝夕晤谈之便。此1926年春初事也。次年五月愚赴粤友李任潮陈证如之约；其后即留于广州，乃又荐举卫先生来粤，主办一教育研究所，俾传习其心理及教育的研究。1929年愚先离粤，卫先生大约延至1931年亦离去。

此后闻其一度应邀访问广西，而以客居上海时为多。在沪颇为密勒氏评论报撰写文章，得些稿费，其他所从事不详。彼此踪迹疏远，难得遇合，于

---

① 卫先生在其五年的教育实验中，自己学问大有长进，其讲话的记录和著作累积甚多，皆承其先后见赠，今俱散失无存。似乎末后他悔悟其实验相当失败，是片面地从中国人身体入手的那种观点不对。但他没有明白对我说出，故不叙入正文。

今回忆似只偶尔在上海相会两次而已。1937 岁杪上海南京相继沦陷，知其困窘，从武汉以百元寄之，曾得其复谢一信，兼邀愚去香港会晤，愚固不得而赴约也。前云音讯断绝者即指此后而说。余如上文所述，不赘。

1971 年 4 月 15 日　漱记

录自于《梁漱溟全集》第七卷，山东人民出版社 2005 年版，第 235—239 页；另载于梁漱溟：《谁从我的世界路过？》，当代中国出版社 2016 年版，第 110—115 页。

卫西琴论身心之间的关系[*]

梁漱溟

此章就前章第（八）所言身心一体相联，往复相通，而身为阴极，心为阳极，性向各有所偏的那些话，重加申说。往者亡友卫西琴先生[②]于此特著见地，兹即介绍其学说大意于次。

（一）先说此学根本观念：很明显，一切生物都是活的，都有力量能有所改变显示于外。其中动物又显然较其他生物的力量为大。而力量更强大更高等又莫如人类。活人虽有此无比的大力量，但人死了，只一具尸体，即失去原有力量。死尸仅仅是物质。物质恒处于被动，虽缺乏力量，却仍有其力量。

---

[*] 本文节选自梁漱溟 1975 年著《人心与人生》第 11 章"身心之间的关系［中］"，题目由编者所加。

② 卫西琴（Westharp）原为德国人，后改隶美国籍，以倾慕中国古代文明，用中国文字更名曰卫中，字西琴。其学盖自音乐而入于人类心理研究，更尚谈教育问题。详见愚所作《卫西琴先生传略》一文，此不多及。卫先生著作甚富，大抵为其在外国文言学校时以中国话口授于人笔录而成，意义多半晦涩难于通晓。此一半固由其理致幽深，更一半则用词造句，自成一种偏僻习惯，不合于通常中国语文。兹所介绍者只我领会所得其二三而已。

总起来可以说，宇宙一切都是物质，都有力量，不过力量大小高下千差万别不等而已。

（二）就人来说，男女力量是不相等的，而且是极不相同。这种不同，乃是出在身心之间往复相通的根本流向上男女彼此互不相同。具体指出说：女子以身为主，从身到心是其第一根本流，而从心到身居于第二；前者为正，后者为副。男子恰相反，心至乎此身，从心到身是其第一根本流，而从身到心居于第二；前者为正，后者为副。——以上是从其力量活动上（非从表面）认真分析来看的。

（三）上面的话须待稍加说明于后。

远从生物进化上看，男女两性身体原初是一个不分的；从现在生理构造上看，男子身体内有女性的部分，比如两乳；女子身体内有男性的部分，比如阴核。在体形上看，男子身体是往外的，女子身体是往内的；在体力上，一般说男子强过女子。所有这些都不过是物质表面。单从物质表面看，看不出人怎么优胜于动物。人类之所以优胜，要必从力量比较上乃得认识。此突出优胜的力量则在其特别发达的大脑所开辟出来的心思活动。譬如人类的那些伟大事功、卓越创造，固然无一非完成于身体活动，而这些表见于外的身体活动却一一出自内里深隐微妙的心思。首先是心思经由身体而有所识取于外，后更从心思运用着身体而有所施为于外。就身心两端而论，不妨说身主于受，属阴极；心主于施，属阳极。说施便有主动意味，但说受却非就是被动。生物都是活的，人是活物中最活的；感受之在人莫谓竟是被动于外。应须知，施中随有受在，受中原有施在。身心往复相通的话，既可粗略地看待，更宜精密察识之。

（四）身心的位置关系正要这样来理会：身外而心内，心深而身浅，心位于上端，身位于下端。觉受由外入内，施应从上达下，其间往复交流还有不少深浅等差可言，不总是一样的，更非人人都一样。这就为两端之间原有着可以伸缩的不小距离（就动物说，这距离几乎等于零，其所以不如人者在此）。

（五）正为身心间的距离远近深浅决定着一个人的力量之大小，而女子身心间的距离天生来均不及男子那么深远，所以上面说男女力量是不相等的。

若问：何以在女子这距离较为浅近？此不难知。女子担负着创造人类幼体的天赋任务，当其身体长成熟有月经来之时，每月总有七天乃至十天不得舒服自在，及至结婚怀孕，其受累更深重。分娩后自乳其儿，每因心理影响（特如恼怒忧煎等）随有变化见于乳汁中，可知其身心相关如何密切。盖在女子，身体势力是天然大过其心的，心恒受到身体势力的牵掣影响，超脱不开。在她们一生，除开这中间一段——从月经开始到年老停经不能生育为止大约三十年或稍多的一段——只在其前或其后是女子而不十分那样女性时候可较轻松些。

（六）从寻常所见事实便可证明上面的话。请看妇女不是比男人容易哭容易笑吗？妇女不是每每比男人胆小吗？再试留心看，每遇群众会上，男人一堆，妇女一堆，总听到妇女堆中说话声多音高，不是吗？俗常说"妇女心窄"，正为其身体势力大，身心间的距离近，禁当不住外来刺激。刺激（受）反应（施）之间迫速轻率，殊少深沉回旋于内之致。如弗洛伊德等精神分析学家善治歇斯底里症（hysteria），而患者极大多数是妇女者其理正在此。[①]

（七）不难看出，人从初降生到年齿渐长，身心关系随时在开展变化中。大要言之：初时心隐于身，身心浑然不分；其后则一面由于大脑机体发育慢慢完足，又一面因在社会接触增广，经验繁富，心思乃日见苕露活动，从婴儿而童年，而少年，而青年，身心之间不同程度地寖寖疏离起来。后此进趋老成练达，乃更见从容沉稳。

这里还须留心人的资性各有不同，上面所说发育开展可能有迟有早。再则，当儿童时期便可见出男女有所不同。譬如五六岁女孩往往表见能干灵巧过于其同年男孩；但再过十年廿年之后，男的才思往往又非其同年女子所及。能干灵巧是说其应付具体事务的能力，属于身体力量，亦称感觉力量。才思则于某些抽象学习能力上见之，属于内心力量，亦称精神力量。

末后还应该点明：人类生命既然为自然界最伟大最高级的力量，而论力

[①] 尝闻济南齐鲁大学医学院友人闲谈，他们在医学院任职或实习的男女同学很多是廿多岁快要结婚的。谁若遇有不幸失恋的事，当其临床治病时，因为心神萦绕不宁，一般说均不能很好地尽心业务工作。但在男子仍能工作下去，在女子竟然不能工作了。工作就会出差错，发生事故。

量男子又大过女子,那么,宇宙间力量的最高峰就在成年男子的心——精神力量。

(八)在前说过,力量就是能有所改变显示于外的;从人类力量说,即是能有所创造表现。人类社会文化自古及今不断地有所发明、发现而前进无已,正是靠着一时一代群众的这种数不尽的创造而来。人生所贵就在有所创造。然而男子女子却不一样。女子所贵在创造——孕育——一个富有创造力的新人(小孩)。此事却非男子所能为。男子总是创造一些身外的事物:一件艺术品,一文学作品,一种科学发明,一哲学理论,一伟大事功,如是等等。说男子力量大过女子的话,就是说在这方面的创造力女不如男。因为这种种创造虽须得精神力量和身体力量同样发挥,却要必以精神力量(心思)统率身体力量而成其功。男子力量不是以心为正身为副的吗?其在以身体力量为正而心为副的女子来说,对于这种种创造比较差些乃是天然之事。试数一数几千年中外过去历史上伟大思想家或事功方面的伟大人物里,有几多个妇女呢?然而任何伟大思想家或其他各样伟大人物却无一不是女子所创造——所生育。就女子力量为一切伟大创造力的根本源泉具有决定性而说,则女子力量固有其贵重过男子的力量一面;不是吗?

(九)不徒从表面形体来分别男女,而更从根本力量上认识男女天生的互不相同之后,则在其后天教育上和职业工作上男女不当强同,便是十分明白的事理。教育应是让生性不同的力量各自得到培养成长,工作则应是让不同的力量各得发挥以尽其天职。然而世俗见不及此,男女教育、男女工作职业率多强求其同。此因近世力反先时封建陋俗歧视女性之所为,不免多所矫枉,实不符合科学客观真理。①

（十）说身体力量不等于说身体。认真地说，深切地说，身体力量是身体创造力，即创造身体之力，即男子的或女子的生殖力量。说精神力量，非第因其力量发之自心，而实为有别于身体力量而说的，即说它是创造除人类幼体外一切大小事物的那种创造力。此种创造力男女皆有之，但在男子更优胜于女子。

（十一）男子的精神力量不论如何之大，要非其身体力量同样大，他将不是一个能作大事的人。譬如胆气壮盛，勇于作为，跃跃欲试，若能涵盖一切的那种气势，即属身体力量。②

精神力量、身体力量充沛能作大事的人，我们就谓之大人物。每个男子当其年届发情时期（青年时期）都接近于大人物，特富于创造力。

（十二）如前说，男子力量以发之自心者为其第一根本流，女子以本乎其身者为第一根本流，在年幼时是不甚明显的。但当其发育成长各届发情期时，男子力量的第二流（身体力量）活动起来，其心比任何时候更往外活动；女

---

① 前于第八章曾批评 Man, the unknown 一书之未善，然其书中却不少可取资料，如其力陈男女两性之不同即一例也。兹就王世宜译本《身体与生理之活动》一章略摘如次：

性腺能加紧生理上心理上与精神的活动。（中略）睾丸与卵巢具有极其重要的机能。它们产生阳细胞或阴细胞。同时它们分泌一种物质到血液中，使细胞组织体液与意识或呈阳的特性或呈阴的特性，并且予一切机能以它们的密度——紧张性。（中略）卵巢的寿命较短，而睾丸到老年还能以活动，所以老年妇女远不同于老年的男人。

男女的差别起于细胞组织本身的结构，以及女人全部有机体饱涵卵巢所分泌的一种特殊的化学原素。（中略）事实上，男女之间有极深远的差别。女子体中每一细胞都印有女性的记号。她的器官也是如此，她的神经系尤其是如此。（中略）我不能不就其本然加以接受。

母体在全部怀孕期间时刻受胎儿的影响。母亲的生理和心理状态总不免因胎儿而起变化。（中略）我们不应以训练男孩的智力体力的功课来训练女孩。亦不应以鼓励男孩的志趣来鼓励女孩。教育家对于男女两性特具的身体器官、心理特性以及他们天然的机能应该大加注意。

② 身体的力量即创造身体的力量，对于一个人的智勇均有密切关系。《人之奥妙》一书富于科学知见，其中有如下的话：要理智充分发挥它的威力，同时需得两种情形，一是发展完善的生殖腺，二是性欲暂时受到节制（见王世宜译本第一四八页）。这与卫先生学说完全符合。

子力量的第二流（内心力量）活动起来，其感觉比任何时候更往里活动，可以譬喻说：此时男子的感觉第一次回家（觉醒起来），此时女子的心思第一次出门（萌动起来）。这男子回家的感觉力量，女子出门的内心力量，在情欲发动时容易被认得出，乃由此时男女力量都有两流对比可见的缘故。这就好比当人正出门或正回家的时候，访问他们是容易遇见的机会那样，殊有助于吾人学理之讲明。

（十三）人的力量大小高下各不相等，一个人亦且时时有所不同。称之曰伟大力量，兼涵高等之义；盖言其精神力量、身体力量同优俱胜者。但在力量高等的，却不必同时为力量大的；此以优于心思者，其身体力量或不足相副。心身力量虽相关系，但不定优则同优，胜则俱胜，其间申细变化不可计数。要而言之，力量为高等，为低下，一视乎心思优劣而定。此如力量高者恒表见：从容，细致，周密，精确，文雅，温和，蕴藉，轻妙，灵活，优美，如是种种。反之，若迫促，粗糙，粗野，粗疏，粗暴，冷漠，板硬，尖刻，笨重，钝拙……则为力量低等之表见。力量低等与缺乏力量每相联。

（十四）人的力量最能改变环境，创造新事物，愈有力量愈不怕困难；反之，畏难退缩即见出其力量衰微。凡图眼前一时省力的做事法，或为少麻烦竟尔免除其事者，或唯务袭取模仿他人者，或唯贪图享用现成财物者，大都可以如是观之。观看一个人如是，观看一社会、一民族更加如是。（力量衰微率由于其社会上婚姻不对和教育不对而来。）

（十五）如前说，人生贵有所创造。但究其实，何者为创造，何者不足言创造，只是相对比较的，非可截然划分者。以画家作画为例，拙巧优劣之间只有数不尽的等差，并无一定沟界。其拙劣之品，浪费纸墨，直可谓之破坏。此犹其事之小焉者。试留心阅历人世间事，原非蓄意破坏而卒落于破坏者岂可胜数？寻求其故，则咎在人的力量低下而已。是故让人的力量趋进于高等，实为广兴创造之本。前云：力量为高等，为低下，一视乎心思优劣而定；然则人心之重可贵也昭昭矣。

（十六）世间至可宝贵者莫如人，人之可贵在此心。然心之显其用却一息不得离乎此身。人心之能有任何创造者，必先从感觉不断地接取乎事物，累积吸收为创造所需的资料，而整理之，溶化之。整理溶化——经验总结——

便是创造。其卒有创造成果在此焉。当最后成其创造之功也,正不知经过多少次从外达内、由上而下、既施且受、受而又施、种种往复活动矣。是心讵曾一息得离乎身哉!

(十七)但心身相联通固有距离,此便伏有着险关危机:心有可能偏远乎身而多枉动,身有可能偏远乎心而多盲动,亟须当心注意。兹试分别指点之。

原夫经验总结就是所谓学问,恒寄托于语言文字所撰成之名词概念上,又著录于书册以资传播。此盖以身通心、心通身的成果更去发展人们的创造活动,推进着社会文化的。却有人误以多读书为学问,此即心思偏远乎身而多枉动之一种事例,有悖乎身通心、心通身的原理原则,其结果就不可能以解决他所遇到的什么问题,实有所创造。似此假学问世上多得很,自误误人,亟须戒避。

又如流行于世的许多名词概念(或观念)不一定都出于经验总结,代表着实际事物(事理),只是从乎某些情感要求而臆想虚构出来,用以应付生活中问题的,像在人类社会文化幼稚、经验知识不足的社会那许多宗教迷信,不正亦是心偏远乎身种种枉动的产物吗?

身偏远乎心而失之于盲动者,主要亦有两种。一种是未假思索,发乎一时冲动的莽撞行事、粗鲁动作。更广泛的说,则凡缺乏自觉的言动皆可属于此。另一种是行事缺乏(自觉)主动精神,徒尔惯性地沿袭传统文化的轨范礼仪,掩蔽其力量衰微低下之实质者。此在古时曾有高尚优美文化的中国社会,最容易看见[①]。

录自于《梁漱溟全集》第三卷,山东人民出版社2005年版,第637—645页;原载《人心与人生》,学林出版社1984年版,第114—122页。

[①] 关于卫西琴先生学说之介绍暂止于此。至其有关男女两性婚姻、两性教育的许多见解主张,实为一极重要部分,既不易通晓又与吾书此章题目不切合,即略去不谈。

记山西外国文言学校

吉范五

一、创办宗旨及其先后变化

山西外国文言学校（以下简称文校）开办于一九一九年秋季，它是阎锡山私立的一所学校，其目的是为了造就一批外语人才，为他效力，以巩固其政治地位。学生来源是从全省各县招考高小毕业学生，每县择优录取二人，又在太原省城招收了数十人，共计200余名。年龄在14至16岁之间。规定学制为九年，外语开设英、法、德三种语文，毕业后保送西欧各国留学深造。膳宿衣服书籍等均是公费待遇。校长由阎兼任。校址在太原府东街布弓街。

初入学后，学生编为三个队，每队设队长一人，负生活管理及训导之责。上有一总学监由育才馆的学监兼任，那三位队长都是该馆毕业的学生。文校开始即被视为育才馆的附属学校。开设普通初中的课程，以外语为主科。学生按英、法、德文分为四个班上课，计英文两班，德文、法文各一班。开始一段有一特点，除上中学课程外，每星期日上午师生要到文庙"明伦堂"听精神讲话，内容是孔学的伦理道德。另外体育课着重军事体操，讲求军纪，依然沿袭着民国初期的日本军国主义式和书院式的那一套旧东西。记得文校那时直接受省政府教育厅的领导，经费充裕，师资较好，学生又是优秀少年，而且将来保送出国留学，因此开办伊始，确是一派欣欣向荣的景象。

一九二〇年春，也即半年以后，文校请来一位西人卫西琴（Westharp）接办，阎聘请卫为教务长负全校教学及行政之责。卫氏原在河北省保定高师任音乐教师，带来一批教员，都是高师毕业生，到校后对人事安排及教学行政各方面重新加以整顿。原来的三位队长辞去了。四班学生改编为七个班，英语班命名为伦敦班、纽约班及纽西兰班，德语分为门兴班和汉堡班，法语分为英法班和巴黎班。按上面所述班名次序，班主任中英语为张星镇、段景瑜、陈湘波（后为史静池）；德语为吴明焯、林子仁；法语为杨子清、朱柳如。卫本人精通英、法、德三种语文，同时带来外文教员四位。从此师资力量大大加强，文校面貌为之一新。可说文校在山西教育史上是空前的一所外语专科学校。

大约办了三年多，这时有一部分同学对学校未开设数理化等课，颇有意见。阎决定将这一部分学生转入进山中学（这也是阎私立的学校，较文校成立为晚）。转学有数十人，给他们另开特设班。以上是文校史上的三次变化。

文校约在一九二四年，校址由布弓街迁到北城区的前坝陵桥东花园（阎的私宅）。自部分同学转学到进山中学之后，留下来的分为英、德、法三个班上课。直到一九二六年秋按高中毕业，原来的九年制半途而废，保送出国留学也成了泡影。回溯其原因是复杂的，就不全面的了解，约可归纳为三条：一、当时国内军阀不断内战，时局很不安定，学校经费大为削减；二、文校本身办学成绩难以达到预期的培养目标；三、卫与阎意见分歧，后期卫的教学措施违背了阎的办学意图，因而导致文校停办。

文校毕业时改名为私立山西大通高级中学校，并在省教育厅正式备案。学生毕业后基本上先后分批被分配到阎锡山所属各机关充当低级职员。

二、教学的主要特点

卫氏受阎的重托进行教学，总的说，办学原则及方法与众不同，力求革新。

在课程设置方面，当然以外语为中心，其他设有国文、史地、生物、心理、教育、音乐、体育及工厂实践等，对数理化重视不够。在教材方面，未采用一般中学的教科书。英、法、德文教材由卫氏自编一部分，稍后才选用外国文学名著。英文选自莎士比亚（Shakespeare）、布雷克（William Blake）和雪莱（Shelley）、泰戈尔（Tagore）的戏剧和诗歌。法文选自梅特林克（Maeterlink）、莫泊桑（Maupassant）及波得来尔（Baulelaire）的剧作和短文。德文主要选自歌德（Goethe）的剧作及海涅的诗歌等。教育、心理学等课，卫氏自编讲稿并参考卢梭（Rousseau）及蒙台梭利（Montessori）的学说。国文、史地教材都是自行选辑。

关于教学方法，提倡启发式，反对注入式。国文在卫氏指导下由中国教员选材，文言白话并重，注重由学生预习并试讲，学生互相校正，教师从旁启迪，而不是单纯的先生讲、学生听。作文自选题目或写旅行记等，以锻炼学生实际观察和写作的能力；或将古文译成白话，以提高阅读古文的水平。历史课讲授不是一般由古而今，而是由今而古，有时与地理合并讲授。这种教法易使学生同现实结合，反对死记硬背历代帝王的家谱和生卒年月等枯燥方法。体育课不赞成那些西方的项目，而代之以中国拳术，如舞剑、练刀、拉弓射箭以及骑马等等。他批判西方的锦标主义以及把运动当作变相的赌博方式。音乐课不主张采用缺乏表情的西方军乐式的死板节拍，而代之以中国的笙箫管笛及七弦古琴等，声乐是教唱昆腔词曲，并结合外语教学，练唱大量英、法、德文民歌。卫氏擅长弹钢琴（记得阎氏好几次来文校视察并听赏卫的钢琴独奏，例如贝多芬的交响曲等），但文校一直未开设钢琴这门课。据说当时在太原只有两架钢琴，一在督军府，一在教育厅。卫氏对教育学特别采纳蒙台梭利的教育原理，注意发展学生的智力，培养其思维能力，同时着重实践，发展其感官能力。卫氏常把感觉、经验和精神、心灵等名词通用并认其应互为交流与升华的。总之，德智体全面发展，身心并重。因此，文校曾设立校办工厂，包括木工、缝纫、鞋帽、烹调等车间，以供学生实践操作。另外还设立学校公卖室（school shop），从经理到各组的售货员都曾由学生轮换担任。各班级还有一个小园地，供学生们参加种植蔬菜的农活。这些可说在当时是一种新的教学措施，这同现在我们的"教育与生产相结合"颇有些类似之处。

下边着重谈谈外语教学法，主要是听、说领先，写、读次之，也即不是由字母学起，而是从学话开始。以日常用语及课堂用语为题材，例如学习早晨起床、在图书馆、洗漱室、出外散步、探望亲友等的用语，会话不仅是耳听口答，而是说与做相结合，运用现场表演方式。以早晨起床为例，由二生各卧床上，醒来后彼此问安，接着穿衣服，寻找鞋袜，边活动边问答，这样就学到有关的词汇和惯用语,学起来有趣,容易记忆而不感到枯燥。同时全班学生边看边听,然后也轮换表演。最后发给讲义,由中国教师指导阅读,进行语法分析,并练习书法。这样耳目口手脑都得到训练,大大巩固了语言的知识和技巧。另外,还辅助以幻灯片及直观教学。当然这同现代电化教学远远不能相比,然而在半世纪以前来说,已开外语教学法之先河。随着学生外语水平的提高,后期曾采用过课堂作文的方法,即教师就某一题目,当堂口授,由程度较好的学生一人听后写在黑板上,如有错误,由教师提醒,学生大家来改正,最后全班学生抄下来,作为研读的教材。这种方式,一生执笔,全班都有机会练习听和写作的能力。更高阶段是选读名家的剧作或短文,由中国教师指导熟读,然后学生分析剧中角色,登台表演,教师纠正发音、语调及表情。这样台上演员和台下观众都得到提高的机会,教学方法多样,灵活有趣,因而记忆牢固。当年所学教材,这里不一一列举了。以上是第二阶段教学概况。

卫氏接办文校二年后,曾举行过一次恳亲会。他编印了一本说明书,概括介绍其新教育的主张及种种措施。在恳亲会期间,学生家长和许多来宾参观之后,确是交口称誉,都感到文校新鲜活泼,生气盎然,同死气沉沉的经院式教育相对比,确是大异其趣。会后就有达官贵人争相送其子弟来校上学。

然而事物总在变化发展,后来部分学生对文校不重视理科表示不满,遂发生了分化,结果有的学生留校,有的转学到进山中学,于是便进入了第三阶段。在这阶段,编制缩小了,经费裁减了,这给卫氏精神上以颇大的打击,好在不久他就振作起来,那种顽强实干的精神是很感人的。留校三个班的英、法、德文课由他一人任教,时间上来不及自编教材,而在学生外文水平有所提高的基础上,采用外文原著。在法文方面选读过波德来尔的《恶之华》及梅特林克的戏剧《唐塔冉儿》,在英文方面选读过布雷克的诗及莎氏的戏剧《马克白斯》,还有泰戈尔的英文剧《隐士》;在德文方面选读过歌德名著《浮士德》及海涅等诗人的诗作。三个班的音乐也由卫氏兼任,学了不少西方民歌,如西班牙《斗牛士之歌》,以及吉普赛的名曲等等。卫氏还经常给三个班讲合班大课,其他各课程他也抽暇听课加以指导,工作是繁重的。总的说,教学工作生气勃勃,教学效果也大有可观。曾经引起外界知名人士的瞩目,如黄炎培、熊希龄、李四光诸人曾予以赞赏。李四光有一次来校参观后，还赠给学校一副对联：大匠之门无拙匠；因材施教尽通材。这里点出大通二字是有针对性的。文校后期的课程内容的深度和广度接近于大专高校，卫氏曾拟请改为大通学院，未获得阎氏同意，最后毕业时的校名是"山西大通高级中学"。李四光先生对联表示了深切同情，尽管联语有所溢美。这对联写在一张纸上，魏碑体大字，后来曾裱出，悬挂在课堂里。回顾往事，有的同学就是在这里学通了外文，有的考入其他高校深造。据知在解放后，还有几人分别在北京外语学院及上海外语学院或别的院校从事外语教学工作，其根柢即源于此。

文校后期也即第三阶段的教学，可说与原来创办的宗旨越离越远了。卫氏对外语教学有所放松，在外语教师缺少的情况下，着重让学生自修。记得卫氏从北京买回许多外文书籍，说是采用道尔顿制，学生可以自由发展，也可躐等而进，但学生的基础还差，接受有困难，因此虽说自由，却不免于自流，这是最基本的缺点，效果不理想。卫氏精力专注于教育"心理学"方面，用上课机会发表讲演，经国文老师笔记整理成为短文，常投送《心理学》杂志（张耀翔主编）发表。

关于卫氏的教育思想，大体上是综述蒙台梭利及卢梭的教育原理加以自己的创意。他平时称道的"新教育"或"自然教育"主要是针对"经院教育""惩罚教育""注入教育"及军国主义教育而发的。他常把惩罚式的教育诋之为"动物教育"，而主张师生平等的"人格教育"，倡导接触大自然的教育和尊重发明创造的教育。他曾撰写一书，名曰《新教育的原动力》，曾铅印出版。后来又作过三个讲演，叫《音乐的原动力》《图画的原动力》及《诗歌的原动力》，都未付印。总之，由培养外语人才转变为培养德智体全面发展的人。其具体实例是，如在东花园的东院新建一教育实验场，房屋式样格局，大概是根据蒙台梭利的教育原理再加自己的创意而设计的。这时把外语教学放在次要地位，专门研究教育心理，把学生当作实验对象，进而取得第一手经验，著书立说，以遂其自成一家的意图。阎氏和卫氏各打各的算盘，最终矛盾发展到两人不欢而散，文校也停办了。

三、学生就业概况

文校毕业生基本上先后被分配到阎锡山所属各单位。记得第一批分配在山西军务善后督办公署函电处，英、法、德文各二人，名义是练习生，工作是翻译国外来的函件或选择外国报刊有关文章，供阎参考。阎另有几位洋文大秘书，接待外宾时作口头翻译。这六个初出茅庐的人还不能胜任这一类工作。其余学生都分期分配了工作。例如到山西铜元制造厂（后改为兵工厂）、枪械工务处、督办公署的采运处等机关，充当小职员，不都是与外文有关的工作。一九二八年，国民革命军第三集团军司令部成立（阎任总司令），这些人有的调到该司令部的秘书处、交际处、机要处、编译室等单位，有少数人分配到外县，各奔前程。

这些年轻的低级职员在各工作岗位上，谈不上有什么显著表现。在当时军阀官僚隶属之下，只不过求得温饱而已。从所学外语专业来说，仅仅有俩位学德文的学生曾遇到一个机会，为勘察测量南北同蒲铁路的德国工程师当翻译员，野外跋山涉水约二年之久，这可说用其所学，为建筑同蒲铁路作过贡献。另一位学法文的学生在正太路当过一段小站长（正太路即现在的石太路，原初是法国人建筑的）。

以上是抗日战争以前的事。在抗日战争和解放战争悠久的岁月中，正是在中国共产党正确领导之下，祖国面貌发生了翻天覆地的变化，昔日同学处境不同，遭遇各异，其中有进步的，也有反动的，这是客观现实，无可讳言。而今在世者屈指寥寥无几人了。

四、卫西琴简介

据说卫氏是犹太人，父亲是个银行家，母亲和姐妹都住在德国，因在文校时他同她们常通信，家庭该是富裕的。何校毕业不详，但知其曾获得过音乐博士学位。他擅长音乐，钢琴弹得很好。英、德、法文都有很高水平，能各用其语言讲说和写作；对于文学、诗歌、教育、心理、宗教、哲学等都有一定的研究和造诣，自然科学则非其所长。对东方音乐特感兴趣，著有《音乐来自东方》一书，因此壮年远来东方，先到印度，后到日本，最后来中国。曾在河北保定高师任音乐老师，后于一九二〇年春来山西，被阎锡山聘请为山西外国文言学校的教务长。他对中国古代文化和儒家学说有广泛研讨和认识，是一位思想家、学者，可以说博览群书并具独特的见解与革新的精神，并以沟通中西文化自命，有自成一家的抱负。

卫氏远涉重洋来到中国，但其行为和表现与一般洋人迥然不同，既不像教会牧师或神父等宣传教义以进行精神麻醉和文化侵略，也不像洋行的商贾唯利是图，以进行经济侵略。卫在太原七年之久，同欧美洋人素无来往，例如同太原的耶稣教医院、天主教堂、基督教青年会、救世军以及各家洋行都无接触。从来不到教堂去作礼拜，也不在家中祷告，是不信仰宗教的，这是人所共知的。

卫氏相识的中国友人，记得有李四光、黄炎培、熊希龄、梁漱溟、梁启超及张耀翔等人。平日讲学时常把孔子与耶稣、释迦等相提并论。他对中国特感兴趣，不独在思想上而且在生活上也有表现，例如很快就学会了中国话（读写还不行），平常谈话和作演讲就用汉语进行。他常喜欢穿中国长袍，穿中国鞋，吃中餐。他的姓名最初是卫西琴，这是 Westharp 的半音半意的译名。后改名卫中，意即保卫中国。一九二六年文校结束，他前往广东投靠陈铭枢，听说办过一个"动的教育实验场"。在那里又改名为傅有任，顾名思义是对改造中国教育负有责任。

卫氏在文校所编写的有关教育、心理学等已出版的小册子和手稿以及所编印的外文讲义等现已无从搜集，确是一大憾事。他的一些文章除在张耀翔主编的《心理学》杂志上发表外，记得还有单行小册子，如《新教育论》由梁启超题名。严复还译述过他一本小册子，惜其书名已忘。卫氏对各种宗教都有所研究，但持批判态度，本人不属任何教派。那时我们年幼，对其思想学说，未能完全理解。关于他的教育观点，主要是身心并重，全面发展。他常讲从感觉到心灵，也即从感性到理性的发展，人的行为应受理智的支配，教育的责任就是培养这样的新型人。这种理论现在看来就是教育救国论，是属于改良主义的。卫氏很少谈到无产阶级革命学说。他的思想无疑是属于资产阶级范畴的，但富有进步意义和进取精神。卫氏一九三二年及一九三六年曾两次回到太原。"七七"事变后，他又到广东。此后行踪，至今概无所闻。

附记：这件史料是作者就记忆所及写成的，并得到王玉堂、吴国宾二同学的校阅及补充。王玉堂、吴国宾都是德语班的学生，吴后期转学到进山中学。作者是巴黎班的学生。但事隔半世纪，其中疏漏舛误，在所难免，希读者指正。

一九八一年二月稿

录自于《山西文史资料》1982年第22辑，第129—137页；另载于《山西文史资料全编》第2卷，第910—915页；《中华文史资料文库》第17卷，中国文史出版社1996年版，第731—734页。

【作者简介】吉范五（1906—1991），即吉福洪，字范五，山西襄汾人。1920—1927年就读于山西外国文言学校法语班，1931—1935年在山西大学文学院学习；1948年起任山西大学附设医学专修科讲师兼注册组主任、山西师范学院外语系讲师，继任山西大学外语系副教授兼副主任、校务委员、公共外语教研室主任。1975年病休。

附录　吉范五诗三首

泰戈尔在太原

——纪念泰戈尔一百二十周年诞辰赋感（1981）

一

一九二四年，泰翁访太原。吾师卫西琴，旧雨重逢欢。[①] 迎来文言校，灞桥东花园。师生夹道迎，有幸亲芝颜。身着印度服，风度何翩翩。童颜鹤发

[①] 卫西琴是山西外国文言学校的教务长，他远渡重洋，路经印度曾走访泰翁，在太原故人相逢，无限欢欣，故下榻文校。

叟，高龄六秩三。世界大诗哲，光临晋水源。印度洋贵宾，一览太行山。亚洲两古国，文化久相联。诗人芳迹在，青史万年传。

二

翌晨作演讲，讲坛自省堂。堂中无虚座，迟来站两廊。诗人登台讲，滔滔如决洋，激越联翩下，神态何轩昂。译员徐志摩，声调亦铿锵。内容极丰富，情深意义长。民族同受压，双双憎列强。词终意无尽，掌声绕屋梁。其时我年少，心如被拓荒。今日重回忆，犹自满余芳。

三

同学迎泰翁，演出英文剧。剧本泰翁作，译名为《隐士》①。情节富哲理，庄谐饶有趣。余亦同演出，恭致欢迎意。五十七年后，盛况萦胸臆。半个世纪来，人间换天地。神州庆解放，佛国亦独立，九泉若有知，诗翁可安憩。社会永向前，人民终胜利。世界大同时，全球悬赤旗。

原载于张成德编：《唐风集》，北岳文艺出版社1986年版，第26—27页。

如何以中庸之道实施孔子之教
——卫中先生门下受业闻道追记

杜 为

先师卫中先生字西琴（Dr. Alfred Westharp），西方德意志之哲人也。由音乐之导引启发，窥见中庸之道；复以中庸之道，实施孔子之教，培育立己达人，开物成务，能尽己性兼尽物性，不偏不倚，可大可久之新中国文明，

---

① 《隐士》剧当演出时，泰翁已离开，仅邀请去太原的欧美人士观赏，得到好评。

此先师东来振铎之素志也。然先师究如何以中庸之道，实施孔子之教，承学友辈热忱见询。缅怀曩昔，忝在师门受业时之种种情况，虽将近半世纪，而往事历历，依稀如在目前，谨就记忆所及与领悟所得者，作概略之追述，以答友人殷殷见问之盛意，并以永怀先师之德教。

厥初，先师讲演《新教育之原动力》，余等为之笔录，其结论云："……阴阳之交，鬼神之会，乃新教育之原动力也。"谨案此二语，前者出于《礼记·礼运》，后者出于《礼记·郊特牲》，先师用以诠释物与心之交通。盖心物相通，始有新教育之原动力，而新教育亦必须使理心物我，交融互注，乃有感通成遂之可言。抑先师且恒言："非物通心，心不能通物；心物相通，乃见中庸。"其要在一"通"字，其理殆取诸中庸，而造端乎音乐者也。先师以精湛音乐蜚声欧陆，其音乐造诣，穷本极变，达乎人之心灵。以其废止相等韵律，使音乐之强弱高低清浊各适其波动之数，长短轻重疾徐皆任其变化之所之，由粗而细，以至于无音，声色相之要眇境界，一皆不受拘滞，乃由耳官之摄受至心灵之妙契，悠然而为心灵感通之音。心灵感通之音者，内得乎中，外发为和上下与天地同流者也。故先师能妙解《礼记·乐记》所云"凡音之起，由人心生也……"之精义。夫音者，外物也，而由人心生者，乃音之变化至于非物，达于心灵之境，一变而为听于无声谛于有得之中和之音，故曰"由人心生也"。先师于是洞察中庸之精微，故曰："非物通心，心不能通物，心物相通，乃有中庸。"且扩而充之，使人生一切活动，皆假官能之吸收，心灵之感通，而达于中和位育之胜境，此乃中庸之妙谛，所以美化人生者，可知先师之教，一本乎中庸之道也。先师于中庸之道，固深造而有得，所著《中庸新论》，早由段保藩先生翻译而为华文，用以阐扬孔门心法，故吾师每日谆谆所教者，无非传习此道也。而吾侪每日懔懔所受者，无非体验此教也。

《中庸》言诚之功能，曰："诚者，自成也，诚者非自成己而已也，所以成物也。成己，仁也；成物，知也；性之德也，合外内之道，故时措之宜也。"谨案：外者，事物也；内者，心灵也；合外内者，统一心物也。又曰："天地之道，可一言而尽也，其为物不贰，则其生物不测。"谨案："为物不贰"者，合外内而为一也；"生物不测"者，合外内而一之产物，发明也，创造也。故中庸之道者"合外内""一心物""致中和"以赞化万有之道也。若分别之，就人我言，人为外，我为内，人我之感情由官能之吸收，心灵之变化，内得乎中，外发为和，乃有周旋中规，析旋中矩之礼义生焉。《中庸》谓此曰："喜怒哀乐之未发谓之中，发而皆中节之谓和。"言我人之感情，每形之于喜怒，发而中节，即礼义也，礼义根于心，实乃仁之源。故《中庸》曰："惟天下之至诚，为能尽其性；能尽其性，则尽人之性；能尽人之性，则能尽物之性。"是仁源既濬，礼义遂生，尽己性兼尽人性也。就物我言，物为外，我为内，由官能之摄受，起心灵之感通，则内得乎中，外发为和，发明也，创造也，于兹生焉，是为知之源也。知源既开，诸凡探物理、穷事理、究人理，莫不通明透澈，尽己性兼尽物性也。尽己性，尽人性，尽物性者，是皆"性之德"也。

先师设教，仁知兼施。盖仁知皆出于性，非尽性不能开仁知，欲尽性，必须"合外内""一心物""致中和"。而"合外内""一心物""致中和"者，按人我关界言之，非"合人我""致中和"以"濬仁源"不可；按物我关界言之，非"合物我""致中和"，以"开知源"不可。仁知二者，性之所蕴，二源既辟，斯足尽性，故曰："成己，仁也；成物，知也；性之德也。"能尽己之性，兼尽人之性，斯能树立德行。能尽己之性兼尽物之性，斯能创造文明。前者《中庸》谓之"尊德性"，后者《中庸》谓之"道问学"。先师施教，尽兼筹而并顾，有其一贯之道焉。先师本此原则施教，略示三法：一曰安排法、二曰管理法、三曰教授法。三者一体，但无成归可循，一切皆出于创制，以求贯彻"合人我""一心物"，内得乎中，外发为和，以濬仁源；与夫"合物我""一心物"，内得乎中，外发为和，以开知源。必期内外互通，仁知兼修以成圣治功化之业。

一、安排法

安排法者，即今所谓分组法也。

学校成立之初，即着眼于"合人我""致中和"以开仁源，故分系建制，命之曰家庭式，盖以建立学生间之感情，使之走向"合人我""致中和"之道路为施教之前提，而以教师调护其间，为重要之枢纽。全校学生一百五十余人，以英、法、德三国语文分系，曰英文系、曰法文系、曰德文系。英文系设伦敦班、纽约班、纽西兰班。法文系设巴黎班，德文系设汉堡班、门兴班。尚有兼修英、法文者，特设英法班。各系各班均系先就学生中加以挑选而后分配者。所谓挑选者何？皆以各性配合近乎英、法、德三国民族性者为依据。盖学生各有其个性，各国语文皆有民族性之文化特色存焉。如某生形态、语声、性情等之近乎英国人者，即选入英文系。某生形态、语声、性情等之近乎法国人者，即选入法文系。某生形态、语声、性情等之近乎德国人者，即选入德文系。某生形态、语声、性情等之介乎英与法国人之间者，即选入英法间修班——不属于系。此种挑选法，为先师之创制。学生既经选定，大多皆觉适宜，虽可任其更改，而更改者绝少。此乃建制分系，因材施教之一端也。盖形态、语声与性情近于某种语文，则口耳易于摄受，心灵易于启发，浸久乃化外语为吾语，而自然纯熟，能充分运用且从容表达自己之思想语意矣。否则，但工于日常应对，则与鹦鹉学语、猩猩能言，何异乎？记云："鹦鹉能言，不离飞鸟；猩猩能言，不离禽兽。"又何贵乎学习西方语文，以广吾族"天下为公"之宏仁耶！

校中各班人数不一，分住一院或二院，每室住二人或三人不等。每班设主任教师一人曰家长，与学生同住一院，朝夕共处。凡学生之起居作业饮食、行动、卫生保健疾病等，无不照顾十分周到。教师视学生如亲子弟，故学生视教师乃如父兄，全班感情密集，殆以家长为中心。至于支援各位教师，指导各位教师，则由先师一人亲任之而总其成也。

先生一以至诚，指导各位教师，以至诚煦育全体学生，故教师皆能接近学生，学生亦乐于接受一切辅导，学生生活管理，咸依规律辅导进行。每班设厨房一所，膳食采办，由学生自理，雇用厨师一人，以任炊爨。每班有厕所一间，洗涤清洁，均由学生自任。浴室一间，亦由学生自理。以及全班寝室之整洁、天井之洒扫，亦由学生轮执其役。其他一切杂务，亦莫不由学生自理，教师辅导，所以训练学生处理事务，使其心灵耳目官能四肢，各层皆有递进活动、相互调节之机会。

日常一切杂务之处理，皆为训练耳目官能四肢与心灵之凭借，盖官能与事务接触，则不能不研究之、控制之，所谓官能之吸收也。官能既与事务接触，而研究之、控制之，则不能不分析、思考而运作之，所谓心灵之变化可应物无穷也。然学生最感不愿实行者，厥为刷洗便桶，清洁厕所。于是先师诫之曰："汝等清理厕所，以为污秽不堪向迩乎？试思为父母者嗅其子女之粪便，有感污秽者乎？不但不感污秽，殆以花露香水之味且不如也。汝等当知，盖亲子一体，其亲情使之然也。汝等相处若能达于谊同兄弟、情亲手足之境界，即乐于任之，亦自然不感污秽矣！"

因此之故，所有安排法之一切措施，均以"合人我""致中和"为依归。故对学生之居处亦有详细之安排，由互相之影响，进于"合人我""致中和"之境。一屋所住之分子，预有安排，凡好动者配以好静者。盖好动者不学静，则官能外驰，将失于流放，不重任事。孟子所谓："物交物，引之而已。"即为物所引，即自物所役，放僻邪侈之行，于焉以萌。好静者不学动，则心灵内倾，将失之空疏，不克治事。故使好动者扶助好静者，增加其官能活动以摄受外物；使好静者影响好动者，增加澄澈其心灵了照以因应外境。官能之作用为摄受外物，心灵之作用在融会外境；若官能为外物所引而不知所止，则官能失其摄受外物之功能，必陷于沉沦迷惘。故好动者不可无好静者之助也。反之，若官能停滞不动，视而不见，听而无闻，则心灵失其融会外境之功能，必陷于冥顽滞凝。故好静者不可无好动者之助也。

此种安排居处之法，其效果如何？平时由主任教师观察辨别可以知之。故必适时调度变换居处，或数月一易，或半年一易，酌情而行，靡有定期。要在使同住一屋者能互相影响，互有裨益。其已受影响者，或未受影响者，均须换住，故居处之安排，非一定不变者也。如好静者导之习于动，则耳目闻见，四肢勤动，官能摄受外物之作用以显，心灵必不患内倾矣。如好动者导之习于静，则视听闲邪，不为物引，心灵了照外境之功能以著，官能必不患外驰矣。如此内外交靖，然后可以"合人我""致中和"步入位育之胜境。

在此种居处安排方式下，欲收预期效果，必由学生相互影响，又赖主任教师之居间调护。教授对于好动之学生，必须导其控制官能，知其所止，能控制官能，知其所止，心灵始能变化外物了照外境，所谓"思辨"也。对于好静之学生，必须诱之使用官能，耳欲闻，目欲视，四肢欲动，官能始能摄受外物，辨彰情实，所谓"博学"也、"审问"也。但教师本身必须能控御官能动而有所止，心灵动而有所化，物通心，心化物，在视听言动中能以潜移默化之功广被于诸生，而深受其调护。换言之，教师能如此调护，则同学与同学间必互为影响，得以顺利收效。所谓顺利收效者，学生官能摄受力与心灵感通力，有缉熙于光明且增长于无形也。其结果则学生间之功力，即渐能步上"合人我""致中和"之胜境矣。在余记忆中，同学之间，常能情亲手足敬爱有加，和悦相处，甚少口角，遑论攘臂相向，亦既绝无其事。不期然而忠于课业，恕于友朋。故孔子曰："忠恕违道不远！"谨案：是道者，盖合中庸之道，为贤圣之晋阶也。

在此群居生活方式下，自能和悦相处，渐渐步入"合人我""致中和"之胜境，虽尚不能内得乎中，外发为和，已能忠于所学，恕于所友同窗，故先师即适时使师生合力改造学校环境，或除旧布新，或抓无中生有。学校校址，设在太原布弓街，与督署衙门仅一墙之隔——后迁建于霸凌桥东花园，然非新建，乃收购民房若干院落，将各院打通，使合乎学校之用，其有不适用者，改建之，不足用者，增建之，破旧者，修葺之，大者作讲堂，小者作寝室。旧式厕所不合卫生者，则改建之，为师生健康计，增建浴盆，盆内加铁铸火炉，可煮热水。凡此修葺、增建之大小工程，除必要雇用工匠外，皆使学生参加劳作，一律穿工作衣，充当各种工徒。此非为节省工资计，乃视为正式课程，以使青年之官能、心灵有充分活动之机会。昔日读书人不事劳动之旧习，亦随之而扫除矣。盖在"合人我""致中和"之途径中，共同使用耳目四肢与心灵之妙，不但能同心协力，且劳作亦易收功见效。故每次参加集体劳作，皆发生极大之兴趣，辄有欢声洋溢，发自群动之队伍中，此当日实况乃深映于心扉也。余曾充任泥水作工徒，至今在观感上与工人绝无隔阂，终不以执业为之甄别，而强分高下，妄以白领为高，劳作为低，盖所用心力同也。即此一端，可见兴办学校，先建高楼广厦，务求美轮美奂，耸人视听者，适足养成学生之骄奢习气，未必为得也。

学校环境改造完成之后，更设有木作工厂，衣帽鞋袜制作成衣工厂，以及公卖室，亦为安排法之一项。木作工厂与成衣工厂，皆雇用工匠各一人，经常由学生轮流管理，并使学生为学徒，习作学校需用木器，以及师生所用之衣帽鞋袜，皆由学生共同劳作，制作共同使用之器物，以达"合人我""致中和"之途径。当时大众流行之鞋袜,皆尚尖头,足趾受拘压损害,故本诸天然足形,改为扁头,此亦培养改造能力,使合乎人群生活需要之一端也。凡有远方来校参观之宾客,学校每以学生作品为赠。犹忆民国十四年中华教育改进社在太原开会时,全体代表人士参观本校,先师以鞋袜赠与该社熊希龄先生等,隔日熊先生来校即穿本校赠与之扁头布鞋,以示欢喜爱好。至于公卖室,则贩卖生活日用品,使学生轮流服务,在"合人我""致中和"之途径上,则以商务之劳作,以供应同校师生之生活需要,非为赚取金钱也。盖商非由"合人我""致中和"之仁源,而发为饥渴为怀,胞与之念。所谓以义为利,则非陷于功利主义,盘剥主义不可。故《大学》曰:"德者本也,财者末也;外本内末烝民斯夺。"盖商由仁发,则为互助;不由仁发,则为剥削,不观夫今日世界东西方资本主以者之豪商巨贾乎,其财阀之势,力可倾国,甚至窃国,如经济犯罪,资金外逃等等不法之事。而扰乱社会秩序,破坏善良风习者,固无论矣。犹忆一日上课至用餐时间,大众正饥肠辘辘之际,某同学提烧饼一篮至教室兜售,使饥者适时疗饥。事后"烧饼"一词遂成为某同学之代称,见面时有以"烧饼"呼之,某同学亦不以为忤。凡此非使学生之必为成衣匠、木作匠或贩卖商也,其目的乃使学生假日常生活中之普通事物,作"合人我""致中和"之习练,无形中增强官能之摄受力与心灵之应化力,使能在现实社会中遇事皆可因应,而渐具改造之功力,以冀生活之美善也。余与夏县马绍伯君曾任工厂管理员,故对工厂一般工具,今日犹能使用之而无难。不特此也,即学校办公室某些事务,亦选派学生担任。此非学校节省经费,乃训练学生处理公务,以磨炼其所不能,在过程中,初亦难免稍有错误,终能克服改善。余并曾受此训练,果然昔所畏难者,竟亦能之。孔子云:"吾少也贱,故多能鄙事。"可见以孔子之圣犹能从鄙贱之事,建树其立己立人、成己成物之基,盖在操作之时,既用耳目手足以摄受之、控驭之,正所谓"博学""审问"也。又不能不用心灵了照以分析之、综合之、发明之,即所谓"慎思""明辨"也。故官能如外驰,心灵无内倾之患。官能继续增长其摄受之力,心灵亦继续增加其应化之力,故能"笃行"不懈,而终底于至善之境焉,所谓"下学而上达"也。

二、管理法

管理法者，即今所谓辅导法也。

由上安排法，可知先师之教育设施，时时在活动中，下学而上达，既须耳目手足之勤，又必须心灵之动，故同时有严密之管理法，以杜防官能之外驰。所谓杜防官能之外驰者，欲达"合人我""致中和"之目标也。每系每班均设有主任教师一人，管理学生之活动，辅导学生之生活。诸凡学生之起居、饮食、卫生、疾病，无不维护周至。虽曰管理活动，实为诱启辅导，然非出于至诚者之全心全力以赴，必不足以获得学生之信赖，而不克负此管理之责也。故主持学务非学生难教，实师资难求也。至诚之管理法，应从师生间"合人我""致中和"，达到同学间之"合人我""致中和"，故不尚呵斥，而贵在爱护。余无以名之，特名之曰"教爱"。"教爱"二字，出于顾亭林氏，余姑借用之。如学生饮食，营养不足，则为设法改良。先师每周馈飨每班牛肉若干斤，以补膳食之不足。学生患病，则陪同医生躬亲查视诊治。凡此辅导观察之事，不分昼夜行之，故凡莅校参观者，莫不为之惊叹！梁漱溟先生曾有专文评之，曰："参观先生所主办之学校，则其所有，举不同俗，一事一物，靡不资人省味，顿为惊叹。而窃见先生精神措注于百余学生之身，无微不至，直有欲呕出心肝之慨，尤不能不使人起恭起敬，倾心折服。学生百数十人，一一颜色泽然，神采焕发，凡外间一般学校学生，所有憔悴之色沉闷之容，于此绝不可见。然学生'肥'而先生'瘠'。先生之劳瘁，蹒面可识，不止于瘠，直已病矣！先生之为人不既可见乎？"（参见《漱溟卅后文录》）犹忆同系同学黄桂芳，罹患天花症，当时以无特效医药，竟告殒命，先师陪同黄父伤心堕泪，余侍在侧，亦不胜唏嘘，此情此景，迄难忘怀。试思：非出"教爱"，曷克臻此？

夫"教爱"者，何由而生？由诚而生也。《中庸》谓："诚则明矣，明则诚矣。"先师由于一音乐之造诣，窥见中庸之妙道，是由诚而明也。既明中庸之道矣，进而弘扬孔子之教，是由明而诚也。先师以西方哲人既有此中庸之"明诚工夫"，故深具"合人我""致中和"之原动力；推而见之"己欲立而立

145

人","己欲达而达人"之"教爱",乃自然之流露,殆未可强而致也,夫情之于喜怒哀乐者,《中庸》有"未发之谓中,发而中节之谓和"。盖人我之间,皆有喜怒哀乐之情生,此喜怒哀乐之情,通过心灵应化之功,"合人我""一心物",内得乎中,外发为和,而为合道一志矣。既能合道一志,则喜怒无不适当,礼义之行,不期然而至。此即"合人我""致中和"之教也。故在师生之间,必须为师者,其官能接触之情,习于心灵之化,内得乎中,外发为和,达于"合人我""致中和"之境,其喜怒皆出于"教爱"始足以导引学生之生活行为。在同学之间,亦经常有喜怒哀乐之情发生,必须为师者为之调护区处,久之,同学之间,官能接触之情亦习于心灵之化,内得乎中,外发为和,亦即"合人我""致中和",互为影响,则一志向道矣。所谓一志向道,即自动自发,师生一致学道行道,而为实现"大通道德",致力终身者也。犹忆于十五年侍先师至北平讲学,制铜墨盒一方,上刻"大通道德"四字。制铜文镇二支,上刻一联曰:"俗世荣华无入眼,大通道德总关心。"所以志不忘师恩,亦以自勉也。今日思之,当时之为师者,皆受先师之熏陶,常见其喜悦,不见其憎愠。于以悟出"合人我""致中和"之管理功用有以致之也。孔子甚赞颜回之"不迁怒、不贰过",可见颜氏于人我之际,其官能触发之情,非经心灵之应化,而得乎中,外发为和者,其"不迁不贰"之功境,必不克臻此而跻于宗圣之域。

为教师者能以至诚"合人我""致中和",使学生一志向道,故能导引学生间感情,亦步上"合人我""致中和"之境。同情一志,最后全体学生均能信赖师道、崇仰师道,故教师如亲挚友渐无隐密,随时可提出疑问。在此情形下,先师设施身心两方面之教导在心理方面,培养"不欺";在生理方面,怯除"自渎"。开学初期先师常晓告吾辈曰:"汝等有两副面孔:背过我时有一副面孔,见我面时又是一副面孔。"盖不信任师长,其言语举措有不可对师长者,恐师长知之必见责,故也。此病为一生作伪之根源,不可不防,不可不去。

先师设教,首先培养"不欺",是极难收效之工作,但先师有一凭借,颇有自信。此凭借为何?音乐是也。在历次演奏中,每有征验。夫言音者、心声也,借声波为传导,声波者,经抑扬顿挫之乐歌演唱化为非物,达于心灵交感之境，然后内得乎中，外发为和，《礼·乐记》云"凡音之起，由人心生"，而《学记》谓："善歌者使人从其声。"故能相互融注，而心胸广大，血气和平，则人与人间之隔膜怡然消解，无形中礼义相接纳而不自知矣。故荀子《乐论》，曰："穷本极变，乐之情也；著诚去伪，礼之经也。"先师以其"穷本极变"之音乐，特著功效，使吾辈亲炙身受之，因亦去伪著诚，益知礼乐与教化之关系，极其奥妙，且斯须不可离。盖非以乐穷音声之本，极音声之变，则礼之于人如何著诚，如何去伪，斯戞戞乎难之矣。良以"乐由内出，礼自外作"，若内出（根于心）之乐已著，则外作（形于身）之礼必昭，自可去伪存诚也。若无内出之乐，发为太和之情，则外作之礼，必捍格而不顺也。先师一方面施行乐教使学生"著诚去伪"，礼义自行，则自然"不欺"矣。迫述至此，余乃憬然于我国自古六艺教育，礼乐居首之玄旨，所以陶淑性灵者，哲智之术，中外一揆，盖有因由矣。

先师之教吾辈乐歌者，以中国音乐为主，所采乐器，纯为中国之笙、箫、笛、琴、弦等，故改造中国昆曲歌谱甚多，以及诗经乐谱，祭孔乐章，李太白之清平调等，均以新法改造，使音势强弱、音量高低之叶奏，皆能出神入化，融音质为"非物"，达乎心灵之妙境。于是中国乐器亦皆发生新效力，学生亦知中国乐器之可贵，远胜于西洋乐器之所发，特具平和雍穆，而有泱泱大国之风也。

其次，青年学子正逢春情发动期间，普遍患有"自渎"之病，而隐密不敢告叫人，家长讳言之，隐密愈久，危害愈深。此病未去，而继之以早婚。早婚之害，父母不知，学校亦不过问。其结果为此等青年必至官能迟钝，心灵枯竭，甚至沦为废人，我国民族之衰弱，除帝国主义者之武力毒化外，此殆为一大原因。先师察及此病，惊叹之余，以为此病不除，教育无由成功，新中国人之培育亦无希望。于是大声疾呼，讲解自渎与早婚之害，每日专题讲演，继之数周，题曰《保卫精神》。其言曰："人身有二力焉：一曰欲性，一曰理性。而原为生殖力之欲性最强大，惟理性之力差足以制之。若理性未立而欲性先发，则如脱缰之马，奔逸绝尘，不可制矣。故必须启发理性于先，欲性乃可调服。倘欲性先发，则必至全身精力徒供欲性之耗用，官能自必衰退，不能摄受外物以供心灵之养，则心灵自必空疏，无力融会外物，尚何有

'合人我''致中和'与'合物我''致中和',以实现中庸之道哉!人生之悲哀,无过于此者。故自渎与早婚,实为人生之大敌,而青年学子乃茫然不知。吾之中庸教育在培养官能之摄受力与心灵之融会力,而为'尊德性、道问学'兼全之人才,故必须使汝等知自渎之害与早婚之病,大力戒免,以振衰起弊,自立自强"云云。此种恺恻之训既以"教爱"出之,苦口婆心,决非空言。于是受之者,不能不深切感悟,力图报称。且在管理之下,习于官能向内,直接心灵之路已通,性欲之力亦随官能内敛,减少独立活动之势,遂去自渎之病!并立志不早婚矣。若迫于家庭之命,而竟早婚者,则自行退学,同学五台徐士璟,因早婚而休学,即其例也。然则,"何时可以结婚乎?"当时往往有提出此问题者,先师曰:"当在德业、学业圆满达成之后,官能习于摄受,心灵习于融会,能'合人我'兼'合物我','尽己性'兼'尽人性'之时。换言之,即宏大之心灵慧力乃最善之种子也。"又曰:"将来汝等结婚生子,令我视之,观其品质,然后始知汝等在我门下真正毕业与否也。"凡此言教,余等聆之稔、感之深矣,其立意之诚,往往如此。

此种管理法,使学生感悟,自知勉励,在心理方面作到"不欺",在生理方面戒绝"自渎"。使余深信《中庸》所谓:"诚则明矣,明则诚矣。"师长能"诚",学生能"明";学生能"明",则亦能"诚"矣。先师常言:"学生皆有潜力,惟能信任之,彼必能发其潜力,往日不能者,今日亦能之。"盖惟出于至诚,斯能感格之信任之,并善诱其喜怒之情亦皆中节,则学生必乐于向化,发其潜力,以启善行,往日不能者,今日竟能之矣。颜渊孔圣曰:"夫子循循然善诱人,博我以文,约我以礼。欲罢不能,既竭吾才,如有所立卓尔!"所谓"循循然善诱"者,感性官能之情已化为理性心灵之用,内得乎中,外发为和,臻于仁境,"尽己之性"也。所谓"既竭吾才,欲罢不能,如有所立卓尔"者,使学生感悟,发其潜力,自知愤勉,"尽人之性"也。但亦为师长之所难能。当时余亦不知其所以然,及今思之,始悟其理,故对先师及诸师长益增慕念,油然而生真挚之敬意焉。

尤有进者,为使学生官能之情化为心灵之用,以"合人我""致中和"树立德行清操之前不受社会之习染,故不许学生外宿,凡吸烟、饮酒、吸吗啡、逛妓院种种恶习,皆在禁防之列。而吾辈在此种管理法之下,亦渐深知自爱自重。但，若如普通学校之有星期日、寒暑假，学生依然可以外宿，非学校管理所能及，则"一日曝之，十日寒之"矣，尚何言防恶习之沾染，制官能之外驰乎？故先师本诸"天行健，君子以自强不息"之旨，务为"朝乾夕惕"之课，废除星期日、寒暑假，以贯彻管理法之宗旨。

既是星期日决不休息，每值暑假则移学校于郊区名胜之地，借广大原野与庄严寺宇，照常上课。课业之外，考察地理、风土、人情，作旅行记、写生、绘画、考察名胜古迹等，无一而非训练官能之摄受力与心灵之融会力，法天自强法地厚载之道也。《中庸》曰："至诚无息。"又曰："诚者物之终始。"盖天地者，阴阳之体也，阴极则阳始动，阳极则阴始动，周而复始运行不息也。人性亦然，官能摄受至极，则心灵以动；心灵融会至极，则官能复动；亦周而复始运行不息也。圣人法天自强，官能感受与心灵肆应能亦相与循回，周而复始，无有已时也。故学生在此管理法之下，步上"合人我""致中和"之境，发现自我之真，习于自强之道，故能不受外诱，不为物役，除非家庭中有重大之事故，决不请假告归，平时绝少擅自离校者。但亦有痴顽不化如同学阎志德者，阎伯川公之堂侄子也，偕另一同学因相与狎邪，违逆师训，私自远出，经发现后，立即除名，以示不姑息也。普通学校不知从"合人我""致中和"发现仁源，以树立德行；不知从"合物我""致中和"发现智源，以自发学问，是空言德行，空言学问也。先师乃教吾辈必发现仁源以树立德行；发现智源以创造学问，亦不必以时间计。但尔时世俗，一般固陋无知，往往莫测高深，物议纷纭，无足怪也。

为防外诱，不役于物，故凡足以使官能驰骛之事物，皆在禁防之列。此如颜渊曰"夫子循循然善诱人，博我以文，约我以礼"之义。盖"约我以礼"者，禁防官能之外驰而为物所役也。先师管理之法，极细碎之事，亦注意及之。如学校所用桌椅，皆漆为黑色，学生著大布之衣，亦皆黑色，绝无文彩绸缎者，纵属富贵子弟，亦归一律看待。发型大率剃光，或剪平头，不许分梳，望之有如耶教士者然，盖防油头粉面目之启渐乱色也。凡当时社会之淫辞滥调，皆杜免传入学校，盖防耳之乱于音也。目乱于色，则官能外驰为物所役，心灵必失其主宰，自古圣贤，均知此病。老子有言："五音令人耳聋；五色令人目盲；驰骋田猎，令人心发狂。"孔子亦曰："放郑声、远佞人；郑声淫，佞人殆。"乱于声，必乱于色，故孔子又曰："吾未见好德如好色者也。"宋儒周濂溪曰："乐者，古以平心，今以助欲；古以宣化，今以长怨。不复古体，不变今乐，而欲郅治者难矣。"无论乱于色，或乱于音，皆以助长欲念，以至耳目之官能外驰，务于非礼，此固不自今日始，而以今日为最烈。试观当前社会之流行歌曲，妖声冶态，既令人耳乱于音，复令人目迷于色，故启人目盲、耳聋而心且发狂焉，杀盗淫妄成风，究为谁之过欤?！余自受先师之音乐陶冶，耳能辨音、目能辨色，庶几乎不为音、色所乱矣。此不特余有此感受，凡当日之一般同学，盖莫不同有此感受，亦云幸矣。

总之，在此管理法之下，一方面步入"合人我""致中和"之境，官能之情渐化为心灵之用；一方面不受外物之诱惑，则官能之摄受力与心灵之融会力，无形增强，则人我之间，仁源既开，礼义自生，人人乐于提挈互助，而勇于追求理想，探寻真理焉。

三、教授法

教授之法，注重诱启，即今之所谓启发式也。

教授法随管理法而设施。管理法使学生"合人我""致中和"，"尊德性"也。教授法使学生"合物我""致中和"，"道问事"也。所谓"合人我""致中和"者，由官能摄受人情，心灵融而化之，即内得乎中，外发为和，所以启仁源，尽己性兼尽人性也。所谓"合物我""致中和"者，由官能摄受物相，心灵受而化之，则内得乎中，外发为和，所以开知源，尽己性兼尽物性也。

在此教授法之下，一切课程均由事物之研究，必须经官能之摄受，而上达心灵之了照，受心灵之调适，产生知识，而典籍乃为前人知识之累积可为参考之资鉴。盖防心灵之内倾，使之通达物理事理，要为能发明创造也。夫所谓发明、创造者，假事物之研究为始，继官能四肢之摄受，心灵之了照融会一贯层递之运用为终者也。易言之，官能在事物接触中，体验吸收以供心灵之了照，心灵了照融会，则外内合一，然后自然有知识而达于发明创造也。先师恒言："非物通心，心不能化物。如何使物通心，使心化物，则须假官能吸收外物以供心灵，心灵受而化之。"盖官能吸收外物高达足以供心灵了照调适之境，则物已非物，受心之化而与心为一也。荀子《乐论》曰："穷本极变，乐之情也。"是谓音之变化至于非物之境，而化为心灵之音也。余谓凡是官能吸收之物相，高达足以供心灵了照调适之境，则物已非物，受心灵之运化而与心灵一如，皆为穷本极变也。《中庸》曰："博学之、审问之、慎思之、明辨之、笃行之。"官能摄受外物者，即穷本也，亦即博学、审问、慎思、明辨也。心灵变化外物者，即极变也，终而复始，摄受而衍化不已，即笃行也。夫书籍者，古圣先贤以官能吸收外物，化为非物以供心灵，"合物我""致中和"，以生智慧所寄托者也。无论人文科学自然科学，莫不经此吸收外物变化外物"合物我""致中和"之过程，然后有人文科学自然科学之产生，以文字记之，乃为典籍也。青年学子其官能正当学习吸收，心灵正当学习变化之时，知源待开，而弃之不用，即以古人所产生之知识投之，势必养成摹仿之习惯，乃致官能衰萎，心灵迟钝，闭塞知源，不能产生自己之知识。凡人已开知源，步上产生知识之途，乃展现自我。学子智源未开，自我未发现之前，即以古人之知识投之，是以古人代替自我，其成为盲目从古之旧书痴，或成为醉心时髦之新书痴，其失一也。故教授法不由书本始，必待学子心灵变化力增长之后，自己能累积知识，不受古人知识之牢笼，然后再以典籍授之。学子知源已开，则能接受古人知识而不囿于古，等于自身心灵领域之扩大，将古人之知识与我合而为一，内得乎中，外发为和，而为时代人群所需要之新知识矣。《中庸》引孔子之言曰："君子之中庸也，君子而时中。"合古人之知识与我为一，内得乎中，外发为时代人群所需要之新知识，谓之日新，亦即"时中"也。若不知变化古人之知识，自囿于古人知识之窠臼中而一无发展，不能使古人知识发生时代作用，即是昧于"时中"之义，即非所以尊德行，而道问学也。

故教授英、法、德三国语言也，亦由日常生活中之实际事物始。既使学生运用耳目鼻口等官能四肢之勤，使外国语文生活化，而为表达自我情意之工具，亦如中国语文也。若至此表达自我情意之地步，则外国民族在其语言所表达之自我情意，亦不难探知。先师尝语吾辈曰："印度泰戈尔之英国语言程度，超出英国人之上，故在英国语文中有发明创造，此乃为不摹仿英国人之语文，而为自己之英国语文也。"案泰戈尔访华至太原，由先师招待驻于本校，同学均瞻仰其丰采，故以泰戈尔为之证例。先师之教授英、法、德语文目的即在于此，不达此程度，即等于摹仿，人云亦云耳。先师恒云："汝辈幸勿为猢狲。"案猢狲性好摹仿故云。

先师立规于教授英、法、德语文之际，进而教授欧西古歌，或著名乐曲。盖在古歌中或著名乐曲中，所表现各民族之情志，较普通语文更为真确。非在此中探知各民族之情志，无法与我之情志相接。但如何始能在其乐曲中探知民族之情志，则在教授法。先师之教授古歌及著名乐曲，必使音之变化经吾辈之口耳传达于心灵之妙境，音与心为一如，内得乎中，外发为和，或表高昂之意志，或表和平之心气，皆心灵之音也。如此各民族之心灵，既为吾等口耳所传播，则吾等之心灵于无形中扩大其领域，即欧西各国古歌或名曲成为吾辈之古歌与名曲矣。不特此也，且古歌中所蕴藏之民族心灵活动，复现于吾辈异族学子之心灵中，以为与各民族文化交流之媒介也。民族与民族之间，非达于心灵互注之境，邦谊不能和睦永固。盖先师乐歌之教法，乃使物我类化，中西一如，由心灵之互注，内得乎中，外发为和者也。先师尝言："音乃物中之最细者也，使之化为非物与心为一，亦较易耳。"故先师视音乐之教授为基础科目，扩而充之，及于其他学科，使其他学科中亦类化与心灵为一如，乃一贯之法要，亦即教授法之成功也。

先师教授西欧各国古歌或著名乐曲外，并引用外国剧本，使学生实地排演，分饰各种角色，通过耳目鼻口手足以及心灵之动，化为剧中人，其嬉笑怒骂之情状刻画，亦如演中国剧然。犹民国十四年中华教育改进社在太原举行年会，本校特为演泰戈尔英文剧作之《隐士》一出，其中男女主角均由英文系同学所饰演，剧情为一隐士抱出世主义，深居山洞，遇一女子名珊雅西者，倾心于隐士，隐士因受其影响，竟乃改变初衷而还为入世主义者之正常生活。推原其故，隐士初有心灵内倾之习，故摒绝外物，自有珊雅西之感情注入隐士之心灵，于是隐士心灵内倾之病以愈，乃不复为隐士矣。

先师所以演此剧者，以其暗合中庸之道也。《中庸》曰："君子之道，造端乎夫妇。"盖谓夫妇之道，所以"合外内""一心物""致中和"之标本也。夫妇两造，合而为一，一者通情达志，乃支配两造生活之原动力，以其内得乎中，外发为和，终身所守者也。老子曰："天得一以清，地得一以宁，圣王得一以为天下真。"吾谓夫妇得一以长久，我国古有"从一而终"之训，实亦"一心一德，贯彻始终"之义。若无此"一"为夫妇生活之原动力，则夫妇无所守，不可久也。先师尝曰："女子官能力强，贵能上达，通于心灵以助男子，则男子之心灵可无内倾之病，内倾则玄想。男子心灵力强，贵乎下达通于官能以提携女子，则女子之官能可免外驰之患，外驰则逐物。"此所以合男女二性造端夫妇之道，即君子之道也。先师为实现此种男女之教育，曾拟同时创办男女二校。养成德、智、体、群完美之男子与女子，使男子足以提携女子，女子足以扶助男子，然后夫妇之合和，斯为完善之同体，人类之进化殆亦寓乎此。盖夫妇之合和，代表阴阳二气之合和也。二气合和，必生强大之光热，两性之合一亦然，其力之强大不可测也。夫此强力，乃进化之原动力，其力愈强，其进化之度亦愈高。此古今中外平常夫妇所以诞生圣哲之原因盖在此乎！先师尝曰："吾母怀我时，恒指其腹曰：'此中又一歌德！'"试问吾师之母何以自知能生一歌德乎？盖在夫妇交合时，必有特殊强力之感受，异乎寻常者也。故《中庸》曰："君子之道，费而隐，夫妇之愚，可以与知焉，及其至也，虽圣人亦有所不知焉。夫妇之不肖，可以能行焉，及其至也，虽圣人亦有所不能焉。"此不知与不能者，殆为"天地之位育，中和之妙趣"乎？圣哲受天地中和之气以生，乃父母为之阶梯也。先师发挥此义，并著有《新男女分析心理学》，公开发表，由北平女子师范大学张耀翔氏主编之心理杂志分期连载，甚为当时有识者所赞佩。

至其教西洋文学也，必以名人传记为中心，使英文系学生熟习莎士比亚，使法文系学生熟习罗曼·罗兰，使德文系学生熟习歌德、希莱。盖文学由文学家所创作，而文学家之创作乃饱经人情世故，激动官能之吸收与心灵之变化，达于"合人我""致中和"之境界之成果也。而其传记所传者，不外探索其遭遇，如何感受，如何变化之遗迹者也。故教授法必先叙其生平境遇，使学生明了作者所以能有此创作之根源与造诣。故先师讲授各家传记，余即名之曰某某家心理评传。以其如此教授，使西洋人之文学，变而为中国人之文学，盖以张大中国文学之领域，而不为摹拟仿冒，以致一如胡儿脸嘴降低自我之价值也。

又进而教吾辈自编剧本，近取诸学校生活，远取诸社会现况，使学生练习如何将实际生活编衍为戏剧，吾辈平日生活中，凡耳目官能手足及心灵之活动，在行之不著，习焉不察之半知觉状态中，至若编为剧本，则亦刻画生动，绘影绘声，惟妙惟肖，完成"合人我""致中和"之过程，亦即自我觉知之鲜活表现也。剧本编成之后，选定角色，背诵台词练习身段，及化装表演，刻画入微，有如串演真实故事，一一表而出之，其间所寓至情至理，皆出于学生之自学也。自觉者，自我之觉知觉行也。如此借戏剧之编演作生活之写照，达到"合物我""致中和"之妙境，表演自我知识，其教授法始得谓之著成绩效，达到成功。

在表演戏剧中能达到"合物我""致中和"之境，表现自我，则学习西洋文学可无陷入摹拟仿冒，失去自我之虑矣。能如此教西洋文学则能拓展中国文学之旧疆界，增长中国文学之新生命矣。换言之，即变化西洋文学为我之文学，是亦"时中"之义，"日新"之旨也。若只摹仿西洋文学之皮毛，而不能变化需自我之文学，则违反"时中"之义，非真正之"日新"也。

但教西洋文学必须以中国文学为先导。中国文学有中国文学之内容与格律。凡文学之内涵越高超，其发展为格式越宏大，洽于自觉；韵律越谐和，悦于耳觉。故中国之诗词歌曲，各有其内涵，亦各有其格式与韵律。格式者文体之精也；韵律者，声音之美也。若不先教中国文学而只教西洋文学，则难免陷溺于袭取西洋文学之皮毛，不但不能扩大中国文学之领域，且破坏中国文学之自性、格式与韵律亦同被抹杀，即摧陷中国优良文学于衰亡，乃为千古罪人矣。

至于教中国文学，亦以诗歌戏曲为首，不仅朗诵咏歌，且亦伴以舞蹈，使悦耳洽目，加深感受，以传递心灵之讯息，高达自性之境界。自性者，"合物我""致中和"之功果也。在中国文学中能养成自性，则学西洋文学亦必能有自性之表现，则可以摄取西洋文学于以拓展中国文学之旧疆界，增长中国文学之新生命也。

进而教授作文，作文乃表达自性、发挥思想之方法。但必先经耳目见闻之摄受，然后再衍化而为心灵蕴蓄之展现。如不经此程序，自性无由成熟。盖不经耳目之见闻，则无以摄取外物；不经心灵之变化，则无以产生思想。

心灵不产生思想，则不能完成"合物我""致中和"之发现自性而空教作文，即作，亦不过空文而已。空文不出于自性之殚思，自无新意。陈腔滥套，浮而无实，即使辞藻艳丽，亦属吟咏风月，于人生无影响力，于时代无改造力，此为先师之所最忌者也。先师主张："凡作文必经耳目之见闻，意匠之经营，思绪之组篡，其法亦有数端。"如先师每次讲话，必使学生专心谛听，随时记录；整理之；整理之后，誊写之，誊写之后，再对先师朗诵，认可然后付印，或油印或石印，学校备有印刷工具，皆由学生自理，以资实益也。先师之讲话，多有关各系功课纲领之提示，旨趣之发皇，以引导入门者，故不特使学生耳目勤接，手足勤动，且用心灵主宰之、督理之，正是"合物我""致中和"发现自性之操作历练也。故不空言作文，此乃教作文表现自性之一法耳。不特此也，先师常令学生自作格言，或由本身生活经验中所体会者，或于笔记嘉言中有所领悟而择录之者，皆贵乎出自己意之创发，此固未必为完美成熟之作品，要在培养学生之自性启导学生之意念，并敢于实际表达耳。故养成作文之自性，不但不摹仿外人之文以为依傍，如"买办"之所为，更不摹仿古人之文以为假托，如"优孟"之所行。因之，读古人之文，必能"合物我""致中和"化古人之文为我有之文；读西人之文，必能"合物我""致中和"，化西人之文为我有之文，其文未有不丰盈劲健者也。更于每次旅行，必使学生作游记，亦为练习作文之一法。盖出外旅行，登山临水，与自然界相接触，最易导致官能之摄受与心灵之启发，达于"合物我""致中和"之妙境，然后使学生各将所得，记之为文，或吟之为诗，或歌之为词，即为旅行记。不论为文为诗为歌，皆为发挥自性，既非摹仿，即非空文，皆由目睹耳闻心思而来也。余初不知为诗，但在旅行记每段后，必附四句，似诗非诗，既不擅偶对平仄，亦不拘调声押韵，但出之自然之天。遂悟及《论语·子罕篇》中所记："子在川上曰：'逝者如斯夫，不舍昼夜！'"即诗法也。盖登山临水之际，不仅目睹江光岳色，耳听松风石泉，由感起兴，引发心灵，遂达"合物我""致中和"之妙理胜境而不自知，乃吐为诗歌、发为文章，一如坡仙所云"游行自在"之意也。

其教绘画也，亦每利用旅行，登山临水之际，使学生习之。睹名山之形象，闻生水之音声，观鸟兽之栖息，察草木之遂生，均足以引起官能之摄受与心灵之应化，达乎"合物我、致中和"之胜境，而必有一新之形象生焉。初则山非山，我非我，既而我即山，山即我，以笔图之，即绘画也。概不使临摹古人之画，以灭自性，盖古人之画，所以千古不朽者皆表现自性，未有不经实地临写而能攀登最高境界者。余每试习之，虽不能成画而悟画理焉。孔子曰："志于道，据于德，依于仁，游于艺。"道者，中庸之道也；德者，实践中庸之道而成德也。仁者，"合人我、致中和"，和于人际关系也。艺者，"合物我、致中和"，和于天地运会也。先师最喜爱中国艺术，尝曰："中国人所造者，地上之天堂也。"旨哉是言。至于教学字，亦信由学生自由挥毫，初不教临摹古人法帖，盖可由学生笔迹精粗之中，鉴别其性格之文野，以为施教之依据。必使之先立自性，然后参考古人碑帖以助长其长而去其短，而收变化气质之效也。

教授物理化学等自然科学，尤重于耳目手足之活动操作。易言之，教授此种课程，必经由观察、采集、研究、分析、实验，故不离耳目手足与心灵活动之过程，缺一不可。如伽利略亲至比萨斜塔高处坠落轻重不同之铁球，以测验地心吸引之均力，打破亚里士多德之旧说。牛顿目睹苹果坠地，发明万有引力。试问他人目睹苹果坠地者众矣，何以未发明万有引力者乎？盖因牛顿观察之后，继之以追踪、研判、实验而综合有得也。他人则"习焉不察"，手足未动，心亦不思也。《易》云"仰观天文，俯察地理"乃发明家"合物我""致中和"所必由之途径也。故我国古人发明种种，而为文明古国，盖由也。但后世重心轻物，汉以后宋明理学家，讲求正心诚意，而忽于致知格物，此物质文明所以停滞也。一旦与西洋交通，乃瞠乎其后，盖物质之知能不及西洋，以致自信尽失也。故在先师之指导下，教授自然科学，必使学生目睹耳闻手触而达乎心思。思罢更睹更闻更触，不达"合物我""致中和"之境，则不得谓之成功。反之，如能达乎"合物我""致中和"之境，则知源开启，物质之发明与创造未有不兴者。夫物质发明者，"合物我""致中和"开启知源之产物也。易言之，"合物我""致中和"者，尽人之性兼尽物之性，开启知源之方法也。非尽人之性，不能尽物之性；不尽物之性，则物质文明无由产生也。先师恒以西洋近代发明家之传记，群为吾辈讲解，盖以示"合物我"，"致中和"之途径与先例也。

至于历史地理课程，往往合并教授，讲地理则由近及远，由目前山河大地、人情风俗，而溯及历史，使有用耳目之机会。讲历史则由今及古，以及前代与后代之关系，使有用心灵之机会。盖历史者时间之学也，地理者空间之学也。人类在时空交会之中活动，乃一切学术之所由生，亦即民族文化之所由成也。人类未有不爱其国土及历史者，职此故也。故先师对于史地之教授，合而不分，每借旅行而施行之也。

学校无假期，但每年利用夏季，举办全体旅行，移学校于郊区名胜，山川古迹、寺观宏伟，林木幽美之处，使全体师生旅游其间，由目睹耳闻手足之所触，心灵之所思，不期而知乡国与民族历史之伟大可爱也，故旅行为教授地理历史之良好机会也。太原省城南门外，十里之遥，名曰红土沟，有禅寺曰南十方院，庙貌宏伟，为著名古刹。附近山冈之上，有双塔古寺，唐宋二塔，矗立云表。二塔形制相同，唐塔已旧，宋塔犹新，攀登其上，四面山川，尽收眼底，不期然而有追溯宋唐历史之思。夫塔者，本异邦之物，初来自印度，而后加以改造者也。先师告余等曰："印度建筑寺庙，俨如山岳，块然大物，代表印度民族精神者也。盖印度贵顺应自然，中国尚改造自然，于是塔之建构为中国形式，不复知原于印度矣。可见中国之与印度大有区别。"云云。先师又曰："中国建筑为变化山岳而成，改造天然山岳而为民族综合艺术品，结构玲珑，世间罕有，乃经耳目手足之摄取吸收与心灵之启发调适，合山岳与心灵而为一，所谓'合物我''致中和'之最伟大最美善之产物，在世界艺术方面，占有独一无二之地位。"云云。案杭州西湖之雷峰塔，犹存印度塔原形，盖为早期传来中土之建筑物，嗣后建筑之塔形，即为中国之形式矣，可知先师之言，信有征也。中西交通之后，中国亦摹仿西式建筑，如印度建筑初于中国，尚未经普遍抄袭，变化为中国形式；最可虑者，为现今中国新起之建筑，已被西方建筑之格局所取代，一般多崇西式。此为中华民族衰退之表征，不能变革西方建筑形式，而被西方建筑所吞没，是昧于"合物我""致中和"之道，一味摹仿，甘于抛弃代表民族性之建筑物，最为先师之所诋斥者，一般蒙然无知，可悲孰甚！夫中国建筑者，"合物我""致中和"，代表民族性之产物，真美善俱备，民族性为真，真者中和之性也。内有中和之性，外现美观之形，故为最善也。

太原省城出大南门渡汾水，行四十里，有悬瓮山，晋水出之，晋祠在焉。亦为吾校每夏必至旅游之地。未至晋祠之前，经一荒丘原野，草木不生，盖为古晋阳城之废墟也。五代汉据此城，宋太宗攻之不克，效智伯以晋水灌城，相持日久，人民饥困，后汉主始出降，太宗即毁其城，故迄今草木不生。再前行，至晋祠，则景象特异，庙貌巍峨，古木参天，乃周成王弟叔虞之祠也。晋水混混，不舍昼夜，傅青主先生题曰"难老"。周柏铜筋铁干，森森郁茂，横卧于朝阳洞下，青主先生题曰："晋源之柏第一章。"祠内有晋祠铭，唐太宗李世民御制也，犹巍然独立，拓印碑帖，并为世人宝爱。盖此处为隋炀帝晋阳宫所在地，李渊父子驻节于此，即由此起兵伐隋，晋祠为其发祥地，故为铭以彰之也。由悬瓮山往西行二十里，为天龙山，有佛寺古刹，山洞内有飞天石刻，为南北朝时北齐夏宫所在地，废墟犹存。当时有一法国人至此考古，引起吾校师生之注意，于是亲至其处考察，并以纸墨拓印山洞飞天石刻，赠送北平图书馆。于是由地理之考察，寻求历史之记载，对于史书发生亲切之要求，凡县志、省志、南北朝、隋、唐史、汉书、史记、春秋左传，皆为合乎学生亲切需要之资料，而非空疏刻板之书籍矣。夫今日之地理为数千年前古人经营之遗迹，而追溯数千年前之历史又足以予吾人以种种之启示。因之，悟及太史公周览天下名山大川，经耳目之察访，启心灵之思考，以达"合物我""致中和"之境，知源既开，高志亦立，遂产生千古不朽之名著——《史记》。杜工部入川，目睹刘先生诸葛公之祠庙遗迹，以为君臣际遇之隆，低徊感慨，达于"合物我""致中和"之境，而吐为千载芬芳之史诗，良有以也！余追忆此一段往事，可见当时教授史地之一例耳。

至于教授世界史地，而欲必经耳目手足之活动，则不可能，故选购各国有关之国画、幻灯片、电影片，备有幻灯机、电影手摇机，专由天津雇来一技工司放演之职。每当放演时，随时加以说明，使学生如身履其地，耳目有所感受，心灵有所启发。为使其耳目所摄养达于心灵之衍化，再用书籍，以为印证，则不但不受累于书本先入为主见以消减自我之能力，且可弥补书籍之不足也。

由上所述，教授法之施行，固不限于讲堂，而宇宙之宏廓，世界之广大，可资以为教材者，随在皆是，到处可取，故先师尝曰："我之教育，动的教育；我之教材，活的教材也。"至此所谓教授法不局限于书籍，而达于书籍之旨趣与妙用者，自可了然。能达于书本之妙趣，则读古人之书，如读我之书，亦可见"温故而知新"之要义矣。换言之，由耳目五官躯体四肢之勤，以达于心灵之歙动，心灵之歙动，即智源之体现，盖发明创造之所由出也。故一切课程，必须经此程序，但所用时间之久暂，概不预定。或长或短，惟视学生之吸收、变化之迟速与深浅而定。《中庸》所谓博学、审问，即官能之摄受；慎思、明辨，乃心灵之衍化也。笃行者，心灵既经衍化，或发明或创造，能自树立，健行不息，衍生无已，于是周而复始，再由官能摄受，心灵衍化也。故《中庸》曰："诚者，物之终始。"非由学生博学、审问、摄受外物之官能活动，晋于慎思、明辨心灵了照之活动，而达"合物我""致中和"之功境，则课业不得谓之成功，即不能中断。于是自始即采用"日日课程表"焉，与普通学校预定课程表，求一定之学分者，大异其趣也。

所谓"日日课程表"者，即每日出一课程表。每日临夕阳西下时，即根据各系各班当日功课之进度，编配明日之课程表，深夜油印，翌晨发出，皆各系各班功课继续进行所需要。常川如此，继续不断，每日下午日落，各系各班即将课程进度陈送教务处，由先师主持编配。故此项工作，每至深夜，始克完成，其殚精竭思有如此者。不似普通学校一学期订一课程表，功课进度预先订妥，教师依之讲授，学生依之接纳，是刻板被动之教授法也；则学生之欲经博学、审问、慎思、明辨之过程，以达到"合物我""致中和"之功境，由是发现自我，或发明或创造，能自树立，笃行不懈，殆不可能也。先师采用"日日课程表"，乃基于其教育原理，使学生之官能习于摄受，心灵习于融会，视察学生对某一种功课，于任何时不达心灵之妙用——"合物我""致中和"之功境，则任何时不能终止，必不受普通学校预定功课表之限制。故学生在此教授法之下，人人皆享有主动自发、反观自我之契机，最后始参考书本，以相印证，则读古人或外人之书，如读自家之书矣。

古人"仰观天文，俯察地理，近取诸身，远取诸物"，有何书本可据？而尚不断有科学之发明与哲学之创见，此何故耶？夫身者，耳目鼻口手足心思之具也；物者，宇内万有也。物有生长之法则，人亦有生长之原理。《诗》云"天生蒸民，有物有则"，盖谓天生众民，采取万象为法则，俾有助于人生之进化，创造自己之天地，乃人类进步之法则也。古人之书，在经史子集中，无论属于科学者，或属于哲学者，皆经官能之摄受以滋润心灵，复经心灵之衍化，以达于"合物我""致中和"之功境，然后出之以创造发明者也。故设施此种教授法，使学生之官能习于摄受，心灵习于融会之功境，则官能不患外驰，心灵不患内倾，自然有发明与创造。能发明能创造者，即为"成己成物""开务成务"之真正人才也。

总之，古今圣哲，中外一揆，一之谓何？体道行仁！此吾华族优良文化之涵宏博大，固益信其放诸四海而皆准，跻之大同而无疑也。

综上所述，于先师教育之弘规精义，不能尽其百一。唯就余所追忆而能体会者，记述一二而已。先师设教之一切制度，皆独辟蹊径，不同凡俗，无论安排法、管理法与教授法，无一与普通学校相同者，故不能以普通学校之眼光衡之。所谓安排法、管理法与教授法，虽云三法，实只一法，不过步骤略异，重点有先后耳。安排法之重点，使学生在群居生活中，由感情之接触而达理性之纯净，步上"合人我""致中和"之路，以开仁源。仁源既开，礼义即生。管理法与安排法相接，防止青年易患之官能外驰，为物所役。官能不外驰，则必转而向内，摄受外物以供心灵之衍化，则志气不移，专一学问，发愤上进。孟子曰："学问之道无他，求其放心而已矣。"所谓求放心者，收回为物所引之官能，使之转而向内也。官能向内，始能摄受外物以供心灵之衍化，此乃"下学上达"之原动力，一方面助安排法成功，"合人我""致中和"；一方面为教授法"合物我""致中和"之所凭借者也。先师设教，在行中庸之道，"合外内""一心物""致中和"，故最忌者为官能外驰与心灵内倾。官能外驰则乱，心灵内倾则空，与中庸之道，背道而驰矣。反之，官能不外驰，始能摄物；能摄物，始能"合外内"。心灵不内倾，始能化物；能化物，始能"致中和"，乃跻于中庸之道耳。

先师设教，濬仁源在先，开知源在后，此故何耶？盖欲以仁统知，以知辅仁也。以仁统知，则知化于仁而为智慧，物为人用，进于文明，克己复礼，行忠恕而不私也。以知统仁，则知化于物而为知识，人为物引，知识多则诈伪出，文明盛则物欲增，大乱之道也。先师尝曰："中国重仁轻知，故物质文明不进。西洋重知轻仁，物质文明愈盛而物欲愈增，隐伏人类危机，故来中国应寻求中庸之大道。"云云。今日西洋人知足以登星球，但不能保地球之安和，乃知化于物而仁不足以统之之故也。故先师之施教，一本孔子"志于道，据于德，依于仁，游于艺"之旨，仁、知兼顾，唯濬仁源在先，开智源在后，以仁统智，使智化于仁，庶几仁而兼智，智不违仁，始可以造福人群也。

夫濬仁源者，"合人我""致中和"，以奠定人际关系也。开智源者，"合物我""致中和"，乃为人生福祉而用物也。所谓"合人我""致中和"者，尽己之性，兼尽人之性也。所谓"合物我""致中和"者，尽己之性兼尽物之性也。尽己之性兼尽人之性，则人我交融，我一德于人，人一德于我，别是一种境界，即仁源也。仁源者，仁义之源泉，而使人群乐利，万邦协和者也。尽己之性兼尽物之性，则物我双忘，我同体于物，物同体于我，别是一种境界，即智源也。智源者，发明创造之源泉，而使物尽其用以美善人生者也。故《中庸》曰："成己，仁也；成物，知也；性之德也，合外向之道也。"此即中庸之道之所在，而先师以音乐造诣发其奥蕴而复施之教育以为证验也。换言之，在教育设施之下，学子身心气质之变化，乃中庸妙道之所陶镕也。太虚法师参观本校之后，对先师曰："贵门徒在先生教导下，其身心之变化，亦如僧侣在佛堂中身心之变化，皆哲智之学也。"云云。太虚虽非同道，而竟能有此认识，盖一时耳目所接，心领而神会也。

《中庸》曰："故君子尊德性而道问学，致广大而尽精微，极高明而道中庸。"在先师之施教下，由"合人我""致中和"，开拓仁源，即所以尊德行，致广大也。由"合物我""致中和"，开拓智源，即道问学，尽精微也。试问何以能"合人我""致中和"乎？盖使喜怒哀乐之感应，经心灵之变化，然后生至情。人我之间生至情，始足以"合人我"；既合人我，则人非人，我非我，我即是人，人即是我，内得其中，外发为和，德行日隆而致广大也。试问何以能"合物我""致中和"乎？使事物经官能之摄引，达乎心灵之变化，然后生至理；人与物之间生至理，始足以"合物我"；既"合物我"，则物非物，我非我，我即是物，物即是我，内得乎中，外发为和，学问日新而尽精微也。夫德行非广大不能尽仁之善，学问非精微不能尽知之功。若能尊德行至于广大，道学问至于精微，则未有不高明，未有反中庸者也。然则，先师之所致力而不懈者，岂非极高明而道中庸乎！先师之所以能探求中国文化之奥蕴，与夫中国民族之自性所在者，良有以也。真可谓热爱中国，热爱中华文化者也。

唯先师能探求中国文化之奥蕴，与夫发明中庸之道之博大精深，故其设施孔子之教，其信念坚定不移，亦即"择善而固执"之也。《中庸》曰："自诚明，谓之性，自明诚，谓之教。诚则明矣，明则诚矣。"盖先师由其音乐家之造诣以尽性之诚，窥见中庸之大道，自诚而明也；既窥见中庸之大道，而以笃行孔子之教自任，自明而诚也。犹忆民国十三年，孔子诞辰，先师讲《我们见孔子》一题，声气宏壮，如长江大河，一波未平，一波又起，连续一昼夜之久，中间易笔记者数次，进饮食者数次。意谓"非讲明孔子之教，则中庸之道不明；非中庸之道大明，则孔子之教不得行也"云云。其愿力之深宏如此，故在实施之中，其创造力之强大，诚有不可测度者。唯其创造力强大，故能出人心力量之无尽藏，故有开发"人心"之自信。尝曰："人心如矿藏，为一潜伏能力，必须探测而开发之，以显其作用，若欲探测开发人心，必须接之以诚。"盖诚则能使其官能之摄受达于心灵之化境，喜怒哀乐之感应化为至情，以濬仁源，则必"合人我"为一也；或使事物经官能之摄引，达乎心灵之化境，产生至理，以开知源，则必能"合心物"为一也。夫一者，突变而生，其跃进之力有不可测度者也，亦即无限慈爱，无限发明创造之力也。故著《人心新力学》，以明其所，且即以之为学校章程焉，此亦普通学校所未见未闻者也。复推演为《大通道德论》，以英、法、德三种文字印行，盖欲为人类开拓一宽展平砥之新道路也。夫所谓大通道德者，"合外内""一心物""致中和"之道德也。以"合外内""一心物""致中和"造成新人才，乃心物之大通也。

以"合古今""一心物""致中和"造成一新中国，促进民族之进步而不失民族文化之本性，乃时代之大通也。以"合中西""一心物""致中和"，造成一新人类，发挥人类之至善，乃世界之大通也。但"合外内""一心物""致中和"，为中国传统文化之基本原则，故欲世界大通，必须以新中国时代之大通为本。欲以新中国时代之大通为本，自必须以中庸之道，笃行孔子之教，造成心物相通仁智兼备之新人才为张本也。

故先师所抱之理想，即依循中庸之道，实施孔子之教。其行教旨趣，为导引学子步入"合外内""一心物"之正路，更以达于"致中和"之妙境为其准的。但事无前例，法由新创，故一切措施，全出于创制。在如此施教情形下，而一皆溚仁源，亦一皆开知源乎？余虽不得全知，但油然而兴者，有之；愤然而立者，有之；潜然而化者，有之；怡然而乐者，有之。可知人人身心，皆有进益妙境，人人气质皆有变化妙造也。余不敏，亦颇能追随同侪之后，不敢自弃。唯所感不安者，余在先师门下，受业最久，而闻道最迟，且以遭世剧变，迭逢战乱，于役四方，不遑宁处，未能弘扬先师志业，贡献所学，一补时艰，殊觉有辱师教，重负师恩，今所追述者，尚不及百一耳。溯自民国二年，先师由西方来我国，是已厌西方文化之偏颇，造成世界动乱之危机，而欲起中华传统中庸之道，以救中国更以救世界人类也。其愿力可谓深宏矣。不料至中国后，见中国人士正醉心于西方之物质文化，其势不可抑止，乃深为痛惜焉。严又陵、王云五先生等虽后为先师译其《中国教育议》（《庸言》报刊登，成都官书局藏版）、《新教育论》（上海商务印书馆印行）诸篇，曾一度引起部分人士之注意，但未见有人协力者，不过徒为赞叹而已。一般谈教育改革者，亦非无其人，但未能寻根究底，探其本源，只在修枝剪叶，穷于摸索，盖昧于中庸之道，捐弃孔子之教而不知顾恤之故也。民国六年阎公伯川以山西督军兼省长，励精图治，兴学校，办实业，整理村范，使娘子关内，成为一世外桃源，实现路不拾遗，夜不闭户，无劫案，少讼事，更无闲人、乞丐。闻先师之名而敦聘之，特将已创设之外国语文专科学校供其实验，始有一设教之机会。而足以举国上下皆骛骛于全盘之西化，反视此等实验，不合时宜，未予重视。虽北方各省人士莅校参观者，络绎不绝，而能取法试行改革教育者百不得一，仅有陶知行先生参观后，在南京设立晓庄师范，并与先生结为好友，改其名曰"行知"，欲行其知，以新世运，其他则未之闻也。至一般家长所亟求者，子弟领得毕业文凭，猎取官位外，一无所知。而阎公亦以参加北伐，尽心国事，注意力转移，且因经费不济，乃于民国十六年第一期毕业后，即行停办，以致中道而废，使先师不克竟其志，而此空前伟大之教育事业，竟如昙花之一现，可慨也夫。然先师之志不衰，复毅然赴各地游历，由太原而北平而上海而广州，所至之处，讲学不辍，盖欲"以文会友，以友辅仁"，以弘其道也。而各地有力者，每欲罗致先师以为己用，而先师乃欲借助有力者以弘其道，故终难契合也。今先师逝世，已有多年，忍令湮没无闻，岂非罪过。当此复兴文化，谋议改进教育之时，余不能无一言以宣世，留此一段史实，使人略知先师如何以中庸之道实施孔子之教，或可冀有识者之勤加省察；有力者之勤加推动，庶乎中华文化皓然光昌之日，即世界大同真正体现之时，人类希望，于是乎在。将额手称庆、心香切祝焉。

末所眷怀者，自日人发动全面武装侵华，先师由太原违难至上海，乃为日人挟持转往东京，先师公开谈话指斥当时世界有三大疯人，疯人必自毙，即希特勒、墨索里尼、东条英机，此三人将带给全人类无穷之灾祸，乃被羁囚于东京监狱，达八年之久，直至中国抗战胜利，最后获得自由，而穷困潦倒，不久，即告谢世矣。缅怀硕德，岂胜怆悼。"哲人日已远，典型在夙昔"，请为先师颂之。

录自于杜为著：《中庸本义》，台湾商务印书馆1985年版，第129—170页。

【作者简介】杜为（1905—1987），字太为，山西定襄人。先就读于川至中学，后选入山西私立大通学院（即前山西外国文言学校），其间和毕业后曾跟随卫西琴作助手。后历任太原绥靖公署参议、考试院铨叙部秘书、行政院参议。1949年去台湾，担任公职至1972年退休。继后又在台湾淡江大学、辅仁大学、铭传女子商专等校任教授。

山西外国文言学校回忆片段

王玉堂（冈夫）

山西外国文言学校从1919后半年起前后办了七年，经过两次变动，可分三个阶段。7年之中，阎锡山都是校长。

头一个阶段，半年。是阎锡山和赵戴文主持的。半年之后，阎聘了西人卫西琴为教务长，由卫主办。

头半年的特点，是沿袭民国初年采用日本方式结合中国"书院""堂斋"式的方法办的。编制为三个队，每队各设队长一人管理，差役一人管杂务，伙食包灶一座。四个班，英文二，德、法各一班。课程：外语、国文、算术为主课之外，有论语、孟子、史、地、音、体、手工、军事操。每周还有一次"精神讲话"。教员都是由校外聘请名教师兼课，上课之外各干其事，互不相关。管理和训育的目的，约略于下述情况可见之。"精神训话"，阎自任或赵戴文讲。课程中《孟子》由一位石老先生从"孟子见梁惠王"一章一句地讲起。《论语》由一位更老的崔老先生讲"吾道一以贯之"。老先生坐在讲堂上（别位讲课都是站着讲的），食指向空中一划，曰："一划开天。"然后仰头大笑，学生们在底下窃笑，先生急然睁目一喝："笑什么！"学生们不笑了，先生又大笑了。这实在是很开心的讲课！可惜记得只讲过二三次，自后不见讲了。队长训话，也则曰："学问之道无他，求其放心而已矣。"队长都是由育才馆毕业的。我们的学监，也和育才馆的是一个，队长也都是他的学生，所以这个学校也被视为育才馆的附属学校，每星期日的上半天，又到海子边的自省堂或到文庙的明伦堂听讲，是由"洗心社"主持的，讲的内容，大约有"非礼勿视、听，非礼勿言、动"和换个说法的"君君臣臣父父子子"之类吧。学校的音、体课，颇有一定的配合：一个曲子歌词是"公德公德不可忘，国民细思量。自由平等有纪律，切勿逞荒唐"。另一个有一段是"山西省，北带归绥，外绕蒙桓境，东临燕赵、娘子关，俯视井陉间"。这后一歌词据说也是题署"自省堂"三个大字的康有为编的。每周二或三次的军事操，则除了"稍息、立正、齐步、跑步、慢步"的反复教练之外，讲究军风纪、注目礼等礼节，还特别强调"无理要求，绝对服从"。阎这时出版有崔廷献代写的《军国主义论》。每年春秋丁祭祀孔，学校也参与。

到了由卫氏接办也即第二阶段，来了个很大的变革。卫氏由保定高师带来他教过课的一批毕业生来做班主任，和学生同吃同住，其他教员也都住在校内。编班、食宿、校舍、卫生以至课堂设置和教具等也都有改革。如班制小了，每班20人左右；学生管理伙食也帮厨；住宿由多人通铺改为一人一铺；校舍由师生动手刷新；改大茅坑为便桶加盖加座；设痰盂带盖；潮湿的屋内外撒石灰，每日晒被褥；课堂中每人一桌一凳，可自由搬动，不设讲台，上课是桌凳各三排，分坐两边如八字形，中间是可转动的三面形黑板，教室和宿舍的煤油灯都加大了，并都有了玻璃罩子等等。

课程方面完全废除了"论语""孟子""精神讲话"、自省堂或明伦堂听讲和军事操。其他课程一样，但内容和教法都完全不同。比如：外语不以拼音单字、单句、文法分析教起，而是以学生的日常生活为材料编为"会话"（也即对话），除日常练习外并可在台上表演，特别注意听觉的训练和发音的准确。许多会话到了后部每每发展为富有哲理和文学意味的思想教材。如一段英文会话里，有两个学生在饭堂上，一个说另一个学生吃饭不文明，另一个却说："你敢说我不文明？你才叫野蛮人呢！你记得孔夫子说过'食不语'吗？"又如一段德文会话里，两学生辩论起孝道问题了。甲问："我是一个神圣吗？"乙："不，你是一匹驴子。"甲："那你是一个神圣吗？""唉，我是一个可怜的小鬼。"甲："好！那么一匹驴子，一个可怜的小鬼，一旦我们将来都有了孩子，我们的孩子就该奉我们为神圣吗？"如此等等。还教过许多外文歌曲，英、法、德文的都有，都是著名的民歌体。还演过名作家的原文戏剧：莎士比亚的《马克白斯》，泰戈尔的《隐士》（英），梅特林的《唐塔冉儿》（法），歌德的《浮士德》第一幕（德）。又用图片和幻灯作为辅助，以期了解各国的文化风貌，从而加深学习。

国文教材，文、白都选。教法不是"先生讲学生听"，而是教师启发，学生讲解，再由教师或学生相互作校正。作文，题目自选，写自己的亲身感受，如写"旅行记"等。卫氏有两句格言式的话："话的根本是经验，话的目的在精神。"这"话"也即指"文"，也即是"写文要有真情实感而能打动人的心灵"之意。卫氏是常把"感觉"、"经验"与"精神"、"心灵"等词对立地通用，而认为其应该互为交流与升华的。

算术采用算盘。历史先从近代起。地理则对各国的名称、都会、重要城市进行介绍。有时史地合并讲授。音乐除了外国的歌曲之外，采用过昆曲和《诗经》的《蒸民》《羊》《伐檀》等新改编过的曲谱。有的同学还学过箫、笙、古琴。图画结合旅行作写生。手工结合工厂做衣、帽、鞋、袜、木工，春节时还做过各色样的花灯。体育则结合劳动，如筑土山、种茶圃、学耕种，还有武术、拉弓射箭、骑马、游戏等。为此,学校设有工厂。另有"公卖室"。后来在课程中,添设过生物和理、化……

这样办了两三年,起先很受欢迎。记得一年左右举行了一次"恳亲会",许多外宾来参观,确实交口称誉,觉得新鲜活泼、生气盎然,与死气沉沉经院式教育大异其趣;会后就有不少达官贵人补送来一些子弟(这就造成后来这所学校难办)。这次会前,卫氏准备作个"说明书",他先叫这教育是"自然教育",但很快又发展了,由卫氏口述,由杨子清老师在兰村于一周之内编撰为一本书,名曰《新教育的原动力》,并铅印出版。书的内容现在全无印象了,但卫氏平昔的教育主张,大体上是综述卢梭的《爱弥儿》,还有丕斯塔劳齐、福禄倍尔、蒙台梭利等教育家的思想和办法又加以自己的创意的,卢、蒙两氏尤为他平日所称道。他说的"自然教育",主要是针对"经院教育""惩罚教育""注入教育""军国主义教育"等而发的。他常把惩罚或变相惩罚式的教育诋之为"动物教育",而主张师生平等的"人格教育"、"爱的教育"、实物实验教育,接触大自然的教育和尊重发明创造的教育。卫氏在此时特别喜用原动力这个词。这本书出版之后不久,他连续作过三个讲演,叫"音乐的原动力""图画的原动力""诗的原动力",但都没有付印过。

三年当中,班次也有过变动。设过"大同班",兼学英、法、德三种语言,"法英班",学两种语言。后又按农、工、科学、商、文学、教育分过班。校址扩分为两处,一部分仍在步弓街,一部分到了坝陵桥东花园。有时合起来上大课。但在有一年的岁尾,全校集中到了坝陵桥,教室里点起了圣诞节的松树,空气很肃穆,师生们都静候着,最后卫氏来了,但老半天没说话,渐渐地有人啜泣了,很快引得全体都哭起来了,这时我们才知道,这个学校要解散了。一阵悲痛过去之后,学生中选出了3个代表去向阎请愿,结果是:愿留的仍可留下,愿走的可转"进山中学"。这是1922年(或1923年)12月21日的事。此后,一部分同学转入了进山中学,那里设立了"特设班"。留下的仍叫文校,这就到了它的第三阶段。

在此,略说几句学校分裂的原因。主要是阎与卫的主张和目的都不同。简言之,阎是主张以孔孟一套伦理加上军国主义,为他的军阀官僚政治服务造就"人才"的,卫是想糅合东西文化创造一套学术系统而造就一些"新人"

和他的信徒的。其次，卫的主张和做法都在试验发展的过程中，是比较费钱的，阎在这上面也是很有计算的。三是，卫的一些做法，和山西的旧习惯势力大相径庭，比如不放寒暑假，不过星期日，反对早婚等等都遭到反对。还有卫氏的西人习惯，批评起人来很辛辣，伤害过不少权贵的面子。所以，最后阎决定这样做了。

这样一来，原来的一些老师大半离去就其他职务了，学生也有陆续离去的，卫氏此时很受打击，但仍独立支持，勉励学生渡过困难，曾让一位同学写过一首歌，教大家唱，记得前几句是"彼新人兮不当享旧人之乐兮，如彼不遂，将自戕其生矣"。但是不久，该学生也离校到上海去了，也即不满于山西的环境之意吧。

学校经过这次变化之后，卫氏虽受到打击，但不久又振作起来，拼着心力干下去，这种西洋人方式的顽强奋斗精神是很感人的。这时学校的经费大大地削减了，各种开支都很拮据。从前的教员陆续离去，聘请教员因受经费的限制也颇不易，且新来的教员，一时又不易合拍。学生的人数，这时实际上只有一个班，但英、法、德三种语言都需要学，卫氏就亲自任教。记得这时英文学过布莱克的一些诗，法文学过波德米尔《恶之华》上的诗，德文学过歌德、海涅还有屈讷尔等人的诗。音乐课也由卫氏自兼，教过英文的西班牙"斗牛士之歌"，还有关于"吉普赛"的等等名曲。卫氏还常讲大课。此外，对于其他课程，如生物、理化、史地等，卫氏也常随班听讲并随时发表自己的意见。

由于教员和学生都少了，功课安排也不易，于是卫氏买来许多书籍，让学生自由阅读，说要采用"窦尔顿制"，可以自由发展，躐等而进。但是几年来讲授的基础知识很差，学生的接受能力大不一样，所以虽说自由，却也不免于自流。

记得有一次，卫氏从北京回来，带回许多外文书，他埋头浏览了一个星期左右，然后给我们讲课，慨叹地说他"落后了十年"，这是指他对当时西方学术界对于各学科上的一些新的成就的不甚了解。比如在自然科学方面，对于林奈的植物学、法布尔的昆虫学、欧司特瓦尔德的"能"学，还有德·弗利斯的学说，他都概括地又加上自己的看法给我们作过介绍。当时新出版了赫克尔中译本的生物一元论,他就和我们共同讲读。还讲科学家的一些传记,如瓦特、爱迪生,还有富兰克林。在社会科学和哲学上,他概括地讲述过空想社会主义者圣西门、欧文、傅立叶的学说,也讲到马克思和恩格斯(在此之前,他对于列宁所提的"不劳动者不得食",特别是列宁所说"落后的欧洲、进步的亚洲"的观点曾很赞赏)。记得有几次在课堂上,他用德语讲述,由德语学得最好的李晓同学在黑板上书写。在这些讲述中,他批判康德的二元论和休谟的不可知论,批判马赫……而最后有这样的话(不知是引用还是他自得的结论):"重要的不在于如何说明世界,更重要的在于如何改造世界。"

此时学校引进了幻灯,利用幻灯影片介绍和欣赏一些大画家的名作和代表作。从文艺复兴时代起,如意大利的达·芬奇、米开朗基罗、拉斐尔等大师们的名画,蒂善的画,荷兰画派的画,德国丢拉尔的画——对比一些在此之前的宗教画,即使所用的题材仍有宗教的题材,但那画风已截然不同,已从阴沉的神秘的神的世界回到了欢乐的、现实的人的世界。之后,有法国的"美化"现实的华丽柔靡的画,如《牧羊女》等,有热情洋溢歌颂革命的德拉克洛的画,大卫德(David)严肃壮丽的画,有以农村现实为题材的纯朴诚敬的米勒的画,如《收获》《晚祷》等。观看着这些放大的彩色画片,一面听卫氏的讲解,犹如置身在一幢壮阔的展览馆听讲一部近代美术史,实在觉得很开心窍。还有如毕加索、玛蒂斯·高更等的画,虽似未在影片上见过,但却在印象中初次记下了他们的名字。

还有,记不清仍是幻灯片,还是已有无声电影了,只记得有些彩色风景画面,还在督军府放映过,每次都是由学生杨映斗作说明。

也有一些其他形式的影片(不是在幻灯上放映的),如对歌德故乡的介绍,歌德与席勒携手在一起的塑像,就常在德文课室陈列着。

……

总之,在学校的后几年中,卫氏是想尽可能地多教给我们一些东西,他曾说过:"如果你们都能懂得这些(指他所讲和介绍的),可以节省你们20年时间。"他这话不完全是空谈,这和当时以及后来许多年中国译述界介绍的西方学说,包括社会哲学、自然科学和文学艺术诸方面大致都是相符的,只是如前所述，我们学生们基础知识的底子太差，接受不了多少，许多也就只记了点名字。这种情况却也不奇怪，因为像上面所说的那些教学内容，其实是需要在大学的或专门学校的科系里才好作较深的研究的。实际上，这个学校在末期改名为"大通学校"，也即标明它不仅以学习"外国文言"为目的，而是要变为另一种专门性质的研究机构或学校了。这就出现了一个极大的矛盾：设想的科目和范围大为扩充了，学校的规模和师生都愈来愈小和少了。于是原来说是办九年的专科学校，就在第七年末，以"高中"的名义授予学生一张毕业文凭而结束了。学校改名是从哪一年起，记不清了，似乎时间不长。改名是经阎锡山批准的，卫氏的计划，阎不予支持，实际是不让办了。但卫氏那些想法和做法，颇得到过外界一些知名人士如黄炎培、李四光诸氏的赞赏。记得李在一次参观之后，曾留给学校一副对联，是半尺见方的魏碑体大字，裱好后挂在一间教室里，其词如下："大匠之门无拙匠，因材施教尽通材。"这里点了大通两字是有针对性的，这虽似有所溢美，却也是寄予了深切同情的。只惜后来学校并未继续办下去。以后我们在习惯上称呼或填写学历时都用"外国文言学校"，因有的同学就是在这里学通了外文，也有同学后来另有深造，但也是由这里打过基础的。

作者附记：

补充两点：一、卫氏对于中国文化一向倾心赞赏，尤其对孔子极为崇敬。每次讲论文化问题时总是将孔子与释迦牟尼和耶稣并称。二、抗日战争时期卫氏被日人裹挟至东京，卫氏则直言指斥希特勒、莫索里尼、东条英机为当今世界三大恶魔。遂被日军囚禁直至日军战败投降始获释。时先生已年迈，心神交瘁，不久逆溘然长逝（事见台湾杜为教授《中庸本义》所记）。呜呼，哲人其萎而亦可风示后世矣！

1992 年 1 月 10 日

录自于《山西文史资料全编》第 7 卷，第 742—745 页；原载于《山西文史资料》1992 年第 79 辑；另载于《冈夫文集》第三卷，山西人民出版社 2001 年版，第 1300—1304 页。

【作者简介】王玉堂（1907—1998），笔名冈夫，山西武乡人，著名作家、诗人。1926年毕业于山西外国文言学校德语班,1933年加入中国共产党;曾任太行区文联副主任等,1949年后历任山西省文协主任,中国文联联络部、学习部部长,山西省文联、省作协副主席。

山西外国文言学校

李棣华

1919年"五四"时期,阎锡山(山西省督军兼省长)创办山西外国文言学校,聘请卫西琴(德籍犹太人,Dr. Alfred Westharp)主持其事。筹备工作由育才馆(阎的官员培训馆)张辰(苛岚县人)负责。年初,省府派员到各县选拔学生,每县两人,山西105县选200余人,再加以部分富家子弟,总计不超出多少。

我是县里高小参加考试,被录取的。当时我十四岁,已毕业。一位姓严的委员来校主考。校长宋先云先生安排是富家子弟赵溪入选,不许我应试,因教员王顾三力争,我才得参加并被录取。

校址就在督府东侧的步弓街。由于卫西琴当时在保定高师任教,不能即期到校,所以秋季开学后的学期,仍按一般教课学习,计全校分四班,两班学英语,法、德语各一班。但教师水平确属第一流的。例如:邓初民先生教国语,《晋阳日报》主编也来教课,他为我们讲授苏轼的《承天寺游记》,至今我还记忆犹新。约在期末,卫西琴先生来晋,一天他带着段葆藩(工英语,后为阎锡山在五台河边村所办的川至中学校长)先生作为翻译,向我们简单讲了一次话,准备次年春季正式办学。

1920年初,春季开学我返校后,学校在卫西琴先生亲自主持下,大变了样子,学生分为英、德、法三种班。英语名伦敦班,法语称巴黎班,德语名柏林班。上课不固定,每周发一次课表。我在伦敦班,主任教师张星镇先生是保定高师毕业的。他只教英语会话,让学生提供题材,然后由他译作对话,结合实际生活，饶有兴趣。除英语外，还有音乐（每人洞箫一支）、舞蹈（学祭孔时的大成乐舞）、劳动（穿劳动服作泥水工）等。最主要的是卫西琴先生亲自上大课，讲他的教育思想，教育心理学等。他经常讲心灵和感觉等等，可惜我在当时是不甚理解的。

由于卫的教学措施与当时的教育制度差距太大，许多家长很有意见，因而退学的很多，比起年前来，学生锐减。

就在此时，我碰到了一个考清华问题。卫西琴先生知道后，在大课堂上对我作了讽刺式的批评，他说：我好像在想上帝，想那清华学校大理石的礼堂和室内游泳池。事实是清华招生是通过教育厅的。我偶然的机会，在该厅门前看到招生通知，进去一问。我对考清华确实有些兴趣，不知怎样，此事竟然让卫知道了。

录自于李钦莲、李洪熙：《学富吾之师 身正吾之范》，内部出版，2005 年版，第 111—112 页（手迹影印件）。

【作者简介】李棣华（1905—1995），山西左权县人。1919 年考取山西外国文言学校，一年后被山西省立第一中学录取。1926 年考进山西大学文学院，1932 年考入燕京大学研究院。1943 年 4 月加入中国共产党。1954 年任北京外国语学院副院长，1975 年担任北京外国语学院顾问。

洋客卿主校政

长 弓

卫司特·哈奔（West Harp），德国音乐博士，精通德、英、法、汉四种语言；对卢梭、蒙台梭利的哲学思想和教育思想多有研究发挥；与陶行知、梁漱溟、张耀翔、李四光、黄炎培、熊希龄等国内名流均有交往；严复译述过他的著作，梁启超曾为其《新教育论》题名，是二三十年代在中国颇有影响的一位洋博士。

卫司特·哈奔在柏林图书馆发现孔子的《中庸》及礼乐诸经后，认为真理之都在中国，遂起名卫中（自谓捍卫中庸之道之意），并意译其名使之中国化，遂字西琴。1918年他横渡大洋来到中国。1920年春应阎锡山之聘到太原任山西外国文言学校教务长，总揽全校事务。他对阎氏"中的哲学"也热心宣扬过一阵子。

卫中在校开设有一门"衲鞋底、做瓜皮帽课"，请太原鞋帽店工人做老师。他认为山西鞋的鞋帮太硬，不分左右，穿上不适，和工人商量后做出了一种分左右脚形的新样式鞋，尖形鞋头改成半圆形，穿上非常舒服。工人回到鞋铺，试产试销，行情颇佳，得以流行。"认鞋穿鞋"一说，竟成了太原市民时髦一时的俗语。

阎锡山常在督军府自省堂给该校学生训话。一天，阎和卫中在自省堂前聊天，陆续前来的学生对阎毫不理会地擦身而过，径自入堂。阎突地向卫中发问："学生为啥见我不行礼？"卫中却道："礼貌是内心尊敬的表示，学生见你不行礼，是因为心上不佩服你，我强迫他们见你行礼，对学生是压迫，对你是虚伪。"阎不置可否，一笑置之。

卫中公开对学生讲孔、耶、佛三大圣人所以成圣，是因为他们的父母敢于反抗社会习俗的压力，从而孕育了有无限生命力的孩子。他还要求学生读《论语》，就要读不加注释的，要直接寻找孔子、认识孔子，孔学的精髓早被历代经师注解坏了，他们借圣人贩卖他们的货色。学生回到家中，借卫中的话对父母的旧式家教论辩。家长们多是阎锡山的僚属亲眷，纷纷向阎提出责问。赵戴文亦认为卫中狂妄。但卫中是阎请来的洋客卿，否定卫中就等于否定自己，阎只能婉令卫中撤销了打拳、跳舞、骑马、衲鞋底、土木等课，并要卫中不要说太刺激人的话。

1925年夏，阎锡山停办山西外国文言学校，因该校未在北京政府立案，不能发放文凭。为对学生和家长有个交代，阎便成立了"进山中学"，收容该校大部学生。卫中寄人篱下，亦无可奈何，闲得无聊，在院里大种西红柿，累累果实，召来不少市民观赏。那时，太原市民还认为西红柿"好看不中吃"，直到四十年代才普遍种植、食用起来。

1932年"一·二八"淞沪抗战爆发,阎锡山为获取情报,派卫中南下上海,并介绍卫中结识蒋介石,出任南京政府顾问。此后,卫中曾两度重返太原,抗战后不知所终。

录自于山西省文史研究馆编、华而实主编:《汾晋遗珠》,中华书局2005年版,56—58页。

【作者简介】长弓,笔名,个人信息不详。

梁漱溟提倡的卫西琴教育思想
——探索人类教育的心泉

高 琳

梁漱溟是中国现代的思想家和教育家,他的教育思想的核心是主张"人生的意义在创造"!他说:"人生的意义就在他会用心思去创造;要是人类不用心思,便辜负了人生;不创造,便枉生了一世,所以我们要时时提醒自己,要用心思要创造。"[①] 梁漱溟的教育思想与他的德国师友卫西琴的教育思想有着密切的联系,而这一点是鲜为人知的。我想向人们介绍梁漱溟所竭力提倡和推崇的卫西琴教育思想,以便推动中国教育走上与国际接轨的道路。

卫西琴(Alfred Westharp),又名卫中(后入美国籍),德文名字不详,他是德国某银行总裁之子。天资特高,不谐于俗,在德国上过几种不同专业的大学,最后以音乐专业的博士毕业,是德国的教育家和音乐家。卫西琴酷爱东方古乐和东方学术,故在青年时代,他就游历于日本、印度,后来到了法国、英国;他在本世纪初(民国二年)从英国来到中国,他在中国办学十多年,形成了他独特的教育思想和教育方法;他前期曾在中国保定高等学校

---

① 梁漱溟:《梁漱溟全集》,山东人民出版社1993年版。

任音乐教师，1921年前后到山西省太原主持"外国文言学校"，后来又在太原创办"大通学校"。为在中国办学和培养创造人才，卫西琴呕心沥血、竭尽全力，深为梁漱溟所崇敬，梁漱溟与卫西琴交往十多年，友情甚笃。梁漱溟在1927年写了《介绍卫中先生的学说》一文，他说："卫先生的学说是很重要，很有真价值的。……我有一种志愿，以我将来的生涯和精力，划出一部分专替卫先生作说明的工夫。"① 梁漱溟一直痛感中国人之缺乏创造力，他认为卫西琴的教育思想包括了中国文化的精髓，又比现代心理学更能把握人的深层心理规律，很切合中国的实际，能对治中国教育积弱之弊。然而由于历史条件的限制和语言的障碍，中国人始终不能理解卫西琴的教育思想，因此梁漱溟发愿要为宏扬卫西琴的教育思想花功夫。梁漱溟不仅在他一生最后一部著作也是他自己认为最重要的一部著作《人心与人生》中用专门的章节来介绍卫西琴的教育思想②，而且还在他七十八岁高龄之际（1971年4月15日）写下了《卫西琴先生传略》一文，梁漱溟向人们呼吁道："世有好学深思之士倘因而引起兴趣更要求卫西琴原著研究之、发掘之，俾不湮没，斯则学术界之幸也。"③ 梁漱溟一生研究教育、推崇教育，可他从来没有像推崇卫西琴那样推崇过其他人。这是因为卫西琴对中国文化的热爱和对东方学术的追求已经达到了出神入化的境界，也是因为卫西琴的教育思想已经探索到人类教育的心泉，因此使梁漱溟佩服得五体投地，甚至愿为之"执鞭"。梁漱溟特别推崇卫西琴的教育思想代表著作，这就是《男女新分析心理学》和《人心新力学》两篇著作。梁漱溟于1930年7月在《卫中先生自述题序》一文中对卫西琴及这两篇著作，作出极高的评价，为了引起人们的重视，我们引述如下："是盖先生十余年来，所未易得之于人者，而独得之于余，故不觉其情之相得也。（笔者按：此段中文白话之意是：先生十多年来不能得到别人的理解，而独能得到我的理解，因此我们之间的感情在不知不觉中越来越深厚相应。）若余始之亲先生者，盖窃见先生以大人一体之怀，（笔者按：大人即君子之意。）行其心之所以不容已，而凡情不谅，（笔者按：此句意义是先生以君子一以贯之

---

① 梁漱溟：《梁漱溟全集》，山东人民出版社1993年版。
② 梁漱溟：《人心与人生》，学林出版社1984年版。
③ 梁漱溟：《梁漱溟全集》，山东人民出版社1993年版。

的精神，实践他的思想而不能停止，'不容已'为不允许停止之意，而世俗之人不理解他，怀疑他、使他孤独。）转见疑猜，踽踽凉凉，莫为有助；余诚不胜同情，奋然愿为执鞭！其尤不容恝然舍置去，唯先生之学。先生之学，开始亦不能窥也。然学问之道，贵乎心得，信为创造，无不可宝；而才无大小，苟能留心实际，输力一途，其卒必有所就，又可断言；矧在天才瑰异如先生者，用力又如此其久，其蕴罗之美富，不亦可知耶！试一展《男女新分析心理学》《人心新力学》两篇，自菲侪不惊叹。盖不待徐察其所谓，循究其所诣，而价值已自见；世有好学深思之士，宜无轻易放过之理。是余所以五年系注于此，常欲一发其宝藏，而今日特以介绍于国人，愿有心人共为留意者也。"[1] 梁漱溟所以用如此美妙的语言来赞叹卫西琴的学说和这两篇著作，是因为这两篇著作代表了卫西琴在中国办教育的实际体验和理论创造。虽然梁漱溟在长达五十年的时间里（从 20 世纪 20 年代到 70 年代）始终向人们呼吁提倡卫西琴的教育思想，可是在中国都没有得到人们的响应。本次日本国际教育学研究会为我们向世界交流卫西琴的教育思想提供了良好的机遇，这说明梁漱溟和卫西琴与日本是很有缘的。根据梁漱溟的推测，他与卫西琴于1946 年通过中国人秦德纯赴日"得一联系，旋又相失。推度其在日本身故，年纪六十至七十之间"[2]。在梁漱溟与卫西琴最后相别后五十周年的今天，我们秉承梁漱溟的遗训，能够在大会交流和宏扬卫西琴的教育思想，这是完全符合梁漱溟和卫西琴这两位圣者的心愿的。

　　卫西琴的教育思想所以不同于其他教育思想，是因他的目标在于培养人的内在力量。现代教育虽然也强调培养创造力，但是一个人如果没有内在力量，是不可能产生创造力的，因此我们称卫西琴的教育思想为"力量教育法"！一般的现代教育提出培养人的素质和能力，但是这从人体本身的发展来看，还是不够的。我们可以往深一层去想，从现代教育的观念去衡量一个人，就算这个人具备一定的素质、有一定的能力，而这个人是否就称得上是一个有力量的人呢？这个人是不是就富有创造力呢？当然不能这样说！因此我们

---

[1] 梁漱溟：《梁漱溟全集》，山东人民出版社 1993 年版。
[2] 梁漱溟：《人心与人生》，学林出版社 1984 年版。

首先要承认卫西琴的教育思想是高于一般现代教育的理论层次的。至于中国的教育，长期以来只强调培养人的知识技能，而并不重视人本身的精神世界和精神力量的培养，也就是说，中国教育只重视培养人的作用，而忽视人本身的发展，因此中国教育就不可能培养出大批有创造力的人才，这是中国教育最大的弊病，几十年来这种情况没有改善，而只有更为加重。因此我们感到有必要学习和研究卫西琴教育思想，希望发扬和广大之！

卫西琴"力量教育法"是有其独特的理论框架以及思维方法的，包括他的语言用词也非常独特，我们不可能在此详尽介绍，但是我们可以把他的主要观点概括为四论来进行介绍：（1）男女心力对流论；（2）身心相通论；（3）力量表示论；（4）力量活动论。以下分别论述。

一、男女力量对流论

卫西琴认为男女力量是极不相同的，这不仅表现为男女身体构造的不同，更主要的是表现在男女心力的根本流动方向的不同。女子以身为主，从身到心是她的心力的第一根本流，而从心到身是她心力的第二根本流，前者为正，后者为副；而男子恰恰与女子相反，男子以心为主，从心到身是他的心力的第一根本流，而从身到心是他的心力的第二根本流，前者为正，后者为副。由于男女在深层心力流向方面有这根本相反的流向，因此对男子和女子的教育也应有相应的不同措施，这是男女不同教育的根本出发点。卫西琴从实践出发，用实证的方法论证了男女心力的根本不同，这不仅是对中国文化中的阴阳概念的充实、深化和完善，而且从科学的角度揭示了男女心理趋向存在根本差异的真实规律，为现代教育向更高层次发展提供了重要的理论依据。

卫西琴还认为，男女各自的身与心之间的距离的远近、深浅决定了各自力量的大小，而女子身心之间的距离，天生不及男子那么深远，所以说男女力量是不相等的。女子的身体构造和心力流向适宜女子特有的创造——孕育——一个富有创造力的新人（小孩），这是男子做不到的；而男子的身体构造和心力流向更适宜创造一些身外的事物（即各种创造发明）。男子以心为主，身为副，所以能创造出各种事物；而女子以身为主、心为副，所以能创造出富有创造力的新人（孩子），世界上富有创造力的人才虽然大多为男子，可创造这男子的人却是女子。也就是说成功的女子教育应该表现为，教育所培养出来的女子是具备了培养下一代的创造力的那种能力的女子，而不是普通素质的女子。需要说明的是，在卫西琴的教育思想中绝对没有重男轻女的思想。他再三强调，只有富有创造性的女子，才能产生富有创造性的孩子，是有相当道理的，如果教育不能培养出女子的创造性，这种教育是不成功的。卫西琴站在人类心力流向轨迹的至高点，客观、冷静地观察到男女的心力差异，揭示出人类心力的两种截然不同而又互相平衡的力量，由于男女这两种不同心力的巧妙配合以及男女各自自身两种不同心力的把握，人类才可能培养出更有内在力量的人，人类才可能更大地提高自己的创造力。由此可见卫西琴的"男女心力对流论"是卫西琴提倡男女不同教育的根本出发点。

二、身心相通论

卫西琴认为人的身与心必须相通，人的心与身就如电流的阳极和阴极。他认为，人的心的力量就是精神力量，属于阳极；而人的身体力量就是感觉力，属于阴极。身体是精神与外在物质的媒介，所以他所说的力量，也就是指人类接受外界的物质刺激而深达于心，而又从内心精神发出活动以施于外的一种力量（这比一般心理学的"反射"概念要深刻得多），这个自内心发出活动的叫心力，或精神力，在上端；这个自外而入于深心内的叫感觉力，或叫身体力量，在下端。在这上下两端之间，即感觉力和精神力之间，是有一个复杂的过程的，也就是说，是存在着很多层次级次的，人与人之间在这方面的差异也是很大的，教育在这方面的训练作用也是很大的，教育应该研究人与人之间的这种差异并寻找规律。人的这两端本应相通，就如同电流有阴极和阳极——感觉力为阴极，主于受；精神力为阳极，主于施。前者较被动，后者较主动。

卫西琴认为："人心是自然力量最高之一层。"又说："人心是一种高等动物一层一层经验物质完毕以后、剩余的力量。"由此可见，卫西琴是把人、动物和一切都看作"力量"，人是一种力量，动物也是一种力量，而物质也是一种力量。关键是人的心力远远超过了动物和其他物质。如果人的身与心不能相通，那人就不会有力量，人就会产生絮乱和冲动。因此卫西琴教育最根本的道理就是，人的感觉应该上通于心，人的心应该下通于感觉，往复相通不要隔离，所以他在山西太原办了一个名"大通"的学校。他认为，人的感觉如果不上通于心，就会产生粗乱的感觉，这种人缺乏理性，只能算一个"无心"的人；他又认为，人的心如果不通于感觉，就是一种空虚的心，这些人只会空说名词、假道理，由于他们的认识不是从真实的感觉而来，他们的经验不是来自实证，因此他们就不可能不陷于糊涂和迷信、盲信，这样的人只能算一个"假心"的人。精神与感觉相通，心不离感觉，感觉不离心，才可能达到高等活动而合乎人类本有的理性程度。人的感觉不离心，人的活动才可能进入顺的细的轻的有序化的心程，人的态度才可能温文尔雅，进退有度；而感觉离开了心，人的活动便可能进入冲动、粗乱的无序化心程，人的态度就会粗野、暴乱、举止失措。从心智发展方面来说，心不离感觉则其活动不离实际体验，才能清楚明白确切地发现真理和做真学问，这种注重对人的心力、心态、心智的训练和培养是教育必须注意的大问题。

按照卫西琴对中国教育的观察和实践，他认为，要解决这个"身心相通"的问题乃是中国教育最紧要的问题，他提出："要培养一个常常与感觉有关系的心，常常不昏的心，常常往实用方面走的心。"从卫西琴在中国办教育提出他的教育主张以来已经过了七十多年，我们可以看到，中国教育还没有提出这个"身心相通"的问题。诚然，中国教育于近年来已迫切希望提高人们的素质，因此提出了"素质教育"的口号，可是我们不禁要问：如果素质教育脱离了"身心相通"的心程轨道，脱离了培养人的精神力和感觉力，人的素质又怎么可能提高呢？由于中国教育背离了对人的原动力的开发，缺乏"力量教育"，因此无论在教育理论的研究或教育实践的总结方面都陷于断层的阶段。由于人先要培养出一种能够主宰自己的力量、一种能够改变自己的力量，才可能提高自己的素质和能力，也才可能去创造外物，因此我们认为在目前提倡学习研究卫西琴"力量教育法"仍然是切合中国教育的实际。

三、力量表示论

卫西琴有一个根本的论点："有力量必有表示"，"有什么力量有什么表示"。他甚至认为，对于人的力量的教育和培养，不是以时间作为限制的，也就是说，一个人今天培养了力量，今天就可以毕业，而一个人没有培养出力量，学习时间再长，也不能算毕业。他又认为，一个顶富有创造冲动的人，对于什么事物都有兴味，都想去研究，都会做好。有力量的人自己爱卖气力而对于世界一无所取；没有力量的人常常想要东西而不爱做事，卫西琴是要前一种人，不要后一种人的人。

卫西琴常常对现代教育的一套不以为然，他认为现代心理学只是"身理学"，现代教育只主张训练人的"耳、目、口、鼻"的活动是不够的，他提倡新教育："不但不靠耳、目、口、鼻，并且不专靠耳、目、口、鼻的力量；乃是在耳、目、口、鼻以上。人类代表天的那种力量上，取他的原动力。"（引自《男女新心理分析学》一文。）他认为仅仅让学生学习一些具体方法是不够的，因为人只有具备了强大的精神力量和感觉力量，他所掌握的具体方法才可靠。用现代的语言来表达卫西琴的意思，也就是说，仅仅培养学生的知识技术、技能技巧是不够的，如果学生没有深厚的精神力量和感觉力量，那么这些知识技术、技能技巧就不可靠，也不可能有创造力，因此他反复强调一定要培养"有一个力量在后面扶助"，而一切看得见的东西都只是这种力量的表示。

四、力量活动论

由于卫西琴的教育思想对教育的目的、着眼点、境界和眼光都超乎寻常，因此他的教育方法也不同于常人。根据梁漱溟介绍，卫西琴的《人心新力学》这篇著作记载了他在山西太原办大通学校的章程和方法，特别使人感到耳目一新。卫西琴的第一期办学方法以培养学生的身体力量为根本目的的，完全不注重读书、求学问，而只注重学生的实际生活能力。首先卫西琴非常注重对学生的感觉力的训练，而感觉力的训练必须从高质量的生活能力开始训练，梁漱溟在《卫西琴先生传略》中写了自己亲赴学校的观感："卫先生以其保定音专高年生为自己的助手，分头组织学生为若干小组，譬喻为小家庭，在卫先生指导下修整宿舍、厨房、厕所（厕所为一注意点），以及讲堂、各种作业室、体育活动、娱乐活动等场所；一切土木工皆师生一同动手为之。布置既妥，在生活上所需要各种事物亦有些属由学生练习操作或经理之者。如时当冬季，愚承惠赠棉鞋一双，即为学生从技工所习制者。又如煤、米、油、盐、纸、笔等日用品，由学校成宗购进而后零售给各家各人，略同于消费合作社，亦即职工协助学生经理其事。其他准此可类推。"

在培养学生感觉力量之余，卫西琴又为学生亲自执教英、德、法三国语文及种种科学学课，均为自编教材，方法生动活泼，此不多叙。卫西琴认为，这种培养身体力量的方法是培养人的精神力量的基础，只有身体力量（感觉力）达到了"容易、清楚、快的"程度，才能使精神力量达到"比较容易、清楚、快的"程度。因此我们可以把卫西琴的这种观点叫"力量活动论"。

以上我从卫西琴深奥复杂的学说中勾勒出四种重点，借此我们可以窥见卫西琴"力量教育法"的一个大概轮廓，这就是力量的对流——力量的相通——力量的表示——力量的活动，我们可以明晰地看到卫西琴确实揭示了人的心力发展的轨道和培养人的力量的方法。卫西琴的眼光是超越于现代教育的，现代教育的培养人的素质和能力的层次当属卫西琴的培养人的力量的教育思想之下。就好比种树，现代教育只注重了为树修枝剪叶，可卫西琴的教育思想是为树根培土和护养。卫西琴以其卓越的智慧为人类教育提供了一个崭新的层次和开辟了一个崭新的境界，他为人类教育开拓出汩汩心泉，昭示着人们向新教育领域前进。卫西琴在人类教育史上的功劳是不可磨灭的！

最后，我特别要说明的是，卫西琴的教育思想与世界宗教有着特别深刻的联系。卫西琴在《男女新分析心理学》这篇著作中说："讲到人类代表天的那种力量上，则吾们的讲法离达尔文的讲法很远，离孔子'君子配天'的讲法很近。吾想君子配天的根本意思，就是在物质世界里天是什么，在人的世界里边人心创造力是什么？这有完全的人心创造力的人，按孔子的说法，就叫君子。"由此可见，卫西琴的教育思想中有着中国文化的"天人合一"的因素。他认为人们只有培养了深厚的感觉力量，才可能达到孔子的"大道之行，天下为公"，才能真正做到"不独亲其亲子其子"；他又认为人们只有培养了深厚的感觉力量才能做到佛教的"慈悲"；他又认为人们只有培养了深厚的感觉力量才能做到耶稣（基督）教的"爱"（Love）。反之，如果人们没有发达的感觉力量，人们的宗教观念是没有力量的，如果人们的感觉力量完全衰败了，所以虽有许多寺院，而佛教的慈悲心却一点也看不见了。（可参看《男女新分析心理学》一文之末页。）

高琳　写于 1996 年 8 月 29 日于昆山

录自于高琳著：《梁漱溟东方学术思想研究》，中国国际文化出版社（香港）2016 年版，第 81—87 页；另载于高琳、潘文东：《梁漱溟と卫西琴》，《国際教育》（Journal of International Education）（日本）1996 年第 3 号，第 86—90 页。

【作者简介】高琳，1946 年生于上海，浙江吴兴人，毕业于上海师范大学中文系。先后执教安徽省太湖师范学校、江苏省昆山市教师进修学校。现任昆仑文化研究院副院长、中国管理科学院人文科学研究所特约研究员、江苏省昆山市国学中心易经研究会会长。

卫西琴：梁漱溟唯一的外国朋友

智效民

据说，梁漱溟一生只有一个外国朋友，他就是"性格古怪的德国音乐家卫西琴"（《梁漱溟传》，第 150 页，湖南出版社 1992 年版）。梁先生特立独行，交友慎重。泰戈尔访华时，二人在徐志摩的撮合下见了一面。泰翁对他十分欣赏，他却没有把对方引为同调。于是人们不禁要问，梁为什么会选择一个"性格古怪"，甚至是被视为疯子、骗子（《梁漱溟全集》第四卷，811

页，山东人民出版社2005年版）的人做朋友呢？

卫西琴（Alfred Westharp），又名卫中，是一位德国银行家的儿子。关于他的生卒年代，我没有看到可靠资料。最近翻阅《晨报副刊》，见民国十五年（1926）三月上旬连载了《卫中先生的自述》，其中有"头几天，是四十三年以来，头一次外人问我要我自己的传记"云云，估计他可能是1882年或1883年生人。从《自述》还可以看出，卫的父亲出身贫寒，上学时常以树上掉下来的果实充饥，成年后又因没钱而结婚很晚，所以养成一种"急于求财"的心理。为此，他总是喋喋不休地对儿子说："你在学校得了多少分？考了第几名？将来能挣多少钱？没钱怎能娶媳妇？"卫西琴对此十分反感，认为父亲简直是一个专为物质奔忙的庸人。相比之下，他的母亲也是一个脾气暴躁、没有文化的乡下人。她的日常活动，除了"专拿物质去挥霍"外，就是"摔桌子，打板凳，骂小孩子，骂底下人"。因此卫西琴说，母亲的粗野毁坏了他的身体，父亲的庸俗毁坏了他的精神。

卫西琴的早年生活可分三个阶段：从四岁起经常跟父亲去看戏，这是他接受启蒙教育的主要形式；十三岁时开始对音乐着迷，希望能从中找到生命的真谛；十七岁上大学，先后在几所学校读过文学、医学、化学、博物学，二十五岁获得音乐博士学位。

卫西琴认为，在人的感觉系统中，听觉属最高一级，与心最近，与智慧相通，对人格影响最大，所以在诸多艺术形式中，音乐离人的精神最近，可以给人最大的力量。可见他对音乐的理解，已经深入到心理学层面。梁漱溟认为卫的说法"确有见地"，与我们所谓礼乐乃治国之本的古训，是一个道理。梁还说，卫西琴的演奏也很独特，他先把听众安排在一个昏暗的地方，然后自己进入帷幔，脱得一丝不挂，才能开始弹琴。之所以如此，是为了避免光线的刺激和衣服的束缚。此外，他还要提醒大家："演奏时不得咳嗽，否则我就要很厉害地发怒。"梁先生聆听的是贝多芬的一支曲子，他的印象是"非常强烈、勇猛"，最能代表西洋精神。演奏结束后，卫"竟浑身流汗，非立刻洗澡不可"。（《梁漱溟全集》第二卷，第123页）

由于性格古怪，妻子说他是疯子，他自己也看不惯周围的一切，于是他决意离开德国。此后，他在法国参观美术展览时发现了东方文化的魅力，在英国接受了蒙台梭利的教育思想，最后于民国初年经印度来到中国。卫西琴说，他本来对中国文化非常崇拜，不料到了上海后却极为失望。他发现，中国人正在盲目模仿西方，从服饰、建筑到教育、音乐，到处"都是让我仇恨的"东西，至于中国固有的文化和精神，却无处可寻，无人可问。两年后他离开上海去了日本。

过了半年，卫西琴"接到北京的电报"再度来华。他在北京仅仅住了三个月，就买好船票又要离开。他认为，日本已经度过模仿的时代，"中国却正在模仿的路上"。正在这时，严复来信挽留，原因是要翻译他所写的《中国教育议》。梁漱溟说，这篇译文在《庸言》发表时，"颇为士林瞩目"；但他拜读后，却有一种条理不清、空有慨叹的感觉。他又找到卫氏的其他著述，反复研读，仍然是"莫窥究竟"。他怀疑此人学问空疏，言之无物。

由于严复的推荐，卫西琴在天津中国教育联合会演讲多次，并与社会名流多有接触。尽管如此，他还是难觅知音，只好到保定去教音乐。第一次世界大战爆发后，他"声明改入美国籍"（《梁漱溟全集》第四卷，810页）。大约在五四运动以后，卫西琴应阎锡山邀请到山西办学。当时，阎锡山正在山西大力推行新政。阎请他来，是要他主持外国文言学校。该校于1919年8月成立，据1921年编纂的《山西现行政治纲要》介绍，它的独特之处，一是"学生皆属十六岁以内，毕业后分送各国留学"，二是"学生每日工作二小时，盖合乎工读主义也"（见该书第255页）。台湾商务印书馆发行的《民国阎伯川先生锡山年谱长编初稿》也说：这所学校"采取自觉教育法，不雇工友，学生分工料理日常生活事项。（阎）先生常莅校与卫先生研究哲学，并为学生讲话。后改为'大通学院'。"（见该书第1册第353—354页。）过去我既不理解"大通"的含义，又以为学校改名是阎锡山的主意，读了梁漱溟之后才明白其来历。梁在《介绍卫中先生的学说》中说："他在教育中最要紧的意思，或其根本道理，就是感觉应当上通于心，心应当下通于感觉，往复相通不要隔离；所以他自名其在山西所办的学校名叫大通学校。"（《梁漱溟全集》第四卷，第816页）由此可见，阎锡山对卫西琴相当倚重。

梁漱溟大约是1922年年初与卫西琴订交的。1921年年底，梁趁放假之机应邀赴山西讲学，顺便参观了外国文言学校。一年前，全国教育会联合会在太原召开会议，卫西琴曾把《诗经》中的几章谱成乐曲让学生演奏，在会上反响不错，可惜梁漱溟未能与会，没有听到这种"真可以代表中国民族精神"的音乐。这次参观，他既为卫西琴的献身精神所折服，又因该校的不同凡响而惊叹。他说："是冬游晋，得参观先生所主办之外国文言学校。则其间所有，举不同俗，一事一物，靡不资人省味……而窃见先生精神措注于百余学生之身，无微不至，直有欲呕出心肝之慨，尤不能不使人起恭起敬，倾心折服。学生百数十人，一一颜色泽然，神采焕然；凡外间一般学校学生，所有憔悴之色，沉闷之气，于此绝不可见。然学生肥而先生瘠。先生之劳瘁，睹面可识，不止于瘠，直已病矣！"（《梁漱溟全集》第四卷，第795—796页）参观后经过一夜交谈，梁完全改变了过去的印象。他认为卫西琴不仅非常正直，而且胸怀远大。

关于这所学校的规模，各种资料说法不一。据有关部门民国九年（1920）三月公布的数字，该校共4个班，有教员20人，职员5人，学生220人（《山西省第一次学校系统以外教育统计》总表1，山西省公署统计处编纂）。此外，当年《晨报副刊》在发表《卫中先生的自述》时，还刊登《卫西琴教育主张及其办法》一文，对相关情况有所介绍。文章说，该校按语种分班，"每班一主任教员……名曰家长"，对学生的生活学习进行全面指导。"师生关系，若家长之于子弟，子弟之于父兄，互相亲敬，刻不可离。"学校没有固定教材，教学活动以实用和学生兴趣为主，日常生活中需要什么就学什么。此外，学校的一切机构设施，包括工厂、公卖室（即商店）和食堂，全部由学生管理。这些情况，梁漱溟在《介绍卫中先生的学说》中也谈了不少。需要指出的是，卫西琴的出发点与"抢饭碗"的职业教育（蔡元培语）有所不同，他强调实用，是为了让学生摆脱"感官的模仿"，致力于"心力的创造"。他认为，有创造力的人只会奉献，不知索取，没有创造力的人只会占有，不知奉献。这与罗素所谓人的欲望有创造性冲动和占有性冲动的观点完全相同。

卫西琴大约是1925年年底离开山西的。之所以如此，用《晨报副刊》编辑的话来说，是因为他"不谙中国风情，往往措施失当"，以及他反对山西人早婚，遭到山西人反对。按卫西琴的说法，是因为太原学生"总是要人化于乐，人化于文"。这话颇难理解，幸好梁漱溟作了笺释。他说，卫的意思，是指学生只知模仿不知创造，结果是"化于外物而失掉自己"。当然，更主要的原因，恐怕是卫氏学说过于抽象，过于晦涩，他的思想很难用准确而通俗的语言来表达，因此不要说在普通人中间，即使在学术界也是和者盖寡。当年《晨报副刊》刊登他的自述，是为了引起学界讨论，但结果却石沉大海，没有反应。也许是不大甘心吧，半月后该报又刊登卫的一篇文章——《政治与教育》。该文对政权的产生、政府的作用、政治的黑暗、教育的真伪都有精辟的议论，然而不知什么原因，国人对于这些问题仍然是麻木不仁。

卫西琴离开山西后又到北京，与梁漱溟、熊十力等人"在西郊大有庄租房……同住共学"，研讨儒家哲学与心理学，并以"每星期五为讲论之会"（《梁漱溟先生年谱》，广西师范大学出版社1991年版第58页）。经过一年相处，梁漱溟对卫西琴的学问、为人有了进一步了解，二人友谊也日益加深。梁认为，卫西琴不为世人接受，除了性格上的原因之外，主要是语言上难以沟通。所以，他立志要以"将来的生涯与精力，划出一部分专替卫先生（的理论）作说明的工夫"。这一年（1926），梁开始写《人心与人生》，历半个世纪之久，直到1975年才告完成，可见作者用力之深。该书除辟有专门章节介绍"亡友卫西琴"的学说外，其他部分也深受卫氏影响。梁甚至说，他的朋友也许是那种生前不为理解，死后才被崇敬的大人物。梁先生是不随便恭维人的，他对卫西琴的推崇，值得我们注意。

1927年，梁漱溟应李济深之邀前往广州。第二年，他为了试办"乡治讲习所"，担任广州第一中学校长，并聘请卫西琴主持高中师范班工作。从梁先生当年冬天的一次讲话来看，卫西琴也到了广州，但不知什么原因又很快离去（《梁漱溟全集》第四卷，868页）。尽管如此，梁改造这所学校的方案，仍然与卫西琴的办学路数相似，这也是他深受卫氏影响的一个证明。

录自于智效民著：《长袍与牢骚》，凤凰出版社2013年版，第155—161页；另以《梁漱溟唯一的外国朋友——卫西琴》为题载于《博览群书》2001年第7期，第50—52页。

【作者简介】智效民，1946年生于山西太原，人文学者。1986年调入山西省社会科学院工作，从事中国近现代知识分子研究，著有《心理的单间》

《胡适和他的朋友们》《往事知多少》《大学之魂：民国老校长》等。

传教天涯：外语教学的舶来使者卫西琴

薛宝新

伴随西风东渐，开启于近代中西文化交汇进程中的开放教育格局，在辛亥革命及新文化运动之后获得宽幅拓进。相对于政治涣散、经济社会凋敝的民国普泛景状，山西太原地域开放型教育的延伸与建树，给中国教育史留下悠长回味。民国初期创办于太原的山西外国文言学校，便是这段教育图画中的独特景观。

我们所关注的卫西琴，是阎锡山聘请的山西外国文言学校的事实上的校长。他在太原的开放型教育史上，可能赋有更多纪念情结。此人是洋帅哥，与他的先行者同仁李提摩太、敦崇礼、毕善功一样，均属于当时中西学融合教育在山西及太原的舶来使者。

卫西琴又名卫中，一说德国人，另说美国人。西名 Westharp，他用汉语自译为西琴，又取打头字母 W，译作"卫"，合成了"卫西琴"三音节中国姓名。对这个名字，当时翻译同仁皆认为译法别开生面，取意中西合璧，妙趣横生。据说卫西琴精通英、法、德三种文字，能说一口流利中国话，拥有三个博士学位：文学博士、哲学博士与音乐艺术学博士学位。卫西琴来太原以前曾在广东上海等地任教，一度曾到北京讲学。五四前，他的"东方精神文明学说"曾使一批青年为之着迷，找他释疑解惑的学子络绎于授课之途；而五四运动狂飙突进，吸引学众皆趋之于运动主流大潮，把卫西琴的学说冷落一隅。随后他游方保定，担任教职。

卫西琴应阎锡山邀请来太原是在 1920 年。有关他在太原的史载，在 1924 年泰戈尔太原访问记略中，其中说："1924 年 5 月，印度伟大诗人，东方第一位诺贝尔奖金获得者泰戈尔，由北京来太原访问。此前泰戈尔曾由诗人徐志摩和林徽因陪同浏览北京，并到故宫访问溥仪和庄士敦。5月21日下午，泰戈尔偕英美学者及随员四人，由山西外国文言学校卫西琴陪同访问太原，22日下午，泰戈尔由卫西琴、潘太初陪同在督署内北厅访晤阎锡山。"

这条记略，加上泰戈尔来太原时特别与山西外国文言学校学生会面的记载，说明了当时卫西琴在太原外事活动中的重要作用，体现了教育领域的活跃氛围，也特别反映出政教层面对西方教育文化使者的欢迎、信赖和支持态度。

山西外国文言学校宗旨，以阎锡山当初建校设想，是选拔适宜人才，为派遣青年赴欧美留学做准备。阎锡山与卫西琴见面后，对这位洋帅哥优礼有加，崇信备至，把学校全权交付卫西琴来负责，每月总要来校多次与卫西琴商讨人才培养问题，并强调该校是一种崭新教育方式，今后发展前途可观。当时山西军政两界官员，纷纷把子弟送来求学。而卫西琴选拔学生，则有自己的严格标准，对此，阎锡山也是言听计从，还亲自陪伴卫西琴到各地挑选学生。卫西琴选拔学生，不以学校成绩为主要参照，而是以才貌双全、聪明伶俐、稳健持重为标准。他往往要亲自选挑，事实上也形成了卫西琴觉得谁行谁就行的某种弊端，阎锡山对此也不明确反对。卫西琴在办校期间，同时也在帮助阎锡山做国际宣传工作。他经常向欧美方向宣扬山西"德政"，撰述文章在欧美报刊发表，并印行西文小册子向国外散发，得到阎锡山肯定。这样双方互为支点，卫西琴的办学思路在执行方面便获得了更多自主权。

卫西琴的最终教育成就姑且慢议。而外国文言学校，后来实际上并没有办成对留学人员进行先期培养的预备门槛。阎锡山因对留学人才回国后表现欠佳，而对派出留学生本身的热情逐渐减退。外国文言学校人才培养的成就评价，也因办学标准长期缺位而从略无果。今天从史料看到的，多是卫西琴办学过程中表现的个人热情和人格诙谐。把这些内容加以描述，也可些微见出西方教育文化的日影露滴以及对环境的默化影响。

刚来太原，卫西琴住到太原二府巷一个院落，此处是有名的"四大凶宅"，多少人不敢来，卫西琴不在乎。他是单身汉，日常伙食要在家中开灶，账务交给厨师和一位工友随意开销，后来他发现花销大而饮食标准低，认为厨房买的菜价格太高，就临时改革家政，自己带学生去买菜，但回来一合计，自己买得好像更贵。分析原因，人们说也许是卫西琴鼻子高眼睛蓝，菜家觉得他有钱，就要得多。再去买菜时他先用芭蕉扇挡住头，然后与菜贩讨价还价。由此看，卫西琴似乎很注重自融于中国式节俭家政传统，而实际上他对账务从来心中无数，有时挥霍起来也无所节制。之后他搬到学校来住，学校实行食宿校贴，免费吃饭，卫西琴是实际负责人，自然要管理财务，而阎锡山派来的会计，最担忧卫西琴任意提高消费标准，学校开支也常常超出预算。卫西琴有一帮得意高足，经常围绕他研讨学术，他轮流请这些学生吃法国大菜，对身体弱的学生长期供给西餐，对家境差的学生则连四季衣服都无偿供给。财务以为超支账目到阎锡山那里会不好交代，岂知对卫西琴信赖有加的阎锡山知道这个情况后，却当做他山之石仿效起来，对自己主持的兵器委员会，也声言因下班迟每人增加五元的膳食津贴月补，有关下属晚间来汇报公事，阎锡山则开出丰盛中餐招待下属，而阎自己，则独自专注于山西北路攸面栲栳栳。

卫西琴不喜欢穿洋装，喜欢穿中式衣服。他认为长袍短褂，是世界上最合乎理想、最实用舒适的服装。在太原时他终年穿长袍马褂，布袜布鞋，头戴瓜皮帽，把自己打扮成中式老学究模样，又因身材挺拔，便极像穿中式服装的教堂牧师。

他还经常手拿芭蕉扇，喂一条小哈巴狗。节令到深秋后仍然不住摇扇子，不是为了凉爽，而是为了有中国风度。

单身的卫西琴不主张结婚，自己不娶妻，也不喜欢别人娶妻。他认为人之精力有限，唯有不结婚才可将精力升华为事业成就。民初山西也确有早婚恶俗，在学生婚姻调查表上，竟有七八岁儿童娶十八九岁大姑娘的怪例。起因是家庭劳力缺少，早娶回大姑娘可以提早介入料理家务。卫西琴对此十分反对。于是学校结婚的教员，多不敢把家属带到太原。学生要请事假回家，除非家中确有重大变故，卫西琴控制防范，原因之一就是担心学生借由头回家早婚。

卫西琴尽管严谨，但是从他实行的教育管理实际来看，学校办学似乎脱离全局，外国文言学校不执行国民政府教育部的相关规制，管理方式也自行其是。全校编六个班，其中英、法、德文专业各设两个班，每班四十人左右，学生从山西各县挑选而来，免收学费，包办伙食。每班设班主任一名，采用家长管理方式，学生所有事务全盘照应。每班设一小灶，雇用厨师料理伙食，伙食费由学校提供，每生每月五元。买菜司账，由学生轮流值勤，班主任按时查核账目。学生患病由校医诊治，当时陆军医院院长刘宝桢直接兼任校医，药费学校承担。学校无暑假年假，星期日不休息。外县学生非有重大事因，不得告假回家。卫西琴从严防范，门禁森严，无假条不许出校门。学校不实行计分制度，卫西琴认为以分数衡量学生成绩完全靠不住。学科功课表也不是一学期一确定，而是一天一确定。明天上什么课，今天晚上看到卫西琴临时印出的排课表才知道。

卫西琴认为中国人感觉力不好，多半读书人是书呆子，为此特别注重学生的"感觉教育"。具体方式是督促学生参加体力劳动，列入必修课程。但他同时反对体育运动，凡球类器械，校中无一设置，就连徒手体操，也在禁止之列。他认为人与人抗争竞赛，并非正常运动，而是西班牙斗牛遗风。他热衷于组织师生上劳动课，内容有抬土砌墙。还设立鞋厂，缝制布鞋。设立合作社，由学生自行经营。鞋厂和合作社，往往要在课余晚饭后活动，阎锡山有时也来参观，对卫西琴的创意颇感兴致。另外还有两项"感觉活动"，是骑马和旅行，卫西琴引证孔子有关"六艺"教育旧历，说学生应当学会骑马。阎锡山听了他的话，就给下属写条子，文言学校需要马匹随时供应。卫西琴又主张追随歌德，说歌德喜欢骑马旅行是启发心灵要举，有了阎锡山支持，于是师生下课后轮流骑马旅行于郊外，成为教育开放的独特景观。

外国文言学校是"外语类"学校，外文教学上卫西琴拥有自己的方式。他反对学文法，认为语言规律系从话语中归纳，重文法而不熟练话语，是舍本逐末。外文课所有教材，均由卫西琴依据学生校内外生活活动内容编写。他鼓励会话竞赛，热情组织话剧式外语会话训练。禁止阅读课外读物，不准擅自学习生词，是卫西琴的特别主张。

音乐课和哲学课也是外国文言学校的重要课程。卫西琴是西洋音乐博士，但他不提倡西洋乐器，爱好中国古乐，倾倒于古琴与笙箫，陶醉于中国音乐慢节奏的悠扬神韵。祀孔的歌咏舞蹈是他的至爱，学生演奏也出彩，办学头两年逢春秋祀孔，学校都派学生参与。每次上音乐课卫西琴都要陪音乐老师共同上课，他激情投入，舞动指挥棒指挥，累得额汗涔涔，音乐老师反而袖手旁观，变成一个旁听客人，令人啼笑皆非。卫西琴的哲学讲座是学校最重要的课程，几乎成为衡量学生成绩的唯一标杆。哲学课卫西琴讲到兴之所致，往往兴高采烈，不考虑下课，如超过午时，则牛奶、饼干发给学生替代午餐，坚持宣讲到底。而且每次上课要求师生全体参加，并要求人人必须笔记。

1920 至 1924 年是文言学校的巅峰阶段，也是卫西琴教育事业鼎盛时期。之后阎锡山另外新办太原进山中学和河边川至中学，对文言学校关照逐渐散淡。资料说卫西琴的新型教育令阎锡山最终感到空洞茫然，开学以来不招收新生，原有学生也因学制年限无明文规定而迟迟不见毕业。于是有的退学，有的转学，二百学生留下一百不足。卫西琴与阎锡山的相处也出现裂痕，据说俩人还在校门前吵过一架。有人听到阎锡山当时的话语比较难听，质问卫西琴强调的精神有什么威力，如果架起大炮，学校夷为平地，精神又能奈何！

到1928年文言学校所留学生毕业的呼声按捺不下，才草草举行毕业典礼，然社会方面认为没有经过考试不应当发文凭，卫西琴则坚持认为文凭不能代表学业优劣，但学生不拿文凭，又无法应对毕业后的选择发展。不过阎锡山还是对文言学校毕业的学生按卫西琴的总体评价进行了因才施用，大部分毕业学生最后都安置了工作。文言学校停办，卫西琴似无去处，留在太原继续研究东方哲学。中原战事后阎锡山旅居大连，卫西琴派出学生到大连探视，送去自己研究讲稿，阎锡山也特地为卫西琴的研究成果举办了"中字哲学"研究小组。

卫西琴离开太原约在 1932 年。他先到上海。起先阎锡山还寄钱给他，后来卫西琴用上海讲学收入维持生活。这位不主张结婚的西洋帅哥到十里洋场后爱上一位上海小姐，终于情不自禁迎娶为妻。其后因女人喜欢时髦挥霍无度，卫西琴经济入不敷出，无奈又离婚东渡日本，初去时在大学教书，后来曾忽生厌世之念而沉江自尽，幸遇一日本和尚相救，接卫西琴在寺庙居住，以教授外文度日。

卫西琴是一位与太原结缘持久的舶来教育家，一位促进中西文化交融的哲人。我们感谢他在太原的教育尝试，对他的求索人生的精神表示敬意。

录自于马兆兴主编：《人文太原·教育卷》，山西人民出版社 2013 年版，第 173—177 页。

【作者简介】薛宝新，1951 年生于山西太原，山西省作家协会会员。曾在山西省二轻管理机关任职，退休后受聘于山西大学法学院。20 世纪 80 年代以来，陆续在《清明》《当代》《开拓》《都市》《山西文学》等刊物发表中短篇小说数十万字。

卫西琴与太原

刘伟波

梁漱溟先生与山西颇有渊源。其祖父梁承光，仕宦山西，曾任永宁（离石）知州，为防堵捻军入晋"瘁力极勤而死"。1922 年，接到赴晋讲学的邀请时，年轻的梁漱溟已在北京大学任教多年，名满京华。为就近观察山西教育，梁漱溟欣然接受邀请，赴太原讲学。在此次太原讲学期间，梁漱溟结识了对其思想产生重大影响的卫西琴先生。

卫西琴（Alfred Westharp），出身于德国普鲁士贵族家庭，其父为国家银行董事。卫初研习医、哲，后改习音乐，获博士衔。改隶美国籍，以音乐为职业。因追慕东方文化，远道来亚洲，著有《音乐来自东方》一书，先后到过印度、日本，最后来中国，与严复等有过交往。因钦慕中华文化，卫西琴更名为卫中，取捍卫中华文化之意，字西琴。1919 年秋，阎锡山办"山西外国文言学校"（山西最早的外国语学校），以作为培养统治山西人才之用的"育才馆"的附属学校，知卫西琴名望，且因其宗圣东方儒学，遂于翌年聘卫来太原接办"外国文言学校"。卫西琴从保定"高师"携部分教员前来，以教务长身份全权主持该校教学与行政。

卫西琴接办"外国文言学校"，宗旨取卢梭、蒙特索利等西方启蒙教育家的教育思想，以启发式教学替代注入式教学，注重培养、锻炼学生的自由发展能力，且着重于实践能力的培养，身心并重，德智体并长，加上卫西琴本人即是教育家和通才，他自编教材，广设国文、史地、生物、心理、教育、音乐、体育等课程，又设置校办工厂、校办商店及农艺园地，使学生全面发展，贯通感觉与经验、精神与生活。这面貌一新的教学原则的实施，在山西教育史上是空前之举，博得全国教育界的关注，也给作为教育家的梁漱溟先生留下深刻印象。梁漱溟参观该校后，惊叹："是冬游晋，得参观先生所主办之外国文言学校。则其间所有，举不同俗，一事一物，靡不资人省味……而窃见先生精神措注于百余学生之身，无微不至，直有欲呕出心肝之慨，尤不能不使人起恭起敬，倾心折服。学生百数十人，颜色泽然，神采焕然；凡外间一般学校学生，所有憔悴之色，沉闷之气，于此绝不可见。然学生肥而先生瘠。先生之劳瘁，睹面可识，不止于瘠，直已病矣！"

卫西琴早年受西方启蒙思想家和西方东方学的影响，倾慕中国文化之博大精深，尤服膺孔子之说，潜心研究中国哲学与文化。与梁漱溟先生相遇，同类相聚，至为投契。两人共以沟通中西文化自命，卫西琴遂成为梁漱溟先生一生仅有的外国知己。卫西琴在太原"外国文言学校"的教学实践，也对日后梁漱溟主张的"乡村建设"产生重大启发。

1926年1月，"外国文言学校"停办，卫西琴离晋赴京，与梁漱溟、熊十力等人"在西郊大有庄租房……同住共学"，研讨儒家哲学与心理学，并以"每星期五为讲论之会"。经过一年相处，梁漱溟对卫西琴的学问、为人有了进一步了解，二人友谊也日益加深。性格耿直的梁漱溟先生是不会随便恭维人的，他对卫西琴的推崇，实属难得。但我们今天的太原人却只有在梁漱溟先生的著述中才能知晓在我们山西的教育发展史上，还有过卫西琴这样的外国友人。

此后，梁漱溟先生无论是在河南参与筹办村治学院，还是在山东邹平开展乡村建设事业，在许多具体操作环节上都有山西外国文言学校（后更名为大通学院）的影子。

原载于《太原日报》2015年6月16日。

【作者简介】刘伟波，1967年生，山西平遥人，毕业于山西师范大学，

1989年起任太原市外国语学校教师，后任太原市外国语学校副校长。

卫西琴的音乐审美观与音乐教育观初探

李霞霞

卫西琴在一个拥有浓郁音乐文化的国度生长，却深深地爱慕着东方（包括中国、印度、日本等）音乐。在欧洲音乐如暴风般席卷中国乃至东方的年代，卫西琴作为一个欧洲人却极力倡导东方音乐。他的反其道而行之值得我们深思！

卫西琴，被遗忘了一个世纪的思想家、哲学家、教育家、音乐家在德国、法国、英国、印度、日本、中国……留下了丰富的资料，这些足以引起学界内各个学科与专业人士的关注。笔者目前搜集到有关卫西琴的资料有中文报纸5份、中文期刊55份、照片5份、外文资料1份，搜集资料工作还在继续。笔者根据上述搜集到的文章，整理成硕士论文，并且整理为三大部分，分别是音乐哲学观、音乐审美观、音乐教育观。在整理的过程中，笔者遇到很多资料的困惑以及作为卫西琴当事人其观点分析的困难。通过整理他的言论以及他人对卫西琴的记录，然后做到站在卫西琴角度整理其思想，着实不易。笔者认为对于卫西琴的音乐审美研究，由于受到卫西琴本人多面化缘故，故不能脱离其在文化、教育、哲学、心理等方面整理与分析。恰恰相反，如果能将卫西琴的多面分析得正确与透彻，那么音乐审美观研究就会避免出现偏离与浅显。因此，笔者认为，对于卫西琴的进一步研究，关键在于正确与深刻地认识卫西琴本人的多面化，通过挖掘边角资料，从卫西琴的生平、心理以及思想的一生转变抓住其音乐审美观以及其在近代音乐史的价值。

一、反其道而行之——卫西琴的音乐审美观

一个世纪以前，作为一名欧洲德国人，卫西琴不远万里来到东方，寻找那个充满自然与精神的文化国度，充满生命与意愿的音乐国度。卫西琴在民国初年来到中国，怀着爱慕与崇拜的心情想要切身体会东方音乐，此时的他深谙西方的音乐——十几岁开始一直围绕着他，却发现，欧洲的乐器，欧洲的音乐在中国到处可见，中国走着一条模仿西方音乐的道路！民国初年，从学堂乐歌开始，直到以萧友梅为代表的专业作曲家的诞生，西方音乐如猛兽般进入中国，直到现在，我们专业的音乐院校，课程的设计安排，很多都是学习日本、学习西方，可以说一股新的血液被注入到中国。然而卫西琴似乎在"反其道而行之"。在极力倡导西方音乐的民国初年，他极力倡导东方本土的音乐，认为西方音乐是一种"physiology"[①]，即"生理的"音乐，东方音乐是"subordinate to this instinctive expression of sensitiveness"[②]，即服从于本能的感觉表达，是一种"心理的"音乐；认为西方音乐是"知识型"音乐，中国音乐是"生命型"音乐。

如何看待"生理的"音乐与"心理的"音乐？"知识型"音乐与"生命型"音乐又如何理解？

1912—1913年，泰勒·弗朗西斯科集团代表皇家音乐协会出版的外文资料 *Education of Musical Sensitiveness* 中，卫西琴将其对东西方音乐审美进行了阐述，西方音乐是一种"人化于物"[③] 的音乐，尤其是以和声为基础的西方艺术音乐，明确提出这是一种基于"acoustics"（声学）以及"physiology"（生理）的音乐。即使是西方艺术家，在他看来，也是"无觉"[④] 的心。

---

① Alfred Westharp. *"Education of Musical Sensitiveness"*. Published by Taylor Francis，P. 31.

② Alfred Westharp. *"Education of Musical Sensitiveness"*. Published by Taylor Francis，P. 28.

③ 卫中：《动的教育在中国第一次试验》，《教育杂志》，1927年第11期，第3页。

④ 卫中：《动的教育在中国第一次试验》，《教育杂志》，1927年第11期，第5页。

"人化于物",用卫西琴的哲学观解释,便是"精神力量"不是以"感觉力量"[①]为基础,而是以生理为基础。对于东方音乐,卫西琴是在体验东方音乐的基础上,发表其对东方音乐的见解。卫西琴认为东方音乐是"服从于本能的表达"、是"自由的音乐灵魂"[②]、是基础人的意识与感觉从而表达意愿与自然[③]的音乐。对于卫西琴来说,西方音乐的乐律是通过数学计算、具有程式化的一种乐律;单独的一个音没有意义,只有在和弦中才有价值;小节线的出现,更进一步阻碍了和弦的自由表达;演奏家与演唱家更加倾向于音乐的技巧,因此,西方音乐更多是基于生理的音乐。东方音乐的魅力,卫西琴认为,其乐律的非程式化;音与音之间的"留白"表达了无限的音乐意愿、人生态度和哲学启发;表演者更加倾向于自我的表达而非舞台的炫技。卫西琴本人强调,他并非要将东西方音乐列入对立面,只是从对东方音乐的体验基础上了解东方音乐,以此展示其内在的重要性。

其次是在民国时期的期刊报纸上,卫西琴发表了其关于东西方文化的文章,如在《海潮音》期刊上发表的《关于中学西学之问答》,提出了"西方之学问,是以物质研究人"[④]的观点,音乐作为文化的果实,自然也是"物质"的音乐。这种"物质"的音乐如何理解?西方"物质"文化下的"物质"音乐,重在强调乐器上的人工统一加工、乐律上的紧密与完善、节奏节拍上的规整与律动、音色上的圆润与饱满,即使是表演,无论是对于乐器还是对于声带,依赖性都很大。这是一种相对于东方来说脱离"自然"的偏"物质"的音乐,是一种相对于东方来说更加具有理性、逻辑、分析的一种"知识型"音乐,这种"知识型"音乐、"物质"文化与其临海的地理条件、传统的文化继承、工业的迅速发展有必然的联系。当然,在这种"知识型"音乐模式下,西方音乐功能重在娱人、重在技巧,无论是我们熟悉的阉人歌手还是交响化的李斯特钢琴曲,表现得淋漓尽致。卫西琴对于东方尤其是中国几千年的文

---

① 与生俱来的感觉、心理。
② Alfred Westharp. *"Education of Musical Sensitiveness"*. Published by Taylor Francis,P. 28.
③ 自然:指人的本性,非指大自然。
④ 卫中:《关于中学西学之问答》,《海潮音》,1926 年第 1 期,第 5 页。

化有着自己的理解,以先秦孔子为代表的儒家文化,深深地吸引了他。中国文化自古便呈现一种内外相合的璀璨文化("与外相合的精神"及"与内相合的身体"①),而音乐文化则是一种"精神"音乐,重在强调乐器的自然性与多样性、节奏与节拍的自由呼吸、乐律的朴素与音色的原生态,音乐的表演更加倾向于自我的体验与升华、音乐的功能更加具有自娱的味道。因此,中国音乐注重自然、体悟、情味,是一种"生命型"音乐。这种"生命型"音乐受到以大陆为地理条件、以农耕四季为生存依赖、以圣贤崇拜为人生信仰的影响。这种以立象尽意、天人合一、循环论证为特点的文化模式直接影响音乐的审美。

卫西琴对于东西方音乐的见解,仅仅是代表其自身的一种看法。笔者认为,以上观点仅仅是从目前收集到的资料中理解的,他本人还有许多外文资料等待发掘并翻译,这项工作有待继续下去,从更多的资料与论证中理解卫西琴对于东西方音乐的审美才更加具有可靠性。

二、开启精神表示的活动——卫西琴的音乐教育观

对于音乐教育,卫西琴在民国初年所作的教育试验可谓是创新的。目前笔者收集到有关音乐教育的资料很少,仅限1927年《教育杂志》出版的第19卷第11期有一篇《动的教育在中国第一次的试验》。在这场试验中,音乐作为过渡的方法与演讲、戏剧、绘画诗歌一并呈现。

首先,卫西琴认为教育需要开启精神表示的活动,其中废除死读书被列入第一项,并且强调了这种"不动"而被动接受别人的思想具有普遍的危害。因此,对于制止学生沉迷于线订书和洋装书是必要的。其次是废除音乐中阻碍精神表示的因素。卫西琴来到中国看到中国模仿欧洲实为不乐,重要的原

---

① 卫西琴:《教育试验与文化试验》,《新教育评论》,1927年,第2期,第9页。卫西琴认为中国古代文化,相对于民国时期文化更加理想,一个是拥有"与外相合的精神"及"与内相合的身体",一个是"与外不相合的精神"及"与内不相合的身体"。卫西琴更加提倡精神与身体互通,以身体为介,身体接受外界物质的刺激而产生物质印象并将这物质印象同化从而上通精神。

因就在于中国学习西方音乐，将乐器、乐律等引进，这与他废除"equal beats""concord"① 的主张背道而行。卫西琴在动的教育试验中，生活中要求学生自给自足，学习中要求学生面向自我情感与精神的表达，音乐教育更加倾向于通过中国的音乐来感受人的自然属性。

其次，笔者认为，卫西琴强调"动的音乐"不仅仅强调中国音乐，而且强调"心动"与"体动"的结合。何为"心动"？对于创作者，"心动"是以"感觉力量"为基础的"精神力量"的表示活动，而对于表演者和欣赏者来说，是听觉与精神的流通。何为"体动"？第一层含义是以精神为指归的感官活动，第二层含义是听觉与动作的相结合，第三层含义是体育与音乐相结合产生的道德作用，即意志与心灵的呈现。"心动""体动"与其强调的以身体为中介，下通于感觉，上通于精神是一致的。

第三，卫西琴自创的代表自然韵律的记号，目前笔者搜集到的乐谱是《诗经乐谱》，诗词来自《诗经·魏风·伐檀》②。卫西琴所提倡的代表自然韵律的记号，与其提倡的"生命型"音乐、"生理"音乐相通，致力于人的听觉接受外界物质的刺激从而上通精神，以此表达人性与生命、情感与意愿。对于代表自然韵律的记号，其资料还有待挖掘与整理，其规律有待总结与实践。

卫西琴的音乐审美观与音乐教育观，并非与我们现今的观点全部一致，笔者将其观点整理，也并非为我们现今全部接受，但是其中不乏有借鉴之处。例如挖掘中国传统音乐的生命哲学意义，这或许对民族音乐学的研究有帮助。再如音乐教育，西方达尔克罗兹、柯达伊等对于"动"与"音乐"的结合论著很多，中国在音乐教育，尤其是儿童音乐教育中，还存在普遍的"说道"传统，而将"体动"与"心动"相结合的音乐，不是很普遍，有待进一步根据中国儿童的条件进行探索与整理。卫西琴在五四盛行学习西方的大潮流背景下，选择反其道而行之，其理念与思想的独树一帜，求所于中西两大文化背景下的比较、思考、值得我们深思。

笔者认为，西方音乐与中国音乐在不同的国度土壤孕育，论谁优谁劣当

---

① 卫中：《动的教育在中国第一次试验》，《教育杂志》，1927年第11期，第5页。
② 见笔者硕士论文附录三。

然不可，对于作曲家、表演家、听众，只要符合种族、时代的审美，都是可以的。多元化的道路势不可当，中国音乐与西方音乐各有魅力所在，音乐教育也应适时而探求与改变。卫西琴在特殊时期的"逆行"音乐审美与教育，在如今看来，无论是音乐审美的理论价值还是音乐教育的实践价值，都有一定的历史意义。卫西琴已经被遗忘了一个世纪，这对于中国近代音乐史可谓是一个遗憾，当国人致力于西方音乐时，卫西琴选择东方音乐，这对于反欧洲中心论可以说是起到了一个连接作用，也进一步引起音乐人士对于传统音乐的重视与思考！对于卫西琴的资料，笔者还在收集，其音乐史与音乐思想的价值以及在音乐潮流当中所起的角色也值得我们后辈不断地挖掘！

录自于《音乐天地》2017年第10期，第49—52页。

【作者简介】李霞霞，1990年生，女，山西平遥人，西安音乐学院2014级硕士研究生，研究方向：音乐美学。2017年毕业，硕士论文为《卫西琴中西文化比较下的音乐美学观研究》。

陶行知与卫西琴

黄 冬

20世纪90年代，笔者在德国马堡大学撰写《陶行知与莱希维恩比较研究》的博士论文时发现，陶行知在其事业和生活中也有一些德国友人，例如，陶行知自己4次记录了一位名叫"卡福克"的德国犹太裔医生[①]，曾经应陶氏邀请到育才学校，为学生体检和治病，并在与孩子们的交谈中痛斥希特勒和德国纳粹政权。但仅根据中文音译名"卡福克"很难查证他的德文姓名和其

[①] 《陶行知全集》，四川教育出版社1991年版，第十卷中第1086、1096、1097、1256页。

他身份信息。除此之外，在陶行知的记事本中还载有十多个德国人的姓名及其在华或德国地址，其中比较著名的有我国外交家王炳南的前妻王安娜博士（Anna Wang）①。然而，陶行知最重要的、最具传奇的德国朋友叫 Alfred Westharp，也就是卫西琴。

卫西琴是犹太裔德国人，生于1882年，卒年至今不详，自取中文名"卫中"，字"西琴"，后又改称"傅有任"。他5岁上小学，9岁上中学，17岁上大学，先后在几所大学读过文学、文学史、自然博物学、国民经济学、心理学、音乐学，25岁获得音乐学博士学位。毕业后离开德国游历法国、英国、意大利，其间倾倒于东方音乐和文化，结识了意大利女医生蒙台梭利，并推崇她的心理学和教育学。1913年2月从英国启程，途经埃及至印度，大约于4月初抵达中国上海。被某些人视为"疯子、骗子"和"性格古怪"的卫西琴，却多才多艺，见解独到而深邃。他在中国工作生活了约二十五年，并归化了中国国籍，娶了中国妻子。除了留下了许多著述、故事和争论之外，还留下了有很多谜团。遗憾的是，这样一位重要的近代历史人物和教育家，迄今无人对其生平、作品和文化教育思想进行系统的整理、研究和评价。（关于卫西琴研究笔者已有专文另述。）

陶行知与卫西琴的关系可从陶氏本人先后两次披露的一则逸事中觅出一些端倪。陶行知一生中两次改名之事不仅为人熟知，更是为人津津乐道。但是很少有人知道，陶氏决定第二次将名字由"知行"改为"行知"是最终采纳了卫西琴的建议。1934年7月，陶行知在《行知行》一文中写道：

> "改名！我久有此意了。在二十三年去，我开始研究王学，信仰知行合一的道理，故取名'知行'。七年前，我提出'行是知之始，知是行之成'的理论，正与阳明先生的主张相反，那时以后，即有顽皮学生为我改名，常称我'行知吾师'。我很乐意接受。自去年以来，德国朋友卫中

---

① 原名：Anneliese Martens（1907—1989），原德中友好协会名誉主席。1973年在德国汉堡出版了《我为毛泽东战斗过——一位德国妇女的中国革命经历》一书，后被译成法文、日文。中译本：《中国——我的第二故乡》，生活·读书·新知三联书店1980年版；《嫁给革命的中国》，生活·读书·新知三联书店2009年再版。

先生，即傅有任先生，每每喜欢喊我'行知'。他说：中国人如果懂得'行知'的道理而放弃'知行'的传统思想，才有希望。……但为求名实相符，我是不得不改了。"①

同年12月24日，他在安徽大学演讲时又重复了这段话。②

由此看来，卫西琴似乎谙熟儒家理学思想，对王阳明"知行合一"学说有着与陶行知相似的理解。这一推断可从他1914年在梁启超主办的《庸言》杂志上发表的论文《中国教育议》中找到依据。该文由近代维新派重要人物、著名翻译家严复译成中文，文中主张新式教育应将西方的心理学、教育学与传统的儒家伦理学相互融合，力争将儒家教育学说中至关重要的观念"成己成物"与蒙台梭利的核心概念"自主能力"合二为一，其理由是："仆察中国之民性，固不必借径于欧洲之旧法教育，凡学必由心识而后为躬行。但用蒙氏之教育术，自可立致知行合一之妙，本于由成己者而为成物。"③ 翻译者严复对于卫西琴的主张表示赞同，并在开篇前的"译者按"中写道：

"卫西琴倡成己之说，以破仿效兴自由。谓教育之道，首官觉以达神明，以合于姚江知行合一之旨，真今日无弃之言也。"④

从现有的资料中很难直接找到陶行知和卫西琴交往的记述，但却有不少线索可供深入跟踪发掘：

（一）卫西琴于1919年春在北京女子高等师范学校讲演开始时提到：此前曾在南京高等师范学校做过题为《教育原动力》的演讲⑤。陶行知自1917

---

① 《陶行知全集》第三卷，四川教育出版社1991年版，第575页。
② 《陶行知全集》第三卷，四川教育出版社1991年版，第634页。
③ 卫西琴：《中国教育议》，严几道译，庸言报馆（1914），第29页。
④ 卫西琴：《中国教育议》，严几道译，庸言报馆（1914），第1页。
⑤ 《卫西琴先生演说女子教育之初步》朱寿萱记，《北京女子高等师范文艺会刊》1919年第1期，第13页。据卫氏的学生早年汇编的卫西琴中文论著目录，南京高师还专门印行了卫西琴的《中国教育的原动力》和《发展国性之教育》演讲词，但目前尚未觅到原文。

年秋至1923年夏恰在南京高师任教，并于1918年担任该校代理教务主任和教育专修科主任。从时间上可以推测，陶行知很可能莅场聆听演讲，并初识卫西琴，但目前尚无文字资料证实。

（二）卫西琴昔日在太原的学生和助手杜为（即杜太为，曾任台湾淡江大学、辅仁大学教授）在追忆恩师卫西琴的文章中提到，陶行知创办晓庄师范学校之前参观过卫西琴在太原主办的"山西外国文言学校"，他写道：

> "虽北方各省人士莅校参观者，络绎不绝，而能取法试行改革教育者百不得一，仅有陶知行先生参观后，在南京设立晓庄师范，并与先生结为好友，改其名曰'行知'，欲行其知，以新世运，其他则未之闻也。"①

那么，陶行知究竟是何时参观卫西琴的"山西外国文言学校"呢？

1919年10月，时任保定高等师范学校音乐教席的卫西琴率师生赴晋，为在太原召开的第五次全国教育会联合会大会演奏《诗经》的乐章。此举颇具反响，山西省长兼督军阎锡山随即邀请卫氏到太原任教。卫西琴自1919年底至1925年底先后在山西大学、国民师范学校和外国文言学校任教和办学长达六年之久。

据说"陶行知在上世纪20年代三次到山西考察教育"，但据笔者考证，只有陶氏1925年8月到太原出席并主持中华教育改进社第四届年会有据可查。山西省陶行知研究会理事石生1987年在陶行知之子陶晓光的协助下，整理发表了《陶行知在太原》一文。该文大概是"陶行知三次赴晋"之说的源头，但是文章并未注明确凿的史料依据。然而值得注意的是，文章中有一则花絮却旁证了卫西琴也参加了中华教育改进社太原年会的活动：

> "年会期间，阎锡山广为活动，企图扩大自己的影响。山西大通学院院长卫中（卫西琴），在会议期间极为活跃，独占一个教室，大讲阎锡山的'中的哲学'，人们不感兴趣，听讲者寥寥无几。但卫中是西洋人，长

---

① 杜为：《中庸本义》，台湾商务印书馆1985年版，第169页。

得很魁梧,穿着青布中式大褂,青布圆口鞋,说的满口中国话,随从的一些年轻人也是这般装束,许多人好奇,出出进进,看上一眼都离开了教室。由于人来人往,时进时出,混乱不堪。"①

此外,杜为先生也证实:"犹忆民国十四年中华教育改进社在太原开年会时,全体代表人士参观本校……"② 因此,陶卫二人在此期间结识也不失为一种推断。

(三)据梁漱溟先生晚年撰写的《卫西琴先生传略》记述:1928年卫西琴应他的举荐同去广东搞"乡治实验",失败后"卫先生大约延至1931年亦离去。此后闻其一度应邀访问广西,而以客居上海时为多。在沪颇为密勒氏评论报撰写文章,得些稿费……"③ 而此时,陶行知在1930年晓庄师范被强行解散后短暂流亡日本,1931年3月下旬潜回上海,也恰在为《申报》专栏撰稿为生。我们可以推测,两位在上海重逢的"难兄难弟"在此期间有相当多的交集。支撑这种推测的理由是:

1. 据陶行知1934年7月的文章称:"自去年以来,德国朋友卫中先生,即傅有任先生,每每喜欢喊我'行知'……"由此不难看出,1933—1934年间两人经常见面。梁漱溟也在日记里提供了一则间接的旁证:他1934年5月10日到上海,当天就同时会晤了卫西琴、陶行知、黄炎培等人。④

2. 陶行知1934年2月在上海创办并主编《生活教育》半月刊,在同年第7期上即刊登了《傅有任君来信:女子在生活和文化上应当占的地位》⑤。这封信写于1934年4月18日,刊登时虽省略了抬头称呼,但显然是写给陶行知的。卫氏还在信中还透露了他早年的生活经历和最近与一位来自苏州的女子结婚等私事。

---

① 石生:《陶行知在太原》,载于《山西文史资料全编》第五卷54辑,第595页。
② 杜为:《中庸本义》,台湾商务印书馆1985年版,第137页。
③ 梁漱溟:《卫西琴先生传略》,见《梁漱溟全集》第七卷,山东人民出版社2005年版,第239页。
④ 《梁漱溟日记》,上海人民出版社2014年版,第19页。
⑤ 《生活教育》,1934年第1卷第7期,第169页。

3. 卫西琴 1930 至 1934 年间经常在上海各处演讲，当时上海的许多报刊上频频登载演讲会预告和内容提要，仅陶行知为之工作的《申报》从 1933 年 5 月至 1934 年 6 月一年间就刊登了 4 次卫氏演讲会的预告或报道。①

4. 1931 年 10 月，卫西琴的朋友、上海商务印书馆著名的出版人黄警顽先生将卫氏 1930 年夏在沪的七篇演讲稿汇编出版了《卫中博士新教育演讲集》，并将自己写的《卫中博士生平思想之我观》和一篇梁漱溟写的介绍文章以及一张卫西琴近期的照片附在书前。黄警顽也是陶行知的老朋友。1932 年 7 月，晓庄学校的学生徐明清在学校被关闭后辗转来到上海，通过陶行知认识了黄警顽，由黄介绍到难民工厂担任教育科长，在那里开办青工业余学校和成人识字班，后来又在陶、黄二人的支持和资助下于 10 月创建了"晨更工学团"②。1934 年，黄警顽还积极协助陶行知发起成立中国普及教育助成会，并与陶共同担任该会干事③。陶行知和卫西琴作为教育界的旧友，此时又同为上海报界的自由撰稿人，加之与诸如梁漱溟、黄炎培、黄警顽等教育界和出版界朋友的联系，岂能对彼此在沪的活动充耳不闻，互不往来？

5. 据蔡元培先生 1936 年 3 月 23 日的日记记载：当天陶行知来他上海的寓所造访，商议三件事，其一便是"向工部局借音乐队，再奏一次 Bruckner（布鲁克纳）的交响曲，请傅有任指挥"④。陶行知为何为此事求助蔡元培呢？卫西琴尤为钟爱奥地利作曲家安东·布鲁克纳的作品，来华前曾发表过多篇论述布鲁克纳作品的论文，并于 1907 年 10 月在德国慕尼黑的音乐会上，按照自己对作品独特的理解和大胆的处理，亲自指挥演奏过布鲁克纳的第五交响曲。这场演奏在德国和法国音乐评论界引发了巨大的争议，成为卫西琴音乐活动中最难忘的事件，并对他的精神世界产生了持久的影响。因此我们有理由推断，卫氏向陶行知讲述过这些几十年前的往事，并吐露过在中国再次

---

① 见《申报》1933 年 5 月 6、11、19 日及 1934 年 6 月 9 日。
② 徐明清：《明清岁月——徐明清回忆录》，中共党史出版社 2014 年版，第 65—66、229—230、250 页。
③ 王文岭：《陶行知年谱长编》，四川教育出版社 2012 年版，第 329、339 页。
④ 王世儒：《蔡元培日记》，北京大学出版社 2010 年版，第 440 页。《陶行知年谱长编》第 369 页中将时间误记为"3 月 26 日"。

指挥演奏布鲁克纳的交响曲的愿望。而蔡元培早在1918年5月北京大学乐理研究会举办的古乐演奏会上就结识了卫西琴，1920年还亲自在北大发布启事，帮助卫西琴的山西外国文言学校招聘法语教员。①

欲对陶行知与卫西琴之间关系进行更深层次的考察，唯一的途径就是考察比较二人不同时期的教育论著和实践。事实上，从现有资料中不难发现，他们在办学理念和方法上有许多的契合点：除了上述对"知行合一"的理解和诠释之外，还有对"劳力与劳心"及"手与脑"（陶行知）和"外与内"及"身与心"（卫西琴，包括梁漱溟）的相互关系与作用、"生活教育"（陶行知）和"三生主义教育"（卫西琴）的依据与举措等等。这些契合仅是一种"智者所见略同"的偶然或巧合吗？是"不谋而合"还是"道亦同，亦相为谋"？鉴于笔者目前尚在进一步搜集整理卫西琴的论著，待日后相对完善后，将另文专门对此进行全面对比分析。在此先试举一例：

"生活教育"是陶行知的创举，是其教育思想的核心。他通过1927—1930年晓庄学校的办学实践，逐步形成和完善了"'生活教育'理论，并在1934年最终定义为：'生活教育是生活所原有，生活所自营，生活所必需的教育（Life education means an education of life, by life and for life）'"②。1938年他再次重申："生活教育……包含三部分：一是生活之教育；二是以生活影响生活之教育；三是为着应济生活需要而办之教育。用英文译出来，比较简单：Life education means an education of life, by life and for life."③

卫西琴在山西外国文言学校（后改称大通学院）办学近六年，其间采取了一系列打破传统经院式教育的管理和教学方法，起初他称之为"自然教育"和"感觉教育"，后又改曰"动的教育"。1925年底学校停办后有些师生追随他来到北京，在京续办"大通学院"。卫氏对他在晋的教育试验进行了反思和总结，1926年在北京大通学院的一次公开讲演中提出了"三生主义教育"，并

---

① 见《北京大学日刊》，1918年5月21日第142号第2版以及1920年2月13日第539号第1版。
② 《陶行知全集》第三卷，四川教育出版社1991年版，第246页。
③ 《陶行知全集》第四卷，四川教育出版社1991年版，第268页。

将这种教育解释为："即属生、由生、为生，Education of life, by life, for life."① 这种教育理念从定义上来看，与陶行知的"生活教育"毫无二致；从文字表述上来看，甚至还早于陶行知。令人遗憾的是，这篇演讲稿在其学生1931年整理的《卫中先生过去和最近的中文论著摘要》中列在"稿成待定者"（即当时暂未出版的文稿），目前尚未觅到原文，仅能通过标题和文字定义略加管窥，暂且无法深入解析。

原载于《生活教育》2018年第4期，第19—21页。

【作者简介】黄冬，1953年生于北京，1982年毕业于西安外国语学院德语系。1988—1997年留学德国马堡大学，获文学硕士和哲学博士学位，研究方向：中国近代教育史、中西文化交流史、教育家陶行知和卫西琴等，担任华中师范大学陶行知国际研究中心顾问，2019年退休。

卫西琴研究状况及研究新探

黄 冬

一、卫西琴及其学说的介绍和研究状况

100多年前，有一个德国人只身来到中国，在这个国度的文化教育领域活跃了四分之一个世纪。随着时间的流逝，他的名字渐渐地被人淡忘。这个人就是思想家、教育家、心理学家、音乐家卫西琴（Alfred Westharp）②。当我

---

① 黄警顽编：《卫中博士新教育演讲集》，上海会文堂书局1931年版，第109页。
② 卫氏一生中多次改换姓名和笔名，来华后取中文名：卫中，字：西琴；20世纪30年代后改称：傅有任，西文名改为：Victor Frene。为了避免混乱，本文统一采用较为人熟知的称谓"卫西琴"。

们偶然想起他时，却发现对他的了解只是一个模糊的轮廓和一些散落的碎片。今天，人们大多是从梁漱溟先生的著作中了解到一些关于卫西琴这个传奇人物的生平、事迹和学说，至今无人系统地研究，实为一大缺憾。

卫西琴被有些人视为"骗子、疯子"（梁漱溟语）、"性格古怪"（斯诺、艾恺语），冯沅君甚至骂他是"流氓"，但他却多才多艺，见解独到而深邃。他在中国工作生活的二十五年中，留下了许多著述和传奇故事。除了梁漱溟之外，他与许多中国近代文化教育名人有过接触和交往，如梁启超、严复、严修、张謇、蔡元培、黄炎培、胡适、陶行知、江谦、沈恩孚、李登辉、陈焕章、熊十力、吴宓、徐志摩、张耀翔、李四光、梅兰芳、太虚法师等；还为民国时期的一些政要充当智囊和顾问，如熊希龄、阎锡山、李济深、陈铭枢、林云陔、李宗仁、白崇禧、汪精卫等。卫西琴作为一个崇尚并维护中国传统文化，反对盲目摹仿西方的欧洲人，所提出的文化教育见解及举措"颇为士林瞩目"，吴稚晖、王云五、舒新城、唐文治、李石岑、潘光旦、陈容、易白沙、刘咸炘、杜亚泉、唐大圆、王平叔、冯沅君、黄延毓、黄警顽等人均有评述，且褒贬不一，毁誉参半。他的著作、教育理念和教育方法不仅具有历史价值，且至今仍颇具现实意义。然而，这样一位重要的近代历史人物，却在中国近代史和近代教育史研究中没有得到应有的重视。因此迫切需要加强对卫西琴的研究，包括发掘整理他的生平和著作，诠释、分析、评价他的文化和教育思想。20世纪90年代，笔者曾计划将"卫西琴研究"作为博士后研究课题，并做了一些基础工作，如搜集到了部分卫西琴中外文论著和其他研究资料，发现了不少珍贵的历史线索。但是由于个人专业和职业方向转移的原因，后续的研究工作停顿了近二十年。更令人遗憾的是，在这二十年间卫西琴的名字只出现在极少量的文章或文章脚注里，检索不到一篇专题研究论文，直至2017年才出现了一篇硕士论文[1]。换言之，此课题至今几乎无新人问津。因此，本文意在"抛砖引玉"，借此引发国内近代史、近代教育史、音乐史研究机构和学者对此课题的兴趣，进而深入开展研究。

---

[1] 李霞霞：《卫西琴中西文化比较下的音乐美学观研究》，西安音乐学院硕士论文，2017年。

如前所述，我们了解卫西琴其人其事大多是通过梁漱溟的著作。梁漱溟先生在《介绍卫中先生的学说》和《追忆往昔所了解的卫氏学说大意》两文中，对卫西琴主要的文化和教育主张做出了概括性的阐述，并还在《卫中先生自述题序》《卫西琴先生传略》《人心与人生》《朝话》《谈儿童心理》以及口述《良师益友》和《"以青年为友"从事乡村教育》中不仅披露了许多卫西琴的逸闻趣事，且分别谈到了卫氏在人生哲学、教育学、儿童心理学、音乐艺术等方面许多见解和实践。卫西琴昔日的同事和学生也曾撰写了少量的回忆文章，诸如，陈儒康：《记山西外国文言学校》；杜为：《如何以中庸之道实施孔子之教——卫中先生门下受业闻道追记》；吉范五：《记山西外国文言学校》；王玉堂（冈夫）：《山西外国文言学校回忆片断》；吴明焯：《阎锡山开办山西外国文言学校》以及人文学者智效民著《梁漱溟唯一的外国朋友——卫西琴》等，从中可获知不少生动的细节，为了解卫西琴的思想提供了宝贵的补充性信息。美国芝加哥大学教授艾恺（Guy S. Alitto）在其专著《最后的儒家——梁漱溟与中国现代化的两难》中也频繁地提及卫西琴。此外，德国和日本学者也撰写过几篇研究或涉及卫西琴的论文[①]，具有相当高的参考价值。

然而，这些介绍性和追忆性的文章均属第二手资料。对一个历史人物的研究，尤其是对其学说的认识、解析和评述，首先应借助第一手资料，即他本人的作品。卫西琴一生虽留下了大量文字，却多是刊登在民国时期的各种报刊上，因年代久远，很难查找和汇集。即便是他较为人熟知的《中国教育议》和《新教育论》，今天也绝非唾手可得。更何况卫氏深谙多国语言，还留有几十篇用英文、德文、法文、日文发表的论著和译著，至今非但没有中译本，甚至有一部分仅存标题，难觅原文。因此，发掘、整理、汇编他的著作是全面地认识、分析、评价他的文化和教育思想的前提，亦是深入开展学术

[①] 例如：Gransow, Bettina: Ein west-östliches Bildungsexperiment: Auf den Spuren von Alfred Westharp in China, in: China: Nähe und Ferne; deutsch-chinesische Beziehungen in Geschichte und Gegenwart; Frankfurt/M., Bern, New York, Paris 1989, p. 193-209. Goldfuß, Gabriele: Les tribulations d'un sinophile dans la Chine républicaine Le musicien et pédagogue Alfred Westharp, in: Études chinoises, vol. XII, n° 2, 1993, p. 93-134. 小谷野邦子：日本における「支那」「満蒙」民族調査研究—民族性格をめぐって，茨城キリスト教大学紀要第41号社会科学，2007, p. 165-183.

二、1949年之后相关纪念及研究文集

研究工作的当务之急。

为了建立起一个卫西琴研究的资料库，笔者在多位中外学者和友人的协助下①，通过国家图书馆、首都图书馆、上海图书馆、许多高校图书馆（如：北京大学、北京师范大学、南京师范大学、华东师范大学、华中师范大学、东南大学、山西大学等）、网络古旧书店以及德国、法国、英国、瑞士、奥地利、美国和日本等国的图书馆和档案馆，目前已收集到1906—2021年中文和外文文献470多个条目以及大部分重要的原文文本。

卫西琴的中文论著包括：

公开发表和出版的著述（67）

山西外国文言学校、大通学院印行的著述（35）

广东省动的教育实验场印行的著述（24）

未出版印行的文稿目录（16）

未完成的文稿和译稿目录（14）

书信函件（14）

有关卫西琴的研究资料包括：

相关书籍和文献资料（39）

相关书刊文章（68）

相关报刊消息/报道/轶闻（45）

有关卫西琴的外文资料包括：

西文论著、译著（52）

西文信函（27）

西文文献及研究资料（55）

日文论著及研究资料（19）

此外，还收集到一些他本人和由他拍摄的珍贵照片。《卫西琴论著及研究资料目录》正在整理之中，并还准备在此基础上编辑《卫西琴文集》和《卫西琴研究资料选编》，继后拟编纂《卫西琴年谱》或《卫西琴评传》。

---

① 在此特别对德国汉学家、日本学家内克曼（Erhard Neckermann）先生、德国柏林大学汉学家柯兰君（Bettina Gransow）教授和日本鹿儿岛大学前田晶子教授提供的真诚帮助和珍贵资料表示衷心的感谢。

本文旨在"继往开来、推陈出新"，所以不在此赘述前人关于卫西琴学说和思想的介绍，而代之以与读者分享几则最新研究探索中取得的阶段性成果。

二、卫西琴生平新探

国内现存的有关卫西琴生平的资料，除了民国时期报刊上一些零星的简介之外，较为详细的只有1926年张俶知笔记、梁漱溟笺释的《卫中先生的自述》、1931年黄警顽撰写的《卫中博士生平思想之我观》和1971年梁漱溟撰写的《卫西琴先生传略》。但这些资料却存在着许多空白和疑问，无法完整地反映卫西琴人生经历。如卫氏的弟子吴博文所言："《卫中先生的自述》一书，只是详说他的思想的历程，没有注意到个人的历史。"[1] 而黄警顽文章中的许多信息，如卫西琴的出生地和日期明显有误；其父母的出身及影响、卫氏幼年和青少年时代的经历等也与《卫中先生的自述》不相吻合，甚至相互矛盾。梁漱溟78岁时写的《卫西琴先生传略》则更似一篇回忆录，主要记录了他与卫氏的过从交往，以及对其言论和工作的评述，而对卫氏来华前的个人履历仅在开头的两段作了扼要的概述，并在脚注中解释道："其原来德文姓名及其家世，与曾从德国教士而久住中国之卫礼贤备悉之，惜今不尽记忆。"

有关卫西琴来华前的资料国内极少，笔者通过德国学者和友人的大力帮助，分别在德国、法国、英国、瑞士、奥地利、美国和日本查询到一些重要的历史档案，现已对其"家世"和成长经历有了一个大体了解，但仍有些情况不明，尚在不断寻访调查。有关卫西琴来华后的资料虽相对丰富一些，但非常零散，多夹杂在他本人公开发表的论著、他人的评论以及报刊的报道之中。

基于目前掌握的新旧史料，已基本查清了卫氏的家庭背景和个人信息，亦可对过去资料中的一些缺失和讹传做出补遗和匡正。

（一）卫西琴的姓名和笔名

卫氏一生中多次改换外文和中文姓名及笔名，对查找和甄别他的著述带

---

[1] 黄警顽编：《卫中博士新教育演讲集》，上海会文堂书局1931年版，第1—7页。

来不少困难。他较为人熟知的外文名字是 Alfred Westharp，然而这并不是他的真实姓名。据德国的档案记载核实，出生时父母给他取名 Victor Egon Friedlaender，12 岁时因父亲改姓而变为 Victor Egon Frensdorf。从搜集到的其个人著述发现，他从 1907 年起开始使用笔名 Alfred Westarp 或 Alfred Westarp-Frensdorf 在德国、法国和英国发表论著。1913 年来华后又改称：Alfred Westharp，以对应中文名"西琴"（west＝西，harp＝琴），但 30 年代初又弃用此名而改称 Victor Frene 或 Victor Frene-Frensdorf。

初到中国时，报刊上将他的名字译为"魏沙泼""韦斯哈""魏斯托哈颇""威士赫"等，不久后他自取中文名：卫中，字：西琴，但不知何故，30 年代初突然弃用了这个当时在中国已颇具知名度的名字，而改名曰：傅有任。

另外，从美国和日本发现的资料中得知，他在日本自取日文名字：古野忠一，而发表著述多采用日文假名音译姓名ヴイクロール・フレーン或フレーネ。

（二）卫西琴的生年和出生地

关于卫西琴的出生地和出生时间，国内所有的资料都无准确记载，仅有一些推测，如黄警顽的文章说："一八八八年四月五日，博士生于德国之卢森堡。"[①] 智效民先生根据 1926 年刊登的《卫中先生的自述》所云："头几天，是四十三年以来，头一次外人问我要我自己的传记。"估计他可能是 1882 或 1883 年生人[②]。但最近在德国查到了卫西琴的出生证所显示的准确信息是：1882 年 10 月 16 日下午 4 时出生于德国柏林家中。

（三）卫西琴的家庭成员

卫西琴的家庭成员信息一直不详，有些文章称其家族是"普鲁士贵族"，称其父是"德意志国家银行总裁"或"德国国家银行董事"等。现根据查到的德国原始文书，如出生证、结婚登记、死亡证明等，整理出卫氏亲属的基本信息如下：

父亲：Abraham Adolf Friedlaender，1842 年出生于东普鲁士的小镇罗斯

---

① 黄警顽编：《卫中博士新教育演讲集》，上海会文堂书局 1931 年版，第 1 页。
② 智效民：《长袍与风骚》，凤凰出版社 2013 年版，第 155 页。

劳（Loslau，"二战"后归属波兰）一个并不富裕的犹太裔小商家庭，成年后从事银行证券交易，1894 年由原犹太摩西教皈依基督教，并改名 Adolf Frensdorf，1915 年 4 月 22 日在德国柏林家中去世。

母亲：Clara Maria Hubrich，1855 年出生，父亲在铁路局供职，并业余兼做乡村教堂的乐师。她原没文化，19 岁才开始学习读写，1878 年婚后改随夫姓 Friedlaender（1894 年后：Frensdorf），1942 年 9 月 2 日于德国魏玛去世。

胞弟：Edgar Kurt Frensdorf，1883 年 12 月 9 日生于德国柏林，1912 年在海德堡大学获法学博士，毕业后作为图书出版商在柏林经营一家法律专业书店，未婚，1916 年应征入伍，1918 年 4 月 5 日在欧战中阵亡于法国北部的蒙迪迪耶（Montdidier），年仅 34 岁。

胞妹：Hildegard Manon Frensdorf，1885 年 3 月 4 日生于德国柏林，至 1915 年父亲去世时一直未婚亦无职业，后在柏林与他人合伙经营一家照相馆，1964 年 6 月 10 日于柏林去世。

胞妹：Lydia Beatrice Frensdorf，1886 年 2 月 8 日生于德国柏林，职业：银行速记打字员，终身未婚，1965 年 6 月 19 日于德国吕内堡去世。

（四）卫西琴的国籍

在民国时期的报刊书籍中对于卫西琴的国籍可谓众说纷纭，分别有波兰、德国、奥国、美国、法国、英国之说。他出生于德国柏林，祖父母和父母均是德国人，因此原籍为德国应毋庸置疑。但据梁漱溟说，他在第一次世界大战前改隶了美国国籍。他初到中国时，的确有许多人和报刊都称他是美国人或美籍德国人，但事实上至今尚无任何史料能证实他的美国国籍，甚至没有任何记录证明他一生中曾去过美国。

鲜为人知的是，卫西琴 1931 年曾在上海的一次演讲中公开表示愿意加入中国国籍，并于两年后正式申请并获得批准。上海市政府秘书处在 1933 年 10 月 3 日第 138 期《上海市政府公报·公牍》上公布了"发给傅有任归化国籍许可证"。因此，他具有中国国籍亦是不争的事实。

（五）卫西琴的学历和博士学位

由于过去的国内资料中对卫西琴来华前的教育和生活经历描述极不完整，

且不翔实，所以存在着不少讹传，如称其"学过医学、化学"等十几个学科专业，甚至"具有三个博士头衔"。在此依据他的"自述"和他曾在德国、奥地利和瑞士就读过的学校查到的档案资料，简述一下卫西琴的教育经历。

1887年5岁上小学，9—17岁在柏林就读文理中学；起初喜欢文学，13岁时开始对音乐着迷，并学习弹奏钢琴。

1900年中学毕业后离家上大学，先后在德国的弗莱堡、慕尼黑、奥地利的维也纳、瑞士的苏黎世等大学里选修过日耳曼语言文学、文学史、自然博物学、国民经济学、音乐学等课程；上大学期间利用课余时间做钢琴家庭教师。

1905年回到德国慕尼黑大学，开始攻读博士课程，选修音乐学和心理学为主科、人类学和考古学为副科。

1907年7月27日通过了所提交的关于德国歌剧作曲家彼得·温特尔（Peter Winter，1754—1825）生平及作品的学位论文和各项考试，获得哲学博士学位。

（六）卫西琴生平有待填补的缺漏

在研究中发现卫西琴的生平仍存在着一些缺漏有待填补，诸如：

· 初次来华到上海的确切时间不详，大约是1913年春。

· 在保定高等师范学校任教时期，除由他编写的两本油印教材的照片，尚未查到其他文字资料。

· 关于他的婚姻状况，仅从其"自述"获悉，他21岁上大学期间结过一次婚，几年后离异，无子女。1934年52岁时，他在一封致陶行知的信中透露，在上海与一位中国女子再婚，据说几年后再次离婚。但他的中国妻子何许人也、何去何从、有无子女等情况均无从知晓。

· 他于1938年底究竟因何故、以何种方式突然离开中国去了日本？现有的几种传说均无法证实。

· 其生平最大的空白是何时、何因去世，死后葬于何处，至今不得而知。

由此可见，一部相对完整的"卫西琴传记"的确是不可或缺，但时下却又不可预期。目前只能综合现有资料，以编年体的形式整理出一个并不完整的《卫西琴生平及学术年表》（另附），以他亲历的诸多"大事小情"拼接呈现出这位历史人物大致的人生轨迹。"哲人日已远，典型在夙昔"（文天祥），我们只有竭力找回和厘清被遗忘或尘封的前人前事，才可能真实地还原其人其事，使之成为后人后事之师。

三、卫西琴"失联"与"归宿"之谜初探

卫西琴身后留下了许多谜团，最大、最蹊跷的莫过于他于 20 世纪 30 年代后期"突然失联"和"最终归宿"。关于他的下落，现有若干个不同的版本。

版本 1 来自吴明焯 1966 年写的回忆录《阎锡山开办山西外国文言学校》：

"不幸的结局，卫西琴和那女人离了婚，懊丧之下，他东渡日本，住在东京，从此也就杳无消息了。抗战胜利以后听说，卫西琴初到日本时，在大学教书，情况也还过得去。后来忽萌厌世之念，曾沉江自尽，幸亏遇到一位日本和尚救了他的命。两人交谈之下深相契纳，老僧遂接待他在庙里住下，以教授外文度日。"[①]

版本 2 来自梁漱溟先生 1971 年写的《卫西琴先生传略》：

"日寇侵入华北华东，愚奔走抗战，音讯顿绝。嗣访闻其流落在日本。1946 年曾因秦德纯参与东京审讯战犯之国际法庭之便，得一联系，旋又相失。推度其在日本身故，年纪六十至七十之间。"[②]

版本 3 来自中国台湾的杜为教授 1985 年写的《卫中先生门下受业闻道追记》：

[①] 全国政协文史资料会编：《文史资料存稿选编》第 24 卷"教育"，中国文史出版社 2002 年版，第 250 页。

[②] 中国文化书院学术委员会编：《梁漱溟全集》第四卷，山东人民出版社 2005 年版，第 234 页。

"自日人发动全面武装侵华，先师由太原违难至上海，乃为日人挟持转往东京，先师公开谈话指斥当时世界有三大疯人，疯人必自毙，即希特勒、墨索里尼、东条英机，此三人将带给全人类无穷之灾祸，乃被羁囚于东京监狱，达八年之久，直至中国抗战胜利，最后获得自由，而穷困潦倒，不久，即告谢世矣。"①

版本 4 来自美国芝加哥大学教授艾恺 1986 年所著的《最后的儒家——梁漱溟与中国现代化的两难》：

"战争期间，他作为交战国的国民被日本人拘押，之后作为囚犯被送往日本。显然是不堪忍受俘虏的待遇，他投海企图自杀，附近一位禅院住持目睹此景，搭救了他。说来令人不可思议，这位长老曾在德国求学，二人意气相投。卫西琴从此成了一个禅僧度过余生。"②

此外，网络检索"维基百科"显示："date of death：circa 1946"（卒年：约 1946 年）。

以上的说法均出自回忆和传闻，且无史料旁证，因此具有很大的不确定性。然而，此悬疑尚未破解，1939 年 8 月在北京日伪政权出版的《远东》月刊上刊登了一篇署名"傅有任"的文章，使得卫西琴"失联之谜"更加扑朔迷离。

该文题为《中国为什么需要日本》，篇头的"本文作者介绍"说：德国心理学博士傅有任"此次来日，纯以中日两国民族心理为根据处理中日问题。本文为编者与博士聚谈数次之记录，因纯系博士之意故由编者整理以博士之

---

① 杜为：《中庸本义》，台湾商务印书馆 1985 年版，第 170 页。卫西琴的学生王玉堂在其回忆录中转引了杜为的这种说法。
② [美]艾恺：《最后的儒家——梁漱溟与中国现代化的两难》，江苏人民出版社 1993 年版，第 349 页。德国女汉学家柯兰君（Bettina Gransow）教授在她 1989 年关于卫西琴的论文中对艾恺此说法的依据提出了质疑。

中文名发表。文中涉及的重要问题颇多，当请博士继续为文论述，以供中日问题之研究者之参考"①。由此可以证实，卫氏此时确实是身在日本。但很难想象，在日本侵华战争全面爆发后的1939年，那位编者竟然与因反日罪名"作为囚犯被送往日本"并"被羁囚于东京监狱"的卫西琴"聚谈数次"，探讨"中日两国民族心理"，而且还恳请他继续撰文论述中日问题。作者也在文中六处标注"容后专文叙述""将专文研究""另文详述"等。更使人感到疑惑的是这篇令人瞠目结舌的"奇文"内容。文章依据"新文化心理学"阐述了日本侵华的必然性和合理性。其核心论点可以概括为：中日冲突的原因完全在于两国固有的文化心理差异。日本在明治维新后形成了新的物质和精神文明，而中国人仍生活于脱离实际的精神中。因此，日本比西方更适于帮助中国改良落伍的生活态度，"日本真正实行改良中国之原动力（本来之中国精神生活态度）时，才是真正建设东亚新秩序的开始，日本对东亚新秩序建设所贡献的力量就是中国之真正需要日本的地方"②。此番言论让人实在难以将作者与"曾公开指斥东条英机"的"交战国俘虏"联系在一起。

据目前收集到的资料显示，该文是自卫西琴1913年来华后，中国大陆媒体上最后一次出现他的言论，然而又绝非他关于中国问题的"绝笔"。如他在上文中多次提到"另文详述"，此前4月就曾在日本出版了《中日事变之我观》。这本小册子汇集了他在日本发表的两篇演讲稿和两篇报刊文章，扉页还附有一张作者近照和简历。简历显示，1932—1937年间，他曾竭力向李济深、阎锡山、汪精卫等政要强调中日亲善和避免战争的必要性。可以说，"中日相互理解与合作，理性化解武装冲突"集中地概括了他对于时局和中日关系的基本立场。从他20世纪30年代到50年代发表的演讲和著作中可以看出，他始终坚持着这个基本立场。

嗣后又于1941年7月出版了一本173页的专著《中国民族性之研究——德国心理学家的观点》。该书由日本井上民族政策研究所编译，包括：第一

---

① 傅有任：《中国为什么需要日本》，《远东》远东月报社，1939年第8期，第32—36页。

② 傅有任：《中国为什么需要日本》，《远东》远东月报社，1939年第8期，第36页。

章：决定中国得以生存的根本原因；第二章：中国国民生活的状况；第三章：中华帝国主义的特殊性；第四章：中国的崩溃。从章节目录即可判断，其内容和观点不过是他之前在华发表的《中国的复活》(1933)、《中国民族的心理总动员》(1935)、《中国论》(1937)、《复兴中国的几个根本问题》(1938)以及《中国为什么需要日本》(1939)等演讲和文章的重复或汇总。特别值得注意的是，在日本编译者附的作者简历中意外获悉：卫西琴于"1938年12月22日离中国赴日本"，这是史料中唯一记载他离开中国内地的确切时间。

卫西琴究竟因何故、以何种方式离开中国，及其之后在日本的境况尚无法确定。但据笔者和德国汉学家、日本学家艾哈德·内克曼（Erhard Neckermann）先生最新的研究发现，卫西琴至少到20世纪50年代初期依然生活在日本，并曾在驻日联合国军总部所属的文化教育部门任职。其间与阎锡山有着书信来往，而且1951年还到台北拜访过阎氏。佐证如下：

（一）1949年太原解放后，阎锡山出任迁往广州的国民党政府行政院院长，兼国防部部长。时任行政院秘书的夏风先生在《阎锡山在穗组阁纪实》中披露：

"1949年8月13日，麦克阿瑟邀吴铁城到日本会谈，说明美国再不援蒋，但对广州政府仍寄予希望。……吴铁城从日本回来，还带回一帧联合国（军）总部高级专员德籍犹太人卫西琴的照片。他是早年在山西办过学校的，他捎话给阎说：'麦帅对阎先生在广州主持国防很是关注。'阎锡山听了很高兴。当时人们议论：阎锡山空中有陈纳德，海上有白吉尔，再加上麦克阿瑟身边又有个卫西琴。同时，中国驻日军事代表团团长商震又是他晋绥军的老旅长。国外的后台够硬的。"[①]

（二）德国的内克曼先生在美国和日本发现了一系列罕见的档案资料，足以证实卫西琴此时确实在为驻日美军工作。资料包括：

---

① 全国政协文史资料委员会编：《中华文史资料文库》第6卷，中国文史出版社1996年版，第250页。

1. 在美国斯坦福大学胡佛研究所保存的历史档案中，发现了卫氏本人1946年草拟的一份个人简历表和两张私人名片，以及一份提交美国政府派遣到日本的教育使团的英文备忘录"沃尔特·惠特曼来救援"①，内容是对美国战后在日本推行教育改革的建议。更具史料价值的是1949年蒋介石宣布下野十天后，卫西琴于2月1日从"驻日美军教育中心"写给前盟军中国战区参谋长魏德迈将军的一封信及附件。他在信中说："笔者在中国二十五年生活和研究得出的结论是，当前在中国对抗共产主义的斗争必然只能是在意识形态的源头上。"为此，他愿意响应阎锡山的召唤，重返中国，"在这历史的关键时刻辅佐阎大帅，尽提供思想之需的责任"。他随函附上了一份呈交"中国新领导人"的备忘录，题为《为融合马克思主义与儒学的项目计划草案》。②

2. 在驻日联合国军总司令部参谋二部1950—1951年的文书档案里，找到了一篇对卫西琴（Victor Frene）的英文报告《洪灾前夜》（*On the Eve of the Deluge*）的文摘综述。③ 卫氏的报告是关于中国政治时局的分析以及对美国的亚洲战略的建议，从中可以清楚地看出：①表明了不赞成共产主义的政治立场；②一如既往地沿袭着以"心理进化论"分析民族文化心理的学术套路，并以此论证其谏言的可行性和有效性。

3. 除上述1939年和1941年卫氏在东京出版的两本论著之外，还发现了一批他于1939—1951年间在日本发表的文章和未发表手稿，如：

——1939年用法语撰写的对长期旅居日本的法国"浮世绘"版画大师保罗·雅库莱（Paul Jacoulet，1896—1960）艺术创作的评论手稿（现保存在法

---

① Frene, Victor: Walt Whitman Comes to the Rescue, 9. May 1946, Manuscript in: Hoover Institution Archives Stanford, CA 94305-6010.

② Letter to General Albert Wedemeyer (01. February 1949) and Appendix "A memorandum: Marxism and Confucianism—A Sketch of a Project for a Fusion", in: Hoover Institution Archives Stanford, CA 94305-6010.

③ Brief of "On the Eve of the Deluge" by Victor Frene, in: Records of General Headquarters Far East Command, Assistant Chief of Staff, G-2, C China 7000: Who's Who Personalities（1950-01/1951-12/1950/1951）.

国巴黎的档案馆）。①

——1939—1950 年在日本的各种日文和英文报刊上发表的大量有关政治、文化、教育和音乐的评论文章以及读者来信。

——在日本鹿儿岛大学珍藏的著名儿童教育家山下德治博士的遗存中，找到了 20 世纪 50 年代初他与卫西琴共同为创办"进化心理学协会"起草的协会章程手稿，以及三篇卫氏撰写的英文稿件。②

（三）2011 年出版的《阎锡山日记》中，阎锡山在 1950 年 1 月 4 日的日记中写道："傅有任（前山西外语学校校长，热爱中华中道文化，取名卫中）由东京来函，拟创立进化心理学派，达到生活的成功。复请发扬东方文化，研究救人救世。"③ 有资料证明，卫西琴不久后即将他的意图付诸实施，于 1951 年 10 月 16 日在东京创立了"进化心理学协会"和"进化心理学研究所"，并亲自担任会长和所长。

（四）2010 年出版的《阎锡山大传》第 15 章"台北山居十年"中汇集罗列了阎锡山卸任后的社交活动，其中提到 1951 年"11 月 19 日，会见美国费希尔博士、傅有任博士等，讨论资与产的经济形态"④。这是截至目前发现的卫西琴生前行踪的最后一条文字信息，此信息足以证实，他至 1951 年末依然健在。

上述新发现的遗闻和史料部分地揭示了卫西琴"失联"后的下落，但他最终魂归何处的悬疑依旧未解，换言之，研究者的"寻人调查"尚远未结束。

原载于《教育史研究》2018 年第 1 期，第 31—41，216—217 页。

---

① Les sources de l'inspiration artistique de M. Paul Jacoulet, Manuscrit de Victor Frene, Tokyo, 1939, Archiv Quai Branly Paris.
② (1) The Dawn of an American Era, Sept. 1951; (2) The Orientalist Manifesto, Tokyo, 24. Sept. 1951; (3) The New World—A Scheme of World Wide Mobilization.
③ 《阎锡山日记》，九州出版社 2011 年版，第 250 页。
④ 李茂盛：《阎锡山大传》下册，山西人民出版社 2010 年版，第 1130 页。

卫中与山西外国文言学校

王稚纯

近在互联网上见到一藏家晒出了他的一则拍卖图书的广告，藏家是这样介绍这本图书的："《对于泰谷尔隐士戏剧说明书》，山西外国文言学校编。品种：民国旧书。属性：北洋军阀时期（1911年至1928年），北洋军阀区旧书、工具书、平装书、28开、页码不详，普通纸。简介：卫中博士1888年4月5日生于德国之卢森堡（原文述），侨居法国，民国三年来到中国。主张中外文化交流，创办'动的教育实验场'。我国著名学者梁漱溟，黄警顽与之交情较深。此书于民国十三年6月13日第二版。书内注明山西外国文言学校卫中著，学生李晓、王玉堂记。泰谷尔即印度大文豪泰戈尔。备注，有'勉仁斋'印章款。封面中英文对照。25 cm×14.5 cm，相当于22开。品相如图片。"

这本《对于泰谷尔隐士戏剧说明书》，我在三十多年前就曾听图书馆的一位朋友说起此书，我当时就很想一睹为快，无奈，朋友说只见书目，没有实物。于是我便四处寻找，八方问询。三十多年踏破铁鞋无觅处，今在网上得此信息，精神为之一振，与藏家数次联系，终无结果，心情不免失落。不过，能在网络上得见此书封面真容及藏家对该书的简介，这便足以慰藉我多年搜寻的焦虑心绪了。

网上晒出的这本《对于泰谷尔隐士戏剧说明书》和其简介，为我们传递出了山西太原在一百年前曾经创建过的一所外语专科学校的信息，细心解读这本小册子，我们可从中了解到诸多当时的社会名人以及他们的相关故事。

一

这本书名中的"泰谷尔"，即是1913年亚洲第一位获得诺贝尔文学奖的得主、印度的大文豪泰戈尔。书名中的"隐士戏剧"，指的是泰戈尔众多作品中的戏剧剧本《隐士》。至于书名中"说明书"的具体内容，应不外乎是对《隐士》一剧的剧情介绍，抑或是对此剧的欣赏点评，因没见到实物，不能妄下断言。

从藏家拍摄的该书版权页上看，该书1922年6月16日著作，7月7日编辑，7月30日出版。这为我们提供了一个重要的信息，即在当时我国的文学教育界掀起的一股"泰戈尔热风"中，从诸多社会名流、文学大家纷纷翻译、介绍泰戈尔的诗歌、小说、戏剧等作品看，该书的出版时间也是在这股热风中较早出现的。

至于地处偏隅的山西外国文言学校为何当时即能迅速编辑、出版这本小册子，进而融入社会时尚；甚至这所学校的学生在老师的指导下已能用英语表演这出剧目了呢（这是这所学校的学生在日后的回忆录中说到的）？

再有，藏家介绍中说："此书于民国十三年6月13日第二版。"从时间上看，这本书的第二版，一定与当年泰戈尔访问山西有关。因为1924年5月21日泰戈尔在徐志摩的陪同下，由北京来山西访问督军阎锡山时，到太原正太火车站迎接的一干人等先将泰戈尔接到了山西外国文言学校休息，第二天才会见的阎锡山。这无疑会给这所学校带来很高的声誉。5月25日泰戈尔结束山西的访问后，该校便马上印刷了这本书的第二版，或也是为学校营造声势一种举措吧。

而这本书的两版印刷，都是因了当时的山西外国文言学校的教务长，也即是《对于泰谷尔隐士戏剧说明书》的作者——卫中先生。

二

卫中，是一位德国人，我国的翻译界习惯把他的名字译为"卫西琴"。因为他非常仰慕中国文化，他约在1914年时一人来到了中国，并为自己起了这个中国人的名字，有捍卫中国文化之意。

卫中先生在德国一所大学获得音乐博士后，却一心向往着东方文化，于是，在而立之年便孤身一人一直朝着地球的东方坚定地走去。他到了印度、到了日本。民国初年最后来到了中国。潜心考察，发议宏论，经我国近代教育家、翻译家严复（几道）先生翻译后，推荐给梁启超先生创办的《庸言》

上，以《中国教育议》为题发表，引起文化教育界的关注，遂被延聘到早年由袁世凯创办位在保定的直隶高等师范学校担任音乐教员。

1919年10月，全国23个省的教育会代表莅临山西太原，在这里召开全国教育联合会第五届年会。这是晋省教育界一次空前的盛会。北京大学文学院院长胡适来了，美国著名教育家杜威来了，卫中先生带着他的保定师范学校音乐系的学生也来了，并在会期为参会者进行了音乐演奏，受到了参会者的一致好评。

卫中先生还被邀请到省府作演讲，孰料演讲内容，非常符合阎锡山的教育理念。会后，阎锡山便请卫中先生留在他自任校长、刚刚创建一个月的山西外国文言学校，担任教务长，管理学校的各项事务。

卫中先生是在1920年春季正式走马上任的。他对接办这所学校，充满着信心。为能招聘到优秀的师资，他甚至给北大校长蔡元培先生亲笔写信求助，请蔡元培帮他推荐一名教法语的教师。得蔡校长大力支持，蔡校长在北大校刊上发一启事为其招聘。有蔡校长面子，北大一法文教员陈先生果真冒着风沙严寒，从京师跑到山西太原，来到卫中先生处应聘报到了。由此小事，可见卫中先生为办好这所学校的良苦用心了。

有"中国最后一位大儒家"誉称的梁漱溟先生曾著文这样描述卫中先生："是冬游晋，得参观先生所主办之外国文言学校。则其间所有，举不同俗，一事一物，靡不资人省味……而窃见先生精神措注于百余学生之身，无微不至，直有欲呕出心肝之慨，尤不能不使人起恭起敬，倾心折服。学生百数十人，一一颜色泽然，神采焕然；凡外间一般学校学生，所有憔悴之色，沉闷之气，于此绝不可见。然学生肥而先生瘠。先生之劳瘁，睹面可识，不止于瘠，直已病矣！"由此可见，卫中先生对这所学校倾注了何等大量的心血。

卫中先生在这所学校工作了六年，在这六年里，卫中先生践行着自己的教学理念，并结合着实践，著文发表了《教育的原动力》等多篇有关教育的理论文章。

卫中先生以他特立独行的教学方法和呕心沥血的身体力行，为这所学校赢得了诸多的社会荣誉。如前所说的印度大文豪泰戈尔访问山西时，卫中先生带领山西外国文言学校学生同省城各界代表到正太火车站迎接泰戈尔，并陪同泰戈尔先行到山西外国文言学校休息后,第二天才去会见的阎锡山。再如,1925 年 8 月 17 日至 23 日,在太原召开的全国性的教育学术团体——中华教育改进社的第四届年会。会议期间,500 余名代表参观了山西外国文言学校,其中便有蔡元培、陶行知、黄炎培、熊希龄、蒋梦麟、俞平伯、胡适、郑振铎、周作人、朱自清、徐志摩、柳亚子、梁漱溟等社会教育名流。以至半个多世纪后,该校学生在回忆当年那一盛况时说:"先生(卫中)以鞋袜(该校学生自制)赠与该社熊希龄先生等,隔日熊先生来校,即穿本校赠与之扁头布鞋,以示欢喜爱好。"

虽然经卫中先生的不懈努力而为这所学校赢得了诸多的社会赞誉,但这所学校还是在卫中先生主持了六年校务后,由于当时的各种复杂原因而停办解散了。卫中先生只得去了北京,与梁漱溟、熊十力等社会名流,潜心探讨哲学、教育与心理学等社会问题。其后,又辗转广东、广西、上海等地。1932 年 1936 年还曾两次回到太原。

卫中先生曾公开谈话指斥希特勒、墨索里尼、东条英机是世界三大疯人,并说他们会给全人类带来无穷的灾祸。因此被关押于日本监狱,长达八年之久,直至日寇战败投降始得获释。然已身心憔悴,不久辞世。

卫中先生崇尚中国文化,而犹重教育,他对中国的教育问题发表诸多宏篇巨论,并在具体的亲身办学中践行着自己的教育理念。他发表于 1927 年《教育杂志》上的《动的教育在中国第一次的试验》一文,即是在离开山西外国文言学校不久之后,到了北京总结而成的。

可惜,卫中先生这些论述中国教育的文章、讲话,只是散见于当年的各种报章杂志,尽管在教育界引起了不小的反响,但当时的国内,南北军阀,不停混战。继之,日寇侵华,生灵涂炭,以致"华北之大,竟容不下一张安静的书桌",教育界人士也就根本无法顾及总结研究卫中先生的文章和讲话了。

梁漱溟先生在二十世纪二十年代就曾著文对卫中先生的学说进行过介绍,并给予其极高的评价与赞誉。时隔半个世纪后的七十年代,梁先生依然念念不忘他的这位外国老朋友,又著《卫西琴先生传略》,他说:"世有好学深思之士倘因而引起兴趣更求卫先生原著研究之,发掘之,俾不致湮没,斯则学术界之幸也。"

所幸，当今国内学术界已对卫中先生颇有关注，尽管式微，但毕竟有了一个良好的开始吧。

三

让我们回到主题吧，说说山西外国文言学校。

这所学校可说是山西教育史上前所未有的一所外语专科学校，这所外语专科学校，其当时，在全国范围内，就算引领时尚风气之先的京、津、沪上，也可属凤毛麟角。它成立于1919年秋季，距今已整整一百年了。在这百年间，各历史时期的官方对该校正式记载共有三次。我们不妨抄录于下：

第一次：1920年3月，由山西省公署统计处编纂刊行的《山西省第一次学校系统以外教育统计》之总表中是这样记载的：外国文言学校，班数4个（英文班2个，德文班1个，法文班1个），学生数220人（英文120人，德文47人，法文53人），教员数20人，职员数5人，经费数2000（元），每学生平均费9.091（元）。

第二次：1921年12月15日出版的《山西现行政治纲要》第四章教育篇中是这样记载的：外国文言学校，系八年（1919年）开办，共为九班，所学虽属普通科目，然以外国文为主，内英文科四班，法文科二班，德文科二班，兼习英、法文二班（作者注：此处可能是印刷错误）。九年毕业。学生皆属十六岁以内，毕业后分送各国留学。学生每日并做工二小时，盖有合乎工读主义也。

第三次：1999年7月出版的《山西通志》第37卷《教育志》附录之大事年表中是这样记载的：1919年秋，山西私立外国文言学校成立，学制9年，开设英、法、德语，学生毕业后送西欧各国留学深造。校址在太原府东街之布弓街。该校于1926年停办，改为私立大通高中。

这里就第一次与第二次记载中，这所学校的班级数出现明显不符的情况，作一简单说明。第一次记载时，该校初办，班数4个，是正确的。第二次记载时，该校已由卫中先生接办，卫中先生将原来的4个班，拆分为九个班（作者注：也有说是七个班的），因此，两次记载的班数不同，并非两次统计时出现的错讹。

官方的记载虽简单明了，但索然无味。还是来自民间的个人回忆，翔实入微，可使读者兴趣盎然。而这"个人"，不是随便指某个人，而必须是对这一事件、这段历史，他是亲眼所见、亲耳所闻、亲身经历的才行。

而笔者就曾拜读过五位具备这"三亲"条件的、当年在这所学校就读的学生，当他们进入老年时还深情地回忆着自己青少年时期的母校。

下面，让我们听听他们是怎样叙说这所山西外国文言学校的吧。

原山西大学外语系副教授吉范五先生在1981年时写文章回忆道："山西外国文言学校（以下简称文校）开办于一九一九年秋季，它是阎锡山私立的一所学校，其目的是为了造就一批外语人才，为他效力，以巩固其政治地位。学生来源是从全省各县招考高小毕业学生，每县择优录取二人，又在太原省城招收了数十人，共计二百余名。年龄在十四至十六岁之间。规定学制为九年，外语开设英、法、德三种语文，毕业后保送西欧各国留学深造。膳宿衣服书籍等均是公费待遇。校长由阎兼任。校址在太原府东街布弓街。"

……

"文校约在一九二四年，校址由布弓街迁到北城区的前坝陵桥东花园（阎的私宅）……直到一九二六年秋……文校停办。"

这所学校当时区别于其他学校的最大特点即是：外语教学法。

吉范五先生说："外语教学法主要是听、说领先，写、读次之，也即不是由字母学起，而是从学话开始，以日常用语及课堂用语为题材……会话不仅是耳听口答，而是说与做相结合，运用现场表演方式……这样就学到有关的词汇和惯用语，学起来有趣，容易记忆而不感到枯燥。……这样耳目口手脑都得到训练，大大巩固了语言的知识和技巧。另外，还辅助以幻灯片及直观教学……开外语教学法之先河。"

原北京外国语学院副院长李棣华先生、原山西省作家协会副主席王玉堂（冈夫）先生在他们的晚年都对这所学校和卫中先生写有翔实的回忆文章。尤其是终老台湾的杜为（太为）先生对他们的老师卫中和母校的回忆，煌煌二万余言，内容最为详尽。

《纵横》杂志2002年第一期曾刊登一篇《卫西琴与山西外国文言学校》

的文章，作者是吴明焯。而前面提到的原山西大学外语系副教授吉范五先生在《记山西外国文言学校》一文中说到该校的外语教师"德语为吴明焯"。这出现在两处的"吴明焯"是同为一人吗？如是，这位吴明焯自然符合"三亲"的条件，因此他的这篇文章对研究山西外国文言学校及研究卫中先生自然有极高的参考价值。

这所学校在1925年前后改称校名为：大通学校（院）。1926年秋停办了。

创建于百年前的山西外国文言学校，在山西教育史上如流星一般，虽办学七年，稍显即逝，却也不失为山西教育史上留下一段美好的回忆佳话。

笔者曾留意收集了就读于这所学校学生名单，计有：

吉范五（襄汾县）、李棣华（左权县）、杜太为（定襄县）、王玉堂（武乡县）、段荣盛（武乡县）、徐士瑚（五台县）、徐士琮（五台县）、闫志德（五台县）、李广和（襄垣县）、吴国宾（夏县）、马绍伯（夏县）、裴琛（平陆县）。

以下数位不明籍贯，或待后查：

郭子明、李晓、张金、张富华、宋国英、成通敏、高步腾、杨映斗、郭炳、白焕采、冯玉松、李殿成、黄桂芳。

录自于《映像PICS》2019年第11、12期，第82—87页。

【作者简介】王稚纯，1953年生于北京，原籍山西武乡，著名作家冈夫（王玉堂）之子。1980—1985年在山西省图书馆工作，后调入山西省作家协会任职，2013年退休。

卫西琴
——一个被忘却的音乐家及其鲜为人知的音乐人生

黄 冬

引 言

  1913年春，一个德国人只身来到上海，此后长期旅居中国，在文化教育领域活跃了四分之一个世纪，还归化了中国国籍，娶了中国妻子，留下了大量著述和传奇故事，1938年底却突然离华赴日本，一去不归。他就是被某些人视为"疯子、骗子"和"性格古怪"的思想家、教育家、心理学家、音乐家卫西琴（Alfred Westharp，生于1882年，卒年不详）[①]。令人遗憾的是，在中国近代教育史和音乐史学界，迄今没有对这位历史人物的生平、作品、文化教育思想进行系统的研究和评价。今天，人们大多是从梁漱溟先生的著作中了解到一些关于卫西琴的生平、事迹和学说。自梁漱溟先生去世至今的三十年间，卫西琴的名字仅出现在极少量的文章段落或脚注里，检索不到一篇专题研究论文，直至2017年才出现了第一篇关于卫西琴音乐美学研究的硕士论文。[②] 然而，从该论文以及之前音乐学界对卫氏的零星涉及中，不难发现一个共同的缺憾，即对这个多才多艺的、具有多重身份的人物缺乏全面了解，对其音乐观念和见解的评析往往"见木不见林"，忽略了与之形成的诸多重要

---

  ① 卫氏一生中多次改换姓名和笔名，来华后取中文名：卫中，字：西琴。20世纪30年代后改称：傅有任，西文名改为：Victor Frene。为了避免混乱，本文统一采用较为人熟知的称谓"卫西琴"。
  ② 李霞霞：《卫西琴中西文化比较下的音乐美学观研究》，西安音乐学院硕士论文，2017年。

关联，如他的家庭和教育背景、来华之前的人生经历、中西名家及学说对他的影响等等。其重要的原因之一或许是受到国内资料零散，尤其是国外史料匮乏的影响①，致使无法全方位、多层次地认识卫西琴。

本文旨在通过汇集笔者在卫西琴生平和教育思想研究中发现的与音乐和艺术相关的史料或线索，以年表的形式初步整理出卫氏个人的音乐教育以及音乐和艺术活动经历，并整理出他本人用中、英、法、德文撰写的艺术论著以及相关文献目录，以此为从音乐和艺术角度研究这历史人物在信息资料方面提供一些基础性的帮助。同时，也作为一次对卫西琴进行"跨界"研究的尝试。

一、卫西琴来华前的教育和音乐经历

1882 年

10 月 16 日生于德国柏林一个犹太裔银行证券商家庭。

1886 年

4 岁起开始经常跟随父亲去剧院观看话剧，以这种方式受到文化教育的启蒙。

1887—1895 年

5 岁入小学，起初喜欢文学，13 岁时开始对音乐着迷（或与兼任乡村教堂乐师的外祖父和会弹钢琴的母亲影响有关）并学习弹奏钢琴。

1900 年

中学毕业后离家上大学，先后在弗莱堡、慕尼黑、维也纳、苏黎世大学选修日耳曼语言文学、文学史、自然博物学、国民经济学、音乐学等课程。上大学期间仍勤奋地练习钢琴，且自创弹奏方法和改编乐谱。

1905 年

回到德国慕尼黑大学，开始攻读音乐学和心理学（主科）、人类学和考古

---

① 参阅黄冬：《卫西琴研究状况及研究新探》，《教育史研究》2018 年第 1 期，第 32—34 页。

学（副科）。

1906 年

1月为"尼采与音乐"的专题研究和博士论文搜集资料，从慕尼黑多次致信位于德国魏玛的尼采档案馆（Nietzsche-Archiv），查询尼采生前创作的音乐作品手稿。

1907 年

7月27日通过了所提交的关于德国歌剧作曲家彼得·温特尔（Peter Winter）生平及作品的学位论文和各项考试，获得哲学博士学位。

8—9月认真钻研奥地利作曲家安东·布鲁克纳（Anton Bruckner）的降B大调第五交响曲乐谱，并在《试论布鲁克纳第五交响曲及其进化思想》中诠释了对乐谱的理解。

10月15日在慕尼黑举办的音乐会上，按照自己对作品独特的理解和处理，指挥演奏布鲁克纳第五交响曲。这场演奏在德国和法国音乐评论界引起巨大的争议。

1908 年

2月17日从柏林致信在维也纳的德国好友、法学家及歌曲作曲家阿明·克纳普（Armin Knab）博士。至1909年7月两人频繁通信，互通音乐理论和创作心得。

年内其博士论文《歌剧作曲家彼得·温特尔》在德国埃尔朗根出版。

因其音乐主张在德国难觅知音，又偏爱法国作曲家德彪西（Achille-Claude Debussy）的音乐观念和作品，决定离开德国赴法国。在法国期间除了发表音乐学论著、结识了法国作曲家德彪西之外，开始涉猎东方音乐、文化和哲学，并为之倾倒，还加入了"法国—日本协会"。

1909 年

4月15日在德国柏林音乐家协会演讲，题为《从歌剧〈卡门〉经〈埃莱克特拉〉到〈佩利亚斯〉——通向实用音乐心理学和心理学的音乐实践之路》。

6月18日和7月4日从德国慕尼黑两次致信瑞士儿童心理学家和教育家艾德华·克拉帕雷德（Édouard Claparède），介绍自己的音乐心理学研究要点，并寻求支持合作。

10月24日致信旅居德国柏林的意大利作曲家、钢琴家费鲁乔·布索尼（Ferruccio Busoni），阐述了自己的音乐研究工作与布索尼教授的音乐美学理论的一致性，并请求引见结识著名法国小提琴演奏家、指挥家皮埃尔·塞契亚利（Pierre Sechiari）。

12月30日法国作家和音乐批评家罗曼·罗兰（Romain Rolland）预告Alfred Westarp-Frensdorf（即卫西琴）博士将从柏林来访。

1910年

2月28日下午4点半至晚7点参加国际音乐协会巴黎分会会议，与会者包括罗曼·罗兰等音乐家和音乐批评家。

参观巴黎的吉美博物馆，接触到在北京生活了42年的法国耶稣会传教士钱德明（Joseph-Marie Amiot）有关中国及其文化的著作，包括《中国古今音乐考》。

7月在德国《音乐周刊》上分4期连续报道《巴黎的音乐生活》。

12月12日从巴黎致信德国杜塞尔多夫剧院，试图为该剧院的周刊提供两天前刚刚在巴黎奥登大剧院成功首演的《解放》（法国女作家Marie Lenéru编剧）的剧本翻译以及来自巴黎的报道。

1911年

客座巴黎心理学研究所，并发表关于音乐心理学理论的论文。

在巴黎和里昂多次发表论述布鲁克纳及其第五交响曲的论文。

9—12月在"法国—日本协会"的刊物上发表关于日本音乐的文章。

同年游历英国，在牛津大学举办"音乐感受之教育"讲座，并将讲义编辑出版，其中包括介绍自己研制的记谱符号和应用于经典音乐作品的谱例。

在伦敦被接纳为"日本协会"通讯会员，并于12月13日在该协会发表了《日本音乐独领风骚》的钢琴伴奏演讲。

1912年

11月8日在伦敦国际心理学研究俱乐部演讲《音乐的灵魂》。

12月3日在伦敦皇家音乐协会演讲《音乐感受之教育》，其某些观点在会后的讨论中受到与会者的强烈质疑。

在英国开始钻研意大利女医生玛利娅·蒙台梭利（Maria Montessori）的心理学和教育学，并专程去罗马向蒙氏当面讨教。之后再次发表了《音乐感受之教育》报告文稿，并在标题下添加了"致玛利娅·蒙台梭利博士"。

1913 年

2月从英国启程，途经法国、德国至意大利，在都灵和佛罗伦萨分别演讲《民歌的音乐灵魂》和《东方音乐》。后经埃及至印度，在加尔各答市演讲《东方与西方音乐之魂》，并拜访了刚刚获得本年度诺贝尔文学奖的印度诗人和哲学家泰戈尔（Rabindranath Tagore）。

3月下旬（或4月初）抵达中国上海。

二、卫西琴在中国的音乐和艺术活动

1913 年

4月18日晚在美国传教士李佳白（Gilbert Reid）创办的上海尚贤堂演讲《中国音乐之质理》。

5—11月赴日本研究日本音乐和文化，在东京结识了一些政治、教育、艺术等各界的有识之士，并同他们交换观点。曾试图创办一所音乐学校，以实验他独创的音乐和教育理念，但对日本全面西化感到失望而未果，并乘船返回中国。

1915 年

著名的英国陶艺大师李奇闻（Bernard Leach）因受卫西琴文化艺术学说的强烈吸引，举家从东京迁居北京，但一年后因发生摩擦又返回日本。

年内被保定直隶高等师范学校聘为音乐教习[①]，并讲授哲学和心理学。

1918 年

5月18日应蔡元培邀请参加古琴大师王心葵（王露）先生在北京大学的演奏会，会后蔡元培宴请王心葵，卫西琴与胡适、吴梅等教授作陪。

---

① 1915年4—5月卫西琴在天津参加第一届全国教育会联合会大会，并发表演讲。其间结识了曾任直隶学司督办的著名教育家严修，后又登门拜访，并经常互通书信。他受聘直隶高师任教是否由严修引荐，待考。

年内多次去北京吉祥园等戏院观看梅兰芳、姜妙香表演的京剧,尤其对昆曲产生了极大兴趣。

1919 年

4月5—6日率保定高师的教员和学生在北京虎坊桥京师模范讲演所举办两场音乐会,演出中西器乐和声乐作品,其间穿插音乐知识讲座(音乐会通告和节目单刊登在3月27日《北京大学日刊》)。

8—9月间暂住北京东城慈慧寺内,曾专程去芦草园庆云胡同(今青云胡同)梅兰芳的寓所登门造访,与梅畅谈戏剧艺术,并建议开办戏曲学校,以改进传统的戏曲演员培养模式,临别获赠多幅梅兰芳化妆剧照。

10月率保定高师的师生赴太原,为第五届全国教育会联合会大会演奏中国《诗经》中的几章,乐谱传自从《永乐大典》抄出古《卿云》歌的乐谱,演奏"大获好评"(梁漱溟语)。

年底应聘赴太原,先在山西大学教授西洋文学,并兼任国民师范学校教务主任,不久后调任山西外国文言学校教务主任。

1921 年

年内在外国文言学校整理编印《新谱诗经乐谱》(包括大雅烝民篇、商颂那篇、小雅民篇、大雅桑柔篇、小雅苕之华篇、豳风七月篇、鄘风定之方中篇、豳风鸱鸮篇、大雅抑篇、周颂烈文篇等)和"新谱昆曲"[包括李白清平调、脱布衫(别情)、邯郸梦(三醉)、春日等]以及"新谱祝孔乐章"。

在外国文言学校开设音乐课和舞蹈课,并以戏剧表演作为外语教学的重要手段。

1922 年

年初,梁漱溟先生赴太原讲学,其间参观了外国文言学校,并与卫氏结识,日后成为挚友。梁漱溟在后来撰写的《谈音乐》一文中,讲述了当时聆听卫西琴赤身露体演奏钢琴的过程和感受。

为阎锡山撰写的《太谷歌》谱曲。

1924 年

5月21—25日与来访的印度诗人泰戈尔在太原重逢,陪同参加省长阎锡山的接见和宴请。安排泰戈尔在其校内下榻,并与师生会面。

1925 年

4月上旬在校内连续数日举办"表演会",学生向社会各界观众演出由日语译为英语的话剧《武士道》和德语话剧、歌德名著《浮士德》片段,"并由卫西琴院长逐段予以汉语说明,俾听众易于明了"。

8月17—23日参加在太原举行的中华教育改进社第四届年会,并在会上演讲。会议期间熊希龄、陶行知等与会代表参观外国文言学校,还观看了学生的戏剧表演。

12月初因山西外国文言学校解散,离开太原返回北京。

1926 年

年初与梁漱溟、熊十力等人在北京西郊大有庄共同租房,"同住共学,研讨儒家哲学与心理学,并以'每星期五为讲论之会'"。1月15日(星期五)在第一次"讲论会"上口述个人生平,其中谈及个人的音乐教育经历。讲述由张俶知记录,后由梁漱溟注释并作序,以《卫中先生的自述》为标题连载于3月4、6、8、10日《晨报副刊》。

1月在国立北京艺术专门学校演讲《艺术在教育上之功用》。①

8月21、22、23日观看日本剧团在北京演出。自9月5日至翌年4月10日在法语《北京政闻报》上分19次发表评论文章,结合观感综述了东西方音乐以及个人的音乐学研究结论。

12月在《北京政闻报》《晨报副刊·星期画报》《申报》和《北洋画报》上连续报道由美国现代舞蹈家伊莎多拉·邓肯(Isadora Duncan)的学生组成的舞蹈团来京演出,并借题发挥阐述对中国教育和体育的新见解。

1927 年

5月29日再次到北京艺术专门学校演讲《戏剧与人生》。

7—8月间应上海大同大学和国立暨南大学之聘赴沪任教,讲授心理学和教育名著课程。

在《教育杂志》第11期上发表《动的教育在中国第一次的试验》,文中

---

① 从德国留学归来的音乐家萧友梅时任该校的音乐系主任,他是否莅场听讲并结识卫西琴,目前尚无文字资料证实。

详细介绍了个人的音乐理念和音乐教育方法。

1929 年

由梁漱溟举荐，应李济深及广东省政府之聘在广州创办"动的教育实验场"和试办师范高中。

12 月 28 日在《广东省立动的教育实验场周刊》第 4 期上发表《音乐与人生》。

1930 年

自本年起至 1931 年先后在广州组织了十次外国电影公映，每次均印发亲自编写的影片"本事说明书"（即故事梗概），并配合放映的影片发表专题演讲，如：将詹姆斯·怀勒（James Whale）1931 年执导的美国影片 *Waterloo Bridge*（即《魂断蓝桥》）片名译为《欧洲的殉难者》，并借此演讲"生与死"的问题。

1931 年

结束广东教育实验后一度去广西，继后多客居上海，以撰稿和演讲获取报酬为生。

1932 年

7 月 3 日在上海世界学院演讲《歌德与中国》。

1933 年

9 月 25 日，10 月 2、9、16 日在上海新学术研究院举办四次讲座，题目分别为：1. 中国的心理发现；2. 中国典籍中和生活中的重要观念；3. 中国音乐；4. 中国绘画。

1938 年

12 月 22 日离中国赴日本。

三、卫西琴在日本撰写的文化艺术论著

1939 年

7 月 22 日在东京大宫八幡的寓所完成了关于旅日法国版画大师《保罗·雅库莱（Paul Jacoulet）艺术创作灵感之源》的法语论文（未发表，手稿现存

于巴黎 Quai Branly 档案馆)。

8月1日在日本杂志上发表文章《中国文化的心理学解剖》。

11月11日在日本英文报纸 The Japan Times & Mail 上以读者来信的形式发表对大和音乐协会演奏会的评论 (Yamato Music Society Concert)。

发表文章《音乐作为鼓动精神的手段》(Music as a means of Spiritual Mobilization)。

1940 年

4月18日在日本英文报纸 The Japan Times & Mail 上以读者来信形式发表对匈牙利—日本友好音乐会的评论 (Music Interpretation—Hungarian-Japanese Friendship Concert)。

4月25日在日本英文报纸 The Japan Times & Mail 上以读者来信形式发表《音乐与生活》(Music and Life)。

12月在《日本及日本人》杂志上发表《日本文化的特征》(日本文化の特徵),中山幸翻译。

1941 年

7月3日至27日在东方文化协会举办系列讲座,与音乐有关的包括:

《希特勒借用布鲁克纳》(Hitler through Bruckner);《用日本音乐进行鼓动的科学方法》(A Scientific Method of Mobilization of Japanese Music)。

四、一则值得深究的重要史料

卫西琴与陶行知交往甚密,而世人却知之甚少。[①] 据蔡元培先生1936年3月23日的日记记载:当天陶行知先生到他的上海寓所造访,商议三件事,其一便是"向工部局借音乐队,再奏一次 Bruckner(布鲁克纳)的交响曲,请傅有任(即卫西琴)指挥"。[②] 陶行知为何为此事向蔡元培求助呢?卫西琴尤为钟爱奥地利作曲家安东·布鲁克纳的作品,称布鲁克纳是"自贝多芬以

[①] 参阅黄冬:《陶行知与卫西琴》,《生活教育》2018年第4期,第19—21页。
[②] 王世儒:《蔡元培日记》,北京大学出版社2010年版,第440页。

来最伟大的交响曲作家"①。他来华前曾多次发表过论述布鲁克纳作品的论文，并于1907年10月在德国慕尼黑的一个音乐会上，按照自己对作品独特的理解和大胆的处理，亲自指挥演奏了布鲁克纳的第五交响曲。这场演奏在德国和法国音乐评论界引发了巨大的争议，成为卫西琴音乐活动中最难忘的事件，并对他的精神世界产生了持久的影响。（关于"卫西琴与布鲁克纳的第五交响曲"拟另文专述）因此我们有理由推断，卫西琴向陶行知讲述过这些几十年前的往事，并吐露过在中国再次指挥演奏布鲁克纳的交响曲的愿望。而蔡元培早在1918年5月北京大学乐理研究会举办的古乐演奏会上就结识了卫西琴，1920年还亲自在北大发布启事，帮助卫西琴主持的山西外国文言学校招聘法语教员。② 那么，卫西琴是否在蔡元培和陶行知的帮助下最终实现了夙愿，目前尚待查证。这条史料线索还引发了一个合乎逻辑的疑问：卫西琴在1938年底离华赴日之前的六年多里，大多客居上海，与不少文化名人来往密切，并应邀各处演讲教育和文化艺术问题（包括音乐）。他在此期间与上海的音乐界，包括萧友梅主持的国立上海音乐专科学校和上海工部局管弦乐队（Shanghai Municipal Orchestra）的中外音乐家还有哪些交集或音乐活动，值得深入探究。

结语

卫西琴身后留下了许多谜团，最大、最蹊跷的莫过于他于1938年"突然失联"以及"最终归宿"。他于1938年底究竟因何故、以何种方式突然离开中国去了日本，现有若干不同的传说，但均无史料佐证，因而无法采信。他何时、何因辞世，死后葬于何处，至今也仍是未解之谜。但据笔者在德国和

---

① 见"Education of Musical Sensitiveness, by Alfred Westharp", in: Proceedings of the Musical Association, 39th Sess. 1912—1913, p. 37.
② 见《北京大学日刊》1918年5月21日第142号，第2版以及1920年2月13日第539号，第1版。

日本学者协助下调查发现[1]，卫西琴至少到 20 世纪 50 年代初依然健在，并曾在驻日美军总部所属的文化教育部门任职。其间发表过不少有关政治、文化、教育、音乐以及中日关系的文章和演讲。另外，他与阎锡山有着书信来往，而且 1951 年底还到台北拜访过卸任隐居的阎氏[2]。

原载于《生活教育》2021 年第 5 期，第 111—115 页。

卫西琴与中国教育[*]

黄 冬

引言

卫西琴原本是一个德国音乐家，在中国生活的二十五年中却大半时间置身于教育领域。他曾在直隶保定高等师范学校、山西大学、山西省立国民师范学校、山西外国文言学校、上海大同大学、国立暨南大学、广东省立第一中学、广东省立动的教育实验场任职任教，在全国近百所学校和教育机构做过演讲或讲座，在中国发表出版的大量著述中，绝大部分都是有关教育的。另外，他还结识了许多那个时代有名望的中国学者、教育家和热衷教育的政要。可以说，卫西琴在当时的知识界和文化教育界已具有相当的知名度，而且是一个极具争议的人物。他所提出的文化教育主张和举措虽然"颇为士林

---

[1] 在此特别对德国汉学家、日本学家内克曼（Erhard Neckermann）先生和日本鹿儿岛大学前田晶子教授提供的真诚帮助和珍贵资料表示衷心的感谢。

[2] 参阅黄冬：《卫西琴研究状况及研究新探》，《教育史研究》2018 年第 1 期，第 37—41 页。

[*] 本文是作者 2021 年撰写，此为首次公开发表。

瞩目"（梁漱溟语），但学界和教育界的反应和评论乃是莫衷一是，甚至大相径庭。本文旨在回眸卫西琴在中国的教育活动历程，同时回溯民国时期国内知识界和舆论界对其教育主张与教育实验的评论和争论。

一、主张"教育宗旨当以孔道为主"（1913—1919）

1913年春，时年不满31岁的卫西琴怀着对古代东方文明的美好憧憬，初次踏上华夏大地。此时恰逢中国正处在一个激烈动荡的年代：刚刚推翻了上千年的封建帝制，建立了中华民国，政治和文化上新与旧的博弈犬牙交错。当时以康有为为代表的保守派掀起了一波"孔教运动"，试图将孔教立为国教。初来乍到的卫西琴便跟随一伙被称为"西儒"的外国尊孔人士积极地参与孔教会的活动，为其摇旗呐喊，以示他们对传统的儒家文化之崇尚与维护。此后，作为一个音乐家的卫西琴毅然选定了教育当作他在中国事业的发展方向和立脚点，因为他认为中国正在摒弃传统"国粹"，盲目地学习西方，根本无法实现复兴强国之梦，而"再生之道当由教育"，"教育宗旨当以孔道为主"。他怀着这样的信念开启了在中国近二十年的教育生涯。最初阶段（1913—1919年），他先后发表了许多有关教育的文章和演讲，其中影响比较大的有《中国教育议》（1914），《新教育论》（1916）和《中国之悲惨教育》（1916）。

1913年4月，卫西琴初到中国不久，就在上海"环球中国学生会"演讲《教育为强国之本》，孔教会总干事陈焕章博士担任翻译，后将此演讲的英文稿 Regeneration through Education 于12月发表在英文《京报》（*Peking Gazette*）。

1914年1月26日（甲寅年春节），卫西琴与一伙尊孔的外国人士一起参加了孔教会在北京圣人府礼堂举行的谒圣团拜大会，并在会上发表了《近世之孔教教育》的演讲，仍由陈焕章翻译。此后多次参加孔教会活动。

1914年初，他又撰写了 *Chinese Education：How East and West meet* 一文，先于1—2月间在日本东京的英文杂志《远东》（*The Far East*）连载发表，同时将文稿呈交北京中央教育会。其后"投书严几道（复）先生求为翻译发表。严先生于其文稿多日未加展阅，更未置答。迫不得已，再度投书自陈来访中国实为怀抱敬仰珍爱中国精神而来，顾久久不得同情谅解之人而遇之，几无可与语者，将自杀。严先生骇然，亟答书慰勉，许为翻译发表"①。3月初，译文就以《中国教育议》为标题，"论东西二教育所以汇合之术"为副标题刊登在梁启超主编的《庸言》杂志上，后又印发单行本，由康有为亲传的弟子、书法家罗惇曧（即罗复堪）题署。卫西琴一方面批评中国教育舍本逐末，丢弃固有的精神财富，盲目效法日本学习西方。另一方面大力宣扬他最崇拜的意大利教育家蒙台梭利（Maria Montessori，1870—1952）的心理学和教育学，他主张"持蒙氏之唯心说更折衷于孔子而后用之"，将儒家教育学说中的观念"成己成物"与蒙台梭利的核心理念"自主自力"相结合，理由是："仆察中国之民性，固不必借径于欧洲之旧法教育，凡学必由心识而后为躬行。但用蒙氏之教育术，自可立致知行合一之妙，本于由成己者而为成物。"② 此文是卫西琴在中国第一次以中文译文形式公开发表的文章，随即引起不少知识界和文化教育界名人的评述。

严复读此文章感到"愈读乃愈惊异"，"叹为岐山之凤音，鼓舞之情，流露于译文"（易白沙语）。他在"译者按"中对其观点评论道："其所言虽不必尽合于吾意，顾极推尊孔氏，以殊种异化居数千载之后，若得其用心。中间如倡成己之说，以破仿效兴自由。谓教育之道，首官觉以达神明，以合于姚江知行合一之旨，真今日无弃之言也。……盖其言虽未必今日教育家之所能用，顾使天下好学深思之人，知有此议以知详审见行之法短长……"③

梁漱溟便是当时未能完全领会卫氏用心者之一，他说："（民国）三年春，从《庸言》读《中国教育议》，异其议论，绅绎至再。徒见萦回慨叹之辞满纸，而立言申旨，条理不清。继更求得他稿读之，翻复研思，莫窥究竟。窃

---

① 梁漱溟：《卫西琴先生传略》，《梁漱溟全集》第七卷，山东人民出版社2005年版，第235页。
② 卫西琴：《中国教育议》，《庸言》，1914年第2卷第4期，第7页。
③ 卫西琴：《中国教育议》，《庸言》，1914年第2卷第3期，第1页。

疑其空疏无物，则亦度外置之。"① 还曾说："《中国教育议》一文，愚早从《庸言》得见之，且极注意细读。当时只觉其对中国过多赞叹之词、惋惜之词，顾难寻绎得一定理致与具体主张如何。"但后来通过与卫西琴的多年交往，特别是在他耗费了大半生的"人心与人生"的探索过程中，从卫氏的学说里获益匪浅，因而得出结论："聆其言论，读其著作，虽一时不尽了解，总觉其言之有物，值得重视。"②

易白沙是"新文化运动"的悍将，曾在湖南省立第一师范、天津南开大学、上海复旦大学任教。1915年《新青年》创刊不久，他就发表了《孔子平议》等文章，率先揭开了五四新文化运动时期批孔的序幕，并对新文化运动产生了深远影响。后因对时局深感绝望，遂于1921年端午节在广东新会蹈海自尽，以死报国，年仅35岁。卫西琴的《中国教育议》问世后不久，身在日本的易白沙立刻奋笔疾书，在《新青年》之前最有影响的进步期刊《甲寅杂志》1914年第2期上发表了长文《教育与卫西琴》。这位最早提出"打倒孔家店"的口号的学者讥讽卫氏在守旧势力甚嚣尘上的北京大肆鼓吹尊孔："恍惚如阳鸟之随气候而来，奔走燕都，挟尊孔之道，以干当世……此仅如群蛙喧夜之中，增一蚯蚓之吟喑而已矣。"③ 然后，毫不留情地对卫西琴的种种谬论展开了猛烈抨击。

1. 易白沙指出，卫西琴根本不懂中国，只将孔子之学视作国粹，无视诸子百家，并将孔子之教育当作中国传统教育的全部。于是，他开始为卫氏"补习"中国古代教育和教育思想发展史的知识，历数了儒、道、墨三家，包括儒家中孔、孟、荀教育思想的异同，批驳卫西琴之说犹如汉武帝和董仲舒推行独尊儒术，"举儒家以抹杀百家"。

2. 卫西琴认为，"富于神明而贫于物质"的中国，不应转向"优于物质而贫于神明"的西方学习"物质新知"，并以此主导教育发展。易白沙反驳

---

① 梁漱溟：《卫中先生自述题序》，《梁漱溟全集》第四卷，山东人民出版社2005年版，第801页。

② 梁漱溟：《卫西琴先生传略》，《梁漱溟全集》第七卷，山东人民出版社2005年版，第237—238页。

③ 易白沙：《教育与卫西琴》，《易白沙集》，湖南人民出版社2008年版，第1页。

道:"今日世界之潮流为竞争,中国之地位为危亡。若以危亡之邦,当竞争之世,若犹专言神明,遗弃物质,是诵《孝经》而欲退黄巾之寇也。……故必取西人之物质以保神明,而后神明永为我有。……中国若趋重物质,则神明将发展于无涯之域。"①

3. 卫西琴谈教育之本,还涉及婚姻制度,公然说"为中国计,不必去多妻,而用回族之多妻法可矣",并引用法国社会心理学家吕滂(Gustave Le Bon, 1841—1931)的理论,声称革除一夫一妻多妾,实行的多妻制属于"择对自由,道德上之必要"。易白沙怒斥道:"此诚逢恶不法之谈,利用吾社会之恶心理,以欺我者也。"他回顾了人类婚姻制度的形成、中国"一夫多妻制"的由来、现实原因及状况,随后质问道:"富者贵者多妻,而贫者贱者无妻也,是无异夺人之妻以为妻。卫氏以为于道德为必要,果何说乎?……而卫氏当中国存亡危急之秋,大倡多妻制,是诚何心哉?"②

4. 卫氏提出选派国学名宿硕师来谋划建立独立教育体系的建议,已成事实,如袁世凯已令经学家王湘绮(即王闿运)出山,担当国史馆馆长,整理国故,并负责教育事宜。对于这些还留着辫子的翰林们所欲所为,易白沙告诫卫西琴:"卫氏以为较无危险者,愚则不敢与知。悲夫,悲夫!餔糟歠醨以酬其醉,淈泥扬波以荡其浊,不图西人之子,亦能与世推移也!"③

1916年初,卫西琴又撰写了《新教育论》(亦称《新教育议》),欲再请严复续译,而严复以年迈体弱婉拒,但转交给时年28岁,后成为出版界巨擘的王云五翻译。译文和译者序言先刊载在《教育公报》1916年第7期,后由上海商务印书馆印行,著名教育家严修题写书名。卫西琴在文中对中国教育改革提出了一系列建议,除了继续倡导教育要以国粹为体,以蒙台梭利的心理学和教育学为用之外,还提出了"三级教育法",即对三个不同年龄段实施教育的要点和具体方法。同时,强调注重"力役教育",即通过手工、劳作、实际尝试等身体力行的实践活动实施教育。

王云五在序言里先列举了清末民初中国的初、中、高等教育的种种弊病,

---

① 易白沙:《教育与卫西琴》,《易白沙集》,湖南人民出版社2008年版,第6—7页。
② 易白沙:《教育与卫西琴》,《易白沙集》,湖南人民出版社2008年版,第7—8页。
③ 易白沙:《教育与卫西琴》,《易白沙集》,湖南人民出版社2008年版,第9页。

指出政府和政策的无力，人民对教育的失望与无奈，教育界对改革的期盼。他认为："今卫君所著新教育议，于吾国教育革新之策，独能见其远大；纵其言不必为今日教育家采用，然其主张则固根本也。"还对卫西琴提出的各项举措归纳性地评价道："今卫君之言教育，以心灵为里，以力役为表，以国粹为体，以成己为源，以成物为流；何切中时弊之甚耶！"① 他盛赞卫氏的"三级教育法"，且结合国情总结出五大优越性。此外，王云五尤为钦佩卫西琴对蒙台梭利教育方法创造性的应用和发展，其溢美之辞跃然纸上："一则蒙氏之法仅施诸三龄至六龄儿童，卫君独能以深远眼光扩而充之，使贯彻于全系教育；二则蒙氏之法专为欧洲儿童而设，卫君独能以我孔孟之道变而通之，使适于吾国个性。此则吾所拳拳服膺而不惮为之阐扬者也，特其大体主张实切中吾国今日教育界痼疾之良药；世有明达果断之良医取而试之，吾信其容有瘳也。"②

黄炎培时任江苏省教育会副会长，看到《新教育论》后，即令江苏省教育会以"实用教育丛书第二种"同时印行。他还在 1916 年 7 月 20 日的日记里写下了心得："卫西琴著《新教育论》。其言曰：教育也者，以引出国民自有之良能本旨也。所谓良教育者，即以引出国民一切良能为事功也。凡夫美术良能、创制良能、力役良能借良教育引出之，而后此隐伏之良能形而为思想出品与力役出品。欲施适当于中国之教育，当研究人之心灵，借以保存中国之真性，而建立最新颖之纯粹中国良能。"③ 此外，他扼要抄录了卫西琴所提出的"三级教育法"要点和具体方法，最后还兴奋地写道："……诚能如是，其结果有不令全国趋于实用之一途乎。按氏之主张，全根据于蒙台梭利氏之主义，于救中国今日之阙失恰合，愿以介绍于全国教育界。"④ 不久后，黄炎培还与沈恩孚共同邀请卫西琴于 1917 年 2 月 5、6、7 日在沪为江苏省教

---

① 王云五：《卫西琴〈新教育议〉序》，《王云五文集·贰》，江西教育出版社 2013 年版，第 8 页。
② 王云五：《卫西琴〈新教育议〉序》，《王云五文集·贰》，江西教育出版社 2013 年版，第 10 页。
③ 中华职业教育社编：《黄炎培教育文集》，中国文史出版社 1994 年版，第 226 页。
④ 中华职业教育社编：《黄炎培教育文集》，中国文史出版社 1994 年版，第 227 页。

育会演讲,并在会刊《临时刊布》上登载了这三天的讲稿。而此前,卫西琴于1916年暑假期间应张謇和江谦邀请,到江苏南通等地参观三个星期,在参观南通师范学校和女子师范学校幼稚园时,发表有关教育的演说和谈话,并与南通师范学校约定,农历十二月到学校讲授《小学教育》三星期,每日三小时,但后来因病未能成行。据南通师范学校校史记载,张謇函聘卫西琴至南通担任其子张孝若的英文教师。

吴稚晖,即吴敬恒,民国时期著名学者、教育家,获得联合国"世界百年文化学术伟人"荣誉称号。他早年参加同盟会,出版《新世纪》报,鼓吹无政府主义,后又与胡适、戴季陶、丁文江等人宣扬"全盘西化"。这位民国著名的"吴疯子"看到同样被称作"疯子"的卫西琴《新教育论》一文,对其中主张加强"力役教育"表示"吾五体投地崇拜之"。然而,法国在欧战期间招募华工时,曾极力推动海外勤工俭学的吴稚晖,坚决反对卫西琴建议限制派遣出国留学生。1918年2月,吴稚晖在《新青年》杂志发表了问答形式的杂文《论旅欧俭学之情形及移家就学之生活》,文中批驳了卫西琴建议派遣留学生应仿效欧美和日本的做法:"必须成年之人,年在二十五岁以上,曾于本国受有完全教育者",且留学目的仅限于极深层的研究或"特殊调查"。吴敬恒反诘道:"中国今日之国情及学界之程度,得比英乎德乎法乎美乎?即退一步言之,得比日本乎?"他认为,既然卫西琴倡导"力役教育",那么,"即力役之教育而论,是世界的,非一国的。力役之知识,是世界的,故交通愈广博,而成就者愈多。我国力役之教育,既已发达,尚不可忽于交通,当其未发达,尤应多设交通之法,促此教育而进之。移家就学亦为交通诸法内之一种"。他主张"移家就学"的理由是"今日中国之所缺者,学校教育,与所谓力役教育内之高等能力,皆知出国而求之矣。……我国学校之骤难完备,尤于高等力役之能力,一时决不能取诸官中而足"。①

舒新城作为教育史学家、辞书学家,1932年出版了《近代中国教育思想史》,在第五章"西学教育思想"的"变迁"一节中列举了中国知识分子对于

---

① 吴敬恒:《论旅欧俭学之情形及移家就学之生活》,《新青年》1918年第4卷第2期,第169—170页。

接受西洋文化和西学教育的各种态度，并进行了分析比较。其中将梁启超和梁漱溟作为"中国文化以精神胜，西洋文化以物质胜"观点的代表，而吴稚晖的思想则与之相反。有意思的是，舒新城大段引述了吴稚晖上述对卫西琴在派遣留学生问题上的批评作为例证。[①]

1915年4—5月间，卫西琴应邀参加了在天津举行的第一届全国教育会联合会大会，并发表了《中国必须采用之教育论说》（亦称《中国教育意见书》）的演讲，后由被誉为"不谙外语的翻译家"林纾的好友和合作者陈家麟翻译，由直隶省教育会印行，并刊登在《教育周报》。从现有资料可以看出，此次演讲反响甚微。但他最大的收获是会议期间结识了著名的教育家严修，日后还登门造访，并经常互通书信。或许是由严修推荐，不久之后他获得了人生中第一份正式的教职：直隶保定高等师范学校音乐教习。1920年因北洋政府教育部规定高等师范以国立为原则，不久后，保定高等师范即停办。因此，除了一本他在保定期间编著的《自然心理学》（现仅存1925年山西大通学校重印版）和《哲学概论》（现仅存几张照片），几乎找不到卫西琴在那里近四年的工作情况文字资料。

翌年10月，已经小有名气的卫西琴，再次应邀在北京第二届全国教育会联合会大会上，作了题为《中国之悲惨教育》的演讲。会后讲稿即由北京全国教育联合会、江苏省教育会以及上海商务印书馆创办的《东方杂志》相继印行，直至1938年仍不断有一些国内的书刊陆续摘编翻印，可见颇具影响。

杜亚泉，笔名伧父，时任《东方杂志》主编，是中国近代著名科普出版家、翻译家。他早年醉心于西方文化，但第一次世界大战的现实使他思想发生重大变化，觉得不能再盲目崇拜西洋，并重新审视中国固有文化，认为可用中国传统文化中的一些思想观念弥补西方文化的缺陷。此时正值"五四"前夜，以梁启超、梁漱溟为代表的东方文化派与以胡适、吴稚晖为代表的西方文化派之间的东西文化论战方兴未艾。杜亚泉也加入了论战，1917年4月，他发表了《战后东西文明之调和》一文，认为中国传统文化中和为贵、讲中庸、尚仁义、重民本及均贫富等思想恰是补救西方的强权主义、帝国主义、

[①] 舒新城：《近代中国教育思想史》，商务印书馆2017年版，第263—265页。

军国主义之弊病的良药。同时他不否认,若不汲取西方文明中的长处,则无法救中国的贫弱,除了对本国传统文化必须有"确信",但又不能"自封自囿",而要"以彼之长,补我之短"。他恰好读到卫西琴的《中国之悲惨教育》,便在文中借用卫西琴的观点支撑他的论点:"近日美国卫西琴博士在北京教育联合会演说,谓中国须'将固有之经史,借西国最新之学理及最新之心理学,重新讲译'。盖深得我心者也。"① 他似乎并不满足于此,上文发表五个月后又将卫西琴演讲全文刊载在他主编的《东方杂志》。

唐文治是著名的教育家,弃政从教后,潜心教育事业,曾担任上海高等实业学堂(上海交通大学前身)及邮传部高等商船学堂(大连海事大学和上海海事大学前身)校长,还创办了无锡国专(苏州大学前身)。他看过卫西琴的《中国之悲惨教育》一文后感慨万分。作为中国的工学先驱,他积极推动在新学堂引进西方的自然科学和理工教育,为实现实业救国培养人才;然而,作为国学大师,当他看到当时许多新学校废弃"教以礼义,养其德行,培之以盛德,扩之以大业"等中国传统的办学之本,无力培养"知万事之类,通古今之变,特立独行,明体而达用,自治而治人"的人才,反而误人子弟的现象,又感到痛心疾首。更让他受到强烈刺激的是,对这些现象的批评的竟然出自一个西洋人。他按捺不住激愤,写下了《学校论》一文,阐明了开办学校教育的宗旨、人才培养的目标和途径等。他在文中写道:"近美儒卫西琴,讥我国学校蔑弃孔子之道,舍己求人,躐等而进,目为悲惨教育,盖残害青年甚矣。夫复何言。虽然,学校者,天下之命脉也,则余又不忍不言。"还说:"欧美之人,皆知尊我国之经典,而我乃废而弃之,岂不怪且异哉?"唐文治提出:"今之学校,未有不正其本而能救之者也。窃尝谓欲救天下,先救学校,欲救学生,先救人心。"② 唐文治此言和文中许多观点恰恰契合卫西琴的主张。

除上述易白沙对卫西琴的批驳之外,还有几位著名的"新文化运动"的先锋,如傅斯年、周作人、罗家伦等同样也激烈地抨击过卫西琴的言论。但

---

① 伧父:《战后东西文明之调和》,《东方杂志》1917年第14卷第4号,第7页。
② 唐文治:《学校论》,见陈国安等编:《无锡国专史料选辑》,苏州大学出版社2012年版,第90页。

他们的批判并非针对卫氏的教育见解，而是直接指向他捍卫中国传统文化的立场和意图，视其为与抵制"新文化"，鼓吹"尊孔复古"的保守势力沆瀣一气的"西儒"之重要代表。故此，不在本文详述。但值得一提的还有一位卫西琴的批评者——刘咸炘，与上述几位"新文化"倡导者的不同，他是极具传统色彩的"国学先生"，曾被陈寅恪誉为民国时期蜀中最有学问的学者，钱穆也十分赞赏他的学识，惋惜他36岁英年早逝。一生从未出过四川的刘咸炘并不直接认识梁漱溟和卫西琴，但曾读过他们二人著述，并通过他的弟子徐季广有了更多了解。他对梁漱溟之学的评价是："梁君之说，固是具眼。其不足处，乃在未多读古书及深究道家之说。"对卫西琴则更是鄙视，认为他与许多"西儒"一样，虽见解独到，但对中国的圣贤之道领会肤浅，又爱故弄玄虚，且言之无物。他在给弟子徐季广的一封信中说："卫西琴固有独见，然其说玄幻而好牵大纲，乃是西洋人习气，于中国圣哲之心得，似尚隔膜耳。"[1]

毋庸讳言，卫西琴非常勤奋且高产。1918—1919年间还在《都市教育》上发表了《实习儿童心理缔造教育根原》；在南京高等师范学校及江苏省立通俗图书馆演讲了《中国教育的原动力》和《发展国性之教育》；在保定高等师范学校撰写了《哲学概论》《自然心理学——即取诸新发明自然定律之明光重阐古代中国思想之初论》和《新教育的教条》；在北京女子高等师范演讲《女子教育之初步》，在山西太原洗心社演讲《孔道教育》等。仅从这些著述的标题，包括之前所列举的著作不难看出，卫西琴这个时期教育主张的基调和核心思想。对于这个初露锋芒，且十分另类的"洋教育家"，学界对其"雷人"言论的褒贬自然难免仁者见仁，智者见智，甚至断章取义，各取所需，为己所用。对一个教育家公允全面的评价须"听其言，观其行"，而此时的卫西琴尚无任何令人信服的教育实践。

二、太原"感觉教育"实验（1920—1926）

1919年9月底至10月中旬，卫西琴率领由保定高等师范师生组成的乐队

---

[1] 刘咸炘：《与徐季广书》，《推十书》第三册，成都古籍书店1996年版，第2211页。

赴太原，为第五届全国教育会联合会大会演奏中国《诗经》中的几章。据说其乐谱是从《永乐大典》抄出古《卿云》歌的乐谱。演奏"大获好评"，江苏省教育会的代表陈主素（即陈容，南京高师学监主任）会后还为此写过的一篇文章，并对梁漱溟说："这种乐，真是可以代表中国民族精神的一种乐，平生未尝听过，但听过一次，一生也不会忘记。"[①] 其间，卫西琴还在太原参加了"大成节"（即孔子诞辰日）的纪念活动，在文庙为地方社团"山西宗圣总会洗心社"作了讲演，并与陈焕章、蒋维乔、江叔海等八人被聘为洗心社临时讲长。正在山西为推行"用民政治"而广纳人才的省长阎锡山十分赏识卫西琴，随即聘请他到山西任教。

1919年底卫西琴辞去了保定高师的教职，应聘来到太原。先是在山西大学任西洋文学教授，不久后又短暂担任国民师范学校教务主任。

"他得了国民师范教务主任的职务，真是又喜又惧。喜的是国民师范的学生，都是将来国民小学的教员，那么他的新教育的主张，在这种难逢的机会之下，是可用山西做大本营，而以全省的儿童做实验品的了，同时他惧的是现在能明白而且应用他的教育主张的教员人才没有，他必须先干养成教员的工作，然后这班教员于上课时，才不会与他的思想，主张，背道而驰。但是这件确实大困难的事情。他依然还是毅然决然的照着他的理想的路子毫不迟疑的走着。"[②]

果然，仅约两个月之后，一部分惯于"机械的灌注式的军国民的教育法"的该校教师（大多是留日人员和北大、北高师毕业生），因不满他灵活的教授法和课程安排，以"总辞职的方法"将他排挤出校门。

1920年春，他被调至开办不久的山西外国文言学校出任教务主任，因阎锡山兼任校长，实际上由他掌管。另外"此校似不在正式学制系统之内，故得以措施自由"。真是天赐良机，卫西琴终于有了一块可自由耕种的"试验

[①] 梁漱溟：《谈音乐》，《梁漱溟全集》第二卷，山东人民出版社2005年版，第121页。
[②] 紫美：《关于介绍卫西琴氏的一封信》，《汎报》1927年第1卷第3期，第25页。

田",用来实验他的教育理念和方法。为此,他不敢懈怠,用尽浑身解数,辛勤办学六载。为建立一套称作"感觉教育"(初称"补心自然教育")的模式,他在学校管理和教学上采取了一系列奇特的新措施。这位身材魁梧的"洋校长"穿着青布中式大褂,青布圆口鞋,满口说着中国话,操持校务,事必躬亲。此外,还忙里偷闲,大量研读中国典籍以及外国新理论书籍。他的办学理念和举措遭到了许多不解和非议,对此,他不断地利用演讲和著作阐明其中的原理。在太原期间,共发表著述和各类出版物四十多种,其中包括:阎锡山亲笔题署的《新教育的原动力》(1921);在张耀翔教授主编的《心理》杂志发表的《男女新分析心理学》(1922—1923);大通学校印行的《人心新力学》(1924),以此作为其独创的"感觉教育"心理学和教育学的理论依据。

这所学校 1926 年彻底停办解散,其真实原因说法不一,无从证实。他于 1925 年底便返回北京。他的这段可冠以"太原教育实验"的办学历程也引起了一些文化教育界人士的关注和毁誉参半的评论。山西外国文言学校开办期间,多位中外名人亲历或目睹过这所奇特的教育机构,并留下了不少文字记录。这些公开发表的观感和记述(不包括昔日该校师生后来所写的回忆录),从不同的视角反映出当时各种不同的印象和评价:

陈儒康,即陈学池,1919—1923 年在北京大学学习,其间加入过李大钊倡导成立的"北大社会主义研究会",毕业后返回四川主编《大中华日报》,后在四川军阀刘湘政府供职。北大校长蔡元培受卫西琴委托,于 1920 年 2 月 13 日在《北京大学日刊》上刊登启事,为山西外国文言学校招聘法语教员。时为经济系学生的陈儒康立即应聘,并于 3 月 24 日动身前往就职,但 4 月 11 日便毅然辞职回到北京。返校一星期后,他在《北京大学日刊》上刊登了一篇报道《记山西外国文言学校》,描述了对这个开办不到半年的学校之印象和他在那里十几天的"遭遇"。他赴任之前"满腔都是热血,颇想在教育界尽我一分子的力;但是一到了文言学校以后,觉得遍身都麻木了。为什么呢?文言学校的办法是一味复古,教授外国文的法子简直完全采取番菜馆制度。"[①]

[①] 陈儒康:《记山西外国文言学校》,《北京大学日刊》1920 年 4 月 17 日第 584 号,第 2—3 版。

他述说了所见到的种种奇怪现象：各间教室均兼作各班的小食堂；课程表每天安排，上课不打铃，下课没准点；舞蹈课是请乡下人传授祭孔时的中国古舞招式；音乐课只学习吹箫；中文课分为写信、礼记、古诗和故事，五个班一起上大课，虽有中国教员任课，但往往都是卫西琴到场即兴演说，为一个从篆书到楷书的"水"字演变，能花八天时间分析解释其中人心的变化。最令人匪夷所思的是卫西琴发明的外语教学法，只教会话，不教书写，连字母和拼音都不学，但可用汉字注音帮助记忆发音，以致学了三个月法语的学生居然连 Bonjour（你好）都说不好。陈儒康违反"卫氏教学法"，试图教写字母，卫西琴发现后大发雷霆，甚至撕掉了学生写字母的本子，并与陈发生了激烈争执。陈儒康感到实在无法待下去，决定辞职。他最后写道："论我回来最大的原因，自然是教授法的冲突。还有呢，就是无论什么事，卫先生说话都用命令状……其次教员对于学生，连准假的权都没有；就是教习出门，也得要向卫先生请假。这些法律，没有一条不侵犯我的自由，为保全我的人格起见，我也不能不走。"①

王卓然，"九三学社"发起人之一，曾留学美国哥伦比亚大学，1928 年回国后任东北大学校长，是张学良挚友。1921 年 9 月，美国哥伦比亚大学著名教授保罗·孟禄（Paul Monroe, 1869—1947）来华进行教育调查，在翻译王文培的陪同下也赴山西考察。时为国立北平师范大学学生的王卓然和汤茂如有幸作为翻译助手和书记同行，并负责记录了每天的考察活动。1923 年，王卓然将记录整理出版了《中国教育一瞥录》一书。书中提供了孟禄一行 10 月 6 日在太原参观山西外国文言学校的情况。王卓然记录了参观过程和学校概况，还从获赠的印刷品上抄录了该校的办学宗旨、教学方法及内容、学生品行与爱好的培养细则，除了称"这个学校，是个最特别最有趣的学校"外，几乎没有个人评论。但是从中透露出三个值得注意的细节：

1. 王卓然抄录的办学"原理"（即办学思想原则）："用中国固有的国粹的势力，为建设中国新教育的原动力。本新发明的自然界定律，重新阐明中

---

① 陈儒康：《记山西外国文言学校》，《北京大学日刊》1920 年 4 月 17 日第 584 号，第 3 版。

国的旧思想。既不完全仿古代,亦不完全模仿西洋。"足以概括地显示出卫西琴教育主张的核心。

2. 卫西琴托辞有病未出面接待孟禄等来访者,只是提前预备了一些学生活动的照片和印刷品相赠。后来才从陪同参观的当地官员那里得知,有病是假,他从不出来接见外国人。这不由让人联想起昔日该校学生的回忆:"卫在太原七年之久,同欧美洋人素无来往,例如同太原的耶稣教医院、天主教堂、基督教青年会、救世军以及各家洋行都无接触。"①

3. 观摩了英语班以情景剧的方式进行课堂教学之后,大家都觉得很有趣。而孟禄看完后,"对于根本原理上非常赞成。惟对于实行方法上,觉得有太过之处。我们问他的意见,他摇头笑而不答"②。可见孟禄对卫氏的外语教学法并非完全认可。

梁漱溟1922年初赴太原讲学期间结识了卫西琴,并参观了这位他此后"唯一的外国朋友"主办的外国文言学校。1926年在《卫中先生自述题序》中谈及参观该校的感受:

"是冬游晋,得参观先生所主办之外国文言学校。则其间所有,举不同俗,一事一物,靡不资人省味,顿为惊叹。而窃见先生精神措注于百余学生之身,无微不至,直有欲呕出心肝之慨,尤不能不使人起恭起敬,倾心折服。学生百数十人,一一颜色泽然,神采焕然;凡外间一般学校学生,所有憔悴之色,沉闷之气,于此绝不可见。然学生肥而先生瘠。先生之劳瘁,睹面可识,不止于瘠,直已病矣!"③

一位笔名"直生未是草"的作者在《晨报副刊》登载梁漱溟上文几天之后,刊出一篇报道《卫西琴教育主张及其办法》。报社编辑称:"卫君在山西创办的学校,梁漱溟先生只赞叹其精神而未叙说其实在的办法。此文陈述该

---

① 吉范五:《记山西外国文言学校》,《山西文史资料》1981年第22期,第136页。
② 王卓然:《文言学校》,《中国教育一瞥录》,上海商务印书馆1923年版,第55页。
③ 梁漱溟:《卫中先生自述题序》,《梁漱溟全集》第四卷,山东人民出版社2005年版,第801—802页。

校编制、课业、生活等方面,似可作新闻读也。"而作者显然熟悉此校状况,也了解卫氏"感觉教育"或"自然教育"的思想及办法由何而来。他先概述了其心理学和教育学原理:"……以为人亦由二种力量合成,一曰心灵力量,一曰感觉力量,心灵力由内外行,感觉力由外内行,而至循环不已,交相为用,一气混成,固一而二二而一着也。……且幼年儿童,感觉尚未发达,心灵几隐而不显,欲求心灵力之发达,非发达其感觉不为功……既以发展感觉为发展心灵之第一步,则其教育上一切设备及办法,须注意于感觉之发展。"[1]随后,客观地介绍了学校班级的构成及变动、师生生活学习的安排、各学科的教学目标和方法等。此外,在结尾处也反映了社会上的一些批评:"按先生教育上之主张,确有独得之奇。惟其生长外邦,不谙中国风情,往往措施失当,与世凿枘,招起一般人之反对。"[2]

1927年初,梁漱溟在燕京大学社会学会演讲《介绍卫中先生的学说》中,也介绍了上述卫氏心理学和教育学的基本概念,并再次简述了他目睹的卫西琴办学情况:

"学生一身的事他无处不注意到——吃饭睡觉洗澡大小便通通注意到。因他如此注意,所以他这三年工夫未曾放过年假暑假并且未有星期日的休息,惟恐学生到外面去有妨害他的教育进行。他把教员学生分成许多小组,算作家庭。每一家庭以一教员为其家长。除他以全副精神照顾学生的生活外,其他的家长亦都以全副的精神照顾学生的生活。在学校内给学生以许多活动的机会:有做工的工厂,做鞋袜做点心等等;并且有时修理学校的房屋;有作买卖的公卖室,从文具到米盐一切校内众人需用之物都备。其管理进行都由学生自己去做,教员只是站在旁边看着而已。不但如此,就连学校办公处之公事也都由学生经营。"[3]

---

[1] 直生未是草:《卫西琴教育主张及其办法》,《晨报副刊》1926年3月10日,第24页。
[2] 直生未是草:《卫西琴教育主张及其办法》,《晨报副刊》1926年3月11日,第28页。
[3] 梁漱溟:《介绍卫中先生的学说》,《梁漱溟全集》第四卷,山东人民出版社2005年版,第824页。

此次参观确实给梁先生留下了极为深刻的印象，致使他 1971 年写《卫西琴先生传略》时说"事隔五十年之久，至今犹然在目"，并重新述说了上述见闻，还感慨道："卫先生对于此百余学生殆一身而兼父母师保之任，试想其劳瘁为何如乎！"他虽惊叹"措施新颖"，但当时并不明白其中的道理："此番参观虽聆教甚多，亦只能信服其——措施寓有深意，一时尚难通晓其根本学理。后经多年往还乃始有所晓然。"① 直到 78 岁时才将他所悟出的"卫氏学理"解读于卫西琴传略之中。

冯沅君，原名冯淑兰，著名哲学家冯友兰的胞妹，女作家，中国古典文学史家，曾在金陵女子大学、复旦大学、中山大学、武汉大学任教，后任山东大学副校长，唯一的一级女教授。1922 年初夏，她于北京女子高等师范学校毕业前夕，按照学校要求外出考察访问，在年级主任胡小石先生的带领下去了太原、武昌、南京、杭州。考察结束后，她将一路的见闻写成了《晋鄂苏越旅行记》，8 月在《晨报副刊》上连载了 20 期，其中记录了他 6 月 20 日参观山西外国文言学校经过和感受。

冯沅君参观前幻想着：校舍建筑宽敞壮观，教师循循善诱，学生活泼可爱，设备先进完善，起居饮食得当，甚至连花草都长得格外美丽。不料，还没进这个学校的大门，她就已经失望了。学校门前到处是驻军兵营，环境可谓"兵学合处"；校门宛如曹孟德疑冢，不知哪个是真的。进到校内：接待室犹如衰败绅士家客堂，摆放着大红色桌椅和大炕，高挂着非《中庸》即《孟子》的对联；校舍异常简陋，狭窄污秽，讲堂、自习室、饭厅同在一处；学校的工厂和公卖室尽显肮脏龌龊。学校设备简单，连图书室、阅报室都没有，远不及普通小学完备。再看学生：完全住校，除有特别的事请家人来接外，概不许出校；上课无一定时间，并缺乏活泼的精神。而学校的办事员和教员表现出的则是：一问三不知，不学无术，缺乏教育理想，只想"借此骗人骗钱混饭吃"。冯沅君将造成这"惨状"的原因归结为：

1. 办学人，包括校长和教职员无品格、无诚意，动机不纯。为此，她痛

---

① 梁漱溟：《卫西琴先生传略》，《梁漱溟全集》第七卷，山东人民出版社 2005 年版，第 238 页。

骂卫西琴:"这个学校的首领卫某人,就是个人所共知的大流氓,前几年曾在北京鬼混了一起,后来看风头不顺,才溜了去,像这样人来办学校,来办理想的学校,岂不是借以欺人吗?"① 此处须作一推测:1919年"五四"前夕,冯沅君很可能在北京女子高师听过卫西琴应校长方还邀请来校演讲。

2. 教职工素质差,缺乏职业理想和精神及专业知识。

3. 学校设施条件差,反映出办学经费不足。冯沅君质问道:"难道在那方不到丈余及几间有屋的工厂内,就足以满足一百五十人要动作的冲动的要求,就能供给他们工业上的知识吗?难道在一边挂着破黑板,一边放着用灰尘作油漆并且放着几碗剩菜的桌子的室内,满堆着土和草地院落,就能培养出身体健康、精神活泼、知识丰富的学生吗?"②

4. 学校的办学目的"发展儿童个性"和各种措施的初衷是十分有价值的,理应坚定去做,但为地方当局左右,把新理念涂上了孔孟色彩,以苟图学校的存在。这样的学校戕害青少年,不配称作学校:"他们这种办法,养成桃源的隐士则有余,想养成和恶社会奋斗的战将,则戛戛乎其难矣。"③

冯沅君义愤填膺地发出感叹和呼吁:

"总而言之,我参观了这个学校精神上所生的变化,不仅失望,而且使我发生了许多感慨:为什么山西教育界这样无人,让卫西琴这般人在那里装妖作怪,不出来做个深刻的批评,揭开他们的黑幕,教他敛迹远遁?这样教育界的怪物不驱除,可以说是山西人的羞辱,也可以说是中国人的羞辱。阎锡山对于教育不能说他没诚意来办,但是他没有相当的程度,却为这般流氓欺骗了。……万句归宗,他们这些办学的人对于学校丝毫没有诚意,不过借此欺骗山西的行政当局,和不十分了解他们学

---

① 冯沅君:《晋鄂苏越旅行记》,《陆侃如冯沅君合集》第15卷,安徽教育出版社2011年版,第178页。
② 冯沅君:《晋鄂苏越旅行记》,《陆侃如冯沅君合集》第15卷,安徽教育出版社2011年版,第178页。
③ 冯沅君:《晋鄂苏越旅行记》,《陆侃如冯沅君合集》第15卷,安徽教育出版社2011年版,第179页。

校内容的父老兄弟们。我很愿该省热心教育事人设法除去这个怪物啊！"①

李四光，著名的地质学家，1920年从英国留学回国后，任北京大学地质系教授和系主任。1924年夏末，李四光带领北大地质系七八个学生去长江三峡一带实习，途经太原，慕名参观访问了山西外国文言学校（此时学校已改名为私立山西大通学校）。他虽没有记述观感，却留下了一副题赠的对联："大匠之门无拙匠，因材施教尽通材。"以魏碑大字装裱后挂在教室里。对联点出了"大"和"通"二字的含义，也折射出李四光对该校寄予的期冀。②

陶行知与卫西琴相识甚早，且交往甚密，但世人对此却知之甚少。陶行知于1925年8月在太原出席中华教育改进社第四届年会期间，与熊希龄、黄炎培等与会代表参观过卫西琴的学校，据说对他两年后在南京创办晓庄试验乡村师范学校产生了一定的影响。因篇幅所限，故不在此赘述，欲知详情，请参阅拙作《陶行知与卫西琴》③。需补充一点：据记载，此次中华教育改进社年会的参加者中有不少文教界的翘楚，如：蔡元培、胡适、蒋梦麟、傅斯年、赵元任、沈尹默、陈衡哲、江亢虎、郑振铎、杨贤江、夏丏尊、周作人、叶绍钧、朱自清、俞平伯、徐志摩、孙伏园、柳亚子、许地山、舒新城、陈启天、余家菊、晏阳初等。④ 其中哪些人也一同参观了卫西琴的学校，有无观感或评论，尚待查证。

上述对卫西琴所办学校的评论，可谓褒贬兼有，反差极大。不可否认，他的"太原教育实验"事实上是失败的，他的挫败感是可想而知的。但梁漱溟却说："最近六七年在山西太原办学，虽云未见成功，而先生的学问却由此经验而臻成熟。"⑤

---

① 冯沅君：《晋鄂苏越旅行记》，《陆侃如冯沅君合集》第15卷，安徽教育出版社2011年版，第177页。
② 吉范五：《记山西外国文言学校》，《山西文史资料》1981年第22期，第134页。
③ 黄冬：《陶行知与卫西琴》，《生活教育》2018年第4期，第19—21页。
④ 曲子祥：《中华教育改进社在太原召开第四届年会的情况》，《山西文史资料》1984年第8辑，第122—124页。
⑤ 梁漱溟：《介绍卫中先生学说》，《梁漱溟全集》第四卷，山东人民出版社2005年版，第817页。

卫西琴失去了太原的工作,此后一年半里,几乎每周都为法文刊物《北京政闻报》(*La politique de Pékin*)撰稿和摄影,以稿酬为生。但他却丝毫未放弃对自己教育理想的求索,一边努力筹划在北京续办"大通学院",以回馈追随而来的少量学生,一边利用这段时间深刻反思太原办学取得的经验和失败的教训。1927年2月2日(丁卯年春节),他公布了一份"总结报告",在给太原去年暑期最后一批毕业生口述的一封长信中,详细回顾了六年历尽艰辛,"由奢望到失望——由失望到了解——今日之态度"的心路历程,检讨了自己过去对中国传统文化的一些误解,重新诊断了中国旧文化和旧教育的"病源",并确定了今后改革试验的方向。①

1926年初,他回到北京后不久便与梁漱溟、熊十力等人在北京西郊共同租房,同住共学,研讨儒家哲学与心理学,并以"每星期五为讲论之会"。此后的一年多里,他又发表了《新政治心理》《缔造中国大通教育系统之刍议》等教育论文。还先后为国立北京艺术专门学校演讲《艺术在教育上之功用》;为北京师范大学分五次讲座《生殖与教育》;为北京中国大学五私大联合会演讲《政治与教育》;在北京大通学院筹备处演讲《三生主义之教育》和《国心与国家——论新心理与新中国》;为国立女子大学讲演《新妇女与新中国》;在熊希龄创办的北京香山慈幼院演讲《人及其工作——合工作学问道德于一系》,并与胡适、蒋梦麟、张伯苓等教育界名流共同担任慈幼院评议会评议员。

与此同时,他与太虚法师以及唐大圆、唐大定、蒋维乔、江谦、柯璜等居士讨论佛教与教育问题,并共同发起成立东方文化集思社,还被聘为中华佛化教育社董事。他开始关注佛教的教育观,进而提倡孔教、佛教、科学"三大教育"。这不能不说是他对最初片面鼓吹"教育以孔道为主"主张的一种醒悟和修正。

总之,1926年初至1927年夏,卫西琴似乎是在韬光养晦,蓄势待发,准备投入他中国教育生涯的下一个阶段(1927—1932):上海任教和"广州教育实验"。

---

① 卫中:《教育试验与文化试验》,《新教育评论》1927年第4卷第2期,第8—15页。

三、上海的教育活动（1927—1928）

（一）再任教职，重登讲台

上海是卫西琴来华的第一站，也是在中国生活时间最长的地方，先后共居住了七八年之久，而他最初对上海非常反感："……来到上海，第一个印象刺激我，是中国人学外国的旧音乐——我在外国正想排除的那种音乐，而中国人反摹仿之。我在上海看见钢琴，是我第一个仇人。还有外国的房子，外国的衣服，外国的学校，都是让我仇恨的。"① 卫西琴来华后最初的十几年多是活跃在北方，但上海的媒体一直对其有所关注，特别是他在太原办学铩羽而归之后，上海的《申报》《时报》《上海民国日报》《新闻报》《教育杂志》《东方杂志》《民铎》《暨南周刊》《东方文化》等报刊刊登他的言论或有关他的消息报道甚至远多于北方媒体。不知是否与此有关，也不知是何人举荐，1927 年 7—8 月间上海私立大同大学聘请他赴沪任教，并在校创设心理学院。10 月间，他又被国立暨南大学文哲学院教育系聘为教授，讲授教育名著课程。由于这两所大学历史沿革曲折，多次拆分、合并、迁校、重建，加上战乱的原因，学校的原始文献档案缺失甚多，无法查到校方关于卫西琴任教情况的记载。但是通过一些其他资料，一是可以推测：他很可能不是被聘作专职教员，只是兼职教员，而这也恰是国内许多大学，尤其是大同大学当时的通常做法②；二是可以大体梳理出他在此期间的教育活动以及教育主张的变化。

1927 年 9 月，国立暨南大学刚刚由暨南学校改组成立不久，卫西琴便在开学时用中文做了《新中国的教育》的演讲。该校刊《暨南周刊》即在 1927 年第 1 期上登出了演讲的笔记稿③，随后又在第 4 期上再次刊登卫西琴交来的手订稿。《上海民国日报》和《东方杂志》也分别以《新中国教育的两大条

---

① 卫中：《卫中先生的自述》，《晨报副刊》1926 年 3 月 8 日，第 18 页。
② 盛雅萍、马学强：《百年大同》，上海辞书出版社 2012 年版，第 85—86 及 102 页。
③ 笔记者"徐中书"极可能是著名历史学家和古文字学家徐中舒之误，推断依据见赵灿鹏：《徐中舒与暨南大学》，《暨南学报》（哲学社会科学版）2013 年第 10 期，第 103—104 页。

件》为标题刊载了此文。

李邦栋是暨南大学政治经济学系 1929 年的毕业生，在校期间十分活跃，选修新闻学课程，兼任南洋通讯社记者，并至 1930 年一直参与编辑出版《暨南周刊》。他在校刊第 4 期上发表了《听了卫中博士讲授以后》①，除了简述了卫西琴演讲的内容，还针对旧教育弊端和二三十年来引进的新教育之不足，谈了他的一些感想。他对卫西琴用中文演讲颇为感慨："博士操华语讲授，而极力避免英语；他是反对基督教而痛诋帝国主义的；尝见我国大学教授，往往完全用英语而以国语为可耻的，这未免太深于洋奴化了。"文章末尾还透露了卫西琴对胡适（未指名）热衷西化的批评。此后，李邦栋还以卫氏的名义发表了他根据听讲笔记归纳整理的《教育论文选读导言——动的教育》②。

1927 年 11 月，几乎与上述李邦栋文章发表的同时，由商务印书馆李石岑先生（此时兼任上海大夏大学、光华大学哲学和心理学教授）主编的《教育杂志》"特载"了卫氏的长达 13 页的文章《动的教育在中国第一次的试验——动的学校》，扉页还刊登了卫氏本人的头像。此文是卫西琴在中国发表的大量著述中极为重要的一篇（下文详述）。

按照当时大学兼职教师常见的做法，他除了在大同大学和暨南大学兼课，还经常应上海其他大学或中学邀请演讲，借此宣传他的教育思想，如：

1927 年 9 月 17 日在上海美专演讲《艺术革命》。

1927 年 11 月 10 日在上海大夏大学演讲《发明》。

1928 年 1 月 12 日在上海国立劳动大学演讲《新劳动教育之路径》。

1928 年 3 月 15 日在上海浦东中学演讲《如何成就一个科学家》。

1928 年 5 月 3 日在上海南洋中学演讲《教育的革命》。

1928 年上海光华大学学生发行的《光华期刊》为了"给本校同学一个印象"，也为了"增进国人明了'卫中学说'的程度，帮助卫先生去干革命教育的重任"，不仅刊登了卫西琴的短文《民主主义的教育》，而且文章前由顾敦吉介绍了卫氏此前的经历、教育主张和著作，认为："卫先生是个教育革命

---

① 李邦栋：《听了卫中博士讲授以后》，《暨南周刊》1927 年第 1 卷第 4 期，第 7—9 页。
② 卫中：《教育论文选读导言——动的教育》，《暨南周刊》1927 年第 1 卷第 5 期，第 15—17 页。

家,并且也是个'力行者'。他重实做,不像旁的学者行为;他要从死的、刻板的、宗教的旧教育中,救出无数压迫着呻吟着的有生机的人们——无论老的、年青的、少的和未来的,建造那动的、真的新教育,继后产生真人才,然后有完全的真社会。他这么大一个愿望,至少要人人都注意到,理会得,才有改造的可能,岂止是少数学者的契知就得了?"①

此外,值得注意的是,顾敦吉还提到"本校李石岑教授也曾郑重再三介绍"。虽然目前尚未觅到李石岑专门谈论卫西琴的文字资料,但除了上述顾敦吉的提示,还能从卫西琴昔日的学生"紫美"1927年初在上海《汛报》上介绍卫西琴的一封信结尾附言证实,李石岑与卫西琴熟识②。由此可以判断,20世纪20年代由李石岑主编的《民铎》和《教育杂志》多次刊登卫西琴的文章绝非偶然。

(二)始倡"动的教育"

卫西琴在上海时期的文章和演讲中,频繁地出现他的新主张:"动的教育。"为了弄清他的主张,必须先厘清"动的教育"之由来。所谓"动的教育"无论作为一个术语,还是作为一种教育概念或学说都不是卫西琴的发明,而是从日本直接移植而来。日本大正时期(1912—1926),随着以杜威为代表的欧美新自由主义教育思想迅速地传播,日本教育界也出现了一股新教育运动浪潮,旨在批判传统的、注入式的、"教师中心主义"的教育和教学方法,倡导"儿童中心主义"的新教育模式。"动的教育"就是日本新教育运动的重要人物及川平治(1875—1939)最早提出的一套尊重儿童本能和个性,以活动激发儿童自主自动学习的教育理念和教授法。及川平治与另一位日本教育家西山哲治(1883—1939)都被誉为"日本的杜威",他的这套学说和方法很快就被介绍到中国:

1915—1920年,中国的教育杂志上出现了一些对及川平治"动的教育"之思想及方法的翻译介绍,并结合国内教育状况和改革措施,呼吁教育界借

---

① 卫中:《民主主义的教育》,顾敦吉志,《光华期刊》1928年第3期,第1页。
② 紫美:《关于介绍卫西琴氏的一封信》,《汛报》1927年第1卷第3期,第28页;"昨日在一处遇见李石岑君,谈及卫氏,李君当说他现在北京西郊万寿山大有庄一三号,我想汛报出版后,请即寄他一份……"

258

鉴和实验推行。① 1918年5月5日起，北京高等师范学校在北洋政府教育部礼堂连续举办了两星期的"动的新教授法"学术报告会，由邓萃英教授（曾留学日本东京高等师范学校和美国哥伦比亚师范学院）主讲，北京大学6月下旬在《北京大学日刊》连续登载了邓萃英的讲稿。

1919—1922年，在出版教育书籍方面始终"采入大势，得风气之先"的上海商务印书馆，先后出版了4部及川平治关于"动的教育"著作的中文译本。② 特别值得一提的是：这些书的编译者缪序宾（曾留学日本）、吕云彪等人当时大多是上海商务印书馆附属的尚公小学教员。他们秉承张元济先生1905年创办这所私立实验小学的初衷"培养训练教师，并使商务的教科书能得到检验"，积极地在校内尝试实践杜威和及川平治"在做中学"（Learning by Doing）的教学法。

"动的教育"并无专门的西文表述，日本和中国多是从Education by Doing或Learning by Doing翻译而来，包括将Dynamic Pedagogy译为"动的教育学"。民国初期，一些中国的教育家（如吴稚晖、黄炎培、舒新城、王云五，包括卫西琴等）所说的"力役教育"含义也极为相似。而卫西琴说："我们名此新教育曰'动的教育'是译自法文Ecoleactive，意即动的教育，是靠东西之教育，是有东西则动，无东西则不动，亦即英文所谓Education by Doing之意。因此我们动的教育，是用身体的教育，字源始于法，而办此教育较发达之地，亦近于法之瑞士，提出此教育最早者考为弗利也而Ferrière。"③ 卫西琴提到的"弗利也而"，今译：阿道夫·费里埃尔（Adolphe Ferrière,

---

① 诸如：姚大中：《动的教育之概念》（译日本及川平治原著），《中华教育界》1915年4卷2、5、6期；太玄：《动的教育学之建设》，《教育杂志》1916年第8卷第1期；天民：《实验：分团式动的教育法》，《教育杂志》1916年第8卷第1期；天心：《分团式动的教育法之实际》，《教育杂志》1918年第10卷第9、10号；（日本）及川平治、铭训：《动的教育之学说》，《教育周报》1919年第231、233期；史久成：《动的教育的解释》，《安定》1920年第1期；莆齐：《教育丛谈：动的教育》，《云南教育杂志》1920年第5期。

② 分别是《分团教授精义》（1919）、《动的教育学》（1920）、《实验各科动的教育法》（1922）、《实验分团教授法》（1922）。

③ 卫中：《动的教育研究会第一次公开演义》，《广州民国日报副刊》1929年3月5日，第1页。

1879—1960）是瑞士教育家、心理学家、欧洲新教育运动的倡导者。1899年在瑞士建立一所实验学校，又称"活动学校"。1912年创建瑞士日内瓦"国际新学校事务局"。1915年提出30条新学校的基本原则。1921年倡导成立新教育联谊会，并在章程中提出七项新教育的基本原则：（1）教育的根本宗旨是增进儿童内在的精神力量；（2）尊重儿童个性；（3）教育与生活均应使儿童的天赋、兴趣得到自由发展；（4）鼓励儿童自己的纪律训练，以形成其个人责任感与社会责任感；（5）培养儿童合作及为社会服务的精神；（6）对所有儿童进行共同的教育与教学；（7）教育儿童既尊重邻里、公民与民族，也能意识到个人的尊严。[①]

有趣的是，从上述溯源来看，"动的教育"学说的定义、解读和实践可谓五花八门，可无论从理念到操作，无不使人联想到美国的进步主义教育、欧洲的教育改革运动和中国以陶行知的"生活教育"为代表的新教育实验举措。纵观世界近代教育史，或许可以用"殊途同归"来概括在20世纪初叶至30年代世界范围的新教育改革浪潮中，各国提出和实行的各具特色的改革理论和方案。

卫西琴在宣传"动的教育"新理念时，将他在太原的办学实践作为理论支撑加以诠释，称之为"动的教育在中国第一次的试验"，称他的学校为"动的学校"。他在洋洋洒洒两万余言的《动的教育在中国第一次的试验——动的学校》一文中，全面详细地阐述了其办学思想的理论和现实依据、目标宗旨、实际操作的步骤方法、具体安排和措施，并附有11张学生生活学习的照片，可谓一份完整的"述职报告"。此外，文章还着重介绍了他通过戏剧、绘画、音乐融入教育的"美育"思想及举措，特别是他在音乐审美和音乐教育方面的见解尤为翔实。因此，此文不失为一篇深入了解和研究卫西琴不可或缺的重要资料。

卫西琴所鼓吹"动的教育"与旧日的"感觉教育"相比，看似除了更加突出作为教育形式和手段的"活动"，不再强调教育产生效用之落点"感觉"

[①] 费里埃尔还著有《变革学校》（1920）、《学生的自治》（1921）、《主动教学学校》（1922）、《主动教学学校的实践》（1924）、《在主动教学学校里儿童的自由》（1928）、《布满欧洲的主动教学学校》（1948）等。

之外，并没有本质的区别，颇有新瓶装旧酒之嫌。不过，通过仔细分析他对过去思想认识的检讨，还是可以看出其中的差异和缘由（另文专述）。他反思之后写道：

> "因为吾把中国于内不相合的外，当成与内相合的，所以吾的新教育法，未能达到预期的目的；所得结果，常与原始的计划大相径庭！……吾对于中国文化的觉悟究竟是什么？用一句话，简洁了当说，就是：中国虽有'与外相合'的内部，并无'与内相合'的外部！……吾六七年的经验试验，虽未能造成中国的新人材；但能查得中国旧文化的病源，与建设中国新文化的途径，也不算完全空费了时间。今且郑重告诉大家：……吾的新观念，吾将振刷精力，依之进行第二期的工作。……所以今日的卫中，已异于曩日文化试验时期的卫中了，大家其知之。"[1]

到上海一年之后，卫西琴终于迎来了开展动的教育在中国"第二次试验"的机会，但试验场所不是在上海，而是在当时中国的"革命策源地"广州。

四、广州"动的教育"实验（1928—1932）

1924年，31岁的梁漱溟辞去北京大学教职，开始探寻解决"中国问题"的出路。他的结论是：乡治——"即从乡村自治入手，改造旧中国"。为实践自己的乡村建设理论，1924年暑假，梁漱溟应山东省议会议长王鸿一邀请，赴山东筹办曲阜大学，并接掌曹州中学。但他在曹州办学仅一年，由于军阀混战，战祸将起，被迫于1925年春夏之交带领他的师友团队返回北京。两年之后，梁的同盟会会员好友、时任广东省主席的李济深和与梁有"佛缘"的国民革命军第11军军长陈铭枢邀请他赴广东，担任广州政治分会建设委员会主席，开办"乡治讲习所"，以培养一批从事乡治的人才，希望以教育的方式

---

[1] 卫中：《教育试验与文化试验》，杨维汉、杜太为笔记，《新教育评论》1927年第4卷第2期，第10、11、13、14页。

完成乡村建设。在筹办乡治讲习所期间，梁漱溟还接办了广东省立第一中学（广雅中学），兼任校长。关于此举的目的，梁漱溟后来说：

"1. 试办乡治讲习所第一期，不能有很大规模，招收学生不过百人内外，地点我极不愿设在广州城里面，而一中地方很宽，颇可借用一部分。……所请教师也可两方通用，很多方便。2. 因为我的友人卫西琴先生答应到广东来办高中师范班，亦以在一中来办较为适合。若是我任一中校长，就可以使卫先生做事便利许多。"①

在这样的背景下，卫西琴于1928年夏来到广州，准备创办传授心理学和教育学的研究所以及高中师范班，并兼任广东省立第一中学教育顾问。起初，他积极协助梁漱溟谋划将省一中办成实验中学。从梁漱溟提出改造省一中的十项内容中，如提倡"要学生拿出他们自己的心思、耳、目、手、足，来实做他们自己的生活"；把校内许多公共事情如伙食管理以及杂役工作交给学生去做；设立木工场、藤工场、农场，加强劳动技术教育；组织消费合作社，由学生自己经营管理；改革课堂教学和教授法，加强学生堂上自学和练习；重视班主任制，改善师生关系②，包括后来黄艮庸（黄庆）接任校长后重视美育，美术课分设雕刻、塑像、油画、山水画等，无不带有卫氏几年前太原办学举措的影子。

与此同时，为了使当地教育界尽快了解自己的教育思想，卫西琴随即展开了他最擅长的宣传攻势：

1928年9月在广州市立学术会演讲《新时代的要点》。

1928年9月下旬在广州市立师范学校举办题为《教育？——名教与教育》的系列讲座，针对胡适两个月前发表的散文《名教》提出了批评。

1928年11月5日为广东省立第一女子中学成立典礼撰写《新女性与新文

---

① 梁漱溟：《抱歉—苦痛——一件有兴味的事》，《梁漱溟全集》第四卷，山东人民出版社2005年版，第840—841页。

② 梁漱溟：《今后一中改造之方向》，《梁漱溟全集》第四卷，山东人民出版社2005年版，第867—873页。

化》一文，12 月 5—11 日连载在《广州民国日报》上。

1928 年 11 月 28 日晚参观广州私立知用中学，对该校办工读班尤为赞赏。

1929 年 1 月 2 日晚到广州私立知用中学演讲《东方之仇敌》，4 日晚续讲。

1929 年 3 月 5 日在《广州民国日报副刊》上发表《师范院施行动的教育之建议》。

1929 年 3—4 月间举办了三次动的教育研究会公开演讲，讲稿分别刊登在 3 月 25 日、4 月 1 日、4 月 15 日《广州民国日报副刊》上。

另外，还在《华侨教育》1928 年第 2 期发表了《动的小学教育：一、谁爱自己的子女？》和《大学教育与小学教育：小学教育与大学教育孰要》；1929 年第 3 期发表了《动的小学教育（续）：二、卢梭（J. J. Rousseau）教育革命》。

令他惊诧的是，与上海截然相反，广州的社会舆论对于他的宣传论调，特别是所谓"动的教育"非常反感，从现存资料中找几乎不到任何正面评价，反而都是尖锐的批评和辛辣的讥讽。例如：黄菩生著《随便请教卫中博士》（《广州民国日报副刊》1929 年 4 月 8 日）和霍斯奇著《卫中博士的"动"》（《广州民国日报副刊》1929 年 4 月 21 日），对他的"东西方文化与物质文明的差异"和"动的教育"嗤之以鼻。尤其是一位署名"记者"的作者在《广州民国日报副刊》1929 年 4 月 19、20、21、22 日分四天连续发表了近一万四千字的长篇文章《与卫中博士商榷》。作者对卫西琴讲演中的谬误从"动的定义""文化的定义""输入西洋化的问题"三个方面提出了 12 项质疑，认为卫氏的许多观点或论点或是"无根据"和"非科学"，或是"太神秘太玄妙，莫测高深""含混其辞，牵强附会"，甚至是"奖励我们开倒车"，"所以在卫博士未纠正他的缪见之前，我们极盼望他少发一些不健全的议论"。

尽管如此，1929 年下半年，在新任广东省主席陈铭枢的支持下，卫西琴受广东省政府教育厅之聘创办"动的教育实验场"（地址：广州东山百子路 10 号），并担任实验场主任。当年 12 月 7 日出版了第一期《广东省立动的教育实验场周刊》（地址：广州东山水上游艺会西滨园南 4 号）。此后，至 1930 年 1 月 25 日总共连续八周出版八期，终因资金匮乏被迫停刊。

从社会舆论不难看出，卫西琴在广州的社会接受度不高，甚至根本无人买账。由此可以想见，他很难在当地找到志同道合的同事，协助他开展工作。梁漱溟与其弟子黄艮庸、徐名鸿、张俶知等又都忙于第一中学的校务，无暇鼎力相助。因此，卫西琴毅然决定，去上海为广东省立动的教育实验场招募工作人员。1930年7月到上海后，在下榻的南京路外滩汇中饭店206室设临时办公处。为了吸引人才，他在沪期间马不停蹄地四处游说，先为中华职业教育社演讲，又在无锡和上海连续演讲，其密集程度从下列日程安排即可管窥一斑：

7月21日在上海为中华职业教育社第十一次年会演讲《职业心理的根本问题》。

7月25日在无锡江苏省立教育学院演讲《无论何种教育其与平民生活有关系的到现在世界都不能成功试究其故》。

7月26日在上海总商会演讲《科学化的生活》。

7月28日在大夏大学演讲《心理救教育》。

7月30日在上海市教育局暑期学校演讲《上海对中国的新责任》。

8月1日在吴淞中国公学演讲《现在的大学在中国还可以有什么作用》。

8月2日在复旦大学演讲《师生关系破产的原因》。

当时正在江苏省立教育学院研究实验部工作的朱秉国记录了卫西琴1930年7月在无锡的华语演讲，并在1930年第4期《教育与民众》杂志上以《卫中论动的教育》为标题发表了记录稿，同时还谈了卫氏演讲给他的启发，而他所最关心的是乡村教育和民众教育。朱秉国并没有应聘去广东，而是1931年回家乡江苏如皋县从事乡村教育事业，担任了15天县民众教育馆馆长。[①] 1933年他出版了一本《民众教育概论》，后又于1934年临时借调到山东邹平乡村建设研究院，协助梁漱溟工作。

无锡的这次演讲中，有一个值得注意的细节：卫西琴当众宣称——为了长久为中国教育改革出谋划策，"余不久即将入中国籍"。他所表达的不仅只是一个愿望，据推测，此时他已向中国当局提出了申请。而这个愿望最终在

---

① 详情参阅朱秉国：《民众教育馆馆长的诸问题》，《山东民众教育月刊》1934年第3期。

三年之后才得以实现：上海市政府秘书处在1933年10月3日《上海市政府公报·公牍》上公布了正式批准颁发给他归化中国国籍许可证。

无从知晓，卫西琴此次是否在上海招募到了志同道合的工作人员，但他在沪的所有演讲（包括1928年1月12日在上海国立劳动大学演讲《劳动教育为诸科教育之基础》，后改标题《新劳动教育之路径》），由好友、上海商务印书馆著名出版人、有"交际博士"之称的黄警顽汇编，以"动的教育实验场丛书之一"出版了《卫中博士新教育演讲集》。①黄警顽还在书中附录了梁漱溟所著的《介绍音乐博士卫中之学说》和他自己撰写的《卫中博士生平思想之我观》以及卫氏的弟子吴博文的一封信。该书扉页上还登载了卫氏照片，上署："动的教育在我国首先实验者卫中博士旅粤近影。"

卫西琴和他的"动的教育实验场"究竟具体做了些什么？1931年2月25日呈报广东省教育厅"省立动的教育实验场概况"中，如实地报告了该实验场成立一年半以来的情况，包括人员和组织结构、工作和活动计划与实施情况、存在的困难和问题，并注明附带27份附件，包括各种工作计划、报表、日志、文章、宣传品和出版物等。现将这份历史档案摘编如下：

呈报省立动的教育实验场概况②

教育厅呈第五九〇号　民国二十年二月廿五日

一、组织　成立之初，分为师范宣传两部。继改公开研究，兼研究生，正式研究生三部。现时则为新同乐会，新学术研究会，研究部，实验部四部。前后安排与名称，虽略有更改，而对外期社会人士之了解与赞助，对内期同志之解放脑力养用体力，而研究而实验，而创生科学教育方法之主旨，则始终相同，毫无二致。进而言之此诸部者，并非划然分立，各部人员之对各项工作，除事实上不能兼顾者外。大半均通力合作不分彼此。征之心系整体，应由多方发展之说，固属应尔，按之目下经费情况，与明了新教育同志之数量，亦不得不然也。

---

① 黄警顽编：《卫中博士新教育演讲集》，上海会文堂书局1931年版。
② 《广东省政府公报》1931年第146期，第107—110页。

二、计划职场目的　在给中国之农工商业及社会产生之原动力，以发达中国自己的物质文明，而其方法，则须解放脑力养用体力交互并进，使能够通达内心产生实在的思想，然后脑力活动融溶消化转现于外，创发具体实用的方案。惟是此项原理，即外国最新进化心理之原理，此项工作，即外国最新动的教育之工作，所以职场的工作，就是动的教育的工作。职场之所以名为动的教育实验场者，简短言之，即由于此，至于实施计划，约分三部，对外为利用电影或新学术演讲，寻求创建新生活的步骤，对内过去及现在，用新科学新教育培养新人材，最近将来，用幼稚儿童之实验，给同志以发明新教育方法之机会。详细条目，已列于职场之实验方针内，兹不重述。

三、经办成绩计划实施　既分三项，成绩亦应按三项分述。惟幼儿实验，以经费及同志研究程度之关系，至今尚未实现，成绩无从说起，故只分述内外两项，对外宣传，新学术公开演讲，第一年较多，陆续举行，计已六十余次；近半年来因增加新同乐会之公映电影，演讲数次，遂酌量减少。每次演讲后，附开讨论会一次；每演电影一次，先作预备演讲，后作结论说明，尚不在内，每次演讲均有场中同志记录，原拟发行周刊，陆续公诸社会，惜以经费所限，周刊仅出八期，即行停办；屈指计算为时已十阅月矣！听众人数，初时仅二三十人，数十人，近半年来，每次辄百余人。二三百人，常有迟到向隅，室外立听之众。公映电影，虽在上午九时，不合惯习娱乐之时，租赁画院演过影片，又有过时残花之感，然除一二次外，每次观众，辄达五六百六七百之谱。对外宣传，本职场进行之辅工作，末期于此图功。但以社会教育立场而言，以新教育对社会之作用而言，以征查动的教育对于社会需要之程度而言，则此种现象，亦殊足为职场新教育对于广东人士经验思想如何切要之证明。在试验之中，获此现象，非无一顾之价值也。场内成绩，本在同志脑力之解放与体力之养用，以期借儿童实验，实现职场之实验方针。根本计划，原无书本教授之意旨，实际考察，向无课程进度之项目。具体立言，同志体力脑力之进步，苦无确切可用数计，简括报告，广东环境好，身体好，尚有内部力量之锢蔽，未培养脑力之前，不可先培养身体，即属年余实验之结论。至于职场周刊内或别种刊物中所载同志之文字,仅属有形成绩之微浅一斑,不过略作职场工作旨趣之一种例证而已。

四、最近状况 年余以来,苦无合适固定之场址,不惟实验之幼儿未能招收,即同志之农工操作,亦无可用之地址与材料。近来社会方面之了解与认识,大有进步,四部组织虽云仍旧,拟将新学术演讲之次数酌为减少,节其力财于同志之培养与儿童之实验。顷于本年一月,赁得房屋一所,位置较清静,近自然界,刻已就近租地一假,半为实验儿童构搭葵棚,半为同志设置农工场所,设法对付为初步之实验。惟任何工作教育,均较书本教育为费钱。当此训教伊始,建设两端,只论教育方面,大学、中学、小学、农工商、职业、乡村、民众学校,分头并进,且行之愈久,愈属社会认为普通流行者,才愈受社会之扶助与提倡。解放脑力,养用体力,以谋自己的发明之教育,如职场之所从事者,此项计划,能否实现?尚未可知。惟有据情声报,引领□祝而已!尤有进者,新事之难,不只难于经济,且尤难于人材,具体言之,职场征求同意,普通所谓学问高者,每多先入为主之见,对于新教育思想,辄生扞格,不敢招收。普通所谓低者,天赋能力如果优良,新思想较易收受,而培养需时,不合急用。况当新事创办之初,处此喜听新说,喜谈新论,而不敢作新事业之社会风气之下,纵有力量优良,喜作新事之青年,亦每遭家庭社会之抑阻,幸遇能排家庭社会之抑扼而特立独行者,孤立无援,生活失依,场中亦恐限于经费,无力培养。普通者不收,特别者或不能来,或来而无力收养,能来能养矣,又嫌不适急用,宜乎进步之难于速现!职场同志征收之只限能力不拘一种资格者,即此缺才绌欸多方迁就之复合表现也。职场之注意演讲,宣传固属主因,而借机认识同志征求同志,抑亦原因之一端也。

从这份文件中不难看出,卫西琴的精力大多花在宣传鼓动方面,以引起社会和公众关注。为了扩大影响,招徕更多受众,除了印发刊物和宣传品、举办演讲会和研讨会之外,他还采用了更具吸引力的形式,组织"新同乐会电影公映",自1930年起,不到两年的时间里,在广州的影剧院组织了十次公映，放映欧美新电影。每次公映都印发由他亲自编写的影片"本事说明书"（即剧情简介说明），并且在放映前进行专题演讲，或放映后组织讨论。

然而，他真正的教育实验，诸如"同志之培养与儿童之实验"却并未实际开展。两年后，他的"广州教育实验"仍无起色，逐渐淡出了人们的视线，最终宣告无疾而终。究其主要原因，看似是"限于经费"和"苦无合适固定之场址"，换言之，即政府投入和社会扶持不足。那么，广东省政府为何对这项官办的"省立"实验项目没有给予充分的资金和人力物力保障呢？根本原因则是这一时期广东时局动荡和蒋介石的南京国民政府与各派军阀的争斗。我们不妨回顾一下1927—1931年间广东发生的一系列事件：

1927年4月李济深发动"四·一五"政变，9月还派重兵围剿进入潮汕的南昌起义军。10月在澎湃领导下，海陆丰地区发生了武装运动，农运风暴席卷广东。12月共产党又领导举行了广州武装起义。不久，时任第十一军军长陈铭枢会同黄绍竑、徐景唐部在李济深的指挥下借口第四军内的张发奎部通共，和共产党合谋发动广州起义，与张发奎开战。1929年3月李济深赴南京调停蒋桂矛盾，被蒋介石软禁于南京，剥夺军政大权，并"永远开除党籍"。对于此事，李的三员干将却立场不同，陈铭枢、陈济棠通电拥护南京中央政府，徐景唐则联合桂系和张发奎为营救李济深与第四军第二次开战。战后桂系败退出广东，1929年7月陈铭枢接任广东省主席后，短暂地稳定了时局。但1930年蒋冯阎中原大战，他又派部队赴中原参战助蒋。1931年5月反蒋派在广州召开非常会议，成立广州国民政府，陈铭枢被挤出广东。

梁漱溟20年代中期至30年代末在乡村教育改革的实践过程中，曾得到过不少军阀（如李济深、陈铭枢、冯玉祥等）的扶持，包括阎锡山也支持过卫西琴办学，但均未获成功。对此，美国哈佛大学著名的中国学家施瓦茨（Benjamin I. Schwartz，1916—1999）曾一针见血地指出："不是军阀不能推动教育改革——事实上，某些人正是干了那事。然而，教育对于他们是无足轻重的；在中国这一时期那残酷无情和风雨飘摇的政治环境中……势力与特权的掌握者，不是轻易能从他们对政治奴役的狭隘迷恋中被转移的。"[①]

[①] 转引自周洪宇：《陶行知研究在海外》，人民教育出版社2017年版，第585页。

由于政局变化,梁漱溟的乡治实验和卫西琴的教育实验实际上还没有开始就胎死腹中。梁漱溟于 1929 年 2 月离粤北上考察,但一去不复返。据他说:"卫先生大约延至 1931 年亦离去。此后闻其一度应邀访问广西,而以客居上海时为多。"① 但有文字资料显示,卫西琴于 1931 年 10 月 6 日用 Victor Frene 署名在广州撰写英文文章《代表中国向美国呼吁》,在"九·一八事变"问题上站在中国一边,并刊登在 10 月 17 日上海的《密勒氏评论报》（Millard's Review）。另外,他还于 10 月 7 日从广州致信美国国务院远东司司长、中国问题专家斯坦利·亨培克（Stanley K. Hornbeck,1883—1966）,谴责日本在东北蓄意制造的"九·一八事变"。② 卫西琴在广州的最后一条文字信息是:1932 年 3 月 4 日(农历正月廿八)上午在广州中华戏院组织了广东省立动的教育实验场第十次公映电影,放映詹姆斯·怀勒（James Whale,1889—1957）1931 年执导的美国影片《魂断蓝桥》（Waterloo Bridge）。他自己将片名译为《欧洲的殉难者》,并配合公映发表演讲《生与死》。③

卫西琴离开广州后,在上海虽然一如既往地写作、演讲不断,但大都是有关中国的政治经济、文化艺术和民族心理研究,除了 1936 年 8 月 16 日向在成都举行的中华职业教育社第 16 届年会提交的《对于职业教育的一点意见》④ 之外,再无直接关于教育的著述,似乎告别了中国的教育舞台。

作为本文结尾,笔者想引用一首诗词,其作者是 1949 年迁居香港的中国文史教授王韶生。他早年从北京大学国学研究所毕业后,曾在广东省立第一中学任教,是卫西琴的同事。某日,他聆听了卫西琴的钢琴演奏,按捺不住

---

① 梁漱溟:《卫西琴先生传略》,《梁漱溟全集》第七卷,山东人民出版社 2005 年版,第 239 页。
② Frene, Victor：Letter to Dr. Stanley K. Hornbeck, 07. October 1931, in：Hoover Institution Archives Stanford. 此信函由德国汉学家内克曼（Erhard Neckermann）先生从美国斯坦福大学胡佛研究院档案馆发现。
③ N. N.：《卫中公映 Waterloo Bridge》,《戏院杂志》1932 年第 2 期,第 24 页。
④ 傅有任:《对于职业教育的一点意见》,张式尊译,《文化建设月刊》1936 年第 2 卷第 12 期,第 55—56 页。

心中感慨，欣然填写了这首：《卜算子·听卫西琴博士奏琴》。① 仔细品味这首词，仿佛感到是卫西琴在广州的经历，甚至是其在中国教育领域全部经历的写照：

> 好曲几回闻，白雪君持赠。
> 天上清辉此夕多，翳翳青松影。
> 余响入霜钟，深意谁能省。
> 洗尽铅华媚俗心，袅袅琴音冷。

卫西琴的教育思想及其影响

李 宁

卫西琴1913年来到中国，并在中国生活至1938年。其间，他有不少关于教育的独到见解，交往了当时国内众多有影响力的人，如梁漱溟、陶行知、严复、梅兰芳、阎锡山等。他的言行等多散记在报刊及回忆性文章中，对其教育思想至今缺乏系统和深入研究。

一、生平简介

关于卫西琴的生平，目前尚无全面研究，资料散落在当时的一些报刊文章、传记和回忆录中，存在讹误、矛盾和空白之处。笔者就目前收集的资料和最新研究成果进行简要梳理，但仍有一些情况不甚清楚，如去世时间、去

---

① 沈云龙主编：《近代中国史料丛刊续编第三辑·怀冰室集》，台湾文海出版社1974年影印版，第213页。

世地点。

卫西琴，1882年10月16日生于德国柏林的一个犹太家庭，父亲从事银行方面的工作，母亲文化程度不高。他出生时取名 Egon Friedlaender，1907年开始用笔名 Alfred Westarp 或 Alfred Westarp-Frensdorf 发表文章，1913年来到中国后用 Alfred Westharp，报刊上称为"魏沙泼""韦斯哈""魏斯托哈顿""威士赫"等。因崇拜中国文化，自起中文名卫中，字西琴，卫中有保卫中国之意，西琴为 Westharp 半音半意的译名，20世纪30年代改名 Victor Frene，Frene-Frensdorf，中文名改为傅有任，表示对改造中国教育负有责任。1938年底到日本，用日文名字古野忠一发表主张与见解。①

卫西琴于1907年在德国慕尼黑获得博士学位。② 他在法国期间感受东方文明的魅力，遂于1913年抵达中国，并将谈论中国教育问题的文章投给严复，请求代为翻译出版，未得到回信。后来，严复翻阅文章后表示愿意翻译发表。③ 1914年，卫西琴的《中国教育议》在梁启超主办的《庸言》上发表，引起学术界、教育界关注。他多次在中国教育联合会（天津）上演讲，但未能引起足够重视，在保定高等师范学校担任音乐教师时所用新方法没有得到学生认同。1919年，卫西琴应阎锡山之邀到山西授课，先后任山西大学西洋文学教授、国民师范学校教务主任，之后主持山西外国文言学校④，1926年，离开山西。主持山西外国文言学校期间与梁漱溟等人相识，之后到北京与梁漱溟等人研讨学问。卫西琴与梁漱溟建立了深厚的友谊，被称为梁漱溟唯一的外国朋友⑤。1927年，梁漱溟应李济深之邀去广州办学，聘请卫西琴负责高中师范班的工作。1938年12月，卫西琴抵达日本，之后，发表《中日变之我观》《中国为什么需要日本》等。1946年，卫西琴向美国派驻日本的教育使

---

① 黄冬：《卫西琴研究状况及研究新探》，《教育史研究》2018年第1期，第31—41，216—217页。
② 卫中：《卫中先生的自述》，《晨报副刊》，1926年3月26日第1版。
③ 严复：《卫西琴〈中国教育议〉序》，《庸言》，1914年第2卷第3期，第1—2页。
④ 紫美：《关于介绍卫西琴氏的一封信》，《汛报》，1927年第1卷第2期，第26—28页。
⑤ 智效民：《梁漱溟唯一的外国朋友——卫西琴》，《博览群书》，2001年第7期，第48—50页。

团提教育改革建议。1951年,卫西琴到台北与阎锡山交谈。此后踪迹无处可寻,至今仍然是一个谜。①

二、教育思想

卫西琴的研究涉及心理学、音乐学、教育学等,其教育思想对当时的中国教育界产生了一定的影响。

(一)"动的教育":实现身体、精神、物体的贯通

"动的教育"是卫西琴最基本的教育主张。他认为,中国的落后是教育落后造成的,学生不是主动学习,缺乏实践促进身体、物体、精神的贯通;学习为机械记忆,缺乏理解与创造。"我们名此新教育曰'动的教育'是译自法文 Ecoleactive(此处原文系拼写错误,应为 L'cole active),意即动的教育,是靠东西之教育,是有东西则动,无东西则不动,亦即英文所谓 Education by Doing 之意。"②

他认为,传统教育,学生不爱活动,与物体运动相脱离,不能产生对自然物体真实的感觉,因而缺乏创造力。"我们只要看现在从老教育出来的人:小学时代还喜欢跳跑,在中学时比较地规矩了,到了大学则很规矩了,完全是静坐看书了,所以他们从小学到大学,慢慢地变成更不喜欢活动的人。……中国古来所有的文化,只重精神而贱身体,什么'曲肱而枕之'、什么'一瓢饮'等,实与宗教的素食斋戒一样,宗教教育令人不活动,令人坐禅祷告,令人服从命令,故为所有的帝王所乐用以愚民,到现在虽称民国尚沿袭用之。……科学教育是以身体为本,身体活动为精神活动之本,外面活动为内面活动之本。"③

卫西琴主张的"动的教育"是思考、理解的动,是促进身心的动,而不

---

① 黄冬:《卫西琴研究状况及研究新探》,《教育史研究》,2018年第1期,第31—41,216—217页。

② 卫中:《动的教育研究会第一次公开演义》,《现代青年(广州)》,1929年第219期,第1—3页。

③ 卫中:《大学教育与小学教育》,《华侨教育》,1928年第2期,第21—29页。

是肆意消耗体力精神的无用之"动"。"今之误解愚意者,每谓真正教育之学,即首重身体之活动;则吾有身体,似可纵性活动,肆意妄为;靡然于声色货利,酒食流连者矣。噫,此诚大谬!盖此之教育内之身体无时不有其活动;且其活动胥以精神为指归,而日趋向上;所谓时时系身于'动作'(action)而于'工作'中求'领会'(understanding),因以启发其'思想'(thought)者也。"①

(二)中西教育融合,建立教育体系

卫西琴反对盲目模仿西方,认为应注重中国传统教育,从孔子原意出发发展教育。他认为,中国有两种教育,即科举时期熟读古书的旧教育、由外国传来的违反天性的新教育,这两种教育都压迫人的感觉力。"孔子之道于感觉力、心灵力二者,均不压迫,充其分量,而两相完全发达者也。……(中国现采用的两种教育)专用不自然之强迫方法,实大反乎孔道者也,乃'不喜甚么,偏要他作甚么;喜欢甚么,偏又不要作甚么'之教育,质言之,即做事不由心。……总之,新旧二派教育,皆非真孔道也。然则,孔道之真意何在,曰第一在助人发展心灵力,试观孔门教育,德行、言语、文学、政事,各个分科,诚以非其所好而强使为之。"②

"孔子所谓礼用和贵,是内部之和,能直接见诸实行也。故又曰:先行其言而后从之。玩斯数语,可知孔子注重实习也,明矣,观其对于学生也,曰:回也闻一知十,赐也闻一知二。是为注重实习之明证。子路有闻,未之能行,惟恐有闻,亦未注重实习之确证也。"③"中国人非不富于创造能力性者也。如指南针、火药、罗盘,均早已发明,先于西人,惜无有人,就其心灵引而进步之耳,今学校教育,往往致力考试,重视文凭,乃是康德教育,岂尚有孔道教育之意存耶?尚何有心灵之可言耶?夫孔道教育,注重因材施教,启发心灵,中国人舍此教育,而转贩他人之教育,危险甚矣,甚愿中国教育家之

---

① 卫中:《政治与教育》,《民铎杂志》,1927年第8卷第5期,第1—42页。
② 卫中:《西儒卫中先生在洗心社讲演词》,《来复》,1919年第77期,第34—37页。
③ 卫中:《卫西琴先生在北京全国教育会联合会讲演词》,《宗圣学报》,1920年第2卷第10期,第1—10页。

知猛省也。"①

卫西琴认为，要想中国教育发达，应当中西结合，建立教育体系。"现在整顿教育，全须凭借自己。而中国教育向来仿效日本，日本仿诸德国，德国则从基督教而来，崇拜上帝，殊与中国不宜，以致今日教育上各种原动力非出于自然的，而为迷信的。"②"现在补救之法，即将固有之经史籍、诸西国最近之学科及最新之心理重新讲译是也。然非徒托空言，必须见诸实习。……倘中国能将昔有之经训重新讲译，则根基自然稳固。用自己之引力，再佐以西国自然之心学理，则人性、物性皆能尽矣。不但知其自然之学理也，尤必须知其自然之心理。自然之心理即中国经史所讲演而与西国之最新教育相结合者也。"③

（三）注重环境影响、后代教育

参观南通女师范学校幼稚园时，卫西琴指出该幼稚园"形式似学校，而无家庭的意味，失学校家庭密切之关系"④。卫西琴认为，家庭环境影响学生的成长，中国传统家庭教育以接受、服从为主，学生缺少主动性和创造性。"为一中国学生，身在校中，其家中必有父母，其间关系如何，则父母由夫妇而来，夫妇之道适当，为父母后，影响于子女之精神甚大。今中国之父母力量极弱，不待言矣，然生育子女尚觉自然。在西国以情欲为罪过，故谓生子女即罪过，中国无此说，故身体精神尚能混合，且极自然、极易管理。惟太自然、太易管理，即近于失却知觉，而为善矣。学生极服从、极易管理，即遇了腐败教育，不能出自己能力以抵抗之，其故即原于父母之道衰，所生子女柔弱而不能保卫自己，此固中国最弱之一点也。"⑤

---

① 卫中：《西儒卫中先生在洗心社讲演词》，《来复》，1919年第77期，第34—37页。

② 卫西琴：《卫西琴博士演说词》，《临时刊布》，1917年第21期，第1—18页。

③ 卫中：《卫西琴先生在北京全国教育会联合会讲演词》，《宗圣学报》，1920年第2卷第10期，第1—10页。

④ 佚名：《九月二日卫西琴先生参观女师范校幼稚园后开谈话会于女校之礼堂女校请求于卫先生及卫先生所答者记如次》，《教育杂志（山西）》，1917年第3卷第5期，第3—8页。

⑤ 卫西琴：《卫西琴博士演说词》，《临时刊布》，1917年第21期，第1—18页。

卫西琴还专门论述了生育与教育的关系。"中国婚姻,均由父母主之,父母对于子女配偶之道,于精神上不其研究,以致结果完全失败。若能配偶得当,即精神、身体合而为一,自然之道达矣。现在中国许多学生多甚可爱,但十余岁即结婚,且所取之妇,非其所爱,勉强产生子女,此诚于精神上、于肉体上最属不良之教育也,精神与肉体分离为迷信教育上之最大者。"①

(四) 倡导因材施教、自然教育

卫西琴注重学生的个性发展,认为每个人都是不同的,都有自己擅长的领域,应因材施教,引导发展。"人各有其个性,教授以适应于个性为宜,儿童所不愿学者可省之。务多务博,最是通病,亦最无用。"② 个人训练要比公共训练为优。"个性各异,故训练不能划一,使就资能不齐之儿童,为一致之训练,将以资能优者为标准乎? 抑以劣者为标准乎? 以劣者为标准,则于优者势将遏其发达;以优者为标准,则于劣者不免揠苗助长。"③ 关于教授图画游戏,他认为"儿童之不爱图画者,勿强之学可也。画势奇特者,将来能成画家;用笔正则者,将来宜学工艺。教授时须注意及此"④。不能强迫学生学习不擅长的领域,否则"如善图画者,令习体操,善物理者,令学他科,致令学生心中甚闷"⑤,不利于学生的发展。

所谓自然教育,即注重学生自我思考和自我理解,不是灌输,不是生搬硬套、死记硬背,而是启发,让他们真正地融会贯通。"余曾见中国学校中举

---

① 卫西琴:《卫西琴博士演说词》,《临时刊布》,1917 年第 21 期,第 1—18 页。
② 佚名:《九月二日卫西琴先生参观女师范校幼稚园后开谈话会于女校之礼堂女校请求于卫先生及卫先生所答者记如次》,《教育杂志(山西)》,1917 年第 3 卷第 5 期,第 3—8 页。
③ 佚名:《九月二日卫西琴先生参观女师范校幼稚园后开谈话会于女校之礼堂女校请求于卫先生及卫先生所答者记如次》,《教育杂志(山西)》,1917 年第 3 卷第 5 期,第 3—8 页。
④ 佚名:《九月二日卫西琴先生参观女师范校幼稚园后开谈话会于女校之礼堂女校请求于卫先生及卫先生所答者记如次》,《教育杂志(山西)》,1917 年第 3 卷第 5 期,第 3—8 页。
⑤ 佚名:《九月二日卫西琴先生参观女师范校幼稚园后开谈话会于女校之礼堂女校请求于卫先生及卫先生所答者记如次》,《教育杂志(山西)》,1917 年第 3 卷第 5 期,第 3—8 页。

行考试时，学生能力极大，虽三月未读书，极力预备，即能应考，并成绩甚佳。如校中试验已毕，犹有二周授课，此时学生脑筋中，学问多已消灭，此何故？因所受者非自然的，如罪犯然，束缚其手足，极不自然，一旦出狱，急于弃其束缚必也。"① 他在江苏省教育会演讲时说："自然者非任意放纵之谓，亦非抛弃训练之意。《礼记》云：著诚去伪，礼之经也。今以礼代训练，天为自然教育之一种，而礼之作用能引隐力以与乃地之自然相合。今西方之训练颇令人生不满足之感，是失训练之本旨矣，失自然教育之训练，非限止的亦非强迫的，实使能力得礼之作用而完全发展耳。"②

他用儒家思想阐述自然教育和因材施教思想。"学不可勉强也，勉强之学问，即学校中强记之学问，及至考试既过，前日强记之功课，丝毫无余矣。《学记》又曰：记闻之学问不足以为人师。故吾孔子之教育与西国之最新教育，暗相符合也。至于学生之个性，尤当诈审之。故又曰：中人以上，可以语上也；中人以下，不可以语上也。以今日中国之教育家，而采用西国之旧教育，视学生为同等，并无个人之注意，此为讲富乎？此为讲强乎？此岂教育家所应讲求者乎？"③

（五）倡导心理学应用于教育

"卫先生心理学之所以有重大价值，完全在其心理学之应用，就是他的教育学。"④ 卫西琴认为男女心理不同，教育方式不应相同。"今日欧西各国所施女子教育亦不敢完全赞成，盖其对于男女用同一之教育，则男女无别矣。……欧人之教育男女无别者，未知男女性之不同也，故其所施女子教育多倾向由外来者，而鲜注意乎来自内发生者，是以难收完美之效果。……既知男女心理之不同，施以同一之教育，能收其效。"⑤

---

① 卫西琴：《卫西琴博士演说词》，《临时刊布》，1917年第21期，第1—18页。
② 佚名：《卫西琴博士之教育讲演》，《环球》，1917年第2卷第1期，第15—17页。
③ 卫中：《卫西琴先生在北京全国教育会联合会讲演词》，《宗圣学报》，1920年第2卷第10期，第1—10页。
④ 中国文化书院学术委员会：《梁漱溟全集》（第四卷），山东人民出版社，2005年版，第822页。
⑤ 朱寿萱：《卫西琴先生演说女子教育之初步》，《北京女子高等师范文艺会刊》，1919年第1期，第13—14页。

他认为，人的心理是由天性力和感觉力组成的，男子的感觉力较强，来自外部，女子的天性力较强，来自内生，教授女子的功课及方法应当适应女子心理。"女子心理既富于生发力，则教法当使其由内发生出于自然之态度，毋使外感强迫之也可。……因男子感觉力强故好动，而女子之天性力大故好静，今施女子之教授法宜在静的方面着想，教员能领会女子性情，体贴女子心理，则不难获效也。""然则女子所当学者为何？历史是也。顾非在知历史事绩为足，当详究伟人、名人之历史为本，其次则手工可以求美观，卫生学可以发展其生发力而出于自然者也。质言之，施教者当随其自然发展，勿稍加勉强为要。"①

不过他的一些教育思想值得商榷，应该辩证地看。如"选取学生不得其法，其害甚大。第一步，选择学生时，必用照片，以察其能合格否，合者留之，否则去之，如是无希望之学生可免矣。否则少数无希望之学生，足以影响于全体"②。他主张废除考试制度，认为"一九〇五年中国科举废，而老考试废，新考试来，学校考试专重强记，如从前科举，专令人四书五经，今之学校，专令人强记各种科学，是较前尤为繁重矣，从前弊病，在空谈、在傲气，不知今之学校考试仍空谈、仍傲气，而范围尤加广矣，欲救此弊，即在去考试"③。他说："凡专门科学皆不合于女子心理者也。若体操、音乐则外入而非内出者，不宜学也。图书则模仿其形式而已，化学、医学、生理学、论理学、辨学、哲学等种种空而不实，皆非女子所宜研究者也。"④

---

① 朱寿萱：《卫西琴先生演说女子教育之初步》，《北京女子高等师范文艺会刊》，1919年第1期，第13—14页。
② 佚名：《九月二日卫西琴先生参观女师范校幼稚园后开谈话会于女校之礼堂女校请求于卫先生及卫先生所答者记如次》，《教育杂志（山西）》，1917年第3卷第5期，第3—8页。
③ 佚名：《九月二日卫西琴先生参观女师范校幼稚园后开谈话会于女校之礼堂女校请求于卫先生及卫先生所答者记如次》，《教育杂志（山西）》，1917年第3卷第5期，第3—8页。
④ 朱寿萱：《卫西琴先生演说女子教育之初步》，《北京女子高等师范文艺会刊》，1919年第1期，第13—14页。

三、教育思想的影响

时人对卫西琴的教育思想褒贬不一。"中国最后一位大儒家"梁漱溟于1926年着手撰写《人心与人生》，1984年完稿。书中第11章"身心之间的关系（中）"专门介绍了卫西琴关于身心一体相连的思想。梁漱溟还提到："至其有关男女婚姻、两性教育的许多见解主张，实为一极重要部分。"梁漱溟在《人心与人生》中介绍身心关系时说："卫先生著作甚富，大抵为其在外国文言学校时以中国话口授于人笔录而成，意义多半晦涩难于通晓。此一半固由其理致幽深，更一半则用词造句，自成一种偏僻习惯，不合于通常中国语文。兹所介绍者我只领会所得其二三而已。"[1] 此外，梁漱溟还为卫西琴的《卫中先生的自述》作序宣传其人及其思想，其文集中有多篇文章，如《追忆往昔所了解的卫氏学说大意》、《卫西琴先生传略》、《卫中先生自述题序》、《介绍卫中先生的学说》。

《中国教育议》刊载后，卫西琴的教育思想主张引起时人争议。严复在《中国教育议》序中写道："取其《教育议》而读之，愈读乃愈惊异。其所言虽不必尽合于吾意，顾极推尊孔氏，以异种殊化，居数千载之后，若得其用心。中间如倡成己说，以破仿效与自由，谓教育之道，首官觉以达神明，以合于姚江知行合一之旨，真今日无弃之言也。……盖其言虽未必今日教育家之所能用，顾使天下好学深思之人，知有此议，以之详审见行之法之短长，其益吾国已为不少。"[2] 从中可以看出，严复对卫西琴的教育主张不全然赞成，但认为一些主张可引起人们思考，促进中国教育的发展。易白沙认为，保存国粹和借鉴欧美教育不是对立关系，都应重视，不能只注重保存国粹而放弃学习西方，并且中国的传统教育并非只有儒家教育，中国教育和孔子教育不能等同，不能只保存儒家教育而抹杀其他教育[3]。

---

[1] 梁漱溟：《人心与人生》，上海人民出版社2011年版，第116页。
[2] 卫西琴：《中国教育译》，严复译，北京图书馆出版社2006年版，第1404页。
[3] 易白沙：《教育与卫西琴》，选自殷慧编：《湖湘文化名著读本·教育卷》，湖南大学出版社2014年版，第317—321页。

王云五在《新教育议》序中写道:"今卫君所著《新教育议》,于吾国教育革新之策,独能见其远大;纵其言不必为今日教育家采用,然其主张则固根本之图也……今卫君之言教育,以心灵为里,以力役为表,以国粹为体,以科学为用,以成己为源,以成物为流,何切中时弊之甚耶!夫心灵者创作之枢纽,力役者实行之践履,国粹者文化之始基,科学者进步之轨道,成己者为人之正则,成物者处事之要图;诚能本此主旨,岂徒骛虚之弊可以祛除,将见学风丕变,国本巩固,而创作之发,且未可量也。"①"卫君之说甚创,即卫君亦谦冲而云未敢自信也,特其大体主张实切中吾国今日教育界痼疾之良药;世有明达果断之良医取而试之,吾信其容有廖也。"②

卫西琴与陶行知交往密切,他的行先知后的实践主张得到陶行知的认可。陶行知将原名"知行"改为"行知",与卫西琴的建议有一定的关系。"德国朋友卫中先生,即傅有任先生,每每欢喜喊我'行知'。他说:中国人如果懂得'行知'的道理而放弃'知行'的传统思想,才有希望。……但为求名实相符,我是不得不改了。"③卫西琴生活教育的理念与陶行知的"生活教育"一致,产生时间早于陶行知,陶行知"生活教育"的思想受卫西琴影响的可能性极大④。

卫西琴最重要的教育实践是在山西主持外国文言学校。他的教学方法别具一格,许多名士慕名前来参观。梁漱溟参观后评价:"其间所有,举不同俗,一事一物,靡不资人省味,顿为惊叹。……学生百数个人,一一颜色泽然,神采焕然;凡外间一般学校学生,所有憔悴之色,沉闷之气,于此绝不可见。"⑤

在山西外国文言学校的实践最终失败。他离开山西后在给学生的一封信

---

① 王云五:《卫西琴〈新教育议〉序》,选自《王云五文集·六论(上册)》,江西教育出版社 2013 年版,第 8—9 页。
② 王云五:《卫西琴〈新教育议〉序》,选自《王云五文集·六论(上册)》,江西教育出版社 2013 年版,第 8—9 页。
③ 陶行知:《陶行知全集》(第 3 卷),四川教育出版社 1991 年版,第 575 页。
④ 黄冬:《陶行知与卫西琴》,《生活教育》,2018 年第 4 期,第 19—21 页。
⑤ 中国文化书院学术委员会编:《梁漱溟全集》(第四卷),山东人民出版社 2005 年版,第 808—802 页。

中写道:"吾这六七年教育试验,虽未能造成中国的新人才;但能查得其中国旧文化的病源,与建设中国新文化的途径,也不算完全空废了时间。……教育试验已告终结,文化试验应即开始,可是今日以后,要无多少同志,吾一定不再单独出马了!因为只靠吾一个人,不但这件伟大的事业,难以全体实现,就是重要的部分,怕也不容易成功。吾现在已无往日的希求,何必急急,超越俎代庖之嫌!……吾对于你们大家伙,也毫无嫌怨,因为世上事全有原因,吾在你们那边试验教育不能成功,错不在你们。你们不是独立的,你们背后有一个使你们被动的大原动力——你们的文化;所以你们不能副吾的盼望,不是你们愿意,乃是你们没有法子。"[①]

卫西琴来到中国,希望对中国的教育有所促进,虽然有些主张受时人抨击,主持的山西外国文言学校最终失败,但某些思想主张,如动的教育、注重心理学、重视家庭教育得到梁漱溟、陶行知等认可,甚至对他们的思想产生一定的影响。

录自于《镇江高专学报》2022年第35卷第1期,第93—97页;录入本书时,有改动。

【作者简介】李宁,1994年生,男,山西长治人,中国海洋大学文学与新闻传播学院硕士研究生,研究方向:中国近现代史。

[①] 卫中:《教育试验与文化试验》,《新教育评论》,1927年第4卷第2期,第8—15页。

三

外国学者相关研究文集

卫西琴印象[*]

[美] 埃德加·斯诺（Edgar Snow）
海伦·斯诺（Helen Foster Snow）

一

要不是尼姆（海伦·斯诺的昵称）发现了维克多·弗伦博士（Victor Frene，即卫西琴），并把他介绍给我，我真不知道这种耐性的争论要持续多长时间，会有什么样的结局。他是一个脾气古怪的德国教授。二十多年来，他一直和中国人生活在一起。后十年间，他在山西的一所私立学校当校长，那是"模范长官"阎锡山为出类拔萃的中国学生办的。他身材魁梧，不修边幅，有点秃顶，身着中国布鞋，走路的姿势有点奇特。弗伦是个天才，汉学知识极其渊博，在牛津大学当教授绰绰有余。据说他不屑去那里当教授，不肯受聘。他是半个和尚，半个弥赛亚[①]。他著述和宣扬一种"新教育"，主张把西方人的感官能力和"中国人的智力"结合起来。西方人由于接受了《圣经·犹大书》规劝人不要造孽的教义而充满了活力，而据弗伦说，中国人，则因纵欲过度，感官能力衰退了。他希望通过这种东西方的结合，可以造就世间"最高尚的人"，一心一意致力于使人类的聪明才智日臻完善，以美好的事物战胜兽性，置精神于物质之上的人。

---

[*] 美国著名记者埃德加·斯诺（Edgar Snow）和海伦·斯诺（Helen Foster Snow）夫妇约于1932年刚到中国不久就在上海结识了卫西琴，调往北京燕京大学工作后依然保持书信往来。此文节选自埃德加·斯诺所著《复始之旅》和海伦·斯诺所著《我在中国的岁月》，分别描述了两人与卫西琴交往和争论的一些细节以及对其的印象。本文标题是由编者整理时所加。——编者注

[①] 弥赛亚（Messiah）是"救世主"的意思。——译注

283

"不，这种人不是超人，"他坚持说，"只是普通的人，而且眼下还只是一种设想而已。"

"中国错在哪里？"尼姆刚刚介绍我们相识，弗伦博士就问我，"为什么中国人什么都会发明，却发展不了任何东西？为什么中国的文明停滞不前了？中国的创造力哪里去了？"

"也许中国的衰退是缺乏竞争所致。"我提出了一种没有什么说服力的看法。

"废话！"他温和地嚷了起来，"中国是通过压制个人而取得稳定的。社会存在下来了，而富于创造性的个性却丧失了。一方面是道教的无为和宿命论，另一方面是可恶的儒教：崇拜祖先，重视生儿传宗接代，膜拜阴茎！一方面思想被经典所禁锢，另一方面感官能力却因房事过早和过于频繁而耗尽了。脑子完全像机械，但依然是一块空白，因为应该为脑子服务并激发其思考的感官能力已经僵死！"

自然，弗伦本人是坚定的独身主义者，他一心要物色一些志同道合的教师来帮助他贯彻他的主张。显然，他认为尼姆是他理想的助手。他说，她是"感官能力完好无损的天才"，他决心挽救她，要她不恋栈床笫和与我疏远。他心里已为她安排好了萧伯纳式的婚姻，在这种婚姻关系中，"性欲不占有位置"，只是促进工作的次要因素。

我与他初次见面之后就对尼姆说："这是卑鄙的伎俩！"

"你这是什么意思？"

"搞出个弗伦式的人，是一种巫术。就是这么回事！我想你不致让他再来见我们。"

但是，她又让他来了。一连几个星期，我们三个人各执一端进行了各方面的争论。回想起来，那时讨论的细节听起来像是超脱尘世的，然而当时我们的态度都是异常认真的。埃默森①说："我们必须把男人和女人当作是真的人一样对待，也许他们确是真的。"爱情当然充满了各种感觉，就是没有幽默

---

① 埃默森（Ralph Waldo Emerson, 1803—1882），美国思想家、散文作家、诗人。——译注

感。开初，特别是当弗伦有一次慨然邀我入伙时，我自己也对他的博学十分钦佩。我无意去当和尚，但我不禁注意到，尼姆要是真想做尼姑，我是拿不出什么东西来奉献她的。她的求知欲很旺盛，近乎贪得无厌，而眼前就有个现成的一人"学会"，可以无止境地满足她的欲望。我又凭什么去阻拦她呢？

然而，由于不断受到挑战，我被迫要对弗伦的理论——尤其是他关于性和感官能力的奇谈怪论予以反驳。他有一套独特的探讨问题的方式，是我遇到的最顽固、最狡猾的对手，也许是唯一能在危险的婚姻见解上引起我的利他主义冲动的人。

争论中，我的这位靡非斯特①引用了培根的话说："'凡有家室之累者，均得听天由命；因为妻子儿女乃是大事业的障碍。'你看，培根只是从性的关系来看婚姻。"弗伦生怕我疏忽了这一点，还添上这一句话。

"那对巴赫②有二十个子女又该怎么解释呢？"我对如此混乱的思想感到吃惊，但决意要驳倒弗伦。

"不错，"他反驳说，"可是，你知道是谁糟蹋了巴赫的大部分伟大作品？正是他的那些儿子。"

"不管怎么说，如果没有祖先亚当，我们能有巴赫，或培根吗？"

我花了几个小时，援引了从亚历山大、切列尼到普希金等明显的例子。我引证说，甘地直到他养了一大群子女之后，才说要奉行独身主义，实在奇怪。由于弗伦是个新行为主义者，于是我便一口气举出了弗洛伊德、赫胥黎、罗素、多尔塞及罗宾逊等当时一些名人的例子来，指望在他熟悉的领域里把他难倒。

在这过程中，我发现没有人确切知道内分泌腺和自主神经系统是怎样在大脑皮层中最终形成创造性的思想或想象力的过程中起作用的。而且谁也不能证明有节制的性生活会比任何肌肉活动更有害于大脑。更没有人能证实，对性行为强加抑制曾有助于画出伟大的作品，或发明显微镜。

---

① 靡非斯特（Mephistopheles），欧洲中世纪关于浮士德的传说中的魔鬼。——译注
② 巴赫（Johamm Sebastian Bach，1685—1750），德国作曲家。——译注

节选自［美］埃德加·斯诺著：《斯诺文集》第 1 卷《复始之旅》，宋久、柯南、克雄译，新华出版社 1984 年版，第 124—127 页。

二

我还继承了一位阿尔萨斯德籍法国人维克托·弗伦内博士（Victor Frene，即卫西琴）的在华经验，他是我所能找到的从事中国研究的唯一的教师。为了研究真实的中国，他作为一个汉学家，在山西埋头苦干了 25 年。他的发现，全部是否定的。除非中国的儿童一断奶就从家里抱出来，放进完全西式的寄宿学校，与中国的一切影响隔绝，否则根本无法使中国现代化。举世闻名的宋氏姐妹，就是这个办法效能的证明。她们的父母强迫她们从幼年就住进上海的西式学校，比其他中国人提前好多年西化。接着，她们很快从美国的大学毕业。结果，姐妹俩成为了中国的第一夫人：宋庆龄嫁给了孙中山，宋美龄嫁给了蒋介石。姐姐宋霭龄嫁给了中华民国南京政府行政院长孔祥熙，此人是"宋氏王朝"的太师，是 1927 年以后中国向美国求援的联络人。

"可是您忽略了主要的一点，"我告诉弗伦内博士，"如果三姐妹是在法国或者德国接受教育，那或许就一事无成了。她们接受了美国文明的精髓——严格的清教主义的训练。这种教义也建成了大英帝国。"我说："您应该读一读埃默森的书，不要读康德和弗洛伊德的书了。"

弗伦内博士大吃一惊，当即拜倒在地，三次叩首："您是老师，我是弟子。"以他之见，中国人的毛病在于他们聪明，却神经系统萎缩了，退化了，无望了。"你具有中国人所缺乏的东西，"他说，"你一定要做我的学校的负责人。"

"这只不过是自我训练罢了。"我说，"你必须首先产生动能。把盖子放在空壶上毫无用处，你必须使蒸汽冒起来。蒸汽必定是有生产价值的，有创造力的，令人兴奋的。"

节选自［美］海伦·斯诺著：《我在中国的岁月》，安危译，北京出版社 2015 年版，第 52—53 页。

关于卫西琴[*]

[美] 艾恺（Guy S. Alitto）

【原文 1】

Alfred Westharp, Liang's first and only foreign friend was an eccentric German educator-musician. Alfred Westharp ran a school in the remote Shansi capital city of Taiyuan, where Liang met him in 1921 during a conference of educators. For it coincided with his own ideas. Westharp stressed the students' psychological and physical health. Moreover, the students did all their own housework and cooked their own meals. They even ran a small factory at the school where they manufactured some of their daily necessities, such as shoes and stockings. They also took over the school administrative and maintenance responsibilities.[22]

22. Westharp had emigrated to America and then to China around the turn of the century. He was given to such bizarre behavior as performing piano sonatas nude, in a dark, heated room; his theory as that no other sensations should be allowed to interfere with the appreciation of the music. (The audience, however, was not required to join him in puris naturalibus. Nevertheless, his efforts failed to rouse in Liang and appreciation of the glories of Beethoven.) His other artistic firsts in included music written to accompany the classic Book of Poetry (Shih ching), which he trained his students to perform. Years before Liang met him, Westharp — an ardent Sinophile — had

---

[*] 美国汉学家、芝加哥大学历史系教授艾恺（Guy S. Alitto）在他所著的梁漱溟传记《最后的儒家》中，多处提及或评述了卫西琴。本文以原文和译文对照的形式汇集这些段落，标题是由编者整理时所加。——编者注

had some of his anti-Western ditherings translated and published in Chinese by the famous translator Yen Fu. See：[47]，p. 118；[9k]，pp. 121-143；[9i]，pp. 105-112；[603].

【译文 1】

卫西琴（Alfred Westharp，又名卫中）梁漱溟的第一个也是唯一一个外国朋友。他是一个古怪的德国音乐教育家，在偏僻的山西省开了一所学校。1921 年，梁漱溟在一次教育工作者会议上遇见了他。梁漱溟发现卫中的教育方式很有意思，因为这种方式与他的思想极其相合。卫中强调学生心理和生理上的健康。此外，学生从事所有的家务劳动并自己动手烧饭，他们甚至还办了一个小工厂生产自己的日用品如鞋袜等。他们也负责学校的后勤①。

【原文 2】

Alfred Westharp. The interviews revealed such fascinating details on the subject of Liang's only close foreign friend, Alfred Westharp, that I cannot resist elaborating a bit here. Westharp was a Prussian aristocrat. The son of the director of the national bank of Germany. He went through university courses in both medicine and philosophy before he settled upon music as a career. Before coming to United States and becoming a U.S. citizen, he studied with both Ravel and Montessori. His music was apparently resoundingly rejected in both Europe and America, which impelled him to go East with it. The Indians and Japanese liked his music no more than the Westerners, so he finally went to Shanghai, where his music was again resoundingly rejected by the Westernized musical community.

To make maters worse, the First World War had cut off Westharp's

---

① 卫西琴在本世纪初移居美国，后又移居中国。他有一种在闷热的屋子里赤身裸体弹钢琴的古怪习惯。他的理论是，不能允许其他感觉打扰欣赏音乐。（但是，听众是不需要和他一起进入这种纯自然状态的。虽然如此，他的努力仍不能使梁漱溟欣赏到贝多芬的雄壮与辉煌。）他的其他艺术杰作还包括为《诗经》配乐并训练学生演奏。在梁漱溟见到他几年以前，著名的翻译家严复已经翻译发表了这位热爱中国的人的一些文章，这些文章表现了他反西方化的心理。见 [47]，p. 118；[9k]，pp. 121-143；[9i]；pp. 105-112；[603]。

money from home. In despair, he was on the verge of suicide when he wrote to the famous (and by then the culturally conservative) translator, Yen Fu, pleading for help. Yen aided him financially and translated one of his articles. Later he attracted the attention of became a life-long friend and advisor to Yen His-shan, which is how he happened to run a school in Taiyuan. I imagine that this was the first Montessorian school in China. He later became friends with some of the Kwangsi Clique leaders as well.

Detained by the Japanese during the war as an enemy national, he was sent to Japan as a prisoner. Apparently depressed by his captive condition, he attempted suicide by jumping into the sea. The abbot of a Zen monastery near the spot happened to see this and saved him. Fantastic as it may seem, the abbot had studied in Germany. The two hit it off and so Westharp lived out his days as a Zen monk.

【译文 2】

卫西琴①在这次会谈中，关于梁漱溟的亲密的外国朋友卫西琴的那段谈话太吸引人了，以致我不能不说得详尽些。卫西琴是普鲁士贵族，德意志国家银行董事的儿子。在他选定音乐作为终身职业以前，他已修完了大学里医学和哲学课程。在去美国并成为一个美国公民以前，他曾与拉维尔（Ravel）和蒙台梭利（Montessori）同学。他的音乐在欧洲和美国显然都遇到了强烈的抵制，他被迫把它带到东方。印度人和日本人并不比西方人更喜欢他的音乐，因此他最后来到上海。在那里，他又遇到了西化的音乐团体的强烈抵制。

更糟糕的是，第一次世界大战切断了家中资金的来源，他处于绝望之中。当他写信给著名的（当时在文化上也属于保守的）翻译家严复求援时，他已处于自身的边缘了。严复资助了他并翻译了他的一篇文章②。后来，他引起了阎锡山的注意并成了阎的终身朋友和顾问，这就是他为什么在太原办起了学校的缘故③。我想，这可能是中国第一所蒙台梭利式的学校。此后，他又成了

---

① 原书在 56、144—145、152、163 页讨论过卫西琴。
② 原书在 145 页注 22 中提到此事。
③ 见原书 144 页。

一些桂系领袖的朋友。

战争期间,他作为交战国的国民被日本人拘押,之后作为囚犯被送往日本。显然是不堪忍受俘虏的待遇,他投海企图自杀,附近一位禅院住持目睹此景,搭救了他。说来令人不可思议,这位长老曾在德国求学,二人意气相投。卫西琴从此成了一个禅僧度过余生。

原文录自于 Alitto, Guy S. *The Last Confucian. Liang Shu-ming and the Chinese Dilemma of Mondernity*, University of California Press 1986.

译文录自于[美]艾恺著:《最后的儒家——梁漱溟与中国现代化的两难》,王宗昱、冀建中译,江苏人民出版社1993年版。

【作者简介】 Guy Salvatore Alitto,中文名:艾恺,生于1942年,意大利裔美国汉学家,1975年获哈佛大学哲学博士学位,师从费正清、史华慈,是当代最有影响力的汉学家之一,在梁漱溟研究上堪称第一人,后任芝加哥大学历史系终身教授。撰有《最后的儒家——梁漱溟与中国现代化的两难》《这个世界会好吗?》《吾曹不出如苍生何》《南京十年的乡村建设》《世界范围内的反现代化思潮》等著作。

东西合璧的教育实验

—— 探寻卫西琴在华遗迹

[德]柯兰君(Bettina Gransow)著　黄冬　译

在一间光线被遮蔽的十分昏暗的屋子里,一个欧洲人赤身裸体端坐在钢琴前,为隔在一道布幔外衣冠楚楚的中国听众演奏着贝多芬的乐曲。这荒唐的一幕或许来自乌尔里克·奥廷格尔(Ulrike Ottinger)拍摄的影片《蒙古女骑士》。这个场景实实在在出现在1921年的山西省太原。[1] 此人名叫卫西琴

---

[1] 梁漱溟:《朝话》,长沙1941,第181页。

（Alfred Westharp），是一个德国银行经理的儿子。

这位音乐家和音乐学博士深受生命哲学等时代思潮影响，试图在一项东西合璧的教育实验中，将西方的改革教育学思想与传统的儒家道德学说相互结合。二十年代初，他作为太原一所中学的校长，有机会在实际办学中试行其设想。在今天看来，对捆缚着迥然不同历史和文化的教育理论相互结合，这种非凡的大胆举动不仅对中德关系史，也对教育史和音乐史来说都是一个迄今未被发现的、有趣的贡献。前些年，有一位他昔日的中国学生，在一次以中国人为主的关于儒学创新能力及其世界地位的讨论中，正面地讲述了卫氏的实验。当今之际，对生命哲学与儒学相结合的尝试层出不穷，这也表达出近来西方重新兴起的一种追求，即以东西合璧的天道宇宙观领会文化批判和对未来的恐惧。由此而言，卫西琴可谓"新时代"思想家的先行者。

上述的各种关联，由于涉及面甚广，且因资料和研究现状所限，不可能在下文中详尽地论述，最多只能帮助解释，是什么唤起了人们的关注，探究这位在德国与在中国同样一直鲜为人知的人物之命运。尽管卫氏久居中国（约 1912—1937），并与一些中国名流结交为友，如哲学家梁漱溟（1894—1988）和原山西省省长阎锡山（1883—1960），而且不仅在中国也在西方出版过著述，然而在有关的辞典和工具书中却无法找到他的名字。本文既无法，也无意尝试拼凑零碎资料，复原卫氏在中国的生平和业绩。[①] 本文由其生平简介、太原学校的描述和对其教育改革构想中文化批判性依据的一些思考所组成，同时，也可视为对这位改革教育家及其办学实践被人遗忘原因的探寻。

一

卫西琴大约生于 1880 年，曾在德国许多地方的大学学习过经济、历史、医学和音乐，后来获取了音乐学博士学位。

[①] 西方的中国文献里最初指出卫西琴是梁漱溟唯一的外国朋友，是在艾恺所撰写的精彩的梁漱溟传记中，见 Alitto, Guy S.：*The Last Confucian. Liang Shu-ming and the Chinese Dilemma of Modernity*, Second Edition, Berkley, Los Angeles, London 1986.

我在此要感谢北京的梁培宽教授和成都的杜湘君女士，若没有他们在资料收集上友好的支持，此论文则无法完成。

从现有的资料中，无法清楚地看出他在音乐理论上的研究。能看清的仅是他在音乐学上的兴趣在于直觉与创作的关系。这恰是一个提示，涉及当时生命哲学运动对理性认识局限的抨击和要求用非理性式的直觉认知加以补充。[1]

他所钟爱的音乐作品和其对音乐的见解，在德国难觅知音，只有法国作曲家德彪西（Claude Debussy）支持他的观点，并将他的兴趣引向东亚音乐。卫氏对德皇威廉的军国主义深恶痛绝[2]，而仰慕法国和法国文化，并早在第一次世界大战前就离开德国，旅居法国和英国。[3] 他在巴黎和伦敦的各种图书馆里阅读了不少东方哲学的书籍，起初是读翻译本，后又试读原文，以此来激发创作亚洲韵味音乐之灵感[4]。在英国期间，他初识了意大利女医生蒙台梭利（Maria Montessori，1870—1952）基于自主自动性的教育理论，并由此证实了自己对音乐上直觉与创作关系的见解[5]。

卫西琴从欧洲先去了美国，并取得了美国国籍。[6] 无论在欧洲还是在美国，他的音乐作品都没有赢得积极的反响，之后又东渡亚洲，经印度先到日本，最后约在1912年抵达中国。他在日本痛心地看到那里的音乐生活日渐欧化。由于这种趋势与他的初衷相悖，于是他来到中国，希望在这个具有古老文化传统的国度里看到不同的情景。然而，在上海、南京、天津、北京等大城市居住期间，他发现音乐界目光都是瞄向日本。每当他吐露对中国不坚持自己音乐传统的惋惜时，皆不被周围的中国人所理解，有人甚至认为他是个疯子。[7] 他在中国度过了将近四分之一世纪，取中文名字叫"卫西琴"，对于这位来自西方，并掌握多种中国乐器的音乐家来说，这个译名不仅是字译，

---

[1] 尤其是卫西琴后来反复涉及生命哲学的法国代表人物亨利·柏格森，其论著中"直觉"是个至关重要概念。
[2] 梁漱溟：1971年4月15日手书回忆录，第1页。
[3] 梁漱溟：《介绍卫中先生的学说》（1927），载于《漱溟卅后文录》，上海1939年，第112及后页。
[4] 梁漱溟 1971，第1页。
[5] 梁漱溟 1927，第112及后页。
[6] 艾恺，1986，第342页。
[7] 梁漱溟 1971，第2页。

也是意译的。他自称"卫中",以示对中国的仰慕。

卫西琴不仅在日本,而且也在中国的城市目睹了明显的西化趋势,于是就想在中国借呼吁一种非中非西的全新教育加以抗衡。这种教育是用西方心理学和教育学服务于传统的儒家伦理学。他来华之时,正逢中华民国于1911年初建不久,教育转型已成要务,而且此前已出现过一些不同的中西教育要素结合的尝试。第一任民国教育总长蔡元培(1868—1940)于1912年就提出了四项教育方针,即:"注重道德教育,以实利教育,军国民教育辅之,更以美感教育完成其德。"① 企图借此弥补与西方的差距,并引进个性自我发展以及国际主义等民主准则。卫西琴后来称蔡元培是"生活改革家(un réformateur de la vie)"②,并赞同其纲领中的许多要点,尤其是蔡元培汲取传统儒学中对艺术和音乐陶冶人的作用③,因而强调美育。因此,卫西琴1912年提出的一些观点十分契合当时知识界的气候,但是民国总统袁世凯(1859—1916)却不赞同首任教育部长的观点,蔡元培仅任职半年后便于1912年夏被迫引退。

卫西琴此时正在急切地寻找机会,公开发表他关于新教育的文稿,然而一直等到1914年,他的那些主张才得以公诸于世。他迫不及待地要办成此事,不仅是出于上述中国政治形势的发展,也是由于第一次世界大战的爆发使他和许多在华的德国人都中断了德国的资金来源,陷入了经济困境。在这种情况下,他请求著名的西方社会科学著作翻译家及儒学革新家严复(1854—1921)为他撰写的关于新教育对中国必要性的文章译成中文,并给予

---

① *New Collection of Educational Laws and Regulations*,Shanghai 1922,p. 1,摘自 Lu-Dzai Djung, *A History of Democratic Education in Modern China*,Shanghai 1934(repr. Taipei 1974),p. 7.

② Alfred Westharp:*Esquisse D'une Psychologie de collaboration entre l'Extreme-Occident et l'Extreme-Orient*,Pekin 1926,S. 17.

③ William J. Duiker:*Ts'ai Yüan-pei. Educator of Modern China*,Pennsylvania State University Press and London 1977,p. 47.

发表。① 此文最终于 1914 年刊登在由梁启超（1873—1929）主办的著名杂志《庸言》上。他在文章中尖锐地抨击了日本不加批判地仿效西方，并特别告诫中国教育部，谨防中国教育界重蹈覆辙。卫西琴一方面界定了西方教育理念与基督教的宗教联系；另一方面又强调了尤以"中庸"所阐明的儒家伦理学说与蒙台梭利提出的以学生自我发展为导向的教育学说的一致性。② 卫西琴认为儒家典籍中占有重要地位的观念"成己"等同于蒙台梭利主张的核心"自由"。③ 他对中国新教育的建议旨在将两者相互融合。

尽管他的论述从概念到内容都很费解，但文章的发表却在中国读者中引发了对卫氏主张的兴趣。遂后他被聘为河北省保定高等师范学校的音乐教员，进而"解决其一时生计问题"④。卫西琴在这一时期继续研制他东西合璧的教育理论，并伺机能在一所自己的学校里实际尝试。1920 年至 1926 年间，他在山西省太原如愿以偿。（参看本文第二节）

卫西琴自二十年代中期之后的工作情况不太为人所知。他起初继续从事教师职业，1926 年移居北京，与梁漱溟同住共学。⑤ 一年后，两人在广州创办了一所以传授心理学和教育学为主的研究所。卫西琴 1931 年离开广州，此后多客居上海，继续将他在教育理论上的思考诉诸笔端。日本占领上海后，卫西琴第二次陷入了一生中的生活困境。⑥

关于卫西琴 1937 年后的生活的传说，存在着不同的版本。艾恺（Guy Alitto）写道："战争期间，他作为交战国的国民被日本人拘押，之后作为囚犯被送往日本。显然是不堪忍受俘虏的待遇，他投海企图自杀，附近一位禅院住持目睹此景，搭救了他。说来令人不可思议，这位长老曾在德国求学，

---

① 当他的信件毫无回音，就再次投书严复，表达他对中国的敬仰，并反复恳求支持。还附以预告：倘若无果，他将被迫自尽。他以此达到了所期望的效果。见梁漱溟 1971，第 2 及后页。卫西琴（Dr. Alfred Westharp）：《中国教育议》，严几道（严复）译，载于《庸言》杂志 1914 年第 2 卷第 3 期（第 1 部分）、第 4 期（第 2 部分）。
② 同上，第 1 部分第 2、14 及后页和第 2 部分第 5 及后页。
③ 同上，第 2 部分第 1 页。
④ 梁漱溟 1971，第 2 及后页。
⑤ 梁漱溟 1927，第 124 页；梁漱溟 1971，第 8 页。
⑥ 梁漱溟 1971，第 8 页。

二人意气相投。卫西琴从此成了一个禅僧度过余生。"①。梁漱溟在日本人入侵后便与卫西琴失去了联系，据他说："嗣访闻其流落在日本……推度其在日本身故，年纪六十至七十之间。"② 卫西琴的学生杜为1949年去了台湾，他的述说较详细："（卫西琴）乃为日人挟持转往东京，先师公开谈话指斥当时世界有三大疯人，疯人必自毙，即希特勒、墨索里尼、东条英机，此三人将带给全人类无穷之灾祸。"③ 按照杜为的说法，这种公开反军国主义和反法西斯主义的自白给他带来了严重恶果，为此他在日本监狱中度过了八年之久，战争结束后才获自由，不久之后即卒于日本。④

二

简直就像历史的嘲讽，恰是靠一个中国军阀的资助，促成了这场反军国主义的教育实验。事情的由来是这样：1918年山西省政府邀请卫西琴参加了一个教育大会，会上教育家们对教育问题各抒己见。⑤ 卫西琴并不熟悉当地的政局，在介绍自己的见解时，竟毫不隐讳他的和平主义信念。这种公开的挑衅引起了听众的不安。虽然有失众望，卫西琴却并未遭到封杀，相反，他颇具轰动的报告，引起了锐意改革的山西省督军阎锡山对其教育方法的好感和重视。此后的五六年里，山西省政府出资在太原兴办了一所由卫西琴主持的学校，以实行一项有期限的教育实验。⑥

卫西琴在太原开办学校之时，正值以阎锡山为首的山西省政府正在力图实行义务教育。1916—1922年间，山西省的教育经费增加了三倍多，小学校的数量翻了一番。⑦ 在教育领域全面振兴的背景下，卫西琴所办的山西外国文言学校却是一所不隶属教育部的私立中学。

---

① 艾恺，1986，第343页。依笔者之见，他的讲述顶多可当作一个故事段子，既没有可信的论证，也没有其他作者证言的支撑。
② 梁漱溟1971，第1页。
③ 杜为著：《中庸本义》，台北1985年，第170页。
④ 同上。
⑤ 参阅 Lu-Dzai Djung，第72页。
⑥ 梁漱溟1971，第3页。
⑦ Lu-Dzai Djung，第72及后页。

卫西琴担任校长后，即刻着手彻底改变学校管理、教学和生活的组织安排。他带来了几个过去在保定任音乐教员时的学生充当助手，用以协助他办学。①

学校约有 150 名学生，分英语、法语和德语三个系。学生分配到各系的方法很是异乎寻常。卫西琴制定了一套挑选办法，是根据学生的外貌、语音和性情相似于英法德哪个民族的文化特点，而分别选入各系。有一位学生后来曾说："学生既经选定，大多皆觉适宜，虽可任其更改，而更改者绝少。"② 这种挑选法的目的是益于学生对各种外语从文化上领悟。这样做可使他们化外语成为能够自然从容地表达自己思想的语言。

卫西琴坚决反对局限于书本的学习。他的学校不是采用依附于固定教材的课堂教学法。学习掌握外语，尤为注重具体和生动的情境。每天夕阳西下时，学生们自己制定出明日的课程表和教材，所需的材料当晚随即油印出来。③

卫西琴在他的教学理念中，明显地或隐含地涉及生命哲学代表人物所持的观念，尤其是玛利亚·蒙台梭利的经验。他觉得改变学校的日常生活条件是一个最基本的前提，使生活和学校处于一种合理的关系，使学生的主动性和自动性得到培养，方才能使他们易于摄取新思想和新的学习内容。在玛利亚·蒙台梭利的理念中，学校应是一个"观察人类生活的实验室"④。她想要借助经过实验而确定的外部引诱干预儿童心理的发育。作为这种"自动教育"的教学法，最典型的就是她所谓的儿童对感官刺激迅速反应，并创造性地转化。⑤

卫西琴对于通过普通的生活情境，特别是另外通过音乐来为学生建立一种特定的心理素质赋予了核心性的意义，这也提示了威廉·狄尔泰（Wilh-

---

① 梁漱溟 1971，第 4 页。
② 杜为 1985，第 133 页。
③ 同上，第 126 页。
④ Dr. Maria Montessori: *Montessori-Erziehung für Schulkinder I. Betätigungsdrang und Erziehung*, Stuttgart 1926, S. 149.
⑤ 同上，第 74 页，第 199 页。

helm Dilthey，1833—1911）关于心理学奠定了教育学基础的论点。狄尔泰将教育首先视为拓展学生心灵生活的工具。① 从这种意义上说，在卫西琴的教育理念中，创造一种特定的生活情境和以音乐教育为中心，其目的在于有效地完善学生的感官的感受力和有创见到想象力。

在这种"动"的生活教育理念中，师生关系也具有重大的意义。教师充当学生激励者的角色是调动学生决定性的前提。为落实这一理念提供的组织上条件，教师和学生分成像家庭式的小组一起生活，教师各自就像结晶体的晶核，要与学生有密切的情感交织，且具有安排日常生活所有活动的责任感。卫西琴认为教师在情感上的平衡调节作用是能够恰当地影响学生的关键。基于这种做法，学校里"甚少口角，遑论攘臂相向，亦既绝无其事"②，几乎没有什么事是听其自然的。教师们在直接的共同生活中了解他们的学生，从而决定哪两个或三个学生同住一间屋。这样择选的标准主要是把性情相反的搭配在一起。比如一个性格内向的与一个性格外向的学生得到机会，在日常交往中相互影响，并且尽可能地起到互补作用。

在卫西琴看来，教师的主要任务在于在日常生活中培养学生的自主性和认真态度。因此，学生自己购置生活物品，还自己轮流管护和打扫洁具，如便盆和浴盆等。学校在太原市内搬迁，由学生自己在各系教师的指导下进行了一些必要的改建。卫西琴想要以这种方式不仅使学生，同样也使教师和谐地投入体力、智力和心灵，用以抵制中国轻视体力劳动的传统。与这一理念相对应，学校改建改造完成之后，设立了两个作坊，一个是木工厂，另一个是衣帽鞋袜制作厂。还开办了一个小商店，由学生们自己轮流服务，在此可以买到日常所需的东西。集体劳动和生产自需物品是教学大纲的组成部分。将生产、销售和管理引入教育，完全符合浪漫主义教育学家弗里德里希·福禄贝尔（Friedrich Fröbel，1782—1852）的主张，即学习与劳动相结合，用

---

① Wilhhelm Dilthey：*Einleitung in die Geisteswissenschaften*，*Versuch einer Grundlegung für das Studium der Gesellschaft und der Geschichte*．Gesammelte Schriften 1．Bd．，Stuttgart 1962，S.64ff；参阅 Erwin Hufnagel：*Pädagogische Theorien im 20．Jahrhundert*，Frankfurt/M．1982，S．24f．

② 杜为 1985，第 135 及后页。

劳动作为学生体验自由的实现自我之手段。①

　　1921—1925 年间，但凡有参观者来校，——如中华教育改进社在太原开年会——都会获赠学校自己制作的物品，例如与时尚流行的尖头鞋截然相反的天然足形的扁头布鞋。② 当时正在北京大学教授哲学的梁漱溟，在出席某次大会之际也访问了卫氏的这所学校，并由此开启了两人长久的友谊。梁漱溟和卫西琴是两个来自完全不同经验世界的知识分子，却都对现代主义发出了浪漫主义的、和平主义的、乌托邦主义的批判，并从中得到了精神上的交融。本文开头描述的场景就是梁漱溟后来传出的。据说观众都是由参加大会的教育家们组成，那古怪的场面透露出一种企图，在音响意境的创造和感知过程中，绝不允许有音乐之外的哄响，以避免任何种类的分心分神。然而，据梁漱溟说，虽然观众对卫西琴演奏的中国乐曲非常赞赏，但贝多芬的作品反而丝毫没有赢得好评。

　　为使学生远离迷惑人心的、他觉得有害的和违背其教育理念的影响，卫西琴采取了大量措施。第一便是节制欲望的性教育和对青少年过早结婚的警告。那些当时年龄在 11 至 15 岁之间就已由父母包办结婚的学生必须离开卫氏的学校。③ 第二是学校的设施和校服要保证不会诱发学生内心波动。椅子和长凳都被漆成黑色，校服也是黑棉布的。男生都剃光头或留很短的头发，不许蓄发；禁止女生化妆和使用头油，刺眼的颜色如同刺耳的叫声同样被唾弃，为此卫西琴还援引了老子的著作中对声音和色彩赋予的礼义上的含义。第三，该校不同于普通学校，既没有星期天，也没有寒暑假。这是为了不使教育成果在无人监管的时候受到妨害，用这种方式来预防吸鸦片、酗酒或逛妓院等恶习。每值夏季，全校都外出游学，在庙宇和大自然中照常上课，学习地理和风土人情、名胜古迹的历史、山水绘画写生、撰写旅行游记等皆属培训项

---

　　① 杜为 1985，第 136 及后页。参阅 Otto Friedrich Bollnow：*Gescgichte der Pädagogik*，Bd. 4，*Die Pädagogik der deutschen Romantik：Von Arndt bis Fröbel*，Stuttgart 1952，S. 130.
　　② 杜为 1985，第 137 页。
　　③ Westharp 1926，S. 11；杜为 1985，第 143 页。

目之列。①

所有这一切学校生活的微细之处，均可观察到卫西琴教育理念在平日中的转化落实。然而，这种奇特的实验却遇到了周围中国人的诧异，并产生了一些有关学校的谣言。② 二十年代中期，办学实验在试行期结束后没有得以延续，卫西琴本人也并不满意其教育实验的效果。③

三

若仅从改革教育的视角审视卫氏的太原教育实验，则依然无法让人理解，他为何恰恰要在中国办学，为何偏偏要教中国学生。这一点只有结合其教育实验在文化批判上的含义，才能弄清楚。当欧洲处在第一次世界大战的背景下，卫西琴就证实了他对西方文化中破坏性成分的否定，并坚信历史的发展正处在中国古代文明复兴的前夜。④ 中国传统文明中的艺术，以美学形式表达出其最内在的本质，对卫西琴来说是儒学自然哲学产生的结果，正如他从中庸之道学说中看到了这种体现。

> 中庸原本出于孟子学派，至宋代擢升为儒家四书之一，明确地赋予道德高尚的人天地的量度。通过掌控自己情感维护了自己的德行，这同样意味与天地和谐（天人合一）。⑤

特别是将音乐同步地提升到天地的高度，可以解释中庸学说对音乐学者兼音乐家的卫西琴产生的魅力。他在这里找到了所寻觅的和谐世界的景象（这种景象与他周围的真实世界又如此不相符），并在此发现，被生命哲学称

---

① 杜为 1985，第 144 及后页。
② 关于是何种谣言，杜为只字未提；参阅同上，第 146 页。
③ 梁漱溟 1971，第 8 及后页。梁漱溟写道，卫西琴没有详述他不满意的原因，然而此事却与对他将中国人的体质作为教育方案出发点的质疑有关。
④ Westharp 1926, S. 4.
⑤ Heiner Roetz: *Mensch und Natur im alten China. Zum Subjekt-Objekt-Gegensatz in der klassischen chinesischen Philosophie. Zugleich eine Kritik des Klischees vom chinesischen Universismus*, Frankfurt/M. /Bern/New York 1984, S. 70.

之为西方文化的缺陷似乎都被扬弃。他的生活教育的教育改革理念，是他作为一种有意识地适应自然进程的理解，他想由此最终证明，可以将自然法则移用于培养个体之人，并由他们建立起持久的社会安宁。就此而言，卫西琴把教育学如同心理学一样看作自然科学。他将其理念简洁地表述为下列几个关键点的结合：

> 自然与感觉，感觉与行动，行动与科学，科学与道德。（nature et sens，sens et action，action et science，science et moralité.）①

他的教育学说主要原理当属感觉与心相通，因此，在太原所办的学校也取名为："大通学校。"②

中国学生的教育培养要服务于中国承前启后的现代化。他的教学方案要将传统的儒家自然哲学提升到科学层级。卫西琴想让中国青少年充当传统中国文明创新者的角色，同时这也是生命哲学伦理的表露，其目的是转向纯真的、不刻板的生活。③ 当然，他也怀疑中国的青少年，是否愿意并有能力真正实现中国古代文明的复兴。④ 他看到现代中国虚弱、衰败，并以危险的方式日趋西化，致使他的怀疑更甚。⑤ 但是他把中国的传统文化看作绝无仅有的精神创造之展现，仅从对其进行创新，便可前瞻世界范围的温和进化。⑥

卫西琴获得的这些积极评价都出自他的朋友梁漱溟和他的学生杜为。后者在去世前不久的 1985 年出版了一本题为《中庸本义》的册子。他在书中称赞卫西琴的教育理念，尤其音乐教育是对中庸学说的后续发展。叙述中几乎没有谈到对卫氏世界观和教育学理念起到决定性作用的生命哲学的影响，更多的是对卫氏理念在儒学的现实性和创新能力方面辩护性的诠释，包括吸纳

---

① Westharp 1926，S. 11.
② 梁漱溟 1927，第 133 页。
③ Otto Friedrich Bollnow 1958，S. 87.
④ Westharp 1926，S. 40f.
⑤ 梁漱溟 1927，第 141 及后页。
⑥ Westharp 1926，S. 40.

三、外国学者相关研究文集

西方哲学和教育学如何着手解决问题的方式方法的能力。

梁漱溟 1927 年就向中国公众介绍了卫西琴的学说，认为知识界很少有人注意理会或研究。他的介绍分为心理、教育、文化三个层面，而特别将重点放在卫氏的文化批判。更重要的是，他从中发现了对他本人关于东西方文化关系观点的支撑。在卫西琴看来，东西方文化的区别在于西洋文化强调养身体，中国文化反之养精神。梁漱溟二十年代初出版了引人注目的《东西文化及其哲学》① 一书，从而掀起了一波保守派反击倾向西方的新文化运动浪潮，卫西琴和梁漱溟同样指出了西方、中国和印度文化之间的区别。然而，卫西琴却没有像梁漱溟那样由此研究出一套完善的理论，而是另有侧重。卫西琴把西洋人极好身体活动归结为相应的气候、地理和经济条件。在中国则相反，恰是自然和人活动的缺乏，促进了很高审美水准的表现力。②

在卫西琴眼中，儒家学说片面地强调德育而忽视体育③，于是他本人的教育理念就将目标指向身与心作为有机体的整体培养。他基本上是依托以生物学定位的亨利·柏格森的生命哲学，并用此为他的观点做支撑。④ 因此，他以丰富的膳食营养和细致的感官培训为物质基础⑤，以便最大限度地发挥创造性。⑥

卫西琴摄取了多种当时的哲学思潮，将其交织成一种生命哲学加儒学的世界观。他始终不渝地坚持自己的观点，以致总是不断地遭到他周围人们的抵制，总是不断地和与他的世界观及自然观不和谐、不相容的现实发生冲突。历经了充斥着等级森严、穷兵黩武、暴力独裁和压制言论的威廉时代德国的父系社会，他像另外一批知识分子一样，寻求一种没有统治的社会，以这种无政府主义—和平主义的空想与之抗衡。⑦ 当然，他并不想通过改变那个让他

---

① 梁漱溟：《东西文化及其哲学》，上海 1922 年。
② 梁漱溟 1927，第 138 及后页。
③ Westharp 1926, S. 17.
④ 参阅 Otto Friedrich Bollnow 1958, S. 111.
⑤ 梁漱溟 1971，第 7 页。
⑥ 梁漱溟 1971，第 134 页。
⑦ 参阅 Nicolaus Sombart: Nachdenken über Deutschlnad. Vom Historismus zur Psychoannalyse, München 1987, S. 24, 32.

失望、进而背弃的自身社会来实现理想,而是通过一种心理学教育的实验,他在其中领悟了西方改革教育学的视角,如反理性主义、文化批判以及掺入儒家自然哲学里天人伦理的自然感受力。他希望以这种组合来培养出自由的、自主自立的、有创造力的、对自身有很高道德要求的个体。这些个体共同的社会生活由国际化的伦理规范所约束,以致使公共强权机构,如司法和警察完全成为多余。① 这种教育将严格的纪律性与超常规的自由相统一,目的是最终造就"新人",更准确地说:适应无政府状态的个体。

即使在中国,卫西琴及其学校也横遭周围的非议。学生们显然对西洋音乐和文化比卫氏的儒学创新论更感兴趣,学生家长及周边的人对那些自由式的教育方法和非同寻常的规定也充满怀疑。省政府尽管宽宏大量,最终还是与卫氏反军国主义观念产生了矛盾。此外,他作为外国人在中国一直被当成一个局外人,即使后来他在言论上表示对日本侵华的愤慨方面并不落后于中国国人。而他却不得不为其反法西斯主义的信仰告白付出代价——多年之后,潦倒不堪的他才从日本的拘押中释放出来。

卫西琴试图用一种东西合璧的哲学和教育学理念去调和并扬弃当时的社会矛盾,同时要战胜这些社会矛盾给他本人自身造成的内心焦虑。这就使他自己意识到他的幻想无法实现,从而摇摆在自我怀疑和自我高估之间,时而将他东西合璧的教育理念视为彻底失败,时而又将自己当成一个被低估了的天才,一个生不逢时的人。② 如果要只用一句关键词语来形容卫西琴这个人物的话,恐怕只能用两极对立的方式才可想象:一个普鲁士的无政府主义者、一个儒家的传教士、一个务实的空想家。

译自于 Gransow, Bettina: *Ein west-östliches Bildungsexperiment: Auf den Spuren von Alfred Westharp in China*, in: China, 载于 *Nähe und Ferne; deutsch-chinesische Beziehungen in Geschichte und Gegenwart*; Frankfurt/M., Bern, New York, Paris 1989, S. 193-209.

---

① Wei Xiqin (Yan Jidao), 1914(第2部分),第11页。
② 梁漱溟 1927,第124页。

【作者简介】Bettina Gransow，中文名：柯兰君，德国女汉学家，柏林大学汉学教授。

一位亲华者坎坷的民国岁月
——音乐家暨教育家卫西琴*

［德］郭嘉碧（Gabriele Goldfuss）著　马茜　译

德国教育家卫西琴（Alfred Westharp，约1880年生—卒年不详）是改革派思想家梁漱溟（1893—1988）的唯一外国密友，其一生经历非同寻常，但至今却几乎仍被汉学研究所忽视。①

1921年至1926年间，他在山西省太原接办了一所实验性学校，即太原外国文言学校。这所学校于1919年9月由时任山西省省长的军阀阎锡山（1883—1960）所创办，目的是为阎的政府②扎实地培养口笔译员、秘书及外交官等人才。在此之前，他自取中文名字卫西琴（意为"西洋琴瑟"），后改名为卫中（意为"捍卫中国"），曾在保定一所学校任音乐教席，其间，他大

---

* 本文是作者在法国国立东方语言文化学院（INALCO）戴思博（Catherine Despeux）教授指导下进行学术研究工作期间用法语撰写。作者在原文中对 Catherine Despeux, Jean-Pierre Dieuy, Vnicout Darand-Dastès, Valérie Lavix 等教师们给予的鼓励和建议表示感谢。

① 在此提示一些艾恺（Guy Alitto）著作中有关卫西琴的评述，详见 Alitto（1986）56、144-145、152、163 及 342 页；另见柯兰君（Bettina Gransow）那篇唯一真正的研究论文（Gransow，1989）。

② 1920年代，中国因一些省份和地区割据而陷入了众多"邦国"的分裂状态，由督军和军阀们领头搞所谓"自治"。每个"邦国"各有一套自己的经济、军事和教育体系。军阀之间频频开战，使各地局势动荡不堪。

部分时间都花费在让其学生及朋友杨子清（个人信息不详）为他讲解儒家经典。① 卫西琴想争取通过他的教育活动以及梁漱溟等有名望的中国知识分子对此的反响，参与到借助儒家文化遗产的中国"精神复兴"之中。

多才多艺为中国服务

卫西琴大约于 1880 年出生于一个富裕的普鲁士家庭。世纪之交，卫西琴的大学学业经历跨度巨大，先后在医学、哲学、经济学、历史学等迥然不同的学科领域研习，最终改习音乐，并获得音乐学博士学位。② 为继续深造，卫西琴随后动身前往法国，生活了四五年之久，其间还多次旅居英国。

卫西琴青年时曾就读于德彪西学校（Achille-Claude Debussy, 1862—1918），彼时俨然已是一位有经验的音乐家，尤其是极其出色的钢琴家。就读期间，其时间都专注于弹奏钢琴。他追随当时的时代风尚，也十分倾心于远东的音乐（见附录）。他曾亲自尝试作曲，试图将亚洲的和谐与韵律元素融入在自己的作品中。然而，他举办的音乐会和音乐讲座虽然聆听者踊跃，但均未得到"东方之友"圈内人士的充分肯定。他的理论性观察确实是从音乐学分析出发，但几乎随即就转入社会心理学的比较性审思。③

1913 年，卫西琴初到中国，便愈发强烈地捍卫"东西方互为所需"，以及"应当彰显并融合两种文化遗产中最积极的东西"这种思想。他指出，欧洲文化建立在科学基础上，而中国文化包含了诸如和谐、情感或"内敛"等价值观。这些价值观也体现在其音乐和哲学观中。卫西琴不仅想让西方人分享这

---

① 我们将以卫西琴 1920 年代发表的几篇文章作为原始资料，从中大段摘录。卫西琴效法许多与普鲁士军国主义和专制制度决裂的德国现代知识分子，用法文写作，并表现出仰慕法国。我们还采用了梁漱溟、严复和吉范五的不同著述。吉范五是卫西琴昔日的学生，山西大学外语系退休教授。我们 1989 年在北京郊区他的家中采访了他，由此获得了详实的例证。

② 我们至今无法得知他更详细的大学学业情况。

③ 见 Westharp（1911）和 Westharp（1912）。其他没有标明时间的小册子，如 Westharp [a] 和 Westharp [b] 根据文中的几则提示疑似同属这个时期。我们提及的有些小册子，如 Westharp（1913）和 Westharp（1914?）是卫西琴离开欧洲后发表的。

些"东方智慧",而更主要的是为推动中国人自己发扬,进而他用西方国家的手法将东方的形象传回其祖国;像具有"中国最后的儒家"之称的梁漱溟那样的"保守派"改革家,同样是他在打造新传统主义思想体系期间将会利用的一个同类形象。

除了对音乐和东方文化的好奇,卫西琴早在法国居住期间就对近代教育学(也称"改革教育学"或"进步教育学")产生了兴趣,特别是意大利著名教育家玛丽亚·蒙台梭利(Maria Montessori,1870—1952)[①]所研发创立的关于让儿童在教育中实现自由成长的教育理论。卫西琴后来在太原外国文言学校的教学实践中也采用了这一理念。蒙台梭利认为,普通学校浪费了个人最好的精力,并且阻碍身体发育(她编造了一个儿童像基督那样遭受社会苦难的传说,并将其喻为"儿童受难")。因此,教育对儿童来说只不过是一条"耶稣受难之路"。从这一假设出发,教育者必须重新定义其教学活动并让儿童自由发挥其"生物个体性"。儿童自身的个性是唯一的指导老师,负责其成长的教育者在此过程中只应为其提供支持[②]。

卫西琴是完全地自愿背离了德国,但仍然念念不忘围绕"Bildung"(德语词,意为修养、培育、教育)的方案而产生的讨论。[③] 卫西琴早在来到教育大讨论掀起高潮的中国之前,已经选择了这种立场,这足以说明在整个西方近代社会对这个问题都怀有极大的兴趣。18世纪下半叶的德国,"Bildung"的概念具有了新的、教育学的和理想主义的内涵,但首次提及这个概念要追溯到德国神学家、哲学家埃克哈特(Eckhart von Hochheim,约1260—1328)的神秘主义论,他在"bilden"(动词:造就)方面还指出:塑造"通过上帝的恩典获得内心自由的新人"。1770年至1830年间德国教育体制的现代化使得"Bildung"成为新兴的社会领导阶层——资产阶级为争取"规范的自我抉

[①] 参见她1909年的主要著作:*Il metodo della pedagogia scientifica*。卫西琴除了接受了她的基本理念,还汲取了该著作的书名,将他自己的一些理论和教育活动称之为"科学教育学"。

[②] 见Montessori(1992)。Hildegard Holtstiege 的这本书是蒙台梭利研究的一部佳作,并附有翔实的生平传略。

[③] 见Ritter(1971),Vol. I,第921-937页。

择思想"所设定的目标。而这个词在威廉·冯·洪堡（Wilhelm von Humboldt，1767—1835）的著作中达到了顶峰，他声称修养或教育能够确保人类所有能力的和谐发展，以使人类能够充分发挥个人天性（而不仅仅是获取广泛的知识）。但是，"文化知识"（Bildungswissen）一词源于旨在促进文化修养的行政法规，是资产阶级社会地位的象征，并在19世纪受到越来越多的抨击。难道尼采（Nietzsche，1844—1900）不是在1873年称其为"未开化之前的状态"吗？同年，保罗·德·拉加德（Paul de Lagarde，1827—1891）不是也称其为"德国特有的文明形态"吗？由于这种批判，学校和教育的功能发展出一个新概念，这一功能变得更加"完整"，以经验为导向，并以威廉·冯·洪堡和约翰·海因里希·裴斯泰洛齐（Johann Heinrich Pestalozzi，1746—1827）的思想为基础，提供"现代精神"的教育作为将人类从工业社会的压迫和失去自我的过程中拯救出来的手段。继威廉·狄尔泰（Wilhelm Dilthey，1833—1911）视教育学为"所有真正的哲学之花和目标"之后，改革教育运动开始要求教育学要担负人文"科学"的角色。

1890年至1933年间，改革教育学既尝试了"自然"教育，例如赫尔曼·利茨（Hermann Lietz，1868—1919）及乡村寄宿学校运动（Landschulheim），也试验了更侧重社会融合的教育，即以注重教育指导和教学计划的理念辅助自决（Selbstbestimmung）、自动（Selbsttätigkeit）和民主化的实践。此处我们着重关注的是改革教育学发展的第一阶段（自1890年至1914年），这一时期，在一些西方国家诞生了围绕艺术、自然、劳动或有组织的社团进行的教育项目，并受蒙台梭利的个体心理学启发而进行的教育实践，甚至还创立了舞蹈学校。这些多样迥异的教育项目并存，而彼此视而不见或相互争斗。卫西琴不久后在中国接办太原外国文言学校时，正是借鉴了在这一硕果累累的时期所出现的一些理念。①

从卫西琴在华的早期活动到参加全国教育会联合会太原大会

卫西琴离开欧洲后先前往了美国，但未能如愿获得更大成功，便转来亚洲。他先抵达了印度和日本，但在那里他的音乐理念也未受到更多的热情回应。最终，他来到了中国。卫西琴头两年辗转于各大城市（上海、南京、天津、北京）进行演讲。他原本为逃离他认为过于物质化和冷漠的西方文明而前来中国"避难"，不料他却发现这些大城市的中国人过度西化，对此他不无不满。然而两年后，他对此屈服了。卫西琴接受了这种过度西化，但认为中国人应当先接受教育，以"充分了解其力量和能力，以期无损地吸收输入的外国文明"②。至此，他找到了其"拯救"中国的使命。而蒙台梭利教学法将有助于他完成这个任务，我们将看到他是如何将其抱负付诸实践的。

然而，卫西琴首先不得不面对自己岌岌可危的物质生活境况：第一次世界大战前夕，他发现自己处于极度贫困之中，便萌生了拜访当时的改革家严复（1852—1921）的想法。严因作为近代翻译西方巨著的第一人而闻名，曾使孟德斯鸠（Montesquieu）、史密斯（Smith）或赫胥黎（Huxley）等作家在中国广为人知。卫西琴想到，若严复能翻译他的某一篇文章，便定能为他带来一定声望，即可助他找到一份稳定的工作。

1914 年春，更准确的说，是农历二月十七日（即三月十三日），严复在日

---

① 各种教育实验项目集中化、激进化、全球化的第二个阶段一直延续到 1920 年代中期，即人们欲从生活改革进入社会改革。在阶段末期，有人以捍卫文化教育学来修正和批判生活教育学。详见 Oelkers（1992）。瑞士苏黎世大学教授，教育哲学史学家尤尔根·奥尔科斯（Jürgen Oelkers）对身为改革教育学先驱的威廉·福利特纳（Wilhelm A. Flitner, 1889—1990）对阶段的划分提出了质疑。卫西琴当时在中国，对这些发展过程只能有些模糊的了解。

② 见梁漱溟（1927），第 142—143 页。

记中记下了卫氏的来访。① 一个月后，在当时知识分子的舆论阵地、梁启超（1873—1929）创办的《庸言》杂志第 17 期上，发表了严复所译卫西琴一篇关于"中国教育的文章"（《中国教育议》）。

在这篇文章的译者按语中，严复回忆了促使其发表这篇文章的背景情况。在其第一次见到卫西琴时，卫氏给他留下了一个奇怪的印象：这个外国人满怀拯救中国的愿望却感到自己不被理解。他还担心，若不是由像严这样有风骨有名望的翻译家将其思想理念呈现给中国公众，他的想法会被误认为是荒诞可笑的。所以卫西琴坚持要把他的几篇文章交给严复。不久，严复偶然看到其中一篇文章并读了起来：这篇文章是关于中国教育的，也正是严复所译的那一篇。严复与卫西琴的思想虽不尽契合，特别是后者对儒家学说及其对当代世界的价值的积极评价，然而，他却指出：

> 中间如倡成己之说，以破仿效兴自由。谓教育之道，首官觉以达神明，以合于姚江知行合一之旨，真今日无弃之言也。乃缄告知，曰愿且住勿便去，吾将为子译之。盖其言虽未必今日教育家之所能用，顾使天下好学深思之人，知有此议以知详审见行之法短长。其益吾国已为不少……②

最后，严复以孟德斯鸠的话恭维地结束了该按语。

不久之后，卫西琴受聘到保定高等师范学校担任音乐教员。他在太原参加全国教育会联合会大会时（1920 年底—1921 年初）正值任上。正是在这个场合，卫西琴结识了梁漱溟，一位非常年轻但已小有名气的北京大学教授。卫西琴关于教育的文章在学界中颇受瞩目，梁先生也由此知晓其名，然而，尽管这个德国人多年来在内地四处游说，其理论影响仍然有限。③

---

① 见严复（1986），第五卷，第 1516 页。据梁漱溟的 1971 年手书的回忆录中说，卫西琴起初投书严复，因未见置答，继而要挟严复，如不予翻译，将自杀。严复并未提及此情节。引自 Gransow（1989），第 197 页，脚注 13。
② 见严复（1914）。
③ 见梁漱溟（1926），第 105—106 页。

三、外国学者相关研究文集

卫西琴参加这次太原会议，是为更好地宣传在中国引入新教学法这一想法。此次会议上，卫西琴不仅做了演讲，还介绍了他的学生，让他们演奏了一段中国传统音乐，然后本人精彩登场，梁漱溟对此有详细记录：

> 我没有经验过一次好的音乐。卫先生本是专门研究音乐的，他在太原时，曾经用中国《诗经》中之几章谱成乐，乐谱不是他的独创，是自《永乐大典》中传出来的。他特别训练了一班学生，用中乐将它表演出来。民国九十年间，全国教育联合会在太原开会，卫先生遂领着他的学生，演奏《诗经》谱成的乐曲，参加教育会的陈主素先生归来说："这种乐，真是可以代表中国民族精神的一种乐，平生未尝听过，但听过一次，一生也不会忘记。"……卫先生演奏的西乐，我却听过。他演奏时的精神，颇值得叫人赞叹。他用一架大钢琴奏贝多芬的乐曲，在未演奏前，他有重重的安排：先把我们听众安置在没有光或光线微弱的地方，意思是要避免光的刺激，然后才能专心静听；其次他拿幔子把自己遮起，不让人看，因为他需要全身脱光，避去衣服的束缚和他种刺激；再次告诉我们说："在演奏时不得咳嗽，否则我就要很厉害地发怒。"意思是说，他在演奏时便是整个生命的进行，倘遇到阻碍、刺激，自然非发怒不可；最后待他演奏完毕时，竟浑身流汗，非立刻洗澡不可。当演奏时，声调是非常强烈、勇猛，似是最能代表西洋精神的作品。但也许因我是中国人——和平而软缓的心境，对这最能代表西方精神的乐曲，总觉得有些跟不上，不能接头，不能充分地得到一种满足。我深知音乐的价值，无奈我对它用不上心去，而在别人处也不曾得到一个满足。[①]

除去这场令人难忘的演出，卫西琴还就改革教育学和当时中国教育的缺陷发表了一场极具和平主义精神的演讲，这不禁刺激了怀有民族主义思想热

[①] 见梁漱溟（1940），第 118-119 页（"谈音乐"，第 117-119 页）。

忧的与会政治家和知识分子，因为这种民族主义不乏好战之意。① 不过就在这次会议结束之时，阎锡山邀请卫西琴留在他两年前创办并自任校长的外国文言学校，担任教务长。② 这一决定可能会让人感到意外，但是相比卫氏的和平主义，其无条件亲华的态度和改革传统教育的意愿大概对于阎锡山这个军阀的选择更具决定性作用。③

太原外国文言学校

卫西琴接办的这所专科学校属私立性质，从而独立于政府的任何直接掌控，但也无固定经费来源。④

20世纪之初，由于传统教育制度的瓦解，对教育系统进行一场深度改革变得势在必行且迫在眉睫。然而，当时的政治动荡推迟了这一理念的实现，教育改革成为一个焦点问题，贯穿整个民国时期。五四运动时期和美国实用主义哲学家约翰·杜威（John Dewey，1859—1952）于1919至1921年的访华期间，有关教育改革的讨论最为激烈。⑤ 先有清末重臣、1889—1907年间任两湖总督的张之洞（1837—1909）发起教育改革，再有孙中山政府的教育

---

① 我们的原始资料没有此演讲的确切标题。该演讲与他此前不久在北京的所作的演讲（演讲稿现存中国国家图书馆）相似，都提及了以德国人为代表的改革教育学的核心思想。详见 Westharp（1920）。

② 北京大学校长2月13日的一封信可以证实，卫西琴从1920年初就寻求一个法语教授的职位。蔡元培（1868—1940）在信中鼓励卫西琴递交求职书。然而我们不知道后来的情况，似乎最终也未果。详见蔡元培（1984），第三卷，第388页。卫西琴索要月薪120块大洋，并随求职书还附上一份授课计划（未觅到此计划）。**作者此处陈述与事实不符。——编者注**

③ 见山西省地方志编纂委员会（1987），第112页。

④ 同上，第110页。学校起初位于太原市布弓街，1924年迁至城北阎锡山的私宅，前霸陵桥东花园。阎锡山对学校的未来十分感兴趣，在任命卫西琴为校长后，继续实行他半军训式的教育原则，这无不与那位德国人的和平主义观念相冲突。见吉范五（1981），第130页。

⑤ 该文论及此议题很有限，我们无法进一步展开，想在此提示另外一些现存的相关论文，诸如 Marianne Bastid 和 Ruth Hayhoe 的研究成果，如 Bastid（1971），Bastid/Hayhoe（1987），Hayhoe（1991）。

总长及北大校长蔡元培①进一步深化教育改革，继而阎锡山在山西全省推行现代化教育，便毫不迟疑地邀请外国教育家卫西琴接办由其创建的学校。

尽管太原外国文言学校想要通过基于卫西琴秉持的新教学理念而建立的一种面貌一新的组织形式与当时声势浩大的教育改革运动区别开来，但是它仍然构成了这个改革浪潮的一部分。这场试验的特殊性，再加上其校长的坚定立场，使得学校在办学中能够免于国家层面的任何干扰。

再说回到学校的组织架构，山西各县每年可选送两人来此接受教育，性别不限，年龄在 14—16 岁之间。教育方式实行工读结合制，即食宿衣服等均免费，但学生要在其闲暇时间料理校舍及校园。规定学制为九年，随后送往国外留学深造，毕业后进入阎锡山政府工作。②

外国文言学校的组织和运作的宝贵细节是当年在此就读的学生吉范五先生提供的，他现和儿子住在北京北郊。自 1921 年起，其在此接受了六年的教育，并在"巴黎班"学习法语（另一个法语班被命名为"日内瓦班"）。学校还设有另外两种语言专业，即德语专业，包括"汉堡班"和"慕尼黑班"，以及英语专业，共有"伦敦班""纽约班"和"新西兰班"三个班级。学校最初有大约两百名学生，但由于卫西琴轻视数学及物理学科，几十名学生向阎锡山抗议，后阎为其创办了另一所更侧重理科教育的私立学校，即进山中学。③

卫西琴的学生是根据他们与所学语言之国的"民族特征"在气质和相貌方面的契合性和相应性进行分班。这一分班方法基于卫西琴新教学法中的"天性同化"原则，旨在利用儿童自然天性促进对某一外语和文化的学习。

> 所有适用新式教育的人，无论是学生、教员抑或其他人，都应具备足够强的感觉能力，以能无意识地、自动地将人对天性的顺从和屈从变为人对天性的吸收和适应……在人向天性屈从时，我们能够用以支持学生的手段必须是最简单和最原始的，因为向天性屈从是人体的一种极其

---

① 有关蔡元培参见 Duiker（1977）。
② 由于学校 1926 年关闭，所以学生提前毕业，未能去国外留学，吉范五先生对此事深表惋惜。
③ 阎锡山原本计划只设三个班级。

原始的机能，且必须通过完全消除理想化或精神化的方式来实现，就像皈依宗教时，必须脱凡去俗。因此，可以看到，教育者的责任不仅在于去除平庸，还在于去除梦想。①

卫西琴鼓励学生选择自己的作文主题，写游记，并在他们之间自由讨论。吉先生回忆道，学生和老师可以每晚讨论次日的学习内容。卫西琴更喜欢口语教学，而不是文字教学。为了更好地将语言教学及实践联结起来，学生在一天中应无时无刻不进行语言练习，包括在宿舍、劳动、游戏或郊游时。对话、歌曲和即兴舞蹈构成教学的重要组成部分。无论是眼和口，还是手和脑，整个身体都应"参与"其中。卫西琴根据布莱克、雪莱、歌德、莫泊桑、梅特林克、波德莱尔、卢梭和莎士比亚②的作品为学生编写了小剧本。卫西琴更喜欢这种阅读活动教学法：

> 任何不是出自玩耍的行为都是人为的，只是由于约束或外部原因而形成的……发明和精神创造本应构成社会生活和文明的基础。但很少有人意识到，发明和思维创造却变得几乎无法实现，或至少极为罕见，因为总有父母或教育者将幼童的玩耍与他们的行为分开，并不分昼夜，无时不刻地告诫幼童什么"该做"，什么"不该做"，而不去注意儿童的感性与自然发生关联所产生的自然结果。
> 意大利的蒙台梭利博士的教育体系从儿童玩耍中衍生出所有家庭生活的活动；在中国，一切农业、工业、商业、科学，甚至文学艺术，也都应由此衍生出来。这是形成新式科学教育的基础性程序。③

---

① 见 Westharp（1926a），第 24—25 页。
② 据吉范五先生说，泰戈尔访华期间曾计划到访，卫西琴为学生们改编了这位印度作家的一个剧本。访问最终取消，但该剧为在太原的外国人士演出了。
③ 见 Westharp（1926a），第 28—30 页。尽管卫西琴偏爱日常的口语会话，在外语教学中却并不排除阅读。他为初学者编写的课本也基于一些著名作家的作品选段。当学生取得了足够的进步后，他便引导阅读作品原著，诸如莎士比亚的《麦克白》，波德莱尔的《恶之花》或者歌德的《浮士德》。详见吉范五（1981），第 132 页。

卫西琴大体上遵循了玛丽亚·蒙台梭利阐述的青少年教育建议，认为应将儿童置于"教育的本位"，并通过帮助其开发身体和精神潜能，密切地从旁跟随，以尽可能地满足其所有成长及生活需求。卫西琴欲将这些想法融入到他的教育实践之中。此处，教育意味着生活的变革，进而意味着社会的改革。在一个恰当教学环境中，传统教育所否定的人类的基本因素，比如通过音乐发展起来的感觉力（对他来说并不意味着纵欲或性欲）、感受力和情感，再比如平等的社团和自然环境，将使学生能够在生活中得到充分成长。卫西琴当时写道：

> 现在理应实现通过教育改革来改革中国人的生活，因为教育只是青年人的活动天地，而生活则是成年人的活动天地……由于青年人比其余民众更具接受"新三合一"① 教学的能力，所以应当让青年优先接受教育。但是，若要真正实现生活的变革，就必须从教育中消除所有以书本知识为特征的痕迹，而教育又很难摆脱书本，于是必须通过改进教材和学习方法使学生在学校的生活得到最强烈的改革，以便日后将新的生活习惯移植到校外的公共生活中。这种重新学会感知是通过为了生活的生活而重新学会生活所随即引发的，这当然不仅将会改变学校的外在形态，而且还会改变学生及教员们日常生活的整个过程，每一步骤都依托着新的教育心理学和新的生活哲学，两者都摆脱了昔日过分拘谨的教育中极为有害的习惯做法，如我们所知，我们在法国所学到这些之后，"自己否认和麻木冷漠"意味着什么。②

---

① 它涉及"感觉性"、"感受性"和"感情"。在巴黎吉美博物馆保存的版本中"感觉性"这个术语统统被手写修改为"感知性"，手写字迹与卫西琴在另一文献上的题写的献词十分相似。

② 见 Westharp（1926a），第 17—18 页。卫西琴觉得蔡元培的各项教育改革恰是他自己所追寻的。如他所言，他的"设想草案"是受到蔡元培旅法回国的激励和启示。他说："蔡元培先生的盛名只能归结为一个事实：这位先生在成为教育改革家之前就是一个生活改革家。"详见 Westharp（1926a），第 17 页。

蒙台梭利提倡建立一种"社会生活试验学校"[1]，通过劳动，最好是户外劳动，学生可以获得经济和心理上的独立。然后，他们在学校的"商店"出售其产品以便与社会建立联系。这项劳动要排除比赛竞争且在科学的指导下进行，通过让儿童为职业生涯做准备，使得其智力和身体上的多种才能发挥出来。

卫西琴还鼓励他的学生实现自立：学生亲自负责做饭、修理、卫生、园艺或在学校工场工作（木工、缝纫、制鞋）。他还设立了一个商店（学校公卖室）作为社会生活的象征，学生们也在此管理销售。这种合作旨在促进社会和谐的发展。卫西琴强调教师和学生应相互了解，以实现不同性情的个人间的良好共处。为遵从蒙台梭利的理念，外国文言学校不设假期，只有"职业变化"。学生和教员一同旅行，研习地理、生物、历史、地方风俗，甚至从古迹或风景中就地取材作画。梁漱溟在参观学校时发现卫西琴曾将学生和教员分成许多小组，算作家庭，教员任其"家长"[2]。在这项任务中，卫西琴不遗余力地亲身照顾学生的重大需求，教员们也受其感染，全力以赴地关注学生生活。在学校内给学生许多活动的机会：有做工的工厂来做鞋袜、点心等；有时修缮学校的房屋；有做买卖的公卖室，从文具到米盐一切校内众人需用之物都备。学生自己进行各项管理，教员只是在旁观而已。不仅如此，就连学校办公处的任何公事也都由学生经管。在卫西琴生看来，唯有对学生委以信任，才是开拓学生力量的方法。虽然拿很多事让学生去做，但又不可要求过严、过快或过硬。让青少年学生的力量徐徐发展是教员唯一的责任。[3]

学生们还要练习"中国技艺"，包括射箭、武术、剑舞，甚至骑马。在音乐方面，"我们并不总听西式'进行曲'"，吉范五先生回忆道："而是学习中国乐曲、地方戏曲及传统乐器。卫先生总跟我们说，西洋音乐起于腿脚动作，而中国音乐起于心。卫先生为我们弹奏他的三角钢琴时，阎大人有时会来旁

---

[1] 见 Montessori（1992），第 123 页。
[2] 学校有许多人来访参观。两年后，卫西琴邀请学生家长来校参加了一个"恳亲会"，并介绍了办学情况。据吉范五说，反响十分热烈。详见吉范五（1981），第 133 页。
[3] 见梁漱溟（1927），第 136—137 页。梁漱溟三年后在山东所办的学校里采用了某些相同的办学架构。

听。我们常说,即便是美国的学校都没有我们学校好。"

通过教授音乐、艺术、道德教育、语言、农学和数学(尽管在学校教学中被相当忽视),让学校活动和学习交替进行,定期开展体育训练以及保持良好均衡的饮食都是为学生能有机会自我表达,从而促进其个性的发展。① 希望以这种方式激发精神的创造力,同时搭建通往当代文明之桥梁。卫西琴将这些原则简洁地总结为:"融会外在世界之物、发展创造之力。"

卫西琴并未遗弃其核心思想,即通过个人教育加强整个中国文化。② 对他来说,感觉力、情感和灵性是中国与西方物质主义的区别。他得出这个结论的时候,正在盛行文化比较主义,并在当时已发展成一项世界性运动。虽然卫西琴感受到与"五四"先驱们的文化批判相关联,但他也既不主张其所厌恶的全盘西化,也不宣扬抛弃中国文化,而是要求对中国文化正源固本,从而更接近当时包括梁漱溟在内的许多"保守派"的实践尝试。③ 吉范五还说,因此卫西琴要求学生穿着中国传统服装,而且要求每个星期天去学校附近的孔庙"祭拜"。卫西琴总是身穿中式衣鞋,从不吃西餐,也不与城里的其他大半是传教士的外国人接触。

此外,他还亲授中国典籍。为此,他不得不依靠学校教员,因为尽管其日常汉语表达流利,但他不会读写汉字。他坚持亲自评注典籍,以按自己的方式加以诠释,并会毫不迟疑地剔除其不以为然的段落。自诩"儒学卫士"的卫西琴,在其说教中偏爱引据孔子,以更好支撑其自创的理论思想。"新人",即儒家经典中所说的君子,应当按照《中庸》的说法,首先"尽其性,则能尽人之性"(《中庸》第 22、25)④。通过这种方式,人将释放其创造力,与世界沟通。正是他那个时代的教员们所承担的唤醒新一代中国人的责任。但卫西琴批评说,这些教员没有实践《论语》(如《论语》第一篇第十二章)中所教导的和谐,因为在他看来,这些人没有平等地对待学生。他们教给学

---

① 见 Montessori (1992),第 141 及后页。
② 见卫西琴 (1920),第 1—4 页。
③ 对于这场讨论中各种立场对立者不同观点的简明的概括参见 Alitto (1986),第 75 及后页。
④ 此段落关联卫西琴 (1920),第 6—8 页。

生的只有恐惧而不是自由，只有偏重理论的知识而不是实际的生活。对他而言，学习和实践是密不可分的（《论语》第十七篇第七章）。要想在教育上获得成功，就必须借助"新式科学教育法"，利用原本旨在实现人的蓬勃发展的儒家原则。

此外，卫西琴还认为，要想让中国文化整体变强，中国人必须意识到，中华民族的缺陷在于身体不强。① 中国人的精神活动程度很高，但外在活动不足。意识到这种不足并渴望与西洋文化"力量"相匹敌的中国人却指望模仿西洋文化的各个方面，从科学、民主、哲学到生活方式无不袭取，而不是从自身本性中寻找其衰弱的真正原因。在卫西琴看来，这种尝试是注定要失败的，因为对人的任何改革都必须从教育开始，这样人才能蓬勃发展并自主决定其命运和其所属社会的命运。②

> 中国的感觉潜能，在整个中国历史上从未对自然物质有过足够的关心，现在却以一种惊人的力度要求有一种民主政体的机会；……一种农业、一种工业、一种商业和一种创造性的自然科学。这些都是东方的内在潜能显而易见的表现。③

希冀对中国社会进行全面改革的卫西琴，寻求对传统教育方法进行一场彻底变革，但同时保留传统教育的内容，或者至少是他认为属于传统教育的内容。④ 这种教育因模仿的原则而陷入瘫痪，而模仿却是卫西琴所主张的个人自主性的亲密敌人。

---

① 卫西琴将中国的衰败归咎于气候和地理的因素。他认为，中国以大陆性环境为主，致使中国人与那些始终面对着大海呼叫的地中海地区居民相比，外出和交易活动少得多。长江和黄河养育了亘古不变的农业社会和过着缓慢生活的人们。参见梁漱溟（1927），第138—139页。这种务必竭力把中国大地从古老陈旧的僵化束缚中唤醒的见解，贯穿了整个20世纪。

② 见梁漱溟（1927），第138—142页。

③ 见 Westharp（1927b），第4及5页。

④ 有关这一点以及关于他的方法之"科学性"详见 Westharp（1924）。

> 模仿产生了一种与个人的创造本能无关的假活动,既无法表现人的感觉力,也不能表现人的精神力。……中国几千年来,除了效仿历代圣贤之外,别无其他道德准则。在教育上,这种模仿阻碍了中国人学习什么是中国的、原创的或新的东西,而且无法让中国人与西方文明中主要的"创造性"元素建立密切的关系,即与自然科学领域的研究精神和技术领域的发明精神建立密切关系。可以说,一个中国人生来就只是关注和思考那些非中国的事物和思想。由于他对其用意是完全陌生的,因而认为学习外国事物和思想的最佳且最快的方法,不仅是模仿这些事物和思想,而且还要模仿这些事物和思想在西方产生的方法。①

卫氏在此总结了其教育工作的目的:若要改造社会,那么模仿别人的模式是毫无意义的,而是应当自己创造条件,进行自主创造。卫西琴考虑的是个人以及整个社会:中国应当无束缚地发展自身文化。相信青年文化力量的卫西琴选择了依靠蒙台梭利教学法。但教育不过是塑造中国新社会的第一步。卫西琴将其学校命名为"大通学校"所表达的正是这种为完全沟通内外而竭尽所能的意志。②

可以推断,卫西琴看到中国教学中偏重学习外语这种现代趋向是多么的失望。这种教学注重于模仿式学习,而忽视了卫西琴曾试图引入中国的德国改革教育学的经验成果。他在1926年抱怨说:

> 我们的中国学生饥渴的要命,他们不分昼夜随时地表现出的对新奇事物的渴求,简直难以饱足!这肯定是因为一般的教育者总是唯恐自己过于劳累。……每个教育者都认为,要使民族与文明融为一体,最重要事情就是学习外语。但中国当前已制造出了足够的说英语的鹦鹉,而还不急于制造些其他的……我们需要的是对人的改造!其后就是创作!对

---

① 见 Westharp (1927b),第4页。
② 见梁漱溟(1927),第133页。据吉范五(1981),第130及134页说,阎锡山不准许卫西琴将学校正式称为"大通学校"。学校停办前不久,他们才达成一致,改名为"私立山西大通高级中学"。

大多数情况而言，所需要的不是现在在教育方面引进最轻松的项目——外语，反而是哈姆雷特的"沉默"。①

因此，卫西琴随后对当时中国教育政策的背景，甚至对自己作为教育家所开展的活动做出了非常尖锐的判断也就不足为奇了：

> 如果中国在这些新的图书馆中，在自己的书籍中增加外国书籍，并且利用现代图书馆像利用中国教授的传统研究一样，固守文学，轻视经验、活动、感觉和自然，装模作样地设立图书馆外加科学实验室和外语学校，就如我在山西省主持了六年的外国文言学校那样，将会使中国导向发明和所有创造被扼杀、天才被视为人类敌人这条定律。
>
> 长期以来，世界各国的学校教师都得出这样的结论：一个学生天资聪慧、热爱自然、蔑视实验室、图书馆、服兵役以及各种强制约束，这是一种危险的天性。
>
> 所有新式科学教育所崇尚信奉的，包括感觉力、感受力、情感、理解和精神创造，都被传统教育所排斥，变得不复存在。②

尽管雄心勃勃，但太原外国文言学校还是在建校仅仅八年后就停办了。我们无法从资料中得知学校停办是否是由于卫西琴与其赞助人阎锡山之间发生了冲突，还是因为政治形势③的变化迫使这位军阀结束了这项他看似十分重视的试验。离开太原时，卫西琴想要体验一种更独立的生活方式。他去往北京与他的朋友梁漱溟一起生活了一年多，其间未有任何特别的活动。④ 梁漱溟虽然说卫西琴认为其教育试验未见成功，但深信卫西琴作为一名出色的教育家已经取得了成果。两位好友每星期五都会与梁先生的三名弟子及未来的合

---

① 见 Westharp（1926a），第 16—17 页。
② 同上，第 37 页。
③ 1926 年 7 月 1 日北伐开始，这场为了扫除军阀，实现国家统一的战事持续了三年，阎锡山也参与其中。
④ 见梁漱溟（1927），第 123 页。

作伙伴黄艮庸、王平叔和张俶知相聚讨论。① 嗣后，卫西琴同梁漱溟共同在广东成立了一个专门研究新心理学和改革教育学的研究所。②

卫西琴后来在广州失联。源于某些信息，他似乎一直逗留在广州，直到 1930 年代初才迁居上海，并与一位中国女子结婚，但无子女。随后，卫西琴可能被日本占领军所逮捕，并被指责出版了对日本怀有敌意的小册子。拘押后，在被送往日本的船上，他曾试图跳海自杀，后在日本海岸边被一个禅寺的僧侣搭救，于是卫西琴在此终了余生。但这最后一笔给卫西琴的故事增添了传奇色彩。③ ……

卫西琴与梁漱溟：观念与影响

挚友梁漱溟和卫西琴之间有关教育的思想交流颇具启发意义。自 1920 年至 1926 年间，梁氏一直在寻找一个改革中国的行动方案，以将其代表作《东西文化及其哲学》④ 中提出的思想理论付诸实践。他与教育家卫西琴的友谊恰恰可以追溯到这一时期，当时教育是他的关注重点。⑤ 同卫西琴一样，梁氏批判新的西方教育方法（如学习外语），这些方法只注重获取知识和技术，但并不利于学生的成长。再加上中国制度上的缺陷，导致学生离开学校后始终不

---

① 见梁漱溟（1926），第 105 页。
② 见 Gransow（1989），第 198 页。据吉范五说，卫西琴在广东开办了一个"动的教育实验场"。见吉范五（1981），第 139 页。卫西琴很可能 1926 年就在北京建立了一个心理生理学研究实验室，从该实验室的文件中（Westharp [1926c]）可以推导出他将进一步研制中国社会改革的规划。
③ 见 Alitto（1986），第 342—343 页（此书基于 1980 至 1984 年对梁漱溟的一系列访谈）；另见 Gransow（1989），第 198—199 页（该文同样根据梁漱溟和卫西琴的一个学生的回忆），据说卫西琴被日本人拘禁了八年之久而死于日本。吉范五说，卫西琴 1930 年代初曾两次返回太原，但对他的先师此后在广东结婚和投身抗日斗争的情况概无所闻。
④ 见梁漱溟（1921）。源自梁漱溟多次演讲的这本书轰动一时，尤其是在中国青年知识分子中。梁漱溟作为"中国文化的捍卫者"成为了民族英雄。见 Alitto（1986），第 75 页。
⑤ 同上，第 135—153 页。

具备应对生活的能力。① 当轮到梁氏于1924年秋天进行教育实践之时，梁先生在山东开办了曹州高级中学，他的这一教育方案，无论是否有意为之，似乎与卫西琴在太原外国文言学校的教育方案高度相似，梁氏的传记作者艾恺（Guy Alitto）对曹州办学实践的描述如下：

> 在某种意义上说，梁漱溟在这所中学所实行的改革是他正在寻求的整个社会改革方法的一个缩影。"讲学"是他这个改革的中心。他通过师生小组中的互相影响、促进和批评将道德和知识上的成长结合起来。这样，和西式学校中学生受到的机械的理智训练相反，梁漱溟的学校谋求的是对整个人的教育——感情和道德上的指导及知识上的丰富。②

此处，可以清楚看到他所使用的正是在其访问卫西琴办学时曾称赞的教学方法，如上文所述那样，包括结成小组、师生互动和鼓励学生广泛培养各式能力。其《办学意见述略》一文包含了他在曹州办学的原则，自学校创办之年始，梁先生就同蒙台梭利和卫西琴一样，呼吁教员要与青年学生为友。梁先生写道，重要的不仅仅是教导学生知识，而且要带领他们培养文化修养、帮助其身心成长。教员应当对每个学生做到真了解，即了解学生的整体人格，每个学生作为独立个体都有不同的性格、脾气、资禀和体质。在彼此建立友谊后，教员只是帮助青少年走人生之路。③ 尽管卫西琴和梁漱溟直到1926至1927年间在北京同住时才真正频繁往来，但很可能梁漱溟在曹州时期就已经借鉴了卫氏的许多经验。试看梁先生在外国文言学校建校不久后参观那里时所表现出来的亢奋之情：

> 则其间所有，举不同俗，一事一物，靡不资人省味；顿为惊叹。而窃见先生精神撂注于百余学生之身，无微不至，直有欲呕出心肝之慨，

---

① 见梁漱溟（1930）；另见梁漱溟（1924a）。
② 见 Alitto（1986），第150页。
③ 见梁漱溟（1924a），第74—77页。

尤不能不使人起恭起敬，倾心折服。学生百数个人，一一颜色泽然，神采焕然；凡外间一般学校学生，所有憔悴之色，沉闷之气，于此绝不可见。然学生肥而先生瘠。先生之劳瘁，睹面可识，不止于瘠，直已病矣！①

其实，全国教育会联合会在太原召开大会后不久，梁先生发表了一篇关于东西方教育差异的文章，其中已明确提出了同卫西琴极为相似的观点。② 如同卫西琴关于中国教育的观点，梁先生在此文中捍卫了中国教育传统的"真实"价值。这一传统基于生活本身的要求与支配，培养人的情志，使其合理地生活。

> 在孔子便不是以干燥之教训给人的。他根本导人以一种生活，而借礼乐去调理情志。③

梁先生继续说，随着时间的推移，孔子的这种教育已不复存在。因此，应当重新开展这种教育而摈弃所谓的"赏罚"手段，因为这种手段实际上阻碍了人类本能的自由发挥。卫西琴也同样强烈批判了这种通过赏罚进行教学的传统方式。④

梁先生也曾在一篇小文章中讲述了其与卫氏的关系，并称对他的思想很感兴趣，这篇文章收录在一本名为《朝话》的杂文和谈话集录中。在这篇文章中，梁先生述说道，按照他的"儒家"观点，音乐应当在"中国复兴"中发挥核心作用，但其因缺乏对于中国音乐学的研究而感到遗憾：

> 我觉得中国之复兴，必有待于礼乐之复兴。依我理想的社会组织，其中若没有礼乐，必至成为死的东西，所以我盼望有音乐人才的产生，

---

① 见梁漱溟（1926），第106页。
② 见梁漱溟（1922）。
③ 见梁漱溟（1924b），第111页。
④ 见吉范五（1981），第134页。

没有音乐人才的产生，真是没办法！我的朋友卫西琴（他自名卫中）先生曾说："人的感觉如视、听、味、触、嗅等，以触觉为最低等，以听觉为最高等。所谓最高等者，即言其花样最复杂，而与心最近，与智慧相通，影响变化人之人格者亦最快而有力。"①

卫西琴并没有放弃其"为东方音乐正名"② 的首要使命，甚至认为自己可以从理论上解释这种"人才缺乏"的现象：

> 正是"音乐"和"行为规范"之间的冲突，才产生了中国所崇尚的平和的灵魂和音乐……但古代中国……因无法消除冲突而选择规避……在妥协中寻求庇护。这种妥协在某种程度上消除了冲突，但导致无法在古代中国创造一个真正纯粹的灵魂，亦无法创造一种纯粹的音乐。③

早在《东西文化及其哲学》中，梁氏就一直坚持中国礼乐在培养个人情感和品格方面的重要性。在他看来，未来礼乐将在世界范围内取代西方法律。④ 正是为实现东西方对话，卫西琴在当时中国赋予了音乐一个重要角色：

> ……中华民国的建立，第一次使中国人内心的真实状态得以体现。在我们看来，通过放弃内心的妥协实现中国灵魂的重生是最迫切的需求之一，所有以建立中国和西方之间的良好关系为己任的人都应该关注这一问题。正是在这一点上，音乐复兴……触及了远东政治生活中最重要的问题。⑤

因此，中国文化的两个"捍卫者"，梁漱溟和卫西琴相遇了。除了创办曹

---

① 见梁漱溟（1940），第117—118页。
② 见 Westharp（1913）。
③ 见 Westharp（1926b），第18页。
④ 见梁漱溟（1921），第196页。
⑤ 见 Westharp（1926b），第19页。

州中学，梁先生还计划在孔子的出生地曲阜创办一所大学，以便本着真正的儒家传统精神为中国的民族复兴做出贡献。这个计划未能实现，梁先生就于1925年返回了北京。① 值得注意的是，梁漱溟的儒家思想及践行与卫西琴对新中国的幻想何其相似。② 我们可以推断，梁先生肯定没有忘记这个唯一的西方朋友，不仅赞同，甚至支持自己的想法这件事情。

卫西琴则将对梁先生的钦佩之情溢于言表。他高度赞扬了梁氏的改革实践及其在当时中国社会中发挥的重要作用。在一篇题为《文学中体现出的中华民族精神》的文章中，卫西琴将西方公众带进了中国知识分子这片"未知的天地"，介绍了从激进的改革者到儒家传统主义者不同人物，其中包括康有为（1858—1927），卫西琴特别佩服其在《大同书》中阐述的乌托邦思想的新颖性，"尽管这本书当下对青年和现代主义者来说，颇像一具木乃伊"；还有梁启超、章士钊（1882—1973）、吴宓（1894—1978）和胡适（1891—1962）等。关于梁漱溟，他说道：

> 梁漱溟先生是作家，他举办的讲座引发了这次对民国文学状况的普遍研究。幸运的是，他没有在西方接受教育，能够安心继承其父，一位坚定的爱国者……留给他的精神遗产。
>
> 佛教成为他童年时代的心理疾患。不幸的是，时至今日他仍是一个素食主义者。刚满20岁的梁先生因其内心上对佛教的绝对尊崇加之受到其父的影响，具有一种极高的敏感性，使其在中国注意到了勒庞博士建立的正值蓬勃发展的法国新科学。正是在这之后，蔡元培先生聘任25岁的梁漱溟先生担任北京大学教授。自觉的灵魂能够以一种稳定且有秩序的节奏，通过人体吸收外在事物带来的感受。
>
> 这就是梁漱溟先生的文学信仰。他年仅35岁，正处于大放异彩的前夕，上星期日已证明其有能力吸引数百名学生听其授课。……他羸弱的身体是否能够让他为新中国的农业、工业和商业开辟自由而平和的发展

---

① 见 Alitto（1986），第151—152页。
② 关于儒学对于中国现代教育的意义参见卫西琴（1920），第6—7页。

道路？他是否能证明单凭笃信西方科学的神灵，就可以使中国出现一个科学天才、一种新的自然科学？他是否会成为一种尊崇身体和自然的新式文化的代表人物，以促使旧中国枯竭的内心生活的复活？①

梁漱溟对古斯塔夫·勒庞（Gustave Le Bon，1841—1931）的著作的关注，可以追溯到约十年前后者文章发表之时。卫西琴也赞同梁氏的看法，对其著作予以关注。要指出的是，不是古斯塔夫·勒庞的群体理论，而是他对心理学和与"以太"相关的研究，使其成为年轻的中华民国的思想家和哲学家们所推崇的作家，诸如梁漱溟和曾推荐阅读其著作的张申府（1893—1986），甚至"现代新儒学之父"熊十力（1885—1968）。但卫西琴此处所表达的首先在于其深深相信，尽管梁漱溟的"身体很孱弱"，他仍是能够根据自身理论，即内在力量的同化力推动个人和社会（经济、商业等）的繁荣发展这一理论，实现中国"复兴"的关键人物。倘若此时与卫西琴共同生活的梁漱溟不知道这个德国教育家朋友对他本人的器重，并且想要让其充当"代表人物"的角色，岂不让人感到奇怪？

梁漱溟称卫西琴是一个超时代的人，甚至借用尼采的话，称卫西琴是个"超人"②。作为一个理想主义的、大度洒脱的疯子，一个刻板的、"乌托邦"式的教师，卫西琴都会引发与其接触之人的强烈情绪，或是深深欣赏，或是极为恼怒。梁先生无疑被这个具有巨大魅力的人所吸引，而卫氏的部分观点与其自身看法相近，更是吸引了他。③ 此外，卫西琴未能具备梁漱溟在中国的影响和反响，所以梁先生可以作为其对话者和代言人。事实上，梁漱溟曾努力介绍他这位朋友的思想理念。但最终转向了更重要且更务实的政治和社会活动，转向了乡村建设。两人彼此渐渐疏远。

---

① 见 Westharp（1927a），第 4 页。我们无法深入探讨卫西琴那些用中文发表的教育学论文，例如一本题为《新教育论》的小册子和另一本《新教育的原动力》，以及在《心理学》杂志上发表的系列文章。他还做过关于"音乐的原动力""图画的原动力"及"诗歌的原动力"等各种演讲。详见吉范五（1981），第 134 页。
② 见梁漱溟（1927），第 123—124 页。
③ 吉范五对卫西琴的赞誉详见吉范五（1981），第 136 页。

三、外国学者相关研究文集

早在他们同住之时，梁先生就曾批评卫氏的思想太过抽象，他认为，除了始终未解决的语言问题，这是他的朋友地位被边缘化的原因之一。他对卫西琴为表明其观点使用难以理解的新名词，及其与中国人交谈时不是让人看不懂就是让人看作笑话而感到遗憾。① 同样，吉先生感慨道，卫西琴尽管在日常生活中表达得轻松自如，但在谈到哲学时却常常晦涩难懂。卫西琴非常害怕被嘲笑，而他恰是从那些未能取得所追求的成功的国家逃离而来，因而他肯定并不愿意在这一点上让其中国朋友指点。梁漱溟也感到惋惜，卫西琴的思想与当时中国知识界的思想分歧太大，后者与他相差甚远。②

结语

卫西琴未能实现"完全沟通"（大通），而这恰是他的探索所依据的哲学要旨之一，其思想也未能产生多少影响。其教育学实验虽然较为具体，但他看到的效果却微乎其微，并由于受到了主导他内心的意识形态的阻碍，最终也因这种意识形态而失败。倘若卫西琴作为一个教育家对其使命忠贞不渝，或许能成功地推进了蒙台梭利、利茨或福利特纳（Wilhelm Flitner, 1889—1990）等人对改革教育实际的形空想。如今，这种教育学在西方教育界正在经历一场"复兴"，而在当代中国仍然是一个被忽视的替代选择。卫西琴，一位"普通"的改革派教育家，本能成为中国教育界人士的一个更具建设性的对话伙伴，就像杜威，他同样代表着受到"进步教育"启迪的思想，例如排除儿童成长的外部目的论。卫西琴虽远离了西方，却依然像个传教士为中国的事情求教西方；他远离当地有关教育的争论，却在其跨文化和社会心理学方面过于花费心思，以致无法对当时中国教育的具体需求不断地做出正确评判。他高估个人的真实能力，自认为是一个纯粹的天才。恰恰是他的固执，阻碍了他在其他地方再续其太原的事业，而并不完全是由于政治局势，就总体而言，政局虽然不利于任何教育领域的长期的试验，却不妨碍志向并不高

---

① 见梁漱溟（1927），第 121—122 页。
② 同上。

325

远的实验项目。当"新时代"理论①使东西方融合的思想重新流行之时，卫西琴相对失败的经验或许可以警示我们同时代的一些人，在滋养了双方的哲学间求知的旅途中，取道过于简短的捷径是危险的。

附录　节选自卫西琴 1911 年的文章《哀歌》及其《乐谱诠释》。

COMPLAINTE

---

①　见 Vernette（1990）。

乐谱诠释
关于日本乐曲之旋律

如前文所述：

单音被标记为＞＞，表示音强渐弱，随后中止。

组合音有两种标记方式：

＞＜，表示一组音符中的第一个全音音强渐弱，而第二个全音于此音音强最弱之时起音；本质上，第二个音更弱并戛然而止。

或者＜＞，表示一组音符的强度渐强并在该组第二个音上达到峰值，随后缓缓渐弱。

如谱例所示，这两种标记亦可分布于三个或更多的音上。

音符间的节拍—让人想起旧式的小节线—意思只是一种明显的间隔，而双节拍线则意味着一种更大的间隔。

每个音符体系都标记出曲作发展的一定阶段。当音符体系在一种或两种节拍上构成是完整的，该阶段就具有了意义。

时间和强度有一个合乎逻辑的流动，其中只有最具特色的要点通过文字说明标出，诸如轻快地、慢板等演奏提示。

总体说来，可以发现，当在表达一种万分痛苦的情感时，一组音符的最高音在演奏中同时表现最为强烈。

根据诠释音乐的主要规则，音程越不和谐，表现力就越强。这一规则致使演奏方式的千差万别；而记谱法却必须放弃表现这些细微差异，但经过一段时间的练习，音乐情感很快就能将其自动产生出来。

这三首日本曲子取自1892年4月15日的《笔尖》半月刊（*La Plume*）。我认为，没有必要增加除音乐以外的任何细节。

这三首乐曲在法国领事暨法日协会秘书长爱德华（Edouard Clavery）先生的帮助下得以找到。我要再次荣幸地感谢其在本篇文章的出版过程中给予的不懈帮助。

借此机会，我也想向法日协会的图书管理员阿坎博（Arcambeau）先生、丹纳瑞博物馆（Musée d'Ennery）的馆长德萨耶（Deshayes）先生、吉美博物馆（Musée Guimet）的图书管理员杜邦（Dupont）先生、杜塞图书馆

(bibliothèque de M. Doucet) 的图书管理员雷内·琼（René Jean）先生，以及伦敦日本协会的秘书布里塞（Brice）先生致以诚挚谢意。并于本文结尾处附上书目，以对其慷慨相助及学术精神深表敬意。

参考文献：

Alitto（1986）

　　Guy Alitto：*The Last Confucian：Liang Shuming and the Chinese Dilemma of Modernity*，Berkeley/Londres，University of California Press，1986.

Bastid（1971）

　　Marianne Bastid：*Aspects de la réforme de l'enseignement en Chine au début du xxe siècle，d'après les écrits de Zhang Jian*，Paris/La Haye，Mouton，1971.

Bastid/Hayhoe（1987）

　　Marianne Bastid/Ruth Hayhoe：*China's Education and the Industrialized World：Studies in Cultural Transfer*，Armonk/New York，M. E. Sharpe，1987.

Duiker（1977）

　　William Duiker：*Ts'ai Yuan-p'ei：Educator of Modern China*，University Park [Pennsylvania]，Pennsylvania State University Press，1977.

Gransow（1989）

　　Bettina Gransow：Ein west-östliches Bildungsexperiment：Auf den Spuren von Alfred Westharp in China，in Gransow/Leutner（1989），p. 193-209.

Gransow/Leutner（1989）

　　Bettina Gransow/Mechthild Leutner：*Nähe und Feme．Deutsch-chinesische Beziehungen in Geschichte und Gegenwart*，Francfort，Peter Lang，1989.

Hayhoe (1991)

Ruth Hayhoe: *Education and Modernization: The Chinese Experience*, Oxford/New York/Seoul/Tokyo, Pergamon Press, 1991.

Holtstiege (1986)

Hildegard Holtstiege: *Maria Montessori und die reformpàdagogische Bewegung*, Fribourg, Herder, 1986.

Montessori (1992)

Maria Montessori: De l'enfant à l'adolescent, Paris, Desclée de Brouwer, 1992.

Oelkers (1992)

Jürgen Oelkers: *Reformpàdagogik: Eine kritische Dogmengeschichte*, Weinheim/Munich, Juventa Verlag, 1992.

Ritter (1971)

Joachim Ritter: *Historisches Wörterbuch der Philosophie*, Darmstadt, Wissenschaftliche Buchgesellschaft, 1971, 8 vols, parus.

Vernette (1990)

Jean Vernette: *Le Nouvel-Âge. À l'aube de l'ère du Verseau*, Paris, Téqui, 1990.

West[h]arp (1911)

Alfred Westharp: À la découverte de la musique japonaise, Bulletin de la Société Franco-Japonaise de Paris, 23-24, sept.-déc. 1911 [tiré à part, 29 p.].

West[h]arp (1912)

Alfred Westharp: *Japan ahead in Music (A Paper read before the Japan Society)*, Londres, Japan Society, 1912.

Westharp (1913)

Alfred Westharp: Les origines orientales de la musique, La Nuova Musica, 1913 [tiré à part, 26 p.].

Westharp (1914?)

Alfred Westharp: *Courses on Education of Musical Sensitiveness*, Londres, The Musical Association, [1914].

Westharp (1924)

Wei Tsong: „ Hsin Tao "—*Moralité naturelle: Réinterprétation des anciennes idées chinoises du point de vue de la science naturelle moderne*, Pékin, Albert Nachbaur, 1924.

Westharp (1926a)

Alfred Westharp: Esquisse d'une psychologie de collaboration entre l'Extrême-Occident et l'Extrême-Orient: la France et la Chine. De quelques réflexions suggérées par le retour de France de M. Tsai Yuan-pei, Recteur de l'Université Nationale de Pékin, *La politique de Pékin*, 1926 [tiré à part, 46 p.].

Westharp (1926b)

Alfred Westharp: Le message de la musique orientale, *La politique de Pékin*, 1926 [tiré à part, 46 p.].

Westharp (1926c)

Alfred Westharp: *Laboratory for Psycho-Physiological Research. Chinese Department of Educational Regeneration. Sketch of Fundamental Principles explained in English*, Pékin, The Laboratory for Psycho-Physiological Research, [1926].

Westharp (1927a)

Alfred Westharp: *L'esprit national chinois, tel qu'il est reflété dans la littérature. Idées suggérées par la conférence sur 《L'énergie et la vie humaines》 de M. Liang Shu-ming du 23 janvier 1927*. S. I. , 1927.

Westharp (1927b)

Alfred Westharp: À la veille du cataclysme, *Nouvelles de l'Observatoire politique d'Extrême-Orient*, 3, 2 fév. 1927 [tiré à part, 5 p.].

Westharp（a）

Alfred Westharp：*Du sentiment musical*，Paris，Institut Général Psychologique，s. d.

Westharp（b）

Alfred Westharp：*La Chine et l'Europe：une collaboration musicale*，S. l. n. d.

蔡元培（1984）

《蔡元培全集》（高平叔编），四卷本，中华书局 1984 年版。

吉范五（1981）

《记山西外国文言学校》，中国人民政治协商会议山西省委员会文史资料研究委员会《山西文史资料》1981 年第 22 期，129—137 页。

梁漱溟（1921）

《东西文化及其哲学》，上海商务印书馆 1921 年版。

梁漱溟（1922）

《东西人的教育不同》，原载 1922 年《教育杂志》，见《漱溟卅前文录》第 107—111 页。

梁漱溟（1924a）

《办学意见述略》（1924 年著），见《漱溟卅后文录》第 71—85 页。

梁漱溟（1924b）

《漱溟卅前文录》，上海商务印书馆 1924 年版。

梁漱溟（1926）

《卫中先生自述题序》（1926 年著），见《漱溟卅后文录》第 105—112 页。

梁漱溟（1927）

《介绍卫中先生的学说》（1927 年著），见《漱溟卅后文录》第 121—142 页。

梁漱溟（1930）

《漱溟卅后文录》，上海商务印书馆 1930 年版。

梁漱溟（1940）

《朝话》，长沙商务印书馆 1940 年版。

山西省地方志编纂委员会（1987）

《山西大事记 1840—1985》，山西人民出版社 1987 年版。

卫西琴（1920）

《卫西琴先生在北京全国教育会联合会讲演词》，见《宗圣学报》，1920 年第 22 号，1—10 页。

严复（1914）

《卫西琴〈中国教育议〉序》，原载《庸言》杂志 1914 年第 3、4 期，见《严复集》第二卷，第 341 页。

严复（1986）

《严复集》，五卷本，中华书局 1986 年版。

译自于法国汉学协会刊物《汉学研究》（*Études chinoises*），vol. XII. n° 2，automne 1993，p. 93—134.

【作者简介】Gabriele Goldfuss，中文名：郭嘉碧，德国女汉学家，曾在德国蒂宾根大学学习哲学和神学，又在法国国立东方语言文化学院（INALCO）著名法国汉学家戴思博（Catherine Despeux）教授指导下研究中国文化，获博士学位。后担任德国莱比锡市政府国际合作办公室主任。

【译者简介】马茜，1993 年生，女，毕业于武汉大学经济管理学院和外国语言文学学院法语专业，获双学位；后在法国斯特拉斯堡大学培训法语，又在巴黎第三大学应用外语系学习三年；现任上海法国外籍人员子女学校运营总监助理。

卫西琴亡故之谜的破解*

[德]艾哈德·内克曼（Erhard Neckermann）著　黄冬　译

我不是寻找，而是发现。(Je ne cherche pas, je trouve.)

——巴勃罗·毕加索

我于1978—1980年在西安外国语学院教授德语时的一位学生黄冬，2017年请我参与他对卫西琴的调查研究。过去人们对于卫西琴的生平和事迹尚知之甚少，在西方的汉学文献资料中，顶多只是审视过他1919—1926年在太原外国文言学校任校长的年代（即太原时期）。② 而他一生的其他时期却多少有些模糊不清。

毫不过分地说，我对卫西琴的欧洲岁月（1882—1912）和日本岁月

---

* 本文是德国汉学家和日本学家艾哈德·内克曼先生2022年11月27日从德国发给译者的一篇随笔，并同意译成中文公开发表。——译者注

② 以下四篇著述可反映出当时对卫西琴的了解状况：

Gransow, Bettina: Ein west-östliches Bildungsexperiment: Auf den Spuren von Alfred Westharp in China, in: Gransow, B./Leutner, M. (Hrg.): China: Nähe und Ferne; deutsch-chinesische Beziehungen in Geschichte und Gegenwart; Frankfurt/M., Bern, New York, Paris 1989, p. 193-209.

Goldfuß, Gabriele: Les tribulations d'un sinophile dans la Chine républicaine Le musicien et pédagogue Alfred Westharp, in: Études chinoises, vol. XII, n° 2, 1993, p. 93-134.

Alitto, Guy S.: The Last Confucian. Liang Shu-ming and the Chinese Dilemma of Modernity, University of California Press, 1986 (2nd ed.).

Huang, Dong: Tao Xingzhi (1891-1946) und Adolf Reichwein (1898-1944) —Zwei Reformpädagogen im Vergleich, Dissertation, Verlag Dr. Kovac, Hamburg 1999, p. 111-113.

（1938—1952）以及中国岁月（1913—1938）中的一些事情；还有他与英国陶艺大师李奇闻（亦称李极明，Bernard Leach）的往来书信以及他与斯诺夫妇的关系之考察成果颇丰。必须提及的还有黄冬缜密细致的调研工作，将卫西琴在中国时期许多鲜为人知的信息揭示了出来。①

然而，直到今天（2022年11月19日）我们都无法查到卫西琴是何时、因何逝世的。我虽然在自己整理的卫西琴年表后记中列举了那些围绕着他死亡的各种传说，对其可信性有所质疑，但也不过就此而已。② 我所掌握的卫西琴人生的最后行踪是他1951年11月19日在台北会见原山西省省长阎锡山，但此次造访之后发生了什么，始终是一个巨大的"谜团"。由于此后他的去向在互联网上根本无迹可寻，所以我坚信，卫西琴应该肯定是死于中国台湾，但却毫无证据。

2022年11月17日，我在德国柏林国家图书馆的亚洲文献库"via CrossAsia"用关键词"Alfred Westharp"重新查询《日本时报》（*Japan Times*）的存档之时，碰到了一个名叫莫里斯·亨特·德·福伊尔斯（Maurice Hunt de Fouilhac）所撰写的系列文章，题为《远东政治后台的秘密》"Political Back-Stage Secrets of the Far East"。这组文章连载于1937年11月19、20、21、23、24日的日本英文日报《日本时报》（*The Japan Times & Mail*）。

系列文章的内容使我马上清楚地意识到，Maurice Hunt de Fouilhac肯定是卫西琴的笔名。

我立刻在"谷歌"上按此名字查找，随即找到了日本文化联盟的季刊《日本文化》（*Cultural Nippon*）1937年3月第5卷第1号，该刊同样登载了此文。在其截图中还有一段编者按语，我抄录如下：

---

① 黄冬的研究成果包括：《陶行知与卫西琴》，《生活教育》2018年第4期；《卫西琴研究状况及其研究新探》，《教育史研究》，2018年第1期；《卫西琴——一个被忘却的音乐家及其鲜为人知的音乐人生》，《生活教育》2021年第5期。

② Neckermann, Erhard: Victor Egon Frensdorf, unbeachteter Grenzgänger zwischen Ost und Ost, detaillierte Zeittafel, unveröffentlichtes Manuskript für ausgewählte Leser, Stand August 2022.

"Maurice Hunt de Fouilhac 是一位多年在中国研究中国文化的欧洲学者的笔名。他宁愿隐姓埋名,"以免冒犯目前正处于战争狂热中的中国读者"。

这则按语虽然并没有透露卫西琴的名字,但证实了我认定的推测:该系列文章的作者必定是卫西琴。

此后我又在该刊物的搜索引擎中输入了姓名"Victor Frene",得到的结果是:"未查到与此名字相符的文档。"

下面还有一个选项:"用 Victor Frene 在全部卷本中进行查询。"好奇的本能驱使我点击了此选项按钮。"谷歌"显示出无数条选中的结果,而我感兴趣的仅有前 20 条结果,其中有一条引起了我特别的注意:

截图显示的是日本的英文杂志 *The Yamatopia* 1952 年第 1 卷 70 和 77 页:

第 70 页:**An Introduction to a Science of Psychological Warfare By the Late VICTOR FRENE Doctor of Psychology**

The author of this article, Dr. Victor Frene, died on June 6, 1952 in Jyuntendo Hospital, Tokyo, Japan at the age 70.

第 77 页:**A Preface to "A Sansuke's Revenge"**

Written especially by Dr. Victor Frene, Executive Orientological Institute.

这就是说,卫西琴台湾之行回到日本之后,还在此卷 *The Yamatopia* 杂志上发表了《心理战科学导论》和《〈三助的报复〉序言》两篇文章。这则信息对我还不够刺激,而是下面的告示使我如同触电:

"已故心理学博士 VICTOR FRENE 著"以及下面的小字印着我几年来不懈地所要寻找的:"本文作者 Victor Frene 博士于 1952 年 6 月 6 日在日本东京 Jyuntendo 医院去世,终年 70 岁。"

卫西琴去世的时间和地点是:1952 年 6 月 6 日在日本东京顺天堂(Jyuntendo)医院去世,终年 70 岁。

今天 2022 年 11 月 19 日,恰恰是卫西琴 1951 年 11 月 19 日拜访了阎锡山 71 年之后,我找到了卫西琴亡故的日期。这真是一个天大的巧合啊!

卫西琴在台湾之旅后就回到日本,并没有如我之前猜测的那样死于台湾。

我用关键词"The Yamatopia"重新通过亚洲文献库"via CrossAsia"访问 *Japan Times* 的存档,并发现了 1953 年 4 月 28 日 *Nippon Times* 的一则广告,是告示 1953 年初出版的季刊 *Yamatopia* 第 4 期的内容,其中也转引了上述文章。

该刊物的出版人梶山为夫①,或许从卫西琴自台湾返到日本后直至去世与之有交往。其关系的深浅尚待考察。

根据我的调查分析,他截止赴台湾之前的住址为:日本东京世田谷成城町,5-408 号,电话:161。② 尚不知 1943 年底与他结婚的日本妻子竹田爱子③是否也在此共同居住。同样不知他从台湾回来后是否仍又搬入此宅,我们还有许多不清楚的事情,如他因何死亡,是否带病从台湾离开,他在何处下葬,葬礼在哪里举办,从台北离开后是否再次会见过与他共同创办"进化心理学协会"的伙伴山下德治等等。

卫西琴 1938—1952 年在日本工作和生活,在此期间,他无论是战时还是战后一直在社会和舆论界频频地显现。而我如今却只是觅到了他亡故的一小段记录,至今找不到任何讣告。难道事后无人为他掉过泪?这的确有些离奇。也就是说,还有许多事情要调查,要我们去做。但是如毕加索的名言所说:不是寻找,而是发现!

通过研究卫西琴的生平和业绩还让我们认识到:对一个名人的生平探究越深,产生的问题越多。

追记:

上文写完不久,我收到了从美国订购的书籍,书中包括四期 *Yamatopia* 杂志的内容。其中第 4 期登载了卫西琴的文章,在第 70 页上还有一段出版人按语,主要是对文章作者经历的简单介绍。从这段按语中,我又获得了两个

---

① 梶山为夫,知名的精神幻术师,1951 年底创办此刊物,但发行时间不长。尽管该刊在 *Nippon Times* 上大量做广告,仅 1951 年 10 月 18 日至 1953 年 6 月 25 日就共计 17 次提及该刊,但 1953 年初出版了第 4 期后停刊。梶山为夫在 1958 年 9 月 10 日死于东京世田谷区。

② 见本人的专题研究《卫西琴 1938 年底—1951 年底在日本居住地》(2022 年 8 月版,未发表稿)。

③ 见本人的专题研究《卫西琴 1944 年第四次结婚》(2022 年 6 月版,未发表稿)。

相关信息，特补遗如下：

（1）卫西琴1951年11月赴台湾访问，在台北逗留了大约一个月，后因病返回了日本东京。

（2）卫西琴在去台湾之前就与该杂志的出版人梶山为夫相识。

【作者简介】艾哈德·内克曼（Erhard Neckermann），1945年生于德国，20世纪70年代在汉堡大学和柏林大学攻读汉学和日本学，硕士毕业；1978—1980年曾在西安外国语学院德语系担任外国专家。个人研究方向：中国近代教育及教育家陶行知和卫西琴等。

附录

卫西琴生平及著述年表[*]

[德] 艾哈德·内克曼（Erhard Neckermann）　黄冬

一、欧洲生活时期（1882—1913）

1882年

10月16日生于德国柏林弗里德里希大街44号家中，父亲亚伯拉罕·阿道夫·弗里德兰德（Abraham Adolf Friedlaender）时年39岁，犹太裔银行证券商；母亲克拉拉·玛利亚·胡布里希（Clara Maria Hubrich）是铁路部门官员的女儿，时年27岁，为其取名维克多·埃贡·弗里德兰德（Victor Egon Friedlaender），1894年因父亲由犹太摩西教皈依基督教改姓，随父改名维克多·埃贡·弗伦斯多夫（Victor Egon Frensdorf）。

1886—1895年

4岁起经常跟父亲去剧院看戏，以这种方式受到文化教育的启蒙。5岁入小学，9—17岁在柏林就读贵族学校约阿希姆斯塔尔（Joachimsthal）文理中学；起初喜欢文学，13岁时开始对音乐着迷，并学习弹奏钢琴等乐器。

1900年

中学毕业后离家上大学，先后在弗莱堡、慕尼黑、维也纳、苏黎世大学

---

[*] 本年表是由德国汉学家和日本学家内克曼（Erhard Neckermann）和中国学者黄冬博士历经六年，查阅了海内外大量的历史档案和文献，以及实地查访调查编撰而成。其中"欧洲生活时期"和"日本生活时期"的资料主要是内克曼先生发掘整理的，"中国生活时期"的是黄冬博士收集汇编的。鉴于目前尚没有一部卫西琴生平传记，此年表为读者和研究者概览卫西琴传奇的一生提供了一份较为完整翔实的记录。——编者注

选修日耳曼语言文学、文学史、自然博物学、国民经济学、音乐学等课程；上大学期间仍勤奋地练习钢琴，且自创弹奏方法和改编乐谱。

1903—1904 年

21 岁，在维也纳与 28 岁的奥地利女子玛丽亚·费舍尔（Maria Fischer，婚后改名 Maria Frensdorf-Fischer）结婚，24 岁时因两人精神追求不合离婚。

1905 年

夏季学期回到德国慕尼黑大学，开始攻读音乐学和心理学（主科）、人类学和考古学（副科）。

1906 年

1 月从慕尼黑多次致信位于德国魏玛的尼采档案馆，查询尼采生前创作的音乐作品手稿，欲用于"尼采与音乐"的专题研究和为博士论文搜集资料。

1907 年

7 月 27 日通过了所提交的关于德国歌剧作曲家彼得·温特尔（Peter Winter）生平及作品的学位论文和各项考试，获取哲学博士学位。

8—9 月间认真钻研奥地利作曲家安东·布鲁克纳（Anton Bruckner）的降 B 大调第五交响曲乐谱，并在《试论布鲁克纳第五交响曲及其思想演进》中阐述了对乐谱诠释。

10 月 15 日（25 岁生日前一天）在慕尼黑举办的音乐会上，按照自己对作品独特的理解和处理，指挥演奏布鲁克纳第五交响曲。这场演奏在德国和法国音乐评论界引起巨大的争议，有评论家称之为"音乐上的胡作非为"。

1908 年

2 月 17 日从柏林致信在维也纳的德国好友、法学家及歌曲作曲家阿明·克纳普（Armin Knab）博士。至 1909 年 7 月两人频繁通信。

3 月 16 日从柏林再次致信尼采档案馆，希望途经魏玛时约见档案馆创办人彼得·加斯特先生（Peter Gast，尼采的私人秘书）和伊丽莎白·弗尔斯特-尼采女士（Elisabeth Förster-Nietzsche，尼采的妹妹）。

4 月在维也纳逗留暂住。

7—11 月居住在慕尼黑。其间 10 月 9 日在皇家剧院观看法国作曲家德彪西（Achille-Claude Debussy）创作的歌剧《佩利亚斯》的首演，之后又用法语撰文介绍和评论此次演出。

10月24日在慕尼黑的文学半月刊《镜子》上再次发表论述德彪西乐曲的文章。

10月与妻子玛丽亚·费舍尔离婚。

年内,其博士论文《歌剧作曲家彼得·温特尔》在德国埃尔朗根出版。

因其音乐主张在德国难觅知音,又钟爱法国作曲家德彪西的音乐观念和作品,所以决定离开德国赴法国;在法国期间除了发表音乐论著、结识了法国作曲家德彪西之外,开始涉猎东方音乐、文化和哲学,并为之倾倒,还加入了"法国—日本协会"。

1909年

4月15日在德国柏林音乐家协会演讲,题为《从歌剧〈卡门〉经〈埃莱克特拉〉到〈佩利亚斯〉——通往实用音乐心理学和心理学的音乐实践之路》。

6月18日和7月4日从德国慕尼黑两次致信瑞士儿童心理学家和教育家艾德华·克拉帕雷德(Édouard Claparède),介绍自己的音乐心理学研究要点,并寻求支持合作。

7月初仍与前妻玛丽亚·费舍尔去德国东北部海滨度假。

10月24日致信旅居德国柏林的意大利作曲家、钢琴家费鲁乔·布索尼(Ferruccio Busoni),谈及自己的音乐研究工作与布索尼教授的音乐美学理论的一致性,并请求引见结识法国小提琴演奏家、指挥家皮埃尔·塞契亚利(Pierre Sechiari)。

12月30日法国作家和音乐批评家罗曼·罗兰(Romain Rolland)在一封致音乐出版社"交响"的信中预告Alfred Westarp-Frensdorf博士将从柏林来访。

1910年

年初前往并客居巴黎。

2月28日下午4时半至晚7时参加国际音乐协会巴黎分会会议,与会者包括罗曼·罗兰等音乐家和音乐批评家。

参观巴黎的吉美博物馆,接触到在北京生活了42年的法国耶稣会传教士钱德明（Joseph-Marie Amiot）有关中国及其文化的著作，特别是《中国古今音乐考》1776 年版。

7 月在德国《音乐周刊》上分 4 期连载刊登报道《巴黎的音乐生活》。

12 月 12 日从巴黎致信德国杜塞尔多夫剧院，询问是否可为该剧院的周刊提供两天前刚刚在巴黎奥登大剧院成功首演的《解放》（法国女作家 Marie Lenéru 编剧）的剧本翻译以及来自巴黎的报道。

1911 年

客座巴黎心理学研究所，并发表关于新音乐科学理论的论文。

4 月在《里昂音乐评论》上发表《安东·布鲁克纳新交响曲的灵魂》；在巴黎也发表对安东·布鲁克纳及其第五交响曲的研究论文。

5 月 23 日在国际音乐协会主办的音乐会上指挥演奏了安东·布鲁克纳第九交响曲的第一乐章。

9—12 月在"法国—日本协会"的刊物上发表文章《日本音乐之发现》，该文不久后即由富尾木知佳翻译，并刊登在日本《音乐》杂志。

下半年开始游历英国，在牛津大学举办《音乐感受之教育》讲座，并将讲义编辑出版，其中包括介绍自己研制的记谱符号及谱例。

11 月 25 日致信爱尔兰小提琴家、歌手、理论家莫德·麦卡蒂（Maud MacCarthy），归还图书并谈论爱尔兰音乐。

在伦敦被接纳为"日本协会"通讯会员，并于 12 月 13 日在该协会发表了《日本音乐独领风骚》的钢琴配乐演讲。

1912 年

11 月 8 日在伦敦国际心理学研究俱乐部演讲《音乐的灵魂》。

11 月 12 日被接纳为"大不列颠及爱尔兰皇家亚洲协会"会员。

11 月 25 日再次致信莫德·麦卡蒂，对延迟归还两本向其借阅的爱尔兰音乐书籍致歉。

12 月 3 日在伦敦"大不列颠及爱尔兰皇家音乐协会"第 39 次会议上演讲《音乐感受之教育》，其中某些观点在会后的讨论中受到与会者的强烈质疑。同月发表该演讲稿，文中称安东·布鲁克纳是"自贝多芬以来最伟大的交响乐曲作家"。

在英国开始钻研意大利女医生玛利娅·蒙台梭利（Maria Montessori）的心理学和教育学，并专程去罗马向蒙氏当面讨教。之后再次发表了《音乐感受之教育》演讲稿，并在标题下添加了"致玛利娅·蒙台梭利博士"。

1913 年

2月从英国启程，途经法国、德国至意大利，在都灵和佛罗伦萨分别演讲《民歌的音乐灵魂》和《东方音乐》。后经埃及至印度，在加尔各答市演讲《东方与西方音乐之魂》，并拜访了刚刚获得本年度诺贝尔文学奖的印度诗人和哲学家泰戈尔（Rabindranath Tagore）。最终约于3月下旬或4月上旬抵达中国上海（准确时间待考）。

二、中国生活时期（1913—1938）

1913 年

4月18日晚9时在美国传教士李佳白（Gilbert Reid）创办的"尚贤堂"（上海法租界宝昌路石牌楼290号，今淮海中路）演讲《中国音乐之理》（*The Essence of Chinese Music*），现场辅以演奏例证。英文稿于4月19日刊登在《大陆报》（*The China Press*）。

4月24日晚8时在上海静安寺路42号"环球中国学生会"演讲《教育为强国之本》（*Regeneration through Education*），该会会长李登辉以及商务印书馆英文部主任邝富灼博士等名流莅临，孔教会总干事陈焕章博士口译。英文稿4月26日以"*Tribute is Paid to Chinese Education*"为标题刊登在《大陆报》（*The China Press*），5月由陈焕章笔译为《教育当以孔子为主》发表于《孔教会杂志》1913年第1卷第4期。

5月1日在上海法租界宝昌路法语联盟图书馆演讲《中西音乐合作》（*A Musical Collaboration between China and the West*）。

5月6日晚在上海汇中饭店（今和平饭店南楼）为美国妇女会演讲《自由教育》（*Education through Freedom*）。英文稿5月7日以"*Our Education Lacks Scientific Freedom*"为标题刊登在《大陆报》（*The China Press*）。

5月下旬赴日本研究日本音乐和文化，在东京结识了一些政治、外交、教育、艺术及其他阶层的有识之士，并同他们交换观点。曾试图创办一所音乐学校，以实验他独创的音乐和教育理念，但对日本全面西化感到失望而未果。

11月2日从东京启程乘轮船"营口丸"重返中国，后经上海、南京、天津抵北京。初到北京的一段时间暂住北京"六国饭店"（Grand Hotel des Wagons-Lits Peking）。

12月19日和22日在英文《京报》（*Peking Gazette*）上用英文发表《教育再生》（*Regeneration through Education*）。

1914年

1月4日论文《中国教育议》完稿，10日呈北京中央教育会。1—2月间先在日本东京的英文杂志《远东》（*The Far East*）连载发表，后由严复代译并作序，当年3月5日在梁启超主编的《庸言》杂志第3、4号上刊登，后又印发单行本，由康有为的弟子、书法家罗惇暧（即罗复堪）题署。

1月26日（甲寅年春节）下午参加孔教会在北京圣人府（亦称"圣公府"，今西城区太仆寺街69号）礼堂举行的谒圣团拜大会，并发表《近世之孔教教育》的演讲，由陈焕章翻译。此后多次与尊孔的外国人士一起参加孔教会活动。

1月至2月投稿日本东京出版的《远东》（*The Far East*）杂志，在19—24期上连续发表关于中国及东西方教育融合的文章。

3月7日在宣武门外南半截胡同"孔社"本部举行的"孔子忌日祭"上演说孔学。

5月底由中国友人帮助介绍，在顺治门外（即宣武门外）法源寺附近西砖胡同购置一处住宅，9月下旬即发启示出售。

6月10日易白沙在日本东京出版的《甲寅》杂志上撰文《教育与卫西琴》，批驳卫氏"尊孔复古"主张。

11月中旬至12月中旬，旅居日本的著名的英国陶艺大师李极明（亦称李奇闻，Bernard Leach）从东京来北京拜访卫西琴。

1915年

4月22日父亲阿道夫·弗伦斯多夫（Adolf Frensdorf）于柏林家中逝世，终年73岁。

4月23日至5月13日在天津参加第一届全国教育会联合会大会，并发表演讲《中国必须采用之教育论说》，直隶省教育会以《中国教育意见书》印发，后由林纾的好友陈家麟翻译刊登在《教育周报》。会议期间结识著名教育家严修，日后登门造访，并经常互通书信。

7月英国陶艺大师李极明因受卫西琴文化艺术学说的强烈吸引，举家从东京迁居北京（住址：地安门旧鼓楼大街清虚观12号），但一年后因两人之间发生摩擦又返回日本。李极明曾致信辜鸿铭，试图介绍辜鸿铭会见结识卫西琴。

卫西琴在此期间住址是北京西郊青龙桥西董四墓附近的德宅花园（即乐家花园）。

年内，被保定直隶高等师范学校聘为音乐教习。任教期间，经常每周返回北京一两天。保定的通信地址：保定府达五道庙街15号。

1916年

3月发表《新教育论》，经严复推荐由王云五翻译并作序，严修题写书名。

8月暑假期间应江谦之邀到江苏参观演讲三个星期。

9月张謇函聘卫西琴至南通担任其子张孝若的英文教师。

9月1—2日分别参观南通师范学校和女子师范学校幼稚园，并发表有关教育的演说和谈话。

10月24日应邀在北京第二届全国教育会联合会大会上演讲《中国之悲惨教育》。

11月致函南通师范学校，约定农历十二月到学校讲授《小学教育》三星期，每日三小时，但后因病未能成行。

1916—1917年期间，曾在宣武门外西草厂胡同租住著名京剧武生张长保（即张淇林）私宅房屋。因喜爱京剧艺术，与张相处十分融洽。

1917年

2月5、6、7日在沪为江苏省教育会演讲三次，题目分别为《教育为生人能力的科学》《中国迷信的教育》《自然的教育》，省教育会会长沈恩孚致辞，南京高师英文部主任张士一口译。

2月8日下午4时在上海总商会演讲《教育为农工商之基础》，张士一口译。

1918 年

4月5日胞弟艾德加·库尔特·弗伦斯多夫（Edgar Kurt Frensdorf，1883年12月9日生于德国柏林，1912年在海德堡大学获法学博士，毕业后经营一家法律专业书店，未婚，1916年应征入伍）在欧战中阵亡于法国北部的蒙迪迪耶（Montdidier），年仅34岁。

5月18日应蔡元培邀请参加古琴大师王心葵（即王露）先生在北京大学的演奏会，会后蔡元培宴请王心葵，卫西琴与胡适、吴梅等教授作陪。

年内，多次去北京吉祥园等戏院观看梅兰芳、姜妙香表演的京剧，尤其对昆曲产生极大兴趣。

年内，在南京高等师范学校及江苏省立通俗图书馆讲演《中国教育的原动力》。

年内，发表《实习儿童心理缔造教育根原》。

年内，在直隶保定高等师范学校除教音乐课外，还编写印行讲义《自然心理学》和《哲学概论》。

1919 年

1月为《自然心理学》撰写自序。

在保定撰写《新教育的教条》。

初春，应北京女子高等师范学校校长方还邀请，来校演讲《女子教育之初步》。

4月5—6日率保定高师的教员和学生在北京虎坊桥京师模范讲演所举办两场音乐会，演出中西器乐和声乐作品，其间穿插音乐讲座。

6月14日午后在天津拜访严修，"谈六刻许"（约90分钟）。

8—9月间暂住北京东城慈慧寺附近，曾专程去芦草园庆云胡同（今青云胡同）梅兰芳私宅登门造访，与梅畅谈戏曲艺术，并建议开办戏曲学校，以改进传统的演员培养模式，临别获赠多幅梅兰芳化妆剧照。

9月底至10月中旬率保定高师的师生赴太原，为第五届全国教育会联合会大会演奏中国《诗经》中的几章，乐谱传自《永乐大典》，演奏"大获好评"；其间参加太原的"大成节"纪念活动，在文庙为地方社团"山西宗圣总会洗心社"讲演《孔道教育》，并与陈焕章、蒋维乔等 8 人被聘为洗心社临时讲长。

年底，应聘赴太原山西大学教授西洋文学，不久后兼任国民师范学校教务主任。居住在太原府五拐巷公馆。

1920 年

年初调至开办不久的山西外国文言学校任教务主任（校址：太原府东街布弓街）。

2 月 13 日委托蔡元培在《北京大学日刊》上刊登启事，为山西外国文言学校招聘法语教员，并附"各门功课之说明"。

1921 年

2 月 6 日在其校内演讲《新教育的原动力》，后由山西省政府六政考核处印行，阎锡山亲笔题写书名。

6 月参加阎锡山为治理山西召集的"进山会议"，会上对教育问题发表见解，后由山西省教育行政会议处印发了其《补心自然教育》的意见书。

10 月 6 日美国哥伦比亚大学教授保罗·孟禄（Paul Monroe）参观山西外国文言学校，卫氏托辞有病未出面接待。

11 月 12 日值太平洋会议在华盛顿开幕之际，采访阎锡山对国际和国内时局的看法，之后整理出英文采访录《太平洋地区问题之根源》。

1922 年

1 月在太原结识赴晋讲学的梁漱溟，日后逐渐成为挚友。

为阎锡山的诗作《太谷歌》谱曲。

本年 5 月至 1924 年 4 月在张耀翔教授主编的《心理》杂志上分六次发表了专著《男女新分析心理学》，外国文言学校同时分三册印行。此外，还编印了《人心新力学》等多种著作。山西省六政考核处印行其文章《电影教育》。

初夏召集社会各界人士及学生家长，举办山西外国文言学校第一期恳亲会（即纪念会），并编印"恳亲会说明书"，介绍其新教育的主张和举措。

10 月 16 日（40 岁生日）令学生自述入学前后的变化，随后编辑成演讲录《一个教育家的诞日》。

1923 年

10 月 7 日（农历 8 月 27 日孔子诞辰日）在校内演讲《我们见孔子》。

年内，以山西大通学院名义石印《新教育教授法纲要》。

1924 年

4 月间在《山西日报》上发表《泰戈尔与中国》和《泰戈尔与新农业教育》两篇文章（日期不详，未觅见文本）。

5 月 21—25 日与来访的印度诗人泰戈尔在太原重逢，陪同参加省长阎锡山的接见和宴请，安排泰戈尔在其校内下榻，并与师生会面。原拟师生为泰戈尔表演泰氏剧作《隐士》（*Sanyasi*），以示欢迎并求指导，但因泰戈尔提前离晋而未能如愿。

5 月底（或 6 月初）到北京，与梁漱溟一起为北京女高师哲教系三年级学生讲课，之后还分别在孔教大学演讲《孔道教育》；在四存中学演讲《心身相合的教育》；在中华心理学会演讲《人心新力学》。

6 月 13 日第二次印行 1922 年编写的《对于泰谷尔隐士戏剧说明书》。

8 月 22 日山西省教育厅正式向省长呈文，报请批准将"山西外国文言学校更名为私立山西大通学校，以完足普通教育，适应社会需要……"。不久后校址即迁至坝陵桥东花园。

10 月 10 日（双十节）在其校内演讲《中西民主政治比较心理学》。

1925 年

3 月中旬专程赴北京聆听太虚法师在中央公园（今中山公园）讲经，"并特赴安福胡同佛教阅经社，访法师畅论佛化教育事"。

4 月 10 日再致函太虚法师探讨佛学与教育。

4 月上旬山西大通学校连续数日举办"表演会"，学生向社会各界观众演出由日语译为英语的话剧《武士道》和德语话剧、歌德名著《浮士德》片段，"并由卫西琴院长逐段予以汉语说明，俾听众易于明了"。

5 月初在太原洗心社自省堂聆听访晋的太虚法师宣讲"佛法与孔子之道"。

6 月 10 日《关于中学西学之问答》完稿，随后发表在洗心社印行的《来复报》等刊物。

8 月 17—23 日参加在太原举行的中华教育改进社第四届年会，发表演讲

《教育自然科学与新精神自然科学》，并在幼稚教育组提案："建设一种教育自然科学（科学的教育学），且实际应用之以树立各级教育之科学的根本案"；8月18日黄炎培拜访卫西琴，并参观山西大通学校；8月21日熊希龄、陶行知等会议代表参观大通学校及校办工场，还观看了学生表演中西乐曲和戏剧。

12月初因山西大通学校解散，离开太原返回北京，临时借住在北京东单牌楼赵堂子胡同5号涂宅。

12月10日致函问候刚从日本回国的太虚法师，并附赠在晋期间著述。

1926年

自该年初至1927年初夏几乎每周为法文刊物《北京政闻报》（La politique de Pékin）撰稿和摄影，以稿酬为生。

年初与梁漱溟、熊十力等人在北京西郊共同租房（地址：万寿山后大有庄坡上村13号），"同住共学，研讨儒家哲学与心理学，并以'每星期五为讲论之会'"。

1月15日（星期五）在第一次"讲论之会"上口述个人生平，由张俶知记录，后由梁漱溟注释并作序，以《卫中先生的自述》为标题连载于3月4、6、8、10日《晨报副刊》。

1月在国立北京艺术专门学校演讲《艺术在教育上之功用》。

2月1日为新作《新政治心理》撰写自序。

2月起分五次在北京师范大学演讲《生殖与教育》。

3月在北京中国大学为五私大联合会演讲《政治与教育》。

同时筹备续办大通学院，在北京西郊万寿山开设大通学院筹备处，并演讲《三生主义之教育》。

4月21日致信在南京东南大学任教的湖南中华觉国大学院院长唐大圆居士，并附赠在晋期间著作。

5月与太虚法师、蒋维乔、江谦、章炳麟、章士钊、柳诒征、唐大圆等人共同发起成立东方文化集思社，并成为唐大圆主编的佛学杂志《东方文化》的撰稿人。

7月赴南京会晤太虚法师以及唐大圆和蒋维乔居士。年内，被上海中华佛化教育社聘为董事，在此前后除与太虚法师和唐大圆居士之外，还与江谦、唐大定、柯璜等居士书信来往，探讨佛学与教育问题。

8月21、22、23日观看日本剧团在北京演出。自9月5日至1927年4月10日在《北京政闻报》上分19次发表法文文章谈观感和东方戏剧与音乐。

12月在《北京政闻报》《晨报副刊·星期画报》《申报》《北洋画报》《艺术界周刊》上连续报道由美国现代舞蹈家伊莎多拉·邓肯（Isadora Duncan）的学生组成的舞蹈团来北京演出（11月18、19、23日），并借题阐述对中国教育和体育的新见解。

年内，在北京香山慈幼院演讲《人及其工作》。1920年熊希龄建立慈幼院后不久曾到此参观，并应邀与胡适、蒋梦麟、李大钊、张伯苓等教育界名流共同担任慈幼院评议会的评议员。

1927年

年初，梁漱溟在燕京大学社会学会演讲《介绍卫中先生的学说》。

1月19日在北京大通学院筹备处口授《国心与国家——论新心理与新中国》，由其学生记录编辑成稿，后在《心理》杂志发表。

1月30日至2月20日在《北京政闻报》上连载刊登吴宓1月7日在北京华文学校演讲《孔子、儒教、中国与今日世界》的法文译稿，并附吴宓之小照，与康有为、梁启超、章太炎、胡适、梁漱溟诸人并列，而作序文合评之。

2月2日（丁卯年春节）口述一封致山西大通学院学生的公开信，信中反思太原办学的经验和教训，并谈及对中国教育的新思考。此信由其学生整理后以《教育试验与文化试验》为题公开发表。

2月15、16、17日在《北京导报》（Peking Leader）连载英文政论文章"*On the eve of a new world conflagration*"（5月由黄延毓译成中文《世界大战的导火索》刊出），该文是对1月1日上海公共租界会审公廨收归国有和1月3日汉口爆发反英怒潮，继后中国宣布收回汉口英租界并于1月7日由国民政府接管汉口、九江的英国租界等事件的评论。

3月5日天津《大公报》刊出一则消息："卫中博士，来华十余年，本将因赴瑞士出席瑞士世界新教育（大会）之便，回国省母。"尚无证据证实他最终赴会并回国，待考。

4月16日在北京国立女子大学演讲《新妇女与新中国》。

5月29日在北京艺术专门学校演讲《戏剧与人生》。

7—8月间应上海大同大学之聘赴沪任教，并欲在校创设心理学院。

9月被聘为国立暨南大学教育系教授，讲授教育名著课程。

9月5日与五位泰国来宾出席暨南大学的开学典礼，并演讲《新中国的教育》。

9月17日在上海美术专门学校演讲《艺术革命》。

11月10日在上海大夏大学演讲《发明》。

1928年

1月12日在上海国立劳动大学劳动教育研究会演讲《劳动教育为诸科教育之基础》。

3月15日在上海浦东中学演讲《如何成就一个科学家》。

5月3日在上海南洋中学演讲《教育的革命》。

夏季，由梁漱溟举荐赴广州创办教育研究所和高中师范班，传授心理学和教育学，并兼任广东省立第一中学（即广雅中学）教育顾问。

9月在广州市立学术会演讲《新时代的要点》。

9月下旬在广州市立师范学校举办系列讲座《教育？——名教与教育》，批评胡适于两个月前发表的杂文《名教》。

11月5日为广东省立第一女子中学成立典礼撰写《新女性与新文化》，并于12月5—11日连载刊登在《广州民国日报》上。

11月28日晚参观广州私立知用中学，对校办工读班尤为赞赏。

1929年

1月2日晚在广州知用中学演讲《东方之仇敌》，4日晚续讲。

3月5日在《广州民国日报副刊》上发表《师范院施行动的教育之建议》。

3—4月间举办了三次动的教育研究会公开演讲，讲稿分别刊登在3月25日、4月1日、4月15日《广州民国日报副刊》上。

8月起北京国立历史博物馆第六陈列室展出卫西琴在太原时与学生共同拓印并捐赠的天龙山石窟造像拓本。

下半年，在新任广东省主席陈铭枢的支持下，受省政府教育厅之聘创办"动的教育实验场"（地址：广州东山百子路10号）。

12 月 7 日出版第一期《广东省立动的教育实验场周刊》（地址：广州东山水上游艺会西滨园南 4 号）。此后，至 1930 年 1 月 25 日总共连续八周出版八期，之后因资金匮乏停刊。

1930 年

7 月到上海为广东省立动的教育实验场招募工作人员，并在南京路外滩汇中饭店 206 室设临时办公处。在此期间连续演讲如下：

7 月 21 日晚在上海中华职业教育社第十一届年会欢迎会上演讲《职业心理的根本问题》。

7 月 25 日在无锡江苏省立教育学院演讲《无论何种教育其与平民生活有关系的到现在世界都不能成功试究其故》，文中提及"余不久即将入中国籍，长此为中国教育谋改进之方"。

7 月 26 日晚 8 时在上海总商会演讲《科学化的生活》。

7 月 28 日上午 11—12 时在大夏大学演讲《心理救教育》。

7 月 30 日在上海市教育局暑期学校演讲《上海对中国的新责任》。

8 月 1 日在吴淞中国公学演讲《现在的大学在中国还可以有什么作用》。

8 月 2 日在复旦大学演讲《师生关系破产的原因》。

8 月 14 日为即将出版的《卫中博士新教育演讲集》撰写自序。

1931 年

2 月 25 日呈报广东省教育厅《省立动的教育实验场概况》，汇报实验场成立以来的情况，包括人员和组织结构、工作和活动计划与实施情况、存在的困难和问题，并注明附带 27 份附件，包括各种工作计划、报表、日志、文章、宣传品和出版物等。

10 月 6 日启用 Victor Frene 署名在广州撰写英文文章《代表中国向美国呼吁》(*An Appeal to the United States on Behalf of China*)，在"九·一八事变"问题上站在中国一边，17 日刊登在上海的《密勒氏评论报》(*Millard's Review*) 上。

10 月 7 日从广州致信美国国务院远东司司长、中国问题专家斯坦利·亨培克（Stanley K. Hornbeck），谴责日本在东北蓄意制造的"九·一八事变"。

10 月 15 日在《大陆报》(*The China Press*) 发表英文文章评论"九·一

八事变"。

10月29日著名出版人黄警顽汇编的《卫中博士新教育演讲集》在上海正式出版。

1932年

3月4日（农历正月廿八）上午9时广东省立动的教育实验场第十次组织公映电影，放映詹姆斯·怀勒（James Whale）1931年执导的美国影片《魂断蓝桥》（*Waterloo Bridge*）。卫将片名译为《欧洲的殉难者》，并配合公映演讲"生与死"的问题。自1930年1月起，在广州已组织过九次公映，每次均印发亲自编写的影片"本事说明书"（即该片故事情节简介）。

离穗后多客居上海，为《密勒氏评论报》撰稿，其间结识该报的美国助理编辑埃德加·斯诺（Edgar Snow）和海伦·斯诺（Helen Foster Snow）。

6月30日下午5时在福开森路（今武康路）393号上海世界学院（Association for International Cooperation）用英文演讲《歌德：一个真正具有国际头脑的人》（*Goethe，A Really International Minded Man*），并于7月2、5日用中文续讲《歌德与中国》；还预告将对7月下旬在上海举办的著名岭南派画家陈树人个人画展进行美学评论。

7月16—18日《大陆报》（*The China Press*）刊登Victor Frene英文文章《著名汉学家阐释中国创造性本质》（*Noted Sinologist Explains Creative Genuis of Chinese*）。

8月1日声乐协社在上海法租界华格臬路238号召开筹备会，聘卫西琴担任音乐顾问及指导。9月4日声乐协会正式举行成立大会。

11月30日由上海寄赠已调往北京燕京大学工作的海伦·斯诺两册个人英文旧著：《太平洋地区问题之根源——阎锡山采访录》和《世界大战的导火索》。

1933年

年初，上海《春秋周报》上刊登署名卫中的文章《资本主义的一般危机与世界经济恐慌》。

5月7、14、20日在上海大西路468号（今延安西路）德国学堂内的新学术研究院（China Study Center）为中外听众分三次讲演《中国的复活》，并在媒体和公众场合启用新的中文名字：傅有任。

5月21日在新学术研究院英文演讲《上海的责任》（Shanghai's Opportunity）。

7月3日下午5时30分在新学术研究院主持开启5月之后的第三次关于东方问题的系列圆桌研讨会。

7月7日下午5时30分在新学术研究院主持第四次关于东方问题的系列圆桌研讨会。

9月25日、10月2、9、16日下午5时30分在上海新学术研究院为中外听众举办系列讲座，题目分别为：（1）中国的心理发现；（2）中国典籍和生活中的重要观念；（3）中国音乐；（4）中国绘画。

10月3日在上海正式获准归化中国国籍。

10月23日在上海新学术研究院讲演《上海的唯一希望》（Shanghai's Only Hope）。

10月24日在西侨青年会大楼（南京西路150号）演讲《为何中国人如此想》（Why do the Chinese Think as They do?）

10月30日下午5时30分在上海新学术研究院讲演《中国的农业和工业文明》。

10月31日在《大陆报》（The China Press）发表文章《大众教育的重塑》（Reshaping of Mass Education Urged）。

11月6日因赛马会将原定于今日下午在上海新学术研究院的讲演《中国的购买力》（China's Buying Power）推迟至11月13日。

11月底离沪，原计划去北方十天，而后至1934年春先后在广西、江西和山西三省考察数月。

1934年

考察广西期间，在桂林省府大礼堂举行的教育学术讨论会第三次会议上演讲《西南对于中华民族复活之责任》。

4月返回上海，担任复旦大学和暨南大学讲师，用中文授课。

春季，与一位中国的女子（姓名不详，疑似来自苏州）结婚，并在4月18日致《生活教育》杂志社陶行知的信中谈及婚姻家庭之感受。约两三年后离婚，无子女。

4月19日登门拜访黄炎培。

5月2、3、4日下午5时30分在上海新学术研究院公开演讲，题目为：（1）中国的心理诊断；（2）对广西、江西和山西三省的诊治建议；（3）中国与日本。

5月10日与陶行知、黄炎培等人一起会晤了当天刚抵上海的梁漱溟。

5月15日黄炎培将老友黄膺白（黄郛）捐赠卫西琴的二百元钱交给陶行知代转。

6月9、10日下午两次在上海新学术研究院为妇女界演讲《女性创造力之总动员》。

9月弟子杜太为整理出其在太原的演讲稿《中国生活力之病态及其诊断与治疗》（1935年发表）。

1935年

1月14日阎锡山父亲阎子明出殡，"傅有任特就家祭开吊出殡及每日每次献餐之哀词，研制乐谱，以资奏乐之用"。

5月31日在《大陆报》(The China Press)发表英文文章《中国急需智者而非强人》(Wise Man not Strong Man is Crying Need of China)。

6月1日在《大陆报》(The China Press)发表英文文章《新的国家领导人将调动人民的思想》(New Leader of Nation Would Mobilize Mind of Masses)。

6月4日在《大陆报》(The China Press)发表曾在新学术研究院的英文演讲稿 Psychological Mobilization Program Urged for Chinese。8月10日该文译文《中国民族的心理总动员》刊登在上海《文化建设月刊》上。至1937年初夏又多次在该刊发表文章，以此参与"中国本位文化建设"的讨论，并筹划创设研究中国、日本和印度文化的"亚细亚学院"。

1936年

1月在上海撰写《亚细亚学院计划大纲》。

3月23日陶行知在上海拜访蔡元培，商议借上海工部局管弦乐队，拟请傅有任指挥演奏布鲁克纳的交响曲。

8月16日向在成都举行的中华职业教育社第16届年会提交《对于职业教育的一点意见》。

初冬，返回太原，住在督军府东花园写作。

11月25日从太原致信在北京家中撰写《红星照耀中国》的斯诺夫妇，谈及对中国时局的看法。

1937年

3月用笔名莫里斯·享特·德·福伊尔斯（Maurice Hunt de Fouilhac）在日本文化联盟的英文季刊《日本文化》（*Cultural Nippon*）上发表题为"*Political Back-Stage Secrets of the Far East*"（《远东政治后台的秘密》）文章。该文又于11月19、20、21、23、24日在《日本时报》（*The Japan Times & Mail*）和已被日本人接管的北京英文报纸《北京时事日报》（*The Peking Chronicle*）相继转载。

4月14日《中国论》在太原完稿，6月发表在《文化建设月刊》上。

年末上海和南京相继沦陷，一度暂住香港，生活拮据，得到梁漱溟接济（此前原山西外国文言学校的几位师生也曾为其捐钱济困）。

1938年

4月再次向在《北平时事日报》投寄有关中日关系的评论。

4月25日上海南华出版社出版署名Victor Frene的专著《复兴中国的几个根本问题》（即《中国论》增订本，王国维胞弟王国华翻译）。

12月22日乘船离开上海赴日本东京。

三、日本生活时期（1939—1952）

1939年

2月13日在东京拓殖奖励馆举办的研讨会上演讲《我作为心理学家如何看待中日事变》（心理学者として日支事変を如何に観るか）。

2月24日在日本泛太平洋俱乐部演讲《日本及其中国观》（日本及び支那観）。

3月底佐伊·金凯德（Zoe Kincaid）女士对卫氏初到日本和中国的情况进

行采访。采访的片段刊登在 4 月 3 日的英文报纸《日本时报》（*The Japan Times and Mail*）。

4 月在日本出版文集《中日事变之我观》（日支事變を私は斯く観る）。

7 月 22 日在东京大宫八幡的寓所完成关于旅日法国版画大师《保罗·雅库莱艺术创作灵感之源》（*Les Sources de l'Inspiration Artiistique de M. Paul Jacoulet*）的法语论文。未发表，文稿现存于巴黎凯布朗利艺术博物馆保管的雅库莱遗存。

8 月 1 日在日本杂志上发表文章《中国文化的心理学解剖》（支那文化の心理學的解剖）。

8 月北京日伪政权出版的《远东》月刊上刊登署名傅有任的文章《中国为什么需要日本》，此后即从中国大陆的舆论界销声匿迹。

1 月至 9 月还曾在对外政策协会、东京女子大学、东亚同文会、静冈县青年教团演讲；发表文章《音乐作为精神动员的手段》（*Music as a mean of Spiritual Mobilisation*）。

9 月至 1940 年 4 月在《日本时报》（*Japan Times*）、《日本新闻周刊》（*Japan News Week*）、《日本广告报》（*The Japan Advertiser*）等英文报刊上发表有关日本问题的评论和读者来信；在《日本论坛》（*The Japan Bulletin*）上发表《远东的危机》（*The Far Eastern Crises*）；多次在《大阪每日新闻》上发表读者来信。

11 月 7 日观赏大和音乐协会举办的音乐会，并于 11 月 11 日在《日本时报》（*The Japan Times & Mail*）上发文报道。

《日本时报》（*The Japan Times & Mail*）上还刊登一篇佐伊·金凯德（Zoe Kincaid）女士撰写的介绍卫西琴音乐理论的文章，文章详细引述了她对卫氏的采访。

1940 年

1 月 27 日完成《日本人的意识》（*Japanese Consciousness*）初稿。

2 月 21 日从帝国饭店搬至东京芝区芝公园附近一处住宅。

4 月在日本学者殿川博士（Dr. Tonogawa）的协助下，开始尝试对日本神道教的科学诠释。

4月18日《日本时报》（*The Japan Times & Mail*）刊登他4月13日致该报的一封读者来信，信中报道了在仁寿讲堂进行的匈牙利—日本友谊音乐会，提及德国音乐家克劳斯·普林斯海姆（Klaus Pringsheim）教授到场聆听。

4月25日《日本时报》（*The Japan Times & Mail*）刊登他4月18日致该报的一封读者来信，信中评论了4月10日在明治生命馆举行的音乐会。

5月18日《日本时报》（*The Japan Times & Mail*）报道了卫西琴博士与克劳斯·普林斯海姆教授以及西罗塔（Sirota）夫妇出席一场音乐会。

10月在《经济》杂志上发表由中山幸翻译的《日本的救国之路》（*The Japanese Way of Salvation*）。

11月在《日本及日本人》杂志上发表由中山幸翻译的《论日本的新体制》（日本の新體制観）。

12月1日在《钻石周刊》上发表《一个外国人所见到的中国》（一外人の見たる支那），均由中山幸翻译。同月在《日本及日本人》杂志上发表《日本文化的特征》（日本文化の特徴）。

1941年

2月在《日本及日本人》杂志上发表《卢沟桥事变的快速解决方案》（支那事變速決提案）。

4月在《日本及日本人》杂志上以日文名字"古野忠一"发表《使日本成为非日本式的东西》（日本を非日本的ならしむるもの）。

4月7日在东京都立鹭宫高等学校的同窗会"紫明会"演讲《德国—日本的潜力》（*German-Japanese Potentialities*）。

4月12日致日本英文报纸《日本时报》（*Japan Times & Advertiser*）一封关于法国文化的读者来信，该报4月16日刊登。

4月16日再次致《日本时报》（*Japan Times & Advertiser*）一封读者来信，题为《再谈法国文化》（*Again on French Culture*），该报4月18日刊登。

7月日本刀江书院出版Victor Frene专著《中国民族性之研究——德国心理学家的观点》（支那民族性の研究：独逸心理学者の観たる）。

7月3—27日在东方文化协会开设的轻井泽暑期学校发表系列演讲：

《日本在世界上地位》（Japan's place in the World）

《中国为什么需要日本》（Why China needs Japan）

《对日本的新解读》（A New Interpretation of Japan）

《希特勒与布鲁克纳》（Hitler through Bruckner），演讲有钢琴配乐。

《用日本音乐进行动员的科学方法》（A Scientific Method of Mobilization of Japanese Music），演讲有钢琴配乐。

8月3日《日本时报》刊登 Dr. Victor Frene 在东方文化协会有关中日关系讲座的英文综述。

9月8日在东京都港区赤阪町的"三会堂"大楼演讲《日本在世界上地位》（Japan's place in the World）。

本年还撰写并发表下列政论文章：

《打开中国的钥匙》（The Key to China）

《走进中国的新方式》（A New Way of Approach to China）

《太平洋地区之和平》（Peace Around the Pacific）

《亚洲之新生活》（New Life for Asia）

《天照大神的机会》（Amaterasu's Opportunity）

《日本的真实结构》（Japan's True Structure）

《天照大神的控诉》（Amaterasu's Complaint）

1942 年

9月2日母亲克拉拉·玛利亚·胡布里希（Clara Maria Hubrich）于德国魏玛逝世，终年87岁。

9月初《日本时报》（Japan Times & Advertiser）刊登一封他8月31日署名古野忠一的读者来信，题为《回归原始主义。日本必须为东亚人提供新的意识形态》（Return to Primitivism. Japan Must Furnish New Ideology For East Asians）。信中为日本原本的意识形态"日本还是日本"辩护。

再度与养生专家樱泽如一（在欧美以 George Ohsawa 闻名）交往，且尝试其宣扬的长寿养生方法并获益。后在樱泽如一举办的暑期大学演讲《养心》。

10月4日独自为樱泽如一启程赴朝鲜送行。

10月18日为樱泽如一庆祝五十寿辰，称之为第50次回归诞生，并专门撰文《日本精神の新锐兵器》作为生日礼物。

12月1日在《结》（結び）杂志上发表《真生活运动的胎动》（真生活運動の胎動）。

12月20日中国南京伪政府主席汪精卫访日抵达东京。卫西琴在此期间曾会见汪精卫和其他代表团成员，并自称为其做过一次报告。

1943年

4月1日在《结》（結び）杂志上发表《觉悟使命，谋求再现日本精神！》（使命を自覚し，日本精神の再現を図れ！）。

4月13日撰写一封致斯坦利·亨贝克（Stanley Hornbeck）博士的公开信，信中强调日本的独特性，刊载于4月16日《日本文化》（*Nippon Times*）。

1942—1943年

撰写长篇系列文章（未发表）：

《日本战争之日本武器》（*A Japanese Weapon for Japanese Warfare*）

《科学作为亚洲统一的探路者》（*Science as a Pathfinder for the Unification of Asia*）

《政治学与心理学》（*Politics and Psychology*）

1944

2月1日出版的《结》（結び）杂志第95号上刊登消息：卫氏经由青年教团的创办人松本君平介绍与竹田爱子女士结婚，并以古野忠一之名开始着手加入日本国籍的申办程序。

7月26日在日本文化中央联盟的夏季东京会期（24—27日）进行了一次主题为《通过创造性实现统一》（*Unification Through Creativeness*）的讲座。

10月12日在《日本文化》（*Nippon Times*）发表读者来信，对10月5日去世的日本极端国家主义秘密团体黑龙会创办人、日本大亚细亚主义的提倡者头山满表示哀悼，认为头山满的著作与尼采的思维方式相关联。

1946年

1月撰写《美国的东方学》（*America's own Orientology*），未发表。

3月撰写《新日本的原动力》（*The motive power for a New Japan*），未

发表。

3月14日在东京完成《打开亚洲的钥匙》（*The Key to Asia*），并于20日作为一份备忘录的第一部分提交美国派遣到日本的教育使团。

3月25日草拟1907—1946年个人简历（原件现存美国斯坦福大学胡佛研究院档案馆）。

4月10日在东京完成3月20日备忘录的第二部分《亚洲的教育》（*The Education of Asia*），并呈报美国教育使团。

5月9日在神奈川县大矶町完成3月20日备忘录的第三部分《亚洲一元论的教育手法》（*A Monistic Technique of Education for Asia*），并呈报美国教育使团。后将三篇备忘录汇编为《沃尔特·惠特曼来救援》（*Walt Whitman Comes to the Rescue*）。

5月至8月，1937年"七七事变"之时任北平市长的秦德纯，应远东国际军事法庭邀请在日本东京战犯审判中出庭做证。秦受梁漱溟委托，在日期间联系上了卫西琴，并带回卫的通讯地址转交梁。二人短暂恢复联系不久再次中断。

年内，撰写《亚洲的新途径》（*A New Approach to Asia*）。

1947年

6月29、30日和7月2日《日本时报》（*Japan Times*）多次告示卫西琴主办的"亚洲研究社团"活动。

5月4日和7月6日在大矶町的私宅内为题为《东方的复兴》（*An Oriental Renaissance*）讲座做开讲报告。

10月3日卫妻竹田爱子拜访樱泽如一，并告知丈夫自4月为美国军人举办长寿养生理念的学习班。

1948年

3月5日在东京AEP（*Army Education Program*）讲座，讲稿现存美国弗吉尼亚大学保管的远东军事法庭历史顾问理查德·J. 德玛蒂诺（Richard J. DeMartino）遗存。

1949年

2月1日由驻日美军教育中心致信正在东京的前中国战区美军总司令魏德

迈将军（Albert C. Wedemeyer），并附上了一份致李宗仁、李济深、阎锡山、白崇禧和梁漱溟的备忘录，题为《融合马克思主义与儒学的项目计划草案》(*Marxism and Confucianism—A Sketch of a Project for a Fusion*)。附带的个人名片上注明身份是"现任驻日美军教育中心讲师；曾任中国山西和广东省动的教育实验场主任；阎锡山大帅、白崇禧将军、李济深大帅、陈铭枢将军之顾问"，住址：神奈川县大矶町北下町一六九一号。

8月间在东京与应驻日盟军总司令麦克阿瑟邀请访日的国民政府外交部长吴铁城会面，托吴转告阎锡山"麦帅对阎先生在广州主持国防很是关注"，并捎回一张个人照片。

1950年

1月由东京致信在台湾任行政院长兼国防部长的阎锡山，"拟创立进化心理学派，达到生活的成功。复请发扬东方文化，研究救人救世"。

1月底至3月初，联合国文教组织（UNESCO）与驻日美军总部在日本工业俱乐部举办十多次东方学讲座，由 Victor Frene 博士主讲。

1月30日系列讲座开讲报告《为何研究亚洲》(*Why Study Asia*)。

2月2、6、9日前三次演讲（题目不详）。

2月13日演讲《亚洲东方学之新科学》(*The New Science of Asia—Orientology*)

2月16日演讲（题目不详）。

2月20日演讲《中国的崩溃与重建》(*China's Collapse and Reconstruction*)。

2月23日演讲《日本的潜力》(*Japanese Potentialies*)。

2月27日演讲《领导能力的训练》(*The Training for Leadership*)。

3月2日演讲《西方新自然科学与人类生活（*The New Western Natural Science and Human Life*)。

3月6日演讲《何去何从》(*Quo Vadimus*)。

7月25日在台湾出版的《明天》半月刊第14期上发表《孔子与马克思》一文。

1951 年

为 9 月 8 日签订的"旧金山对日和平条约"撰写英文文章《美国时代的开端》(*The Dawn of an American Era*)。文稿现存鹿儿岛大学保管的日本著名儿童教育家山下德治博士的遗存。

撰写未发表英文文章《新世界——全球动员方案》(*The New World. A Scheme of World Wide Mobilization*)。文稿没有注明写作日期,推测是 1951 年,现存鹿儿岛大学山下德治遗存。

下半年曾用德文手书一封致祖籍德国的美国亿万富翁、慈善家小约翰·洛克菲勒 (John D. Rockefeller, Jr.) 信件寻求资助,并附上《创设进化心理学协会的趣旨》和其文章 "The Dawn of an American Era"。此信注明发信人地址:东京世田谷成城町 408 号,是否寄出尚存疑,手稿现存鹿儿岛大学山下德治博士的遗存。

9 月 24 日起草宣言《东方学学者宣言》(*The Orientalist Manifesto*),手稿现存鹿儿岛大学山下德治遗存。

年内,与山下德治共同拟订"进化心理学协会章程",手稿现存于鹿儿岛大学山下德治遗存。

10 月 16 日(69 岁生日)与山下德治等人在东京成立"进化心理学协会"和"进化心理学研究所",并担任会长和所长,会所地址:东京世田谷成城町 408 号。

11 月 16 日在台湾《明天》半月刊第 46 期上发表《准备》一文。

11 月 19 日与美国费希尔博士、郝黎亚德、赫拜滋等人一起拜访卸任后隐居台北菁山的阎锡山,并共同讨论"资与产的经济形态"问题。

1952 年

6 月 6 日在日本东京顺天堂医院逝世,终年 70 岁,死因及葬于何处不详。

日本的英文季刊 "*The Yamatopia*" 1952 年第 1 卷中收录了两篇 Dr. Victor Frene 遗作《心理战科学导论》(*An Introduction to a Science of Psychological Warfare*) 和《〈三助的报复〉序言》(*A Preface to A Sansuke's Revenge*)。1953 年初出版的 "*The Yamatopia*" 第 4 期中也转引了上述文章。

1957 年

6月5日前妻玛丽亚·费舍尔（1876年10月3日生于奥地利萨尔茨堡）于维也纳逝世，终年81岁。

1964 年

6月10日胞妹希尔德加德·玛侬·弗伦斯多夫（Hildegard Manon Frensdorf，1885年3月4日生于德国柏林，至1915年父亲去世时一直无职业，后在柏林经营一家照相馆，终身未婚未育）于柏林逝世，终年79岁。

1965 年

6月19日胞妹莉迪亚·贝阿特丽策·弗伦斯多夫（Lydia Beatrice Frensdorf，1886年2月8日生于德国柏林，银行速记员，终身未婚未育）于德国吕内堡逝世，终年79岁。至此卫西琴的最后一位直系亲属离世，且兄妹四人均无子女。

卫西琴论著及研究资料目录[*]
（中文部分）

黄　冬

一、卫西琴公开发表的著述（72）

1. 威士赫：《教育当以孔子为主》，陈焕章译，《孔教会杂志》1913年第1卷第4期，第1—6页。

另见《教育当以孔子为主》，《扶风月报》1914年第1期，第11—16页；

---

[*] 本目录在收集整理过程中，除了国内几十家图书馆外，还得到了许多友人的热心帮助，如德国的内克曼先生；国内的丁毅、卢天庆、王稚纯先生和刘康宁、李霞霞、邱念洪女士等，编者在此致以衷心的感谢。

《威士赫论教育当以孔子为主》，柯璜：《孔教习题》下卷，1917年，第219—224页；《威士赫论教育当以孔子为主》，宗圣学报》1917年6附，第19—24页；《论教育宗旨当以孔道为主》，《山东民政公报》1934年第212期，第88—90页；《论教育宗旨当以孔道为主》，《正俗》1936年第1卷第3期，第7—10页；《论教育宗旨当以孔道为主》，《历代尊孔记孔教外论合刻》东方读经会出版1938年，第119—123页〔节选〕；英文原文 Regeneration through Education 连载于《京报》(Peking Gazette) 1913年12月19日、22日。

2. 卫西琴：《中国教育议》，严几道译，《庸言》杂志1914年第2卷第3期，1—19页、第4期，第1—20页。

另见《论东西二教育所以汇合之术》，连载于《教育周报（杭州）》1914年第48期（6—11页）、第49期（5—11页）、第50期（5—10页）、第51期（5—11页）、第52期（5—10页）、第53期（4—9页）；《中国教育议》（论东西二教育所以汇合之术），连载于《山东教育公报旬刊》1915年第43、44、45、46、47期。

3. 卫西琴：《中国教育议》，严几道译，庸言报馆（天津），1914年。

另见《中国教育议》，上海文明书局，1914年；《中国教育议》，北京正蒙印书局，1914年。

4. 卫西琴：《中国教育意见书》，直隶省教育会印行，1915年。

另见《中国必须采用之教育论说》〔全国教育会联合会之演说〕，陈家麟译，《教育周报（杭州）》1915年第84期，第27—32页。

5. 卫西琴：《新教育论》，王之瑞译，《教育公报》1916年第3卷第7期，第136—151页。

另见连载于《京师教育报》1916年第33期（1—11页）、第34期（1—5页）、第35期（1—6页）；《都市教育》1916年第2卷第7期，第44—60页。

6. 卫西琴：《新教育论》，王之瑞译，上海商务印书馆，1916年。

另见《新教育论》，实用教育丛书第二种，江苏省教育会印行，1916年。

7. 卫西琴：《中国之悲惨教育》〔在北京全国教育会联合会议讲演〕，段葆璠译，李文藻记，北京全国教育联合会印行，1916年。

另见江苏省教育会《临时刊布》，1916年第17期，第1—9页；《东方杂志》1917年第14卷第9期，第156—160页；《大公报（天津）》连载于1917年2月2、4、6、8日，均第9页；《宗圣学报》1920年第2卷第22号，第1—10页；《大公报（天津）》连载于1925年8月9、10、11、12日，均第69页；《山东民政公报》1934年第213期，第80—81页［节选］；《历代尊孔记孔教外论合刻》东方读经会出版1938年，第123—125页［节选］。

8. 卫西琴：《卫西琴先生关于教育之言论》［民国五年九月一日在本校演说］，《南通师范校友会杂志》1917年第7期，第1—8页。

另见《卫西琴先生在南通关于教育之谈话》，《教育杂志（山西）》1917年第3卷第5期，第3—8页。

9. 卫西琴：《卫西琴博士之教育谈》，连载于《时报》，1917年2月6、7、8、9日。

另见《卫西琴博士演说词》，江苏省教育会《临时刊布》，1917年第21期，第1—18页；《卫西琴博士之教育讲演》，《环球》1917年2卷1期，第15—17页；《教育为生人能力的科学》，连载于《大公报（天津）》1918年7月10、11、17、18、20、21、23日，均第6页；《西儒卫中先生教育为生人能力的科学的讲演词》，连载于《来复报》1919年第68期（28—34页）、第69期（18—29页）；《教育为生人能力的科学》，山西省教育会印行单行本，1920年。

10. 卫西琴：《实习儿童心理缔造教育根原》，《都市教育》1918年第4编第2册第38期，第1—4页。

11. 卫中：《发展国性之教育》，南京高等师范学校印行，约1918年。

12. 卫中：《哲学概论》［讲义］，刘纪之译，直隶保定高等师范学校油印，1918年。

13. 卫中：《自然心理学——即取诸新发明自然定律之明光重阐古代中国思想之初论》，直隶保定高等师范学校1918年初印，山西大通学校1925年2月重印。

14. 卫中：《新教育的教条》，直隶省第二师范学校印行，约1919年。

15. 卫中：《西儒卫中先生在洗心社讲演词》，《来复报》1919年第77期，第34—37页。

16. 卫西琴：《卫西琴先生演说女子教育之初步》，朱寿萱记，《北京女子高等师范文艺会刊》1919年第1期，第13—14页。

17. 卫中：《补心自然教育》，山西省教育行政会议处石印，1921年。

18. 卫中：《新教育的原动力》[山西外国文言学校卫中讲演]，李殿成、冯玉松、白焕采笔记，杨维汉编辑，山西大通学院1921年印行，山西省六政考核处1922年再版。

19. 卫中：《电影教育》，山西省六政考核处印行，1922年。

20. 卫中：《男女新分析心理学》，李殿成等笔记，杨维汉编辑，连载于《心理》1922年第1卷第3期（1—15页）、第4期（1—29页）、1923年第2卷第1期（1—27页）、第3期（1—13页）、第4期（1—25页）、1924年第3卷第2期（1—17页）。

另见张耀翔编：《心理杂志选存》第2册第6编，中华书局1933年，第482—586页。

21. 卫中：《泰戈尔与中国》，《山西日报》1924年（日期不详）。

22. 卫中：《泰戈尔与新农业教育》，《山西日报》1924年（日期不详）。

23. 卫中（提案）：《建设一种"教育自然科学"（科学的教育学）且实际应用之以树立各级教育之科学的根本案》，《新教育》1925年第11卷第2期，第240—241页。

24. 卫中：《大通学院办法大纲》，《来复报》1925年第357期，第1—4页。

另见《大通学院开院布告》，《黑龙江教育行政公报》1925年第26期，第33—36页；《直隶教育旬报》1925年第8卷第10期，第29—33页。

25. 卫：《大通学院缘起》，《来复报》1925年第358期，第15—16页及第359期。

另见《直隶教育旬报》1925年第8卷第10期，第25—29页。

26. 卫中：《关于中学西学之问答》，连载于《来复报》1925年第360期（11—14页）、第361期（13—16页）、第362期（17—20页）。

另见《黑龙江教育行政公报》1925年第26期，第37—47页；《海潮音》1925年第6卷第7期，第1—6页。

27. 卫中：《卫中先生的自述》，张俶知笔记，梁漱溟笺释，连载于《晨报副刊》1926年3月4日（9—10页）、3月6日（13—14页）、3月8日（第18页）、3月10日（23—24页）。

28. 卫中：《政治与教育》［在北京中国大学为五私大联合会讲］，史寅生，杜太为合记，连载于《晨报副刊》1926年3月24日（54—56页）、6月16日（34—35页）、6月19日（38—40页）、6月21日（42—44页）、10月2日（1—3页）。

另见《民铎杂志》1927年第8卷第5期，第1—38页。

29. 卫中：《中国教育改进之商榷》，《东方文化》第2集《通论》，上海泰东图书局1926年9月，第20—26页。

30. 卫中：《体育与中国——登肯学校舞蹈的意思》，《晨报副刊·星期画报》1926年12月5日第64期，第1页。

另见《北洋画报》1926年12月22日第48期，第4页；《艺术界周刊》1927年第15期，第8—9页。

31. 卫中：《希腊式舞蹈的原理——登肯学校舞蹈会的导言》，《晨报副刊·星期画报》1926年12月5日第64期，第1页。

另见《北洋画报》1926年12月25日第49期，第4页；《时报》1927年9月23日。

32. 卫中：《希腊文化之初入北京——登肯学校之创办》，《申报》1926年12月14日，21—22版。

33. 卫中：《身体的教育与精神的教育——登肯（Duncan）体育的意义——在登肯舞蹈会上得来的印象》，《北洋画报》1926年12月29日第50期，第4页。

另见《艺术界周刊》1927年第22期，第9—10页。

34. 卫中：《人及其工作——合工作学问道德于一系》，杜太为笔记，《东方杂志》1927年第24卷第17期，第51—61页。

35. 卫中：《国心与国家——论新心理与新中国》，杜太为笔记，杨维汉编述，《心理》1927年第4卷第2期，第1—14页。

另见《今日中国危难之心理原因》，《大公报（天津）》1927年4月8日，第 3 页。

36. 卫中：《教育试验与文化试验》，杨维汉，杜太为笔记，《新教育评论》1927 年第 4 卷第 2 期，第 8—15 页。

另见《卫中博士对于中国文化之观感》，《东方杂志》1927 年第 24 卷 17 期，第 37—42 页。

37. 卫西琴：《世界大战的导火线》，黄延毓译，连载于《新生》北京大学新生社，1927 年第 1 卷第 14 期（240—243 页）、第 15 期（264—268 页）。

另见《南风》1928 年第 3 卷第 1 期，第 94—108 页；英文原文连载于《北京导报》（*Peking Leader*）1927 年 2 月 15、16、17 日。

38. 卫中：《新妇女与新中国》，齐植朵、刘璞、陈叔华、杜太为合记，连载于《晨报副刊》1927 年 6 月 2 日（3—4 页）、6 月 3 日（5—6 页）、6 月 7 日、(12 页)、6 月 10 日（18 页）、6 月 11 日（20 页）。

另见《新教育评论》1927 年第 3 卷第 23 期（2—6 页）、第 24 期（4—7 页）；连载于《革命的妇女》1927 年第 9 期（9—12 页）、第 10 期（3—5 页）；连载于《新潮》1927 年 5 月 23、24 日；《新文化》1927 年第 1 卷第 6 期，第 97—107 页；连载于《广州民国日报副刊》1928 年 9 月 26、27 日。

39. 卫中：《缔造中国大通教育系统之刍议》，《民铎杂志》1927 年第 8 卷第 5 期，第 38—42 页。

40. 卫中：《新中国的教育》，《暨南周刊》1927 年第 1 卷第 4 期，第 1—5 页。

另见《新中国教育的两大条件》，徐中书笔记，杜太为校订，《东方杂志》1927 年第 24 卷第 22 期，第 41—43 页。

41. 卫中：《教育论文选读导言——动的教育》，李邦栋笔记，《暨南周刊》1927 年第 5 期，第 15—17 页。

42. 卫中：《动的教育在中国第一次的试验——动的学校》，《教育杂志》1927 年第 19 卷第 11 期，第 1—13 页。

43. 卫中：《发明》，张铭鼎、王裕凯，《大夏周刊》1927 年第 48 期，第 8—12 页。

另见《东方杂志》1928 年第 25 卷第 4 期，第 47—58 页；傅有任：《发明》,《监政周刊》1935 年第 126 期,第 5—16 页。

44. 卫中:《新时代的要点》,《东方杂志》1928 年第 25 卷第 18 期,第 31—33 页。

45. 卫中:《民主主义的教育》,顾敦吉志,《光华期刊》1928 年第 3 期,第 1—3 页。

46. 卫中:《教育立国论》,杨维汉笔记,杜太为校订,连载于《南京特别市教育月刊》1928 年第 1 卷第 9 期（1—7）、第 10 期（1—5 页）。

47. 卫中:《动的小学教育：谁爱自己的子女?》,开路记,《华侨教育》1928 年第 2 期,第 19—21 页。

48. 卫中:《大学教育与小学教育：一. 小学教育与大学教育孰要》,开路记,《华侨教育》1928 年第 2 期,第 21—29 页。

49. 卫中:《名教与教育》,唐继祥、陈延耿记,杜太为校订,《广州民国日报副刊》1928 年 11 月 5 日。

另见《名教与教育：教育?》,杜太为笔录,《民铎杂志》1929 年第 10 卷第 4 期,第 1—25 页。

50. 卫中:《新女性与新文化》,杜太为笔记,连载于《广州民国日报副刊》1928 年 12 月 5、7、10、11 日。

另见《广东省立第一女子中学校校刊》1928 年［创刊号］;《广东省立动的教育实验场周刊》1929 年第 3 期。

51. 卫中:《师范院施行动的教育之建议》,杨维汉编述,《广州民国日报副刊》1929 年 3 月 5 日。

52. 卫中:《动的教育研究会第一次公开演义（讲）》,唐民哲等笔记,黄开禄编,《广州民国日报副刊》1929 年 3 月 25 日。

53. 卫中:《动的教育研究会第二次公开演讲》,范桂香等笔记,黄开禄编,《广州民国日报副刊》1929 年 4 月 1 日。

54. 卫中:《动的教育研究会第三次公开演讲（续完）》,范桂香等笔记,黄开禄编,《广州民国日报副刊》1929 年 4 月 15 日。

55. 卫中:《动的小学教育（续）：二. 卢梭（J. J. Rousseau）教育革命》,梁欣、韩翔同记,《华侨教育》1929 年第 3 期,第 14—35 页。

56. 卫中：《新劳动教育之途径》，《广东省立动的教育实验场周刊》1929年第2期。

另见《上海民国日报副刊·星期评论》1930年第3卷第43、44、45、46期；黄警顽编：《卫中博士新教育演讲集》上海会文堂书局1931年，第75—96页。

57. 卫中：《"动的教育"如何发展人民的生活力以建设新中国的基础》，连载于《大公报（天津）》1929年12月7、8日。

58. 卫中：《戏剧与人生》，《戏剧》1929年第1卷第2期，第65—76页。

59. 卫中：《为什么爱迪生说"以后的教育可以用电影代替书籍"》，杨绰然、朱克濂笔记，连载于《申报》1930年11月5日（29版）、11日（11版）、12日（21版）、13日（25版）。

60. 卫中：《卫中博士新教育演讲集》[动的教育实验场丛书之一]，黄警顽编，上海会文堂书局1931年。

61. 卫中：《资本主义的一般危机与世界经济恐慌》，连载于《春秋周报（上海）》1933年第2卷第3、4期。

62. 威士赫：《亚洲人的亚洲》，炳祥译，《南方杂志（南宁）》，1934年第3卷第3/4期，第1—3页。

63. 傅有任：《中国生活力之病态及其诊断与治疗——以"生活之科学"为诊断与治疗之标准》，杜太为记录，《监政周刊》1935年第105期，第1—13页。

另见《山西省新生活运动促进会会刊》1935年第7、8期，第26—39页。

64. 傅有任：《西南对于中华民族复活之责任》，国民革命军第四集团军总政训处编（1935），载于《莅桂中外名人演讲集》，中华书局1936年，第150—184页。

65. 傅有任：《中国民族的心理总动员》，吴道存译，《文化建设月刊》1935年第1卷第11期，第7—13页。

66. 傅有任：《亚细亚学院计划大纲》，张式尊译，《文化建设月刊》1936年第2卷第5期，第26—28页。

67. 傅有任：《对于职业教育的一点意见》，张式尊译，《文化建设月刊》

1936 年第 2 卷第 12 期，第 55—56 页。

68. 傅有任：《中国论》，张式尊译，《文化建设月刊》1937 年第 3 卷 9 期，第 5—30 页。

69. Frene, Victor：《复兴中国的几个根本问题》，王国华译，上海南华出版社 1938 年。

另见中国社会科学院近代史研究所编：抗日战争史料丛编，第 4 辑第 41 册，国家图书馆出版社 2018 年。

70. 傅有任：《中国为什么需要日本》，《远东》远东月报社（北京），1939 年第 2 卷第 8 期，第 32—36 页。

71. 傅有任：《孔子与马克思》，杜蘅之译，台湾《明天》半月刊 1950 年 7 月 25 日第 14 期，第 13—14 页。

72. 傅有任：《准备》，台湾《明天》半月刊 1951 年 11 月 16 日第 46 期，第 4—6 页。

二、卫西琴在山西外国文言学校（大通学院）印行的著述（35）

73. 《论早婚》，山西外国文言学校印行，1920 年。

74. 《人类心灵的来源》，山西外国文言学校油印，1920 年。

75. 《外国语教授法的根本》，山西外国文言学校油印，1920 年。

76. 《史地教授法的根本》，山西外国文言学校印行，1920 年。

77. 《新教育的原动力》，卫中讲，李殿成、冯玉松、白焕采笔记，杨维汉编辑，山西外国文言学校印行，1921 年。

78. 《新教育五条（一）》，山西外国文言学校油印，1921 年。

79. 《新教育五条（二）》，山西外国文言学校油印，1921 年。

80. 《新教育的问题》，山西外国文言学校油印，1921 年。

81. 《新谱诗经乐谱》，山西外国文言学校石印，1921 年。

82. 《新谱祝孔乐章》，山西外国文言学校石印，1921 年。

83. 《新谱昆曲［1. 清平调；2. 脱布衫；3. 邯郸梦］》，山西外国文言学校石印，1921 年。

84.《对于泰谷尔隐士戏剧说明书》，卫中著，李晓、王玉堂记，山西外国文言学校，1922年初印，1924年再版。

85.《山西外国文言学校开学恳亲会说明书》，晋新书社印行，1922年。

86.《何谓新教育》[即山西外国文言学校第一期纪念会说明书]，卫中著，山西外国文言学校印，1922年。

87.《诗的原动力》，山西外国文言学校油印，约1922年。

88.《说文新教授法》，山西外国文言学校油印，1922年。

89.《史地新教授法》，山西外国文言学校油印，1922年。

90.《科学新教授法》，山西外国文言学校油印，约1922年。

91.《男女新分析心理学（一、男女的关系）》，山西外国文言学校印行，1922/23年。

92.《男女新分析心理学（二、男女的来原）》，山西外国文言学校印行，1922/23年。

93.《男女新分析心理学（三、女子教育的原动力）》，山西外国文言学校印行，1922—1923年。

94.《新教育教授法纲要》，山西大通学院石印，1923年。

95.《新生师师生关系》，山西大通学院石印，1924年。

96.《人心新力学——实用教育新心理学》[山西大通学校（外国文言学校）章程]，卫中讲，裴琛等笔记，杜文林、王玉堂编辑，杨维汉校阅，私立山西大通中学校1924年。

97.《泰戈尔〈隐士〉戏剧说明书》，1924年印行（第二版）。

98.《法国梅特灵〈农心〉戏剧说明书》，1925年印行。

99.《节演歌德〈浮士德〉戏剧说明书》，1925年印行。

100.《卫中〈新孝道〉戏剧说明书》，1925年印行。

101.《日本〈武士道〉戏剧说明书》，1925年印行。

102.《自然心理学》，山西太原大通学校，1925年2月重印。

103.《中国教育改进之商榷》，山西大通学院印行，1925年。

104.《缔造中国大通教育系统案》，卫中口述，杜文林笔记，史寅生编辑，山西大通学院印行，1925年。

105.《卫中十年来已出版之中文论著》[大通学院教育丛书之一]，山西大通学院印行，1925年。

106.《新政治心理》[大通学院政治丛书之一]，史寅生译述，大通学院出版部印行，1926年。

107.《卫中先生的自述》，卫中述，大通学院出版部印行，1926年。

三、卫西琴在广东省立动的教育实验场印行的著述（24）

108.《何谓动的教育》（单行本），1929年印行。

109.《广东动的教育实验场实验方针》（单行本），1929年印行。

110.《历史内最大的战争（代发刊词）》，《广东省立动的教育实验场周刊》1929年第1期，1—5页。

111.《新学术》，《广东省立动的教育实验场周刊》1929年第1期。

112.《新劳动教育之路径》，《广东省立动的教育实验场周刊》1929年第2期。

113.《智识的人类化》（译介 J. H. Robinson），《广东省立动的教育实验场周刊》1929年第2期。

114.《广东的特征在那里》，《广东省立动的教育实验场周刊》1929年第2期。

115.《新女性与新文化》，《广东省立动的教育实验场周刊》1929年第3期。

116.《动的教育的"动"从何处而来?》，《广东省立动的教育实验场周刊》1929年第3期。

117.《儿童——动的教育的标准》，《广东省立动的教育实验场周刊》1929年第3、4、5、6期连载。

118.《教育？——名教与教育》，《广东省立动的教育实验场周刊》1929年第4期。

119.《音乐与人生》，《广东省立动的教育实验场周刊》1929年第4期。

120.《人类的解放》（译介 H. W. van Loon），《广东省立动的教育实验场周刊》1929 年第 5 期。

121.《物质文明的原动力》,《广东省立动的教育实验场周刊》1929 年第 5、6、7 期连载。

122.《科学的新十律》(译介 A. E. Wiggam),《广东省立动的教育实验场周刊》1930 年第 8 期。

123.《科学时期的教育之创设》(单行本),1930 年印行。

124.《广东动的教育实验场十九年下半年进行计划》(单行本),1930 年印行。

125.《新同乐会第一次公映电影"*The river*"本事说明书》(单页),1930 年印行。

126.《新同乐会第二次公映电影"*Metropolis*"本事说明书》(单页),1930 年印行。

127.《新同乐会第三次公映有声电影〈英雄〉"*Jonrney's end*"本事说明书》(单页),1930 年印行。

128.《新同乐会第四次公映有声电影〈女心〉"*The kiss*"本事说明书》(单页),1930 年印行。

129.《新同乐会第五次公映有声电影〈爱情与生活〉"*Alady to love*"本事说明书》(单页),1930 年印行。

130.《新同乐会第六次公映有声电影〈小美国〉"*With byrd at the south pole*"本事说明书》(单页),1930 年印行。

131.《新同乐会第七次公映有声电影〈父亲与女儿〉"*Anna chirstie*"本事说明书》(单页),1931 年印行。

四、卫西琴未完成的文稿、译稿(14)

132.《国文新教授法》

133.《音乐新教授法》

134.《图书新教授法》

135.《算学新教授法》

136.《旅行新教授法》

137.《阅报新教授法》

138.《名人传记新教授法》

139.《自然基督教》

140.《世界文化史》

141.《诗家心理学》

142.《西方新物性学》（一名《新科学》）

143.《威尔逊心理详传》（Woodrow Wilson）

144.《歌德心理详传》（J. W. von Goethe）

145.《卢梭心理详传》（J. J. Rousseau）

五、书信函件（14）

146.《卫中：问（冲曼先生）数学的新教授法》，《学灯》1923年3月22日，第4版。

147.《卫西琴先生上太虚法师书》，《海潮音》1925年第6卷第6期，第1—2页。

148.《太虚法师复函》，《海潮音》1925年第6卷第6期，第2—3页。

另见《复卫西琴先生书》，《太虚大师全书》第17编，宗教文化出版社2004年。

149. 大圆：《与山西大通学校校长卫西琴（西洋人）论东方文化书》，《东方文化》第一版，上海泰东图书局1926年5月，第1—6页。

150.《卫西琴来函》，《东方文化》第2期，上海泰东图书局1926年9月，第13—16页。

151.《卫西琴先生致太虚法师书》，《海潮音》1926年第7卷第1期，第1页。

152.《卫西琴博士来函》，《心灯》1926年第12期，第17页。

153.《卫中：与柯定础论中国宜振孔教与佛教真精神施诸实用书》，《来复报》1926年第408期，第11—12页［节选］。

154. 江谦：《复卫西琴先生书》，《佛光社社刊》1927年第2期，第9页。

另见《复德国卫西琴博士书》《弘化月刊》1948年第87期，第7页；《净宗月刊》1949年2月第10—11期，第6页。

155. 大圆：《与卫西琴》，《东方文化》第3期，上海泰东图书局1927年10月，第15—17页。

156. 唐大定：《与卫西琴博士讨论三大教育书》，《海潮音》1927年第7卷第12期，第3—6页。

157. 紫美：《关于介绍卫西琴氏的一封信》，连载于《汛报》1927年第1卷第2期（26—28页）、第3期（25—28页）。

158. 吴博文：《致黄警顽君函》，黄警顽编：《卫中博士新教育演讲集》上海会文堂书局1931年，第17—20页。

159.《傅有任君来信：女子在生活和文化上应当占的地位》，《生活教育》1934年第1卷第7期，第169页。

六、相关书籍和文献资料（43）

160. 江苏省教育会编印：《江苏省教育会年鉴》，1918年第3期。

161. 山西省公署统计处编：《山西省第一次学校系统以外教育统计》，1920年。

162.《山西现行政治纲要》，1921年12月15日版。

163. 佘柏昭等编：《菲律宾华侨教育考察团日记》，上海中华书局1922年。

164. 山西省教育会：进山会议教育研究案（续），《山西省教育会杂志》1923年第9卷第1期，第1—18页。

165. 咨山西省长私立山西大通学校准备案（民国十三年八月二十二日第1197号），《教育公报》1924年第11卷9期，第50页；

另见全国图书馆文献缩微复制中心：《中国近代教育史料汇编》民国卷·教育公报（三），2006年。

166. 阎锡山：《治晋政务全书初编第二册：进山会议录》（阎伯川先生全

集之一），山西军署编，1928 年。

167.《教育消息：广东动的教育实验场新计划》，《浙江教育行政周刊》，1930 年第 2 卷第 9 期，第 1—2 页。

168.《广东动的教育实验场：实验的场四个时期》，《河南教育》，1930 年第 3 卷第 1 期，第 33 页。

169. 广东省教育厅：呈报省立动的教育实验场概况（民国二十年二月二十五日第 590 号），《广东省政府公报》1931 年第 146 期，第 95—98 页。

170. 舒新城：《近代中国教育思想史》，中华书局 1932 年；《近代中国教育思想史》，商务印书馆 2017 年。

171. 上海市政府秘书处：《上海市政府公报·公牍》第 138 期，1933 年 10 月 3 日。

172. 阎锡山先生纪念会编：《民国阎伯川先生锡山年谱长编初稿》，台湾商务印书馆 1984 年。

173. ［美］埃德加·斯诺：《斯诺文集》第 1 卷《复始之旅》，宋久、柯南、克雄译，新华出版社 1984 年。

174. 王寿南：《王云五先生年谱初稿》，台湾商务印书馆 1987 年。

175. 韩达：《评孔纪年 1911—1949》，山东教育出版社 1988 年。

176. 高凌雯、严仁曾：《严修年谱》，齐鲁书社 1990 年。

177. 李渊庭：《梁漱溟先生年谱》，广西师范大学出版社 1991 年。

178. ［美］艾恺：《梁漱溟传》，郑大华等译，湖南出版社 1988 年第 1 版，1992 年第 2 版。

179. ［美］艾恺：《最后的儒家——梁漱溟与中国现代化的两难》，王宗昱、冀建中译，江苏人民出版社 1993 年。

180. 中华职业教育社编：《黄炎培教育文集》，中国文史出版社 1994 年。

181. 中国蔡元培研究会主编：《蔡元培全集》，浙江教育出版社，第 3 卷 1997 年；第 16 卷 1998 年。

182. 山西省史志研究院：《山西通志》第 37 卷·教育志，中华书局 1999 年。

183. 傅斯年：《傅斯年全集》第 1 卷、第 6 卷，湖南教育出版社

2000 年。

184. 严修：《严修日记》，南开大学出版社 2001 年。

185. 江苏省地方志编纂委员会编：《江苏省志·宗教志》，凤凰出版社 2001 年。

186. 太虚法师：《太虚大师全书》，宗教文化出版社 2004 年。

187. ［美］艾恺（采访）：《这个世界会好吗——梁漱溟晚年口述》，一耽学堂整理，东方出版中心 2006 年。

188. 梁茂春、项筱刚、李岩：《中国音乐论辩》，百花洲文艺出版社 2007 年。

189. 黄炎培：《黄炎培日记》第 2 卷、第 4 卷，华文出版社 2008 年。

190. 白吉庵、李仲明：《梁漱溟口述实录》，团结出版社 2009 年。

191. 谷秀青：《清末民初江苏省教育会研究》，广西师范大学出版社 2009 年。

192. 王世儒：《蔡元培日记》，北京大学出版社 2010 年。

193. 李茂盛：《阎锡山大传》，山西人民出版社 2010 年。

194. 阎锡山：《阎锡山日记》，九州出版社 2011 年。

195. 梁培恕：《中国最后一个大儒：记父亲梁漱溟》，江苏文艺出版社 2011 年。

196. 释印顺：《太虚大师年谱》，中华书局 2011 年。

197. 阎锡山：《阎锡山日记全编》，三晋出版社 2012 年。

198. 罗学蓬：《山西王阎锡山秘事》，新华出版社 2013 年。

199. 中国社会科学院近代史研究所：《胡适来往书信选》，社会科学文献出版社 2013 年。

200. 梁漱溟：《梁漱溟日记》，上海人民出版社 2014 年。

201. ［美］海伦·斯诺：《我在中国的岁月》，安危译，北京出版社 2015 年。

202. 太虚：《太虚自传》，福建厦门南普陀寺 2015 年。

七、相关书刊文章（89）

203. 白沙：《教育与卫西琴》，原载《甲寅杂志》1914年第1卷第2期，《易白沙集》湖南人民出版社2008年，第1—9页。

204. 王云五：《岫庐八十自述》《王云五文集·陆［上册］》，江西教育出版社2011年。

205. 王云五：《卫西琴〈新教育议〉序》(1916)，《王云五文集·贰［上册］》，江西教育出版社2013年，第6—10页。

206. 黄炎培：《实用主义产出之第三年》，《教育杂志》1917年1月，第9卷第1号，第15—18页。

另见田正平、李笑贤编：《黄炎培教育论著选》，人民教育出版社1993年；余子侠编：《中国近代思想家文库·黄炎培卷》，中国人民大学出版社2005年。

207. 贾丰臻：《实施职业教育之注意》，《教育杂志》1917年3月第9卷第3号，第65—68页。

208. 伧父：《战后东西文明之调和》，《东方杂志》1917年第14卷第4期，第1—7页。

209. 吴敬恒：《论旅欧俭学之情形及移家就学之生活》，《新青年》1918年第4卷第2期，第150—172页。

另见吴稚晖：《胐盦客座谈话》，上海泰东图书局1919年；《吴稚晖全集》卷五，九州出版社2013年。

210. 傅斯年：《再论戏剧改良》，《新青年》1918年第5卷第4期，第349—360页。

另见《傅斯年全集》第1卷，湖南教育出版社2000年，第66—78页。

211. 志希：《学术界的骗局：骗中国人和骗外国人》，《新潮》1919年第2卷第2期，第343—346页。

212. 陈儒康：《记山西外国文言学校》，《北京大学日刊》1920年4月17日第584号，第2—3版。

213. 槐东君：《小杂感三则》，《晨报副刊》1922年6月17日，第4页。

另见陈子善、张铁荣编：《周作人集外文》（上集），海南国际新闻出版中心1995年，第411—412页。

214. 冯沅君：《晋鄂苏越旅行记》[六月二十日参观外国文言学校]，连载于《晨报副刊》1922年8月9—17日。

另见《陆侃如冯沅君合集》第15卷，安徽教育出版社2011年，第174—179页；苏华、何远编：《民国山西读本·考察记》，三晋出版社2013年，第83—89页。

215. 壮行（山西通信）：《五十万人之示威运动》，《申报》1922年9月16日，第10版。

216. 觉：《桐油》，《申报》1922年12月25日，第22版。

217. 渐：《大同乐会》，《申报》1923年11月22日，第19版。

218. 王卓然：《文言学校》，王卓然：《中国教育一瞥录》，上海商务印书馆1923年，第52—55页。

另见苏华、何远编：《民国山西读本·考察记》，三晋出版社2013年，第45—48页。

219. 唐文治：《学校论》（1923），陈国安、钱万里、王国平编：《无锡国专史料选辑》，苏州大学出版社2012年，第90—92页。

220. 省垣：《排演诗哲戏剧预闻》，《来复报》1924年第298期，第4页。

221. 省垣：《大通学院表演大会志盛》，《来复报》1925年第360期，第7页。

222. 唐大圆：《研究：与卫西琴谈东方文化》，《世界佛教居士林林刊》1925年第9期，第5—6页。

223. 渐：《声音之感人（人生观）》，《申报》1925年10月5日，第13版。

224. 梁漱溟：《"卫中先生自述"题序》，《晨报副刊》1926年3月3日，第5—6页。

另见《漱溟卅后文录》上海商务印书馆1930年，第105—112页；黄警顽编：《卫中博士新教育演讲集》，上海会文堂书局1931年，第9—15页；

《梁漱溟全集》第四卷，山东人民出版社 2005 年，第 801—805 页。

225. 直生未是草：《卫西琴教育主张及其办法》，连载于《晨报副刊》1926 年 3 月 10 日（24 页）；3 月 11 日（28 页）。

226. 梁漱溟：《介绍卫中先生学说》，《社会学界》1927 年第 1 期，第 127—139 页。

另见《广西留京学会学报》1928 年第 6、7 期，第 1—4 页；《漱溟卅后文录》上海商务印书馆 1930 年，第 121—143 页；《梁漱溟全集》第四卷，山东人民出版社 2005 年，第 816—827 页。

227. 李邦栋：《听了卫中博士讲授以后》，《暨南周刊》1927 年第 4 期，第 7—9 页。

228. 孙福熙：《法国与中国》，孙福熙：《北京乎》开明书店 1927 年第 1 版，1931 年第 2 版，第 171—178 页。

另见孙福熙：《北京乎！》，金城出版社 2018 年再版，第 160—167 页。

229. 黄菩生：《随便请教卫中博士》，《广州民国日报副刊》1929 年 4 月 8 日。

230. 记者：《与卫中博士商榷》（一）（二）（三）（四），连载于《广州民国日报副刊》1929 年 4 月 19、20、21、22 日。

231. 霍斯奇：《卫中博士的"动"》，《广州民国日报副刊》1929 年 4 月 21 日。

232. 朱秉国：《卫中论动的教育》，《教育与民众》1930 年第 2 卷第 4 期，第 1—8 页。

233. 黄警顽：《卫中博士生平思想之我观》，黄警顽编：《卫中博士新教育演讲集》上海会文堂书局 1931 年，第 1—7 页。

234. 许晚成：《介绍卫中博士新教育演讲集——中国需要"动的教育"》，《中国新书月报》1932 年第 2 卷第 1 期，17 页。

235. 缪治捷：《卫中博士讲演·歌德与中国》，《新闻报》1932 年 7 月 4 日，第 1 版。

236. 斯达：《卫中博士论声片及其他》，《戏院杂志》1932 年第 2 期，第 4—6 页。

237. N. N.：《卫中公映 Waterloo Bridge》，《戏院杂志》1932 年第 2 期，第 24 页。

238. 潘光旦：《一个搔着痒处的演讲》，《华年》1933 年第 2 卷第 21 期，第 402—404 页。

另见潘乃穆、潘乃和编：《潘光旦短评集》下册，群言出版社 2014 年，第 410—412 页。

239. 一工：《张长保与美博士卫西琴》，《大公报（天津）》1934 年 9 月 6 日，第 13 页。

240. 陶行知：《行知行》，《生活教育》1934 年第 1 卷第 11 期，第 286—287 页。

另见《陶行知全集》第 3 卷，四川教育出版社 1991 年，第 574—575 页。

241. 陶行知：《普及教育》，《安大周刊》1934 年第 176 期。

另见《陶行知全集》第 3 卷，四川教育出版社 1991 年，第 634—642 页。

242. 杜太为：《发展动力的儿童教育》，《监政周刊》1935 年第 107 期，第 5—16 页。

243. 佚名：《卫西琴与梅兰芳》，《京戏杂志》1936 年第 4 期，第 29—30 页。

244. 梁漱溟：《谈音乐》，《朝话》乡村书店 1937 年，第 180—182 页。

另见《朝话》商务印书馆 1940 年，第 117—119 页；《梁漱溟全集》第二卷，山东人民出版社 2005 年，第 121—123 页。

245. 梁漱溟：《谈儿童心理》，《梁漱溟全集》第五卷，山东人民出版社 2005 年，第 937—939 页。

另见《朝话》（校订重排版），世界图书出版公司 2013 年，第 130—133 页。

246. 苏少卿：《"散板"最难唱（上）》，《申报》1940 年 4 月 3 日，第 14 版。

247. 佚名：《卷头语》，《大风》（济南）1941 年第 4 期，第 1 页。

248. 聊公：《观君青之刺虎——忆卫西琴语》，《游艺画刊》1943 年第 7 卷第 1 期，第 9 页。

249. 《音乐家卫西琴》，生活漫谈［六］，《人生画报》1945年第2期，第26页。

250. 梁漱溟：《追忆往昔所了解的卫氏学说大意》，《梁漱溟全集》第七卷，山东人民出版社2005年，第211—213页。

251. 梁漱溟：《卫西琴先生传略》，《梁漱溟全集》第七卷，山东人民出版社2005年，第235—239页。

252. 梁漱溟：《身心之间的关系》，《梁漱溟全集》第三卷，山东人民出版社2005年，第637—645页。

另见《人心与人生》学林出版社1984年，第114—122页；《人心与人生》上海人民出版社2018年，第137—145页。

253. 王韶生：《卜算子·听卫西琴博士奏琴》，沈云龙主编：《近代中国史料丛刊续编第3辑·怀冰室集》台湾文海出版社1974年影印，第213页。

254. 吉范五：《记山西外国文言学校》，原载于《山西文史资料》1981年第22辑，第129—137页。

另见《山西文史资料全编》第2卷，第910—915页；《中华文史资料文库》第17卷，中国文史出版社1996年，第731—734页。

255. 曲子祥：《中华教育改进社在太原召开第四届年会的情况》，《山西文史资料》1984年第8辑，第121—126页。

256. 杜为：《如何以中庸之道实施孔子之教——卫中先生门下受业闻道追记》，杜为：《中庸本义》，台湾商务印书馆1985年，第129—170页。

257. 吉范五：《泰戈尔在太原——纪念泰戈尔一百二十周年诞辰赋感》（诗三首），张成德编：《唐风集》，北岳文艺出版社1986年，第26—27页。

258. 石生：《陶行知在太原》，原载《山西文史资料》1987年第54辑，《山西文史资料全编》第5卷，第591—600页。

259. 夏风：《阎锡山在穗组阁纪实》，原载《广州文史资料》1991年第43辑，《中华文史资料文库》第6卷，中国文史出版社1996年，第241—252页。

260. 王玉堂（冈夫）：《山西外国文言学校回忆片段》，原载《山西文史资料》1992年第79辑，第156—162页。

另见《山西文史资料全编》第 7 卷，第 742—745 页；《冈夫文集》第三卷，山西人民出版社，2001 年版，第 1300—1304 页。

261. 长弓：《洋客卿主校政》，山西省文史研究馆编：《汾晋遗珠》，上海书店出版社 1994 年，第 58—60 页。

另见山西省文史研究馆编：《汾晋遗珠》，中华书局 2005 年，第 56—58 页。

262. 刘咸炘：《与徐季广书》，《推十书》第 3 册（影印），成都古籍书店 1996 年，第 2211 页。

263. 智效民：《梁漱溟唯一的外国朋友——卫西琴》，《博览群书》2001 年第 7 期，第 50—52 页。

另见智效民：《长袍与牢骚》，凤凰出版社 2013 年，第 155—161 页。

264. 吴明焯：《阎锡山开办山西外国文言学校》，《文史资料存稿选编 24·教育》，中国文史出版社 2002 年，第 244—250 页。

另见吴明焯：《卫西琴与山西外国文言学校》，《纵横》2002 年第 11 期，第 51—53 页。

265. 莫怀戚：《对另类音乐的一场虚惊》，《人民文学》2002 年第 3 期，第 103—106 页。

266. 邱巍：《民初的西儒与孔教会》，《安徽史学》2002 年第 2 期，第 54—55 页。

267. 郭世佑、邱巍：《辛亥革命后的社会环境与孔教运动》，《江苏社会科学》2004 年第 2 期，第 103—109 页。

268. 李棣华：《山西外国文言学校》，李钦莲，李洪熙：《学富吾之师 身正吾之范》，出版社不详，2005 年，第 111—112 页。

269. 张卫波：《民国初期在华西人尊孔思想平议》，《安徽史学》2005 年第 1 期，第 58—61 页。

270. 韩华：《论民初孔教是否宗教之争》，《中州学刊》2005 年第 6 期，第 184—188 页。

271. 刘黎红：《"五四"文化保守主义代表人物文化活动网络剖析》，《青岛大学师范学院学报》2006 年第 1 期，第 37—44 页。

272. 朱旭霞：《试述孔社及其尊孔活动》，《首都师范大学学报》（社会科学版）2011年第S1期，第129—132页。

273. 李岩：《音教争执——以辛亥前后"音乐教育"》为例，《黄钟》2011年第4期，第41—50页。

274. 蔡丽红：《清末民初中国音乐教育本土化实验的历史意义及当代启示》，《交响》2013年第3期，第99—104页。

275. 饶玲一：《尚贤堂研究（1894—1927）》，复旦大学博士论文，2013年。

276. 薛宝新：《传教天涯：外语教学的舶来使者卫西琴》，马兆兴主编：《人文太原·教育卷》，山西人民出版社2013年，第173—177页。

277. 刘伟波：《历史见证：梁漱溟眼中的山西教育》，马兆兴主编：《人文太原·教育卷》，山西人民出版社2013年，第240—245页。

278. 智效民：《梁漱溟与卫西琴》，《齐鲁晚报》2014年5月28日。

279. 《刘伟波：卫西琴与太原》，《太原日报》2015年6月16日。

280. 符晓：《论民国初年的音乐会——以北京和上海为中心的研究》，《长春大学学报》2015年第3期，第134—137页。

281. 高翔宇：《环球中国学生会早期史事考述（1905—1919）》，《兰州学刊》2015年第8期，第81—90页。

282. 高琳：《梁漱溟提倡的卫西琴教育思想》，高琳著：《梁漱溟东方学术思想研究》，中国国际文化出版社（香港）2016年，第81—87页。

283. 王平叔：《读卫西琴先生著作后所写札记》，李炼、王治森、王家伟编注：《王平叔致梁漱溟的二十八封信1922—1940》，西南师范大学出版社2017年，第290—299页。

284. 李霞霞：《卫西琴中西文化比较下的音乐美学观研究》，西安音乐学院硕士论文，2017年。

285. 李霞霞：《卫西琴的音乐审美观与音乐教育观初探》，《音乐天地》2017年第10期，第49—52页。

286. 黄冬：《陶行知与卫西琴》，《生活教育》2018年第4期，第19—21页。

287. 黄冬：《卫西琴研究状况及研究新探》，《教育史研究》2019 年第 1 册，第 31—41 页。

288. 王稚纯：《卫中与山西外国文言学校》，《映像 PICS》2019 年第 11—12 期，第 82—87 页。

289. 黄冬：《卫西琴——一个被忘却的音乐家及其鲜为人知的音乐人生》，《生活教育》2021 年第 5 期，第 111—115 页。

290. 邱念洪：《卫西琴与民国的反省现代性思潮（1913—1938）》，华中师范大学硕士论文，2021 年。

291. 李宁：《卫西琴的教育思想及其影响》，《镇江高专学报》2022 年第 35 卷第 1 期，第 93—97 页。

八、相关报刊消息、报道（63）

292. 《泰西音乐家定期演讲中乐》，《申报》1913 年 4 月 17 日，第 7 版。

293. 《环球学生会演讲教育真理》，《申报》1913 年 4 月 23 日，第 10 版。

294. 《韦博士之教育谈》，《申报》1913 年 4 月 26 日，第 10 版。

295. 《本会纪事·总会》［甲寅元旦孔教会谒圣团拜会］，《孔教会杂志》1914 年第 1 卷第 12 号，第 2—3 页。

296. 《北京：旧历元旦之孔教会》，《申报》1914 年 2 月 4 日，第 6 版。

297. 《北京电》，《申报》1914 年 3 月 10 日，第 2 版。

298. 《孔子忌日之致祭者》，《申报》1914 年 3 月 18 日，第 3 版。

299. 《卫西琴博士教育演讲》，《新闻报》1916 年 10 月 24 日，第 5 版。

300. 《介绍美博士演讲之公函》，《申报》1916 年 12 月 7 日，第 11 版。

301. 《请听美国教育家之演讲》，《申报》1917 年 2 月 4 日，第 10 版。

302. 《演讲教育为农工商之基础》，1917 年 2 月 5 日，第 10 版。

303. 《美国教育家第一日讲演记》，《申报》1917 年 2 月 6 日，第 10 版。

304. 《美国教育家第二日讲演记》，《申报》1917 年 2 月 7 日，第 10 版。

305. 《美国教育家第三日讲演记》，《申报》1917 年 2 月 8 日，第 10 版。

306. 《卫西琴博士第一次讲演记》，《上海民国日报》1917 年 2 月 6 日，第 10 版。

307.《卫西琴博士第二次讲演记》,《上海民国日报》1917 年 2 月 7 日,第 10 版。

308.《卫西琴博士第三次讲演记》,《上海民国日报》1917 年 2 月 8 日,第 10 版。

309.《卫西琴博士之谈教育(一)》,《时报》1917 年 2 月 6 日,第 3 版。

310.《卫西琴博士之谈教育(二)》,《时报》1917 年 2 月 7 日,第 3 版。

311.《卫西琴博士之谈教育(三)》,《时报》1917 年 2 月 8 日,第 3 版。

312.《卫西琴博士之谈教育(四)》,《时报》1917 年 2 月 9 日,第 3 版。

313.《实业教育之讲演》,《申报》1917 年 2 月 9 日,第 10 版。

314.《教育界之新思潮》,《时报》1917 年 2 月 10 日,第 5 版。

315.《王心葵先生奏乐记》,《北京大学日刊》1918 年 5 月 21 日第 142 号,第 2 版。

316.《北京学校音乐会通告》,《北京大学日刊》1919 年 3 月 27 日第 343 号,第 1 版。

317.《洗心社临时讲长卫西琴先生(照片)》,《来复报临时增刊》大成节纪念号,1919 年。

318.《蔡元培启事》,《北京大学日刊》1920 年 2 月 13 日第 539 号,第 1 版。

319.《省教育会元旦聚餐会预志》,1920 年 12 月 24 日,第 10 版。

320.《名人定期演讲》,《申报》1925 年 8 月 17 日,第 9 版。

321.《今晨卫西琴讲演》,《申报》1925 年 8 月 22 日,第 9 版。

322.《西藏教育组开会》,《申报》1925 年 8 月 28 日,第 9 版。

323.《美国卫西琴博士注重佛化》,《海潮音》1926 年第 7 卷第 8 期,第 5 页。

324.《教育界消息:卫中博士回国省母》,《大公报(天津)》1927 年 3 月 5 日。

325.《暨南大学昨日开学》,《申报》1927 年 9 月 6 日,第 7 版。

326.《上海美专添聘教授》,《申报》1927 年 9 月 18 日,第 10 版。

327.《卫西琴今日讲劳动教育》,《上海民国日报》1928年1月12日,第4版。

328.《劳动大学讲劳动教育·卫中博士今日之演讲》,《新闻报》1928年1月12日,第12版。

329.《卫中博士今日在劳大演讲劳教》,《申报》1928年1月12日,第10版。

330.《浦东中学请卫中博士演讲》,《新闻报》1928年3月15日,第12版。

331.《卫中博士今日在浦中讲演》,《申报》1928年3月15日,第10版。

332.《卫中博士今日在南洋中学演讲》,《新闻报》1928年5月3日,第11版。

333.《卫中博士今日演讲革命之革命》,《申报》1928年5月3日,第11版。

334.《卫西琴今日演讲》,《上海民国日报》,1928年5月3日。

335.《卫中博士来校参观》,《知用校报》1928年12月3日第9期,第2页。

336.《卫中博士于一月二日(星期三)晚间在本校演讲》,《知用校报》1928年12月31日第12期,第2页。

337.《动的教育实验:公映电影》,《广州民国日报》1930年1月2日。

338.《全国职教会昨日开幕》,《申报》1930年7月21日,第9版。

339.《卫中博士定期公开讲演·二十六晚在市商会举行讲题为科学化的生活》,《新闻报》1930年7月24日,第12版。

340.《卫中博士定期公开讲演·二十六晚在市商会举行讲题为科学化的生活》,《申报》1930年7月24日,第9版。

341.《市商会内今晚之讲演·卫中博士讲科学化生活明日起并接受讨论四天》,《新闻报》1930年7月26日,第11版。

342.《卫中讲演科学化的生活》,《申报》1930年7月26日,第11版。

343.《卫中今日在大夏讲演·题为救教育的心理学》,《新闻报》1930年7月28日,第12版。

344.《卫中今日在大夏讲演·题为救教育的心理学》,《申报》1930年7月28日,第13版。

345.《市教局暑校请卫中博士讲演动的教育》,《申报》1930年7月31日,第9版。

346.《卫中在复旦大学演讲·师生关系破产的原因》,《申报》1930年8月4日,第16版。

347.《卫中博士新教育演讲集出版》,《申报》1931年10月29日,第12版。

348.《声乐协社筹备成立》,《申报》1932年8月2日,第15版。

349.《傅有任博士演讲中国的复活》,《申报》1933年5月6日,第11版。

350.《傅有任博士第一次演讲》,《申报》1933年5月11日,第10版。

351.《傅有任博士演讲(续讲中国的复活)》,《申报》1933年5月19日,第12版。

352.《傅有任为妇女界讲演·女性创造力之总动员》,《申报》1934年6月9日,第14版。

353.《傅有任为女界讲演·女性创造力之总动员》,《慈航画报》1934年6月13日第49期,第2页。

354.《何应钦电徐永昌——询阎封翁开吊日期》,《华北日报》1934年12月31日,第11版。